퇴직연금규제론

REGULATION OF OCCUPATIONAL PENSION

퇴직연금규제론

이봉주 · 류건식 지음

경희대학교 출판문화원
KYUNG HEE UNIVERSITY PRESS

* 본 서적은 (사)대산신용호기념사업회의 지원을 받아 저술되었습니다.

| 머리말 |

이 책은 저자들이 퇴직연금과 관련하여 7년 만에 두 번째로 집필하는 것이다. 첫 번째 책인 『퇴직연금론』은 2005년 12월 퇴직연금제도 도입에 맞추어 출간되었다. 2006년 5월에 발간되었으니 아마도 퇴직연금에 관한 한 국내 최초의 단행본 전문서적이 아닌가 한다. 다만 시간에 쫓기다 보니 미흡한 부분이 적지 않게 있었지만 게으름의 소치로 여러 해가 지나도록 개정본을 내지 못해 독자들에게 죄송스럽기만 하였다. 그러던 차에 퇴직연금제도 도입 이후 나타나는 여러 문제점을 개선하고 퇴직연금제도의 정착을 위한 「근로자퇴직급여보장법」(근퇴법)의 개정안이 국회에 상정되는 상황이 전개되면서, 저자들은 차라리 기존 책자의 전면적인 개정은 차후로 미루고 우선 먼저 퇴직연금제도의 규제 측면에 초점을 맞춘 책을 집필하는 것이 퇴직연금제도의 정착과 발전에 보다 기여하는 것이 아닌가하는 생각을 하게 되었다. 다행히 대산신용호기념사업회의 저술사업 지원을 받게 됨에 따라 이 작업도 탄력을 받게 되었다. 따라서 우선 먼저 대산신용호기념사업회에 깊은 감사를 드린다.

지난 7년 간 국내 퇴직연금 시장은 도입 당시 예상했던 만큼 빠른 성장세를 보이지는 못하였다. 그러나 2012년 7월 발효된 근퇴법 개정안은 퇴직연금 제도의 확산에 박차를 가할 것으로 예상된다. 역사적 추이를 보면 퇴직연금 만큼 많은 규제를 받는 금융 관련 제도는 없는 것 같다. 아울러 고령화 추세하에 여러 선진국에서 연금 개혁이 이루어진 바, 공통점은 연금재정 문제로 공적 연금의 역할을 축소하는 대신 퇴직연금을 비롯한 사적 연금의 역할을 강화시키는 것이다. 즉 사회복지체계 측면에서 퇴직연금의 역할이 강화되는 추세이기 때문에 제도의 건전성 및 수급권을 확보하기 위한 연금규제를 어떻게 해야 할 것인가는 중요한 문제로 대두된다. 이 책의 목적은 바로 이 문제를 위한 해결의 단초를 제공하는 데 있다. OECD 국가에서 가장 빠르게 고령화가 진행되고 있는 대한민국에서 향후 퇴직연금제도를 안정적으로 정착시키고 나아가 확대 발전시키기 위해 적절한 규제는 필수불가결하며, 그런 의미에서 이 책이 유용하게 활용되기를 희망한다.

이 책은 5부로 구성되어 있다. 제1부에서는 퇴직연금제도의 시장 현황과 규제 현황이 논의된다. 특히 개정 근퇴법의 주요 내용이 여기에서 상술된다. 제2부에서는 퇴직연금 규제와 관련된 의의 및 필요성을 설명하고, OECD 차원에서 승인된 규제 원칙 및 감독 원칙들이 소개된다. 제3부는 이 책의 핵심 부분이라 할 수 있다. 각론 측면에서 연금운용주체, 연금부채, 적립금의 운용, 가입자의 권리, 지배구조 및 연금 감독에 대해 다양한 내용들이 포함되어 있다. 제4부에서는 퇴직연금의 회계와 세제 측면이 논의된다. 마지막으로 제5부에서는 퇴직연금제도의 감독 및 규제를 어떤 방향으로 이끌어갈 것인가에 대한 논의가 전개된다.

이 책은 이미 퇴직연금제도에 대해 상당히 익숙한 독자를 대상으로 하는 전문 학술서이다. 따라서 퇴직연금 관련 감독 당국자 및 금융회사의 실무자들이 주요 대상이 된다. 물론 퇴직연금을 전공하는 대학원생들은 일람을 해야 할 것이다.

이 책은 규제와 관련된 내용을 담고 있기에 향후 법령의 개정 등으로 인해 적지 않은 부분이 시의성을 잃을 가능성이 높다. 다만 이런 것은 이미 상당한 식견을 갖춘 독자 제현들이 잘 파악할 것으로 믿고 미리 양해를 구한다.

이 책의 많은 부분이 저자들이 그동안 조사하고 연구하여 발표한 내용을 체계적으로 집대성한 것이다. '구슬이 서 말이라도 꿰어야 보배'라는 속담을 위안삼아 일목요연하게 정리하고자 노력하였다. 그동안 연구 수행에 도움을 준 보험연구원과 관련 연구자들에게 감사하지 않을 수 없다. 교정 및 인쇄를 위해 수고한 윤지선 조교 및 경희대 출판문화원 관계자들에게 감사드린다.

알고 보니 올해가 고故 대산 신용호 교보생명 창립자의 10주기가 되는 해이다. 한국 생명보험산업의 발전에 깊은 족적을 남긴 고인의 명복을 빈다. 다시 한 번 대산신용호기념사업회의 재정적 지원과 이서현 대리의 행정적 지원에 깊이 감사드린다.

2013년 11월

이봉주 · 류건식

| 차례 |

제3부 퇴직연금 규제 각론

제5장 연금운용주체

제6장 연금부채

제7장 적립금 운용

제1부
퇴직연금제도 국내 현황

제1장

퇴직연금 시장 현황

1. 퇴직연금 운용 현황

퇴직연금사업자 현황

오랜 논의 끝에 「근로자퇴직급여보장법」(이하 '근퇴법')이 제정되어 2005년 12월부터 발효됨에 따라 퇴직연금사업자의 등록도 이때를 기점으로 시작되었다. 퇴직연금사업자는 2005년 12월 42개 금융회사 등록을 시작으로 2013년 6월 말 현재 금융회사와 근로복지공단을 포함하여 58개 등록 사업자로 늘어났다. 금융권역별로 살펴보면 은행 17개, 증권 17개, 생보사 14개, 손보사 9개사가 퇴직연금사업자로 등록되어 있다. 퇴직연금사업은 사업 성격상 크게 운영관리업무와 자산관리업무로 사업영역이 분리되며, 이를 전문 금융회사인 퇴직연금사업자가 수행하도록 의무화하고 있다. 그러나 현행 법률상 운영·자산관리업무의 차별화된 등록요건이 마련되어 있지 않아 현재 퇴직연금사업자로 등록된 58개사 모두 운영관리업무와 자산관리업무를 동시에 운영하고 있는 실정이다. 이에 따라 현행 제도에서는 구조적으로 서비스의 차별화 등이 이루어질 수 없는 지배구조상의 한계가 존재하고 있다.

표1 퇴직연금사업자의 운영업무

운용관리업무	자산관리업무
– 적립금 운용방법(금융상품 제시 및 운용방법별 정보 제공) – 연금제도의 설계 및 계리(DB형의 경우) – 적립금 운용 현황의 기록보관 통지 – 운용지시 전달	– 계좌의 설정 및 관리 – 부담금의 수령 – 적립금 보관 및 관리 – 운용지시의 이행 – 급여의 지급

즉 자사의 역량에 맞는 분야에만 퇴직연금 진출이 이루어지지 않고 대부분의 퇴직연금사업자들은 기록관리RK: Record Keeping업무를 제외한 전 분야에 진출하여 운영하고 있는 실정이다.

이에 반해 선진국의 경우, 자사의 역량을 고려한 일부 특화된 서비스 창출에 주력하는 등 특정 분야에서의 경쟁력 제고에 노력하고 있다. 현재 우리나라 퇴직연금사업자는 퇴직연금 시장 선점을 위해 전사적 역량을 동원함으로써 치열한 퇴직연금 시장경쟁 양상을 보이고 있다. 현재 퇴직연금사업자들의 시장점유율을 살펴보면 일부 대형 금융회사를 중심으로 시장경쟁이 이루어지고 있는 가운데, 총 58개 퇴직연금사업자 중에서 35개 회사의 경우 시장점유율이 1%에도 못 미치며, 교보증권, 하나HSBC생명, 한화증권, SK증권의 경우 운용관리계약 체결 실적이 전무한 실정이다.[1]

퇴직연금사업은 규모의 경제[2]가 적용되는 사업구조를 지니고 있어 연금제도 도입 초기 다수의 금융회사가 치열한 경쟁을 하면 재무력, 서비스 등 운영능력이 부실한 회사가 퇴직연금 시장에서 퇴출되기도 한다. 실제 국내 퇴직연금사업자 중 골드브릿즈증권과 흥국화재 등은 사업을 중단하였다.

1 2013년 6월 현재 교보증권, 하나HSBC생명, 한화증권, SK증권은 운용관리계약 실적이 없으며 교보생명, 동부증권, 한화증권, SK증권은 자산관리계약 실적이 없다. 근로복지공단은 운용관리업무는 할 수 있으나 자산관리업무는 취급할 수 없다.

2 퇴직연금사업은 적정한 적립금 규모가 유지되어야 비로소 이익이 실현될 수 있는 규모의 경제가 작용되는 사업구조 특징을 지니고 있다. 일본에서는 이익이 실현되기 위해 최소 5년 이상 사업이 유지되어야 한다고 보고 있다.

표2 퇴직연금사업자 등록 현황(2013년 6월말 기준)

구분	등록 현황
은행	국민, 경남, 광주, 기업, 농협, 대구, 부산, 산업, 수협, 신한, 씨티, 외환, 우리, 제주, 하나, SC제일, 전북(17개사)
생명보험회사	교보생명, 대한생명, 동부생명, 동양생명, 메트라이프, 미래에셋생명, 삼성생명, 신한생명, 현대라이프, 흥국생명, IBK연금보험, ING생명, KDB생명, 하나HSBC생명(14개사)
손해보험회사	그린, 동부, 롯데, 메리츠, 삼성, 한화, 현대, LIG손보, 제일(9개사)
증권	대신증권, 대우증권, 동양증권, 미래에셋증권, 삼성증권, 신영증권, 신한금융투자, 우리투자증권, 하나대투증권, 하이투자증권, 한국투자증권, 현대증권, HMC투자증권, NH투자증권, 교보증권, 한화증권, SK증권(17개사)
기타	근로복지공단(1개사)

자료: 고용노동부, 퇴직연금도입현황, 2013.6.

퇴직연금 가입 현황

퇴직연금제도가 시행된 이후 가입이 지속적으로 증가하고 있는 가운데 2012년 12월말 현재 퇴직연금 도입 사업장 수는 전년대비 146% 증가한 203,488개소에 이르고 있다.

표3 퇴직연금제도 설정 사업장 가입률 추이

구분	2005.12	2006.12	2007.12	2008.12	2009.12	2010.12	2011.12	2012.12
사업장 수	389	16,287	30,882	50,462	70,503	94,455	139,151	203,488
증가율	–	4,087%	90%	63%	140%	134%	147%	146%
가입률	0.10%	3.10%	6.00%	9.70%	13.60%	6.60%	9.20%	13.40%

자료: 고용노동부, 퇴직연금도입현황, 각 년도.

이에 따라 퇴직연금사업장 가입률은 제도 시행 2년째인 2006년 3.1%에 불과하였으나 2010년 12월부터 5인 이상 사업장 대상의 퇴직급여제도가 전체 사업장으로 확대되고 2012년 7월 26일부터 신규 사업장의 설립 1년 이내에 퇴직연금제도 설정 의무 등의 개정 법률이 시행됨에 따라 2012년 12월말 현재 전체 사업장의 퇴직연금 가입률이 13.4%로 증가하였다.

퇴직연금제도 유형별 사업장의 가입 비중은 확정기여형(DC) 제도 단독 가입이 48.2%로 가장 높고, 다음으로 확정급여형(DB) 제도 단독 가입이 34.0%, IRP 가입 15.7%, 확정기여형과 확정급여형 제도 동시 가입이 2.1%의 순으로 높다.

퇴직연금제도 가입 근로자 수는 2005년 말 도입 당시 5,024명에 불과하였으나 퇴직연금 가입자 수가 지속적으로 증가한 결과 2012년 12월 말 현재 3,911,754명으로 크게 늘어났다. 근로자 수 기준 가입률은 전체 상용 근로자 수의 41%로 최근 증가율이 다소 둔화되고 있으나, 지속적으로 가입 근로자가 증가하고 있는 추세이다.

가입 근로자의 퇴직연금제도 종류별 가입 비중은 근로자 수가 많은 사업장인 대기업들이 주로 확정급여형 제도를 중심으로 가입함에 따라 확정급여형 제도 55.5%, 확정기여형 제도 29.2%, 개인형 IRP 13.5%, 기업형 IRP 1.8%의 순으로 가입이 이루어지고 있다.

표4 사업장의 퇴직연금제도 유형별 가입 비중

사업장 규모	DB 단독 도입	DB, DC 동시 도입	DC 단독 도입	IRP 도입	합계
합계	34.0%	2.1%	48.2%	15.7%	100%

자료: 고용노동부, 퇴직연금도입현황 2012.12.

표5 퇴직연금제도 종류별 가입자 수

구분	DB형	DC형	개인형 IRP	기업형 IRP
근로자 수 비중	55.5%	29.2%	13.5%	1.8%

자료: 고용노동부, 퇴직연금도입현황, 2012.12.

그림1 퇴직연금제도 가입자 수 추이

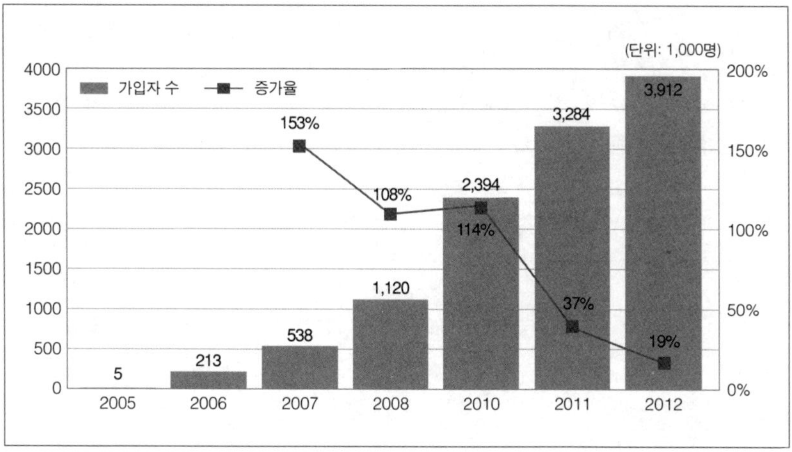

자료: 고용노동부, 퇴직연금도입현황, 각 년도.

퇴직연금 적립금 현황

우리나라의 퇴직연금 적립금 규모는 가입자의 지속적인 증가에 따른 적립금 유입으로 2012년 12월말 현재 67조 3,459억 원에 이르고 있다. 제도별 적립은 확정급여형 제도가 전체 적립금에서 73.8%의 비중을 차지하여 적립금 비중이 가장 높고, 다음으로 확정기여형 제도 17.7%, 개인형 IRP 7.4%, 기업형 IRP 1.0%의 순으로 높게 나타나고 있다.

금융권역별 적립은 은행이 전체 적립금에서 49.7%의 비중을 차지하여 적립금 비중이 가장 높고, 다음으로 보험사가 31.5%, 증권사가 18.5% 근로복지공단 1.3% 순으로 높게 나타났다.

적립금 운용을 보면 퇴직연금 적립금의 93.1%가 원리금보장형으로 운용되고 있는 가운데 실적배당형의 경우 현재 5.1%에 불과한 것으로 나타났다. 특징적인 것은 원리금보장형의 비중이 2005년 12월 이후 지속적으로 증가

표6 퇴직연금 종류별 적립금 현황

(2012년 12월말 기준, 단위: 억원)

구분	합계	DB형	DC형	기업형 IRP	개인형 IRP
적립금 (비중)	673,459 (100%)	496,987 (73.8%)	119,555 (17.7%)	6,641 (1.0%)	50,277 (7.4%)

자료: 고용노동부, 퇴직연금도입현황, 2012.12.

표7 퇴직연금사업자별 누적적립금

(2012년 12월말 기준, 단위: 억원)

구분	전체	은행	생보	손보	증권	근로복지공단
금액	673,459	335,168	161,298	51,127	124,964	902
비중	100%	49.7%	23.9%	7.6%	18.5%	1.3%

자료: 고용노동부

하고 있는 반면, 실적배당형의 비중은 2007년 12월 이후 지속적으로 감소하고 있다는 점이다.

이와 같이 원리금보장형 위주로 자산운용이 이루어지는 이유는 2007년과 2010년에 발생한 미국과 유럽의 경제위기 이후 금융시장의 불확실성이 확대되면서 안전자산에 대한 인식이 확대되고 있기 때문이다. 또한 엄격한 자산운용 규제, 자사상품의 운용허용 등에 기인한 바 크며, 이는 가입자의 다양한 투자상품 선택 권리를 제약하는 결과를 초래하고 있다. 퇴직연금 종류별 원리금보장형의 운용현황은 확정급여형 제도가 97.5%로 가장 높고, 다음으로 개인형 IRP 89.3%, 기업형 IRP 89.2%, 확정기여형 제도 76.6%의 순으로 나타났다. 반면, 실적배당형은 확정기여형 제도가 21.3%로 가장 높다.

이처럼 전체적인 외형규모는 증대하고 있음에도 사적 연금 시장의 활성화 미흡 등으로 인해 2012년말 기준으로 GDP에서 사적 연기금이 차지하는 비중은 4.5%(개인연금 포함) 수준에 그치고 있는 실정이다.

표8 퇴직연금 적립금 운용방법별 추이

(단위: 10억원)

구분	2005.12	2006.12	2007.12	2008.12	2009.12	2010.12	2012.12
원리금 보장형	7 (44.2%)	564 (74.6%)	1,928 (70.0%)	5,422 (82.0%)	11,990 (85.3%)	25,787 (88.5%)	62,702 (93.1%)
실적 배당형	1 (6.4%)	79 (10.4%)	457 (16.6%)	759 (11.5%)	125 (8.9%)	1,900 (6.5%)	3,438 (5.1%)
기타	8 (49.4%)	113 (15.0%)	370 (13.4%)	431 (6.5%)	812 (5.8%)	1,461 (5%)	1,205 (1.8%)
전체	16	757	2,755	6,612	14,046	29,148	67,346

자료: 고용노동부(각 년도)

표9 퇴직연금 유형별 적립금 현황

(2012년 12월말 기준, 단위: 10억원, %)

구분	DB형	DC형	IRP기업형	IRP개인형	계
원리금 보장형	48,471 (97.5%)	9,152 (76.6%)	592 (89.2%)	4,487 (89.3%)	62,702 (93.1%)
실적 배당형	490 (1.0%)	2,543 (21.3%)	64 (9.7%)	339 (6.8%)	3,438 (5.1%)
기타	737 (1.5%)	260 (2.2%)	8 (1.2%)	200 (4.0%)	1,205 (1.8%)
총계	49,698 (100%)	11,955 (100%)	664 (100%)	5,027 (100%)	67,346 (100%)

자료: 고용노동부

이에 반해 네덜란드, 스위스는 사적 연기금이 GDP를 훨씬 상회하고 있는 것으로 나타나고 있으며 미국, 호주, 영국 등도 사적 연기금이 GDP의 50% 이상을 점유하고 있는 것으로 나타나고 있다.

그림2 GDP 대비 사적 연기금 자산비율(%)

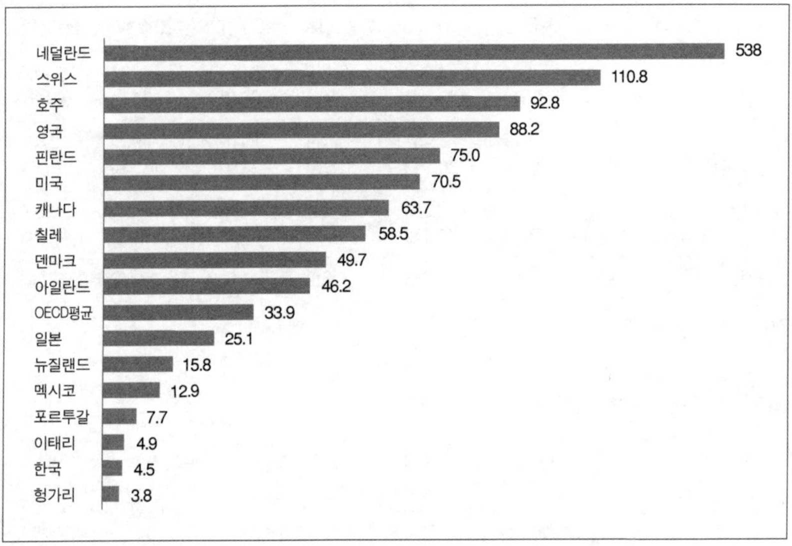

자료: OECD, *Pension Markets in Focus*, 2012.

2. 퇴직연금 시장 특성[3]

노후소득보장 차원에서 도입된 퇴직연금제도는 외형적으로 양적 성장을 이루고 있음에도 불구하고 퇴직연금 시장의 예상규모[4]를 고려할 때 퇴직연금제도로의 전환이 매우 미흡한 상태이다. 2012년 12월 말 현재 퇴직연금의 가입률이 10%대 수준이며, 퇴직연금 적립금 비율 역시 GDP 대비 4.5%에

3 이 부분은 류건식·이창우·이상우, 『보험회사의 퇴직연금사업 운영전략』, 보험연구원 경영보고서, 2010.3, pp. 28~32에 기초하여 작성함.

4 금융감독원은 2020년 퇴직연금 적립금 규모를 약 200조 원대로, 삼성생명 은퇴연구소는 2020년 퇴직연금 적립금 규모를 약 192조 원대로 성장할 것으로 추정하고 있다.

불과한 상황이지만 향후 제도 변화 영향 등으로 퇴직연금 시장의 구조변화도 과거와 다른 양상을 띠게 될 것으로 보인다. 현재처럼 엄격한 투자규제, 계약형 지배구조 도입 등에 기초한 퇴직연금제도의 운영은 다음과 같은 시장 구조, 시장영업 행태Market Conduct, 시장 성과 등의 관점에서 바라볼 수 있다.

시장 구조

1) 시장점유율

중소형 금융회사의 퇴직연금시장 진출 저조 및 대형 금융회사의 공격적인 시장 선점 전략으로 인해, 대형 금융회사의 퇴직연금 시장점유율은 높게 나타나는 것으로 평가된다. 특히 은행은 전국적 지점망을 통해 대기업 및 해당 지역 중소기업 등 다수 가망고객을 확보함으로써 퇴직연금시장에서 높은 점유율을 시현하고 있다. 예대 마진 중심의 전통적 수입원 감소에 따라 수수료와 같은 비이자 수익 확보를 위해 총력을 기울이고 있는 은행 입장에서 퇴직연금은 안정적 수익 창출로 인식되고 있다.

그림3 퇴직연금 시장의 구조·행태·성과

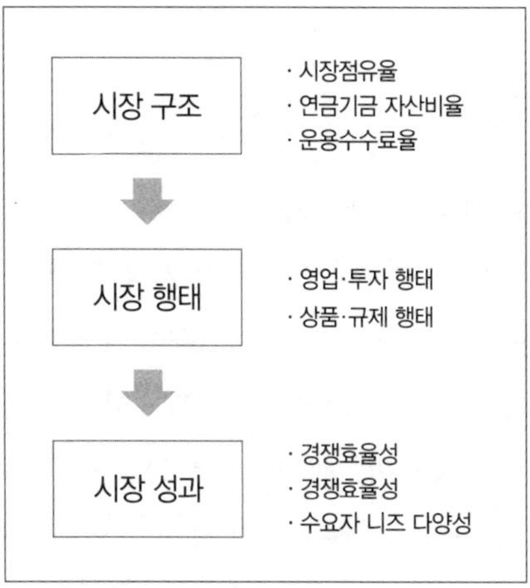

자료: 류건식·이창우·이상우(2010), p.27.

2) 연기금자산 비율

본격적인 퇴직연금제도로의 전환 미흡 등으로 중소형 기업 중심으로 퇴직연금 가입이 이루어져 퇴직연금제도 도입 기간 고려 시 퇴직연기금 규모는 낮은 수준인 것으로 평가된다. GDP 대비 연기금자산비율은 5% 미만에 불과하여 OECD 주요국 17개국 중 16위의 낮은 수준이다.

3) 운용수수료율

퇴직연금제도 시행 이후 금융권역 구분 없이 운용관리 및 자산관리 수수료 수준은 지속적으로 인하되는 추세를 보여 과열된 수수료 인하 경쟁을 보이고 있는 것으로 평가된다. 수수료 인하는 주로 각 권역별 리딩사업자가 먼저 변경하면 사업자들이 따라가는 양태를 보이고 있다. 이러한 수수료 인하는 가입자 측면에서 유리한 측면도 있으나, 시장 선점을 위한 역마진성 수수료 인하 경쟁은 퇴직연금사업자의 경영 부실과 서비스 질의 저하로 이어져 가입자의 권익을 저해하는 부작용이 발생할 가능성이 있다.

시장 행태

1) 영업 행태

시장세분화에 따른 퇴직연금 영업망이 제대로 구축되어 있지 않아 안정적인 수익성, 차별화된 서비스 등에 기초한 영업보다 퇴직연금 시장 선점 차원에서 금리위주의 양적 성장(선점전략)에 주력하는 영업전략이 추진되고 있다. 제도 도입 초기에 시장을 선점하지 못하면 퇴직연금 시장에서의 경쟁력이 약화된다는 인식하에 '제도Process' 중심의 영업이 아닌 '금융상품' 중심의 영업환경을 보이고 있다. 즉 금리 및 수수료 등 가격 중심의 영업, 거래 및 고객관계 중심의 영업이 이루어지는 등 주로 기존 고객관계 관리에 초점이 맞추어져 시장차별화에 의한 서비스 경쟁은 실질적으로 이루어지고 있지 않고 있다.

2) 투자 행태

운용상품의 다양화에 따른 투자리스크 증대, 신탁제도에 대한 근로자의 인식 부족, 금융시장의 불안 등을 감안하여 양적 규제 중심의 적립금 운용 규제방식을 선택하여 포지티브 방식의 투자 행태를 보이고 있다. 이에 따라 투자 포트폴리오의 조합이 선진국에 비해 매우 단순하며, 근로자 및 기업의 니즈에 부합한 투자운용은 실질적으로 이루어지기 어려운 환경이다. 따라서 라이프사이클에 따른 맞춤형 투자운용에 한계가 존재하며 단순히 투자의 안전성에 초점에 맞춘 원리금보장형 중심의 상품 조합 수준에 그치고 있다.

표10 퇴직연금사업자의 운영 행태 및 시장 평가

구분	운영 행태	시장 평가
영업 행태	– 가격 경쟁 중심 – 양적 경쟁 중심	– 퇴직연금사업자의 전문성 및 서비스 차별성 미흡 – 금리 및 수수료 등 가격 중심 경쟁체계로 전환
투자 행태	– 비율 규제 중심 – 건전 운영 중심	– 이중삼중의 투자 규제로 운용상품 다양성 부족 – 건전성 중심의 원리금보장형 운용(운용 포트폴리오 한계)
상품 행태	– 획일적 상품 중심 – 비계리적 상품 중심	– DB형, DC형 중심의 획일적 상품 구조로 상품 선택폭 제약 – 연금기능보다 저축기능 성격의 퇴직연금제도 운영
규제 행태	– 진입 규제 중심 – 사전 규제 중심	– 시장기능보다 진입 규제 등 사전규제 형태로의 전환 – 계약형 지배구조의 적용에 따른 건전성 중시 규제

자료: 고용노동부, 퇴직연금도입현황, 2013.6.

3) 상품 행태

법정 퇴직금 제도를 유지하는 가운데 퇴직연금제도가 임의가입 형태로 도입되어 퇴직연금제도의 다양성이 매우 부족하고 이로 인해 근로자의 퇴직연금제도 선택폭이 매우 제한적이다. 퇴직률, 예정이율, 승급률 등 계산기초율에 의해 연금비용을 추정하고 기여율을 확정하는 전통적 퇴직연금제

도 형태와 많은 괴리를 보여 퇴직연금제도의 유형이 획일적이며 경직적이다. 즉 단순한 DC형, DB형, 개인형 퇴직연금 형태로 운용되고 있어, 캐시밸런스 Cash Balance형 퇴직연금,[5] SEP,[6] SIMPLE IRA[7]등 다양한 형태의 퇴직연금제도는 운용되지 못하는 한계가 존재하고 있다.

4) 규제 행태

우리나라 규제 형태는 진입 규제 및 양적 규제에 초점이 맞추어져 있으며, 지배구조 또한 기업과 금융회사가 일대일 계약을 하는 계약형 지배구조 형태를 보이고 있어 다양한 컨설팅사 등 퇴직연금 운영의 중간매체 존재가 어렵다고 할 수 있다. 즉 시장의 자율적 기능에 입각한 퇴직연금 운영환경이 형성되기 어려운 여건을 지니고 있으며, 사후적 규제가 아닌 사전적 규제에 중점을 두고 있다. 이처럼 건전성 중심의 엄격한 규제체계로 인해 상대적으로 규제 완화의 보완조치인 수탁자 책임 및 수급권 보호 등과 같은 근로자 수급권 보호장치는 체계적으로 확립되어 있지 못한 상황이다.

시장 성과

경쟁 효율성 측면에서는 퇴직연금 시장의 행태가 가격 및 양적 경쟁 중심으로 전환이 이루어져 금융회사 간 경쟁의 효율성이 저하되고 금융회사의 수익성 악화로 이어지고 있다. 또한 현재와 같은 시장구조로 인해 퇴직연

5 확정급여형과 확정기여형의 장점을 결합하여 캐시밸런스(CB형)로 대표되는 다양한 혼합형제도가 미국에서 적극 활용되고 있다. 특히 확정기여형 제도는 내국세법 등에 의한 세제 적격요건의 내용에 따라 Money Purchase Plan, 이익분배제도Profit Sharing Plan, 401K, 종업원지주제도Employee Stock Ownership Plan: ESOP 등이 있어 근로자의 제도선택폭이 매우 크다고 할 수 있다.

6 미국의 간이근로자연금Simplied Employee Pension: SEP은 사용자 또는 근로자 모두 개설할 수 있으며, 주로 소규모 사업을 영위하는 자영업자들이 이용한다. 기업이 기업의 현금흐름에 따라 보험료 갹출 수준을 매년 조정할 수 있다.

7 미국의 SIMPLE(Savings Incentive Match Plan for Employee) IRA는 100인 이하의 소규모 사업자들이 쉽게 이용가능제도로 노·사 쌍방이 기여금을 분담하여 갹출할 수 있는 방식이다.

금사업자의 운영체계 및 운영능력보다 단기적인 운용성과에 기초하여 퇴직연금사업자를 선정하는 경향이 나타나 공정한 시장경쟁이 이루어지지 않고 있다. 운영 차별성 측면에서는 엄격한 상품 및 투자 규제, 그리고 계약형 지배구조 채택으로 서비스, 자산운용, 상품개발의 차별성이 부각되지 않아 퇴직연금제도 도입을 통한 퇴직연금사업자의 운영능력 제고에 한계로 작용되고 있다. 즉 모든 퇴직연금사업자가 동일한 운영체제에서 동일한 퇴직연금 운영이 이루어져 특화된 분야에서 차별화된 운용성과를 발휘하는데 장애요인이 되고 있다. 또한 퇴직연금제도의 수요자인 근로자 및 기업 니즈를 감안한 제도설계, 자산운용 등이 제대로 이루어지지 않아 수요자 니즈의 다양성을 적기에 충족하지 못한 결과를 가져오고 있다. 즉 수요자의 니즈가 적극 반영된 제도 변화가 이루어지지 않아 획일적이고 정태적인 수요 행태를 보이고 있으며 이는 수요자 니즈의 다양성 부족 현상으로 나타나고 있다.

제2장

퇴직연금 규제 현황

1. 퇴직연금제도 현황

2005년 12월 퇴직연금제도의 도입 이후 노출된 문제점을 개선하고 제도를 활성화하기 위해 근퇴법의 개정이 추진되었고, 이 또한 우여곡절 끝에 개정안이 통과되어 2012년 7월부터 시행하게 되었다. 아래 내용은 개정 근퇴법 하에서의 제도 현황을 정리한 것이다.

퇴직급여제도 도입

1) 퇴직급여제도의 설정

사용자는 퇴직하는 근로자에게 급여를 지급하기 위해 퇴직금제도와 퇴직연금제도 중 하나 이상의 퇴직급여제도를 설정하여야 한다. 이는 퇴직연금제도 시행 이후에도 퇴직금제도가 여전히 존재하고 있으며 퇴직연금제도가 의무도입제도는 아니라는 것을 의미한다. 퇴직급여제도에서 하나 이상의 퇴직급여제도를 설정할 수 있다는 것은 복수제도 설정이 가능하다는 의미이다. 복수제도의 설정으로 '퇴직금제도+퇴직연금제도(확정급여형 퇴직연금제도, 확정기여형 퇴직연금제도)', '확정급여형 퇴직연금제도+확정기여형 퇴직연금제도', '퇴직금제도+확정급여형 퇴직연금제도+확정기여형 퇴직연금제도' 등 회사에 맞는 다양한 형태의 퇴직급여제도의 설정이 가능하다.

2) 근로자 대표자의 동의

사용자가 퇴직급여제도의 종류를 선택하거나 선택한 퇴직급여제도를 다른 종류의 퇴직급여제도로 변경하고자 하는 경우, 퇴직연금 규약을 작성하여 해당 근로자의 과반수가 가입한 노동조합이 있을 때는 그 노동조합, 해당 근로자의 과반수가 가입한 노동조합이 없을 때에는 해당 근로자를 대표할 수 있는 자의 동의를 얻어야 한다. 따라서 현재 퇴직금제도를 시행하고 있는 사업장에서 퇴직연금제도로 전환하고자 하거나 신설 사업장에서 퇴직연금제도를 시행하고자 할 경우에는 근로자 대표[1]의 동의가 있어야 한다.

따라서 노동조합이 없을 경우에는 근로자 과반수의 동의를 받아야 하며 동의를 받는 방법은 사용자측의 개입이나 배제된 상태에서 진행된 의사결정이어야 하고 근로자의 찬반표시에 관한 표시방법은 무기명도 가능하다. 또한 사용자가 선택하거나 퇴직연금제도의 내용을 변경하고자 하는 경우에는 근로자 대표의 의견을 들어야 하고, 근로자에게 불이익하게 변경하고자 하는 경우에는 근로자 대표의 동의를 얻어야 한다.

3) 새로이 설립된 사업 또는 사업장의 퇴직급여제도 설정

「근로자퇴직급여보장법」 개정 이후 설립된 사업 또는 사업자의 사용자는 설립 1년 이내에 확정급여형 퇴직연금제도 또는 확정기여형 퇴직연금제도를

1 근로자 대표란 근로자 과반수로 구성된 노동조합이 있을 경우는 그 노동조합, 근로자 과반수로 구성된 노동조합이 없는 경우에는 근로자 과반수를 말한다.

근로자 대표의 의견을 들어 설정하여야 한다. 따라서 신설된 사업 또는 사업장은 근로자 대표가 반대하지 않는 한 퇴직연금제도를 도입하여야 한다. 즉 신설 사업 또는 사업장에 대해서는 법정퇴직금제도가 아닌 퇴직연금제도의 도입을 의무화하고 있다. 다만 근로자 대표의 동의를 얻는 경우에는 예외적으로 법정퇴직금제도의 설정을 인정하고 있다.

4) 퇴직급여제도 의무 설정 제외

계속근로기간이 1년 미만인 근로자, 4주간을 평균하여 1주간의 소정 근로기간이 15시간 미만인 근로자는 퇴직급여제도의 설정에서 제외된다.[2] 다만 법적으로 의무가입대상은 아니라 하더라도 회사의 상황에 따라 임의가입은 가능하다. 또한 동거의 친족만을 사용하는 사업 및 가사사용인만으로 이루어진 사업은 퇴직급여제도 적용대상에서 제외된다. 가족관계에 대해 국가의 법이 개입하는 것은 부적절하다는 이유에서이다. 이외에 군인연금법의 적용을 받는 군인, 공무원연금법의 적용을 받는 공무원, 사립학교 교직원연금법의 적용을 받는 사립학교 교사 등은 퇴직급여제도의 적용대상에 제외된다.

제도의 설계 및 운영

1) 규약의 작성

퇴직연금제도를 설정하고자 하는 사용자는 퇴직연금사업자 선정에 관한 사항, 가입자에 관한 사항, 가입기간에 관한 사항 등을 기재한 퇴직연금 규약

---

2 1년 미만 기간제 근로자와 1주 15시간 미만 단시간 근로자 등은 사용자의 퇴직급여 설정 의무 대상에서 제외(근퇴법 제4조)시키고 있다. 이는 과거 근로기준법하에서 퇴직금에 대한 적용 제외와 동일한 내용이다. 즉 사용자의 지급능력, 사업규모, 근로자의 소득규모, 근로자의 연령 등과 관계없이 오로지 근속기간과 근로시간수에 의해서만 퇴직급여 설정 의무의 예외를 인정하고 있는 것이다. 그 결과 기간제 내지 단시간 근로자들로만 사용하는 사업에서는 사용자의 퇴직급여 설정 의무는 제로에 가깝게 될 가능성도 있다.

을 작성하여 노동부장관에게 신고하여야 한다. 퇴직연금 규약을 작성한다는 것은 개별 사업장의 퇴직연금제도를 설계하는 성격을 가지는 것으로 법정사항을 모두 포함하여야 하며, 그 이외 또는 법정수준을 상회하는 수준은 노사가 자유로이 정할 수 있다.

(1) 확정급여형 퇴직연금

㈎ 퇴직연금사업자 선정에 관한 사항

퇴직연금제도의 자산관리 및 운용관리업무를 위탁할 퇴직연금사업자, 즉 금융기관의 선정을 규약에 정하도록 하고 있다. 자산관리업무와 운용관리업무를 수행하는 퇴직연금사업자는 동일기관으로 선정할 수도 있고 다르게 할 수도 있다. 퇴직연금제도의 운용에 있어서 퇴직연금사업자가 중요한 역할을 하게 되므로 노사가 합의하여 선정하도록 하고 있다.

㈏ 가입자에 관한 사항

당해 사업장에서 실시하는 퇴직연금제도의 가입자격, 가입시기, 가입방법 등을 정하도록 하고 있다.

㈐ 가입기간에 관한 사항

가입기간은 퇴직연금제도의 설정 이후 당해 사업에서 근로를 제공한 기간으로 하되, 당해 퇴직연금제도의 설정 이전에 제공한 근로기간에 대하여도 가입기간으로 할 수 있다. 퇴직연금제도는 원칙적으로 장래의 기간에 대하여 노사가 합의한 시점부터 시행할 수 있다. 다만 노사가 과거근무분에 대해서도 소급하여 시행하기로 한 경우에는 소급적용도 인정된다.

(라) 급여수준에 관한 사항

근로자가 퇴직 시 수령하는 일시금액이 계속근로기간 1년에 대하여 30일분의 평균임금에 상당하는 금액 이상이어야 한다.[3] 확정급여형의 특성인 급여수준을 사전에 확정토록 하되, 그 수준은 퇴직 시 일시금 기준으로 현행 퇴직금과 동등하게 설정하여야 한다. 연금액은 지급기간에 따라 달라지며, 지급기간은 최소 5년을 넘는 범위(5년 이상 연금 또는 종신연금) 안에서 노사가 다양하게 설정할 수 있다.

(마) 재정건전성 확보에 관한 사항

사용자는 다음 각 호의 어느 하나에 해당하는 금액 중 더 큰 금액이 적립되도록 퇴직연금 규약에 명시하여야 한다.

- 매 사업연도 말일 현재 급여에 소요되는 비용예상액의 현재가치와 부담금 수입예상액의 현재가치를 추정하여 노동부령이 정하는 방식에 의하여 산정된 금액으로서 대통령령이 정하는 수준
- 가입자 및 가입자이었던 자의 당해 사업연도 말일까지의 가입기간에 대한 급여에 소요되는 비용예상액을 노동부령이 정하는 방식에 의하여 산정된 금액으로서 대통령령이 정하는 수준

이는 확정급여형의 경우 최종적으로 사업주가 급여의 책임을 진다고 하더라도 도산 등 사실상 책임을 질 수 없는 경우에 대비하여 매년 의무적으로 사외에 적립해야 하는 기준을 법률에 규정함으로써 근로자 수급권 보장을

3 1년 근무 시 30일분의 평균임금에 상당하는 금액 이상을 지급하도록 규정함으로써 사용자는 최소한 법정퇴직금제도 수준의 급여를 지급하여야 한다. 이 규정은 법정퇴직금제도를 유지하고 있는 우리나라에서만 적용되는 독특한 퇴직연금 규정에 해당된다.

위한 안전장치를 마련하기 위함이다. 다만 구체적인 수준은 관련 세법, 사업장의 부담, 근로자의 수급권 보호 등을 고려하여 설정하도록 하고 있다.

(바) 급여의 종류 및 수급요건 등에 관한 사항

퇴직연금 가입 근로자 중 55세 이상으로서 퇴직연금 가입기간이 10년 이상인 퇴직근로자는 퇴직급여를 연금으로 수령할 수 있으며, 연금 지급기간은 5년 이상이어야 한다. 단 개인형 퇴직연금의 경우에는 가입기간과 관계없이 55세 이상이면 연금수령이 가능하다. 연금수급자격을 갖추지 못하거나 일시금 수급을 원하는 자는 일시금으로 수령할 수 있다.

(사) 운용·자산관리업무의 계약해지 및 그에 따른 계약이전에 관한 사항

계약의 해지사유 및 절차, 해지 시의 계약이전 등 후속절차를 정하도록 하고 있다. 이는 계약의 해지와 관련된 노사간, 사용자와 퇴직연금사업자 간의 마찰을 사전에 예방하기 위한 것이다.

(아) 운용 현황의 통지에 관한 사항

매년 1회 이상 적립금액 및 운용수익률 등이 노동부령에 정하는 바에 따라 가입자에게 통지되어야 한다. 즉 연 1회 이상 정기적으로 가입자에게 운용현황을 통지하도록 하고 있다. 이는 가입자들이 운용상황을 확인하고 적립금의 운용수익 등을 다른 퇴직연금사업자와 비교할 수 있도록 하기 위함이다. 통지방법은 서면, 인터넷 등 다양한 방법을 허용하고 있다.

(자) 수급권의 확인과 지급절차에 관한 사항

수급권의 확인방법 및 급여의 지급절차를 정하도록 하여 사전에 명확히 하도록 하고 있다.

㈕ 확정급여형 퇴직연금제도의 폐지·중단에 관한 사항

퇴직연금의 폐지 또는 중단과 관련된 노사 간의 마찰을 예방하기 위하여 그 사유와 폐지 중단 시의 후속조치 등에 대해서 사전에 정하도록 하고 있다.

㈖ 확정급여형 퇴직연금제도 운영을 위하여 대통령령이 정하는 사항

(2) 확정기여형 퇴직연금

㈎ 부담금의 부담에 관한 사항

확정기여형 퇴직연금제도를 설정한 사용자는 최소한 가입자의 연간 임금총액의 12분의 1에 해당하는 금액을 현금으로 부담해야 하고, 가입자는 사용자의 부담금 외에 추가로 부담금을 부담할 수 있다는 사항이 명시되어야 한다. 사용자의 부담수준은 현행 퇴직금의 사용자 부담이 근속연수 1년당 30일(약 1개월분)의 임금(평균임금)이므로 근로자별 '연간 임금총액의 1/12(8.3%) 이상'으로 설정하여야 한다.

㈏ 부담금의 납부에 관한 사항

부담금의 납부에 관한 사항에는 ①사용자는 매년 1회 이상 정기적으로 부담금을 납부할 것, ②사용자는 가입자가 탈퇴한 때에 당해 가입자에 대한 부담금을 미납한 경우에는 탈퇴일로부터 14일 이내에 그 부담금을 납부할 것 등이 명시되어야 한다. 따라서 사용자의 부담금 납부 빈도를 매년 1회 이상의 범위 안에서 사업장 실정에 따라 자율적으로 설정하도록 하되, 가입자가 퇴직한 때는 14일 이내에 미납부 부담금을 납부하여야한다.

㈐ 적립금 운용에 관한 사항

가입자는 적립금의 운용방법을 스스로 선정할 수 있고, 매 반기 1회 이상

운용방법의 변경이 가능하여야 한다. 이는 적립금 운용결과에 따라 근로자의 수익이 달라질 수 있으므로 운용과정에 근로자가 직접 참여할 수 있게 하기 위함이다.

㈑ 적립금 운용방법 제공 등에 관한 사항

퇴직연금 규약에 다음과 같은 적립금 운용방법에 관한 사항이 명시 되어야 한다.

- 매반기 1회 이상 위험과 수익구조가 상이한 세 가지 이상의 적립금 운용방법이 제시되어 있을 것.
- 운용방법별 이익 및 손실의 가능성에 관한 정보 등 가입자가 운용방법을 선정하는 데 필요한 정보가 제공될 것.

원리금보장상품을 포함하여 위험과 예상수익률이 다른 다양한 운용방법을 제시하여 근로자가 투자선호에 따라 선택하고, 금융시장의 상황에 따라 변경할 수 있어야 한다. 또한 금융지식이 충분하지 아니한 근로자들을 보호하기 위하여 적립금 운용에 필요한 정보를 제공토록 하고, 퇴직연금제도, 금융시장 상황 및 적립금의 합리적 운용방법 등에 대해서 매년 1회 이상 교육을 실시하도록 하고 있다.

㈒ 중도인출에 관한 사항

주택 구입 등 대통령령이 정하는 사유가 발생하는 경우에는 중도인출이 허용되어야 한다. 이는 주택 구입 등 대통령령이 정하는 일정한 요건을 갖춘 경우 퇴직연금의 중도인출을 허용, 근로자의 예측하지 못한 일시금 수요에 대비할 수 있도록 하기 위함이다.

(3) 개인형 퇴직연금

㈎ 개인형 퇴직연금 설정 및 운영

퇴직연금사업자는 개인형 퇴직연금을 운영할 수 있다. 또한 퇴직급여제도의 일시금을 수령하는 자, 자영업자 등 안정적인 노후소득 확보가 필요한 자로서 대통령령이 정하는 자는 개인형 퇴직연금을 설정할 수 있도록 하고 있다. 특히 퇴직연금에 가입한 가입자는 추가로 부담금을 부담할 수 있다. 이와 더불어 확정기여형 퇴직연금제도에 가입한 근로자가 퇴직 시 운용중인 자산으로 급여를 지급받고자 할 경우 해당 자산을 개인형 퇴직연금에 이전할 수 있도록 하고 있다.

㈏ 개인형 퇴직연금 설정 특례

사용자는 근로자의 동의를 얻거나 근로자의 요구가 있는 경우 개인형 퇴직연금을 설정할 수 있다. 개인형 퇴직연금을 설정하는 경우에는 다음 각호가 준수되어야 한다.

- 퇴직연금사업자 선정에 있어서 근로자의 동의를 얻을 것. 다만 근로자가 요구하는 경우 근로자가 선정할 수 있다.
- 사용자는 최소한 가입자의 연간 임금총액의 12분의 1에 해당하는 금액은 현금으로 납부할 것.
- 가입자는 사용자의 부담금 외에 추가로 부담금을 납입할 수 있을 것.
- 사용자는 매년 1회 이상 정기적으로 부담금을 납부할 것.
- 사용자는 가입자의 탈퇴 시에 당해 가입자에 대한 부담금을 미납한 경우에는 탈퇴일부터 14일 이내 그 부담금을 납부할 것.
- 사용자는 매년 1회 이상 가입자에게 대통령령이 정하는 사항에 관한 교육을 실시할 것. 이 경우 사용자는 퇴직연금사업자에게 그 교육의 실시

를 위탁할 수 있다.

- 사용자는 개인형퇴직연금의 운영에 소요되는 비용을 부담할 것. 다만 근로자의 동의가 있는 경우에는 근로자에게 부담시킬 수 있다.

2) 연금의 업무

(1) 운용관리업무

퇴직연금제도를 설정한 사용자는 퇴직연금사업자와 운용관리계약을 체결하여 해당 퇴직연금사업자에게 운용관리업무를 위탁하여야 한다. 운용관리업무는 해당 회사에서 도입한 퇴직연금제도 정보 및 퇴직연금 적립금 운용과 관련된 데이터를 관리하는 업무로 주요 내용은 다음과 같다.

- 적립금 운용방법 제시 및 운용방법별 정보 제공 업무

사용자 또는 근로자에게 퇴직연금 적립금 운용에 적합한 금융상품을 제시하고 해당 금융상품에 대한 정보를 제공하는 업무를 말한다. 예를 들어 확정급여형 퇴직연금에 적립되는 금액으로 투자할 금융상품(정기예금, 펀드 등)을 사용자에게 제시하고 정기예금의 경우 만기, 금리, 예금자 보호 여부 등의 정보를 제공하고 펀드의 경우에는 손실가능성, 과거 운용수익률 등의 정보를 제공한다.

- 연금설계 및 연금계리업무(확정급여형에 한함)

확정급여형의 경우 사용자가 매년 정기적으로 부담할 부담금을 계산할 때와 재정건전성 검증 시 해당사용자의 임금상승률, 퇴직률 등을 감안한 보험수리적인 방법을 이용하게 되는데, 부담금 계산이나 재정건전성 검증 등의 업무를 연금계리업무라 한다.

• 적립금 운용현황의 기록·보관·통지업무

적립금 운용방법(금융상품) 제시 내역, 사용자나 근로자가 선택한 금융상품 내역, 해당 금융상품 운용결과 등을 기록하고 보관하며 그 내역을 사용자나 근로자에게 통지하는 업무를 말한다.

• 사용자 및 근로자가 선택한 적립금 운용방법을 자산관리업무를 수행하는 퇴직연금사업자에게 전달하는 업무

운용관리업무는 자산관리업무와는 달리 일부 업무를 인적·물적요건을 갖춘 제3자에게 위탁하여 처리할 수 있으며, 위 4가지 업무 중 외부위탁할 수 있는 업무는 둘째, 셋째, 넷째의 업무이다. 즉 운용관리업무 중 적립금 운용결과의 기록·보관 등의 업무는 재무건전성 및 인적·물적 요건 등을 갖춘 자에게 재위탁할 수 있도록 하여 제도 운영의 효율성을 제고하고자 하였다.

(2) 자산관리업무

자산관리업무는 퇴직연금 부담금을 수납하고 퇴직급여를 지급하며 부담금 납입에 의한 적립금을 관리하는 업무로 주요 내용은 다음과 같다.

• 퇴직연금계좌를 설정하고 관리하는 업무
• 사용자 또는 근로자가 납부하는 부담금을 수령하는 업무
• 퇴직연금 적립금을 보관하고 관리하는 업무
• 운용관리업무를 수행하는 퇴직연금사업자로부터 전달받은 적립금 운용 지시를 이행하는 업무
• 가입자에게 급여를 지급하는 업무

자산관리업무는 신탁업을 영위하는 금융기관과 보험업을 영위하는 금융기관만 취급이 가능하다. 계약의 형태는 근로자의 수급권 보호를 위하여 적립금이 사용자로부터 분리되어 근로자의 수급권을 확보할 수 있는 특별계정으로 운용되는 보험계약 또는 신탁계약만 허용하고 있다. 퇴직연금사업자중 은행과 증권회사는 신탁계약에 의해 자산관리업무를 수행하고 보험회사는 보험계약에 의해 자산관리업무를 수행한다. 일부 보험회사는 신탁업 인가도 취득하여 일부 신탁계약으로 자산관리업무를 수행하기도 한다. 2005년 「신탁업법」 시행령 개정으로 보험회사도 신탁업을 겸영할 수 있도록 되었으나 자산관리업무를 신탁계약으로 하는 보험회사는 거의 없는 실정이다. 그 이유는 신탁업을 겸영하기 위한 조건이 매우 까다롭고 수수료부담 등 비용부담이 크기 때문이다.

3) 사업자의 등록 및 취소

퇴직연금에 관한 업무를 위탁받아 운용하고자 하는 자, 즉 퇴직연금사업자는 다음에 해당하는 자로서 일정 요건(재무건전성 및 인적·물적 요건 등)을 갖추어 노동부장관에게 등록하여야 한다.

- 자본시장과 금융투자업에 관한 법률에 의한 투자매매업자·투자중개업자 또는 집합투자업자
- 보험업법에 의한 보험회사
- 은행법에 의한 금융기관
- 신용협동조합법에 의한 신용협동조합중앙회
- 새마을금고법에 의한 새마을금고연합회
- 그 밖에 위의 기관에 준하는 자로서 대통령령으로 정하는 자(자본시장과 금융투자업에 관한 법률에 따라 신탁업의 인가를 받은 자)

따라서 해산한 경우, 거짓 및 그 밖의 부정한 방법으로 등록을 한 경우, 등록요건을 갖추지 못한 경우, 노동부장관 또는 금융위원회의 명령에 따르지 아니한 경우에는 등록을 취소할 수 있다. 등록이 취소된 사업자는 향후 5년간 퇴직연금사업자 등록을 할 수 없다.

퇴직연금 업무를 중단하고자 하는 퇴직연금사업자는 고용노동부장관에게 등록의 말소를 신청하여야 하며 등록이 말소된 사업자는 향후 3년간 퇴직연금사업자 등록을 할 수 없다. 고용노동부장관은 등록 취소의 처분 또는 등록 말소를 함에 있어 근로자의 수급권 보호를 위하여 필요하다고 인정되는 경우에는 등록이 취소되거나 말소되는 퇴직연금사업자에게 그 업무의 전부 또는 일부를 다른 퇴직연금사업자에게 이전할 것을 명령할 수 있다. 이 경우 고용노동부장관은 그 업무의 전부 또는 일부를 이전받는 퇴직연금사업자의 동의를 얻어야 한다.

4) 적립금의 운용

운용관리업무를 수행하는 퇴직연금사업자는 선량한 관리자로서 주의의무를 다하여야 한다. 즉 운영관리업무를 수행하는 자에 대해서 포괄적인 선관주의 의무를 부여하고 있다. 또한 퇴직연금 적립금이 안정적으로 운용될 수 있도록 하기 위하여 퇴직연금사업자는 다음의 요건을 모두 갖춘 운용방법을 제시하도록 하고 있다.

①운용방법에 관한 정보의 취득과 이해가 쉬울 것, ②운용방법간의 변경이 쉬울 것, ③적립금 운용결과의 평가방법과 절차가 투명할 것, ④확정기여형 퇴직연금과 개인형 퇴직연금의 경우에는 대통령령이 정하는 원리금 보장 운용방법이 하나 이상 포함될 것, ⑤적립금의 안정적 운용을 위하여 분산투자 등 대통령령이 정하는 운용방법 및 기준에 따를 것(투자대상 설정, 투자대상별 투자한도 설정, 이해관계인에 대한 투자 제한) 등이다.

책무 및 감독

1) 책무

(1) 사용자의 책무

퇴직연금제도의 운영과 관련하여 가입자의 이해를 제고하기 위해 사용자에게 일정한 책무를 부여하고 있다.

첫째, 사용자는 법령 및 퇴직연금 규약을 준수하고 가입자 등을 위하여 대통령령이 정한 사항에 대해 성실히 그 의무를 다해야 한다. 즉 법령 및 퇴직연금 규약의 준수의무, 가입자를 위한 신의성실의무 등이 요구되고 있다.

둘째, 퇴직연금제도를 설정한 사용자는 매년 1회 이상 가입자에게 당해 사업의 퇴직연금제도 운영상황 등 대통령령이 정하는 사항에 관한 교육을 실시하여야 한다. 따라서 사용자에게 1차적으로 교육의 의무를 부과하고 있다.

셋째, 퇴직연금제도를 설정한 사용자는 ①자기 또는 제3자의 이익을 도모할 목적으로 운용관리업무 및 자산관리업무의 수행계약을 체결하는 행위, ②그 밖에 퇴직연금의 적정한 운영을 저해하는 행위로서 대통령령이 정하는 행위 등을 하여서는 아니 된다.

이처럼 가입자 이익에 반하거나 가입자 보호를 위하여 적정한 퇴직연금의 운영을 저해하는 행위를 일체 금지하고 있다.

(2) 사업자의 책무

퇴직연금제도의 업무처리와 관련하여 퇴직연금사업자에게 일정한 책무를 부여하고 있다.

첫 번째의 책무는 법령에 의거한 노동부장관의 처분 및 계약의 내용을 준수하고 가입자를 위해 충실히 업무를 수행할 책무이다.

두 번째의 책무는 사용자가 자산관리업무 또는 운용관리업무를 위탁하고자 하는 경우에 퇴직연금사업자가 정당한 이유 없이 계약의 체결을 거부하지 말아야 할 책무이다. 또한 특정한 퇴직연금사업자와 계약을 체결할 것을 강요하거나, 사용자 또는 가입자 이익을 침해할 우려가 있는 것으로 대통령령이 정하는 행위는 하지 말아야 할 책무가 존재한다.

세 번째의 책무는 다음과 같은 행위, 즉 계약 체결 시 가입자 또는 사용자의 손실 일부 또는 전부를 부담할 것을 약속하는 행위, 가입자 또는 사용자에게 특별한 이익을 제공하는 것을 약속하는 행위, 가입자의 성명·주소 등의 개인정보를 퇴직연금의 운용과 관련된 업무수행에 필요한 범위를 벗어나서 사용하는 행위, 자기 또는 제3자의 이익을 도모할 목적으로 특정한 운용방법을 가입자 또는 사용자에게 제시하는 행위 등을 하지 말아야 할 책무이다.

네 번째의 책무는 개인형 퇴직연금 가입자에게 교육을 실시할 책무이다. 즉 개인형 퇴직연금을 운용하는 퇴직연금사업자는 당해 사업의 퇴직연금제도 운용상황 등 대통령령이 정하는 사항에 대하여 매년 1회 이상 가입자에게 교육을 실시하도록 하고 있다.

다섯 번째의 책무는 매 사업연도 종료 후 3월 이내 퇴직연금 및 개인형 퇴직연금 취급실적을 사용자, 고용노동부장관 및 금융위원회에 제출하여야 할 책무이다.

여섯 번째의 책무는 금융위원회에 보고하여야 할 책무이다. 즉 약관 또는 표준계약서를 제정 또는 변경하고자 할 때에는 미리 금융위원회에 보고하여야 한다. 다만 근로자 또는 사용자의 권익이나 의무에 불리할 영향이 없는 경우로서 금융위원회가 정하는 경우에는 약관의 제정 또는 변경 후 10일 이내에 금융위원회에 보고할 수 있다. 또한 퇴직연금사업자는 매년 말 적립금 운용수익률 및 수수료 등을 금융위원회가 정하는 바에 따라 공시하여야 할 책무가 있다.

(3) 정부의 책무

정부는 퇴직연금제도가 활성화될 수 있도록 지원방안을 강구하여야 한다. 또한 정부는 퇴직연금제도의 건전한 정착 및 발전을 위하여 노사단체, 퇴직연금업무의 수행과 관련된 기관 및 단체와 공동으로 퇴직연금사업 지원 등 필요한 조치를 취할 수 있다. 이와 더불어 정부는 퇴직연금의 지급보장장치 마련 등 근로자의 수급권 보호를 위한 여러 방안을 강구하도록 노력하여야 한다.

2) 감독

(1) 사용자

노동부장관은 필요한 경우 퇴직연금 실시상황 등에 관한 보고의 징구, 현장조사 등을 실시할 수 있다. 사용자가 퇴직연금제도 설정·운영 등에 관하여 법령 또는 규약에 위반되는 행위를 한 때에는 기간을 정하여 시정명령을 할 수 있으며, 이에 따르지 아니할 경우 퇴직연금의 운영 중단을 명령할 수 있다. 이는 퇴직연금제도가 적정하게 운영되도록 관리·감독하기 위한 근거를 둔 것이다.

(2) 사업자 감독

노동부장관은 필요한 경우에 퇴직연금사업자에 대해 「근로자퇴직급여보장법」에서 규정한 바에 따라 수행하는 업무와 관련하여 자료의 제출 또는 보고하도록 명령할 수 있다. 자료 제출을 명령함에 있어서 금융실명거래 및 비밀보장에 관한 법률, 신용정보의 이용 및 보호에 관한 법률에도 불구하고 금융거래 내용의 정보·자료 및 보험정보(이하 '금융정보 등')의 제공을 요구할 수 있다.

또한 퇴직연금사업자가 「근로자퇴직급여보장법」에 위반되는 행위를 할 경우 기간을 정하여 시정명령을 하고, 이에 따르지 아니할 경우에는 다른 사업자에게로 이전을 명령할 수 있다. 금융위원회는 대통령령이 정하는 업무에 대하여 감독하고, 이 법에 의한 책무를 위반한 경우 시정명령 등 대통령령이 정하는 조치를 할 수 있으며, 금융감독원장으로 하여금 업무 및 재산상황 등을 검사하게 할 수 있다. 이외에 금융위원회는 퇴직연금사업자가 보고한 약관이 법에 위반될 경우에 금융감독원장에게 약관을 변경·보완하도록 명령할 수 있다.

2. 개정 근퇴법의 주요 내용

가입자별 복수퇴직연금제 도입

1) 개정 배경 및 내용

사업장 내에서는 확정급여형, 확정기여형 퇴직연금제도를 복수로 선택하여 도입이 가능하나 근로자 개인은 복수선택이 불가능하여 기업이나 근로자 실정에 맞는 퇴직급여제도 운영에 어려움이 있다.

이러한 점을 보완하고자 근로자가 원하는 경우 복수의 퇴직연금제도에 동시에 가입할 수 있도록 「근로자퇴직급여보장법」이 개정되었다. 즉 근로자는 확정급여형 퇴직연금제도와 확정기여형 퇴직연금제도를 동시에 가입할 수 있다. 이 경우 각 제도별 가입비율 합은 1 이상(DB형 가입비율+DC형 가입비율≥1)이 되도록 퇴직연금 규약을 정하여 퇴직연금제도를 설정하여야 한다.[4]

---

4 「근로자퇴직급여보장법」 제6조 1항 및 제6조 2항을 참조할 것.

예시	A사업장의 생산직 근로자에게 DB, DC의 병행선택

- DB의 급여는 30일분 평균임금의 60%, DC 부담금은 '연간 임금총액의 1/12'의 40%로 설정
- A사업장의 모든 생산직 근로자에게 적용하고 혼합 형태와 가입비율의 집단적 변경은 허용하되 가입자 개인별 변경은 불허
- 각 제도별 가입비율의 합은 1 이상이 되도록 규약에 규정(DB 가입비율+DC 가입비율≥1)

2) 해외 사례 및 기대 효과

일본 니산은 DB 75%, DC 25%의 구성을 보이고 있으며, 대다수 기업들이 '퇴직급여=복수제도'라고 인식하고 있다. 이 제도의 도입으로 개인별 DB형, DC형 등의 혼합운용이 허용됨으로써 근로자의 효용을 극대화하여 퇴직연금 활성화에 기여할 것이다.

근로자 대표 동의절차 합리화

1) 개정 배경 및 내용

임금체불 방지, 노후재원 확보 등 퇴직연금의 우수성에도 불구하고 도입을 위한 노사협의 절차가 지나치게 엄격하여 퇴직연금의 확산이 저해되었다. 즉 신설되는 사업장이 퇴직연금제도를 도입하기 위해서 '과반수의 노조, 과반수 노조가 없는 경우 근로자 과반수'(이하 근로자 대표)의 동의절차를 반드시 거치도록 규정하여 실제 퇴직연금제도를 도입하는 데 어려움이 존재하였다. 이러한 문제점을 보완하고자 신설사업장이 퇴직연금을 신규로 도입하는 경우에는 근로조건의 불이익한 변경이 없다는 점을 감안하여 근로자

표2 퇴직급여제도 절차

구분	절차
퇴직급여제도를 설정하거나 설정된 퇴직급여제도 변경	근로자 대표의 동의
퇴직급여제도의 내용 변경	근로자 대표의 의견 청취
신설사업장의 퇴직급여제도 설정	근로자 대표의 의견 청취

대표의 동의가 아닌 의견 청취만으로 도입이 가능하도록 하였다.

즉 신설되는 사업장에 대해서는 근로자의 의견을 들어 1년 이내에 확정급여형 퇴직연금제도나 확정기여형 퇴직연금제도를 설정할 수 있도록 하였다.

2) 해외 사례 및 기대 효과

퇴직연금 강제가입 국가인 호주는 특별한 노사 합의 절차 없이 근로자가 퇴직연금 플랜을 선택하면 사용자가 부담금을 납입하도록 되어 있으며, 미국·영국 등에서는 사용자가 제공하는 중요한 복리후생제도로서 근로자 개별 동의만 있는 경우 연금 플랜의 가입이 가능하도록 되어 있다. 동의절차 합리화로 신설사업장의 퇴직연금 가입이 보다 활성화되고 근로자 및 사용자의 퇴직급여제도 선택권이 확대될 것이다.

퇴직금 중간정산 요건 강화

1) 개정 배경 및 내용

퇴직금제도는 퇴직하기 이전에도 근로자의 요구와 사용자의 동의만 있으면 아무런 제한 없이 중간정산이 가능하였다. 이에 따라 전체 68.3%의 근로자가 중간정산을 하고 있어 퇴직 후 노후대비를 위한 자산으로 활용이 이루어지지 않고 있다. 퇴직금 중간정산은 근로자의 요구가 있는 경우에 예외적으로 활용되어야 하나 많은 경우 사용자의 부채 부담 해소를 이유로 정기적으로 정산되어 생활비로 소진하고 있는 상황이다. 따라서 퇴직금의 노후 소득보장기능을 강화하기 위하여 퇴직금 중간정산 사유를 엄격히 제한할 필요가 있었다.

이에 따라 개정된 근퇴법 및 시행령에서는 확정기여형(DC형) 퇴직연금 또는 개인형 퇴직연금에 대해 주택구입 등 대통령령이 정하는 사유에 해당하는 경우 퇴직적립금을 중도인출할 수 있도록 규정하고 있다. 즉 무주택자가 본인의 명의로 주택 구입 시, 가입자 또는 그 부양가족이 질병·부상에 따라 6개월 이상 요양 시, 최근 5년 이내에 가입자가 파산의 신고를 받은 경우, 개인회생 절차 개시의 결정을 받은 경우, 천재지변 시에만 퇴직적립금의 중도인출을 허용하고 있다.

또한 퇴직급여제도간의 형평성을 고려하여 퇴직연금의 담보대출 또는 중도인출 사유를 퇴직금 중간정산 사유로 규정함과 더불어 무주택자의 전세자금 및 임금피크제 도입 시에도 중간정산을 할 수 있도록 규정하고 있다. 근로자 가계 부담을 고려하여 무주택자의 전세자금을 중간정산 사유로 인정하되, 횟수를 1회로 제한하였고 고용촉진을 위해 임금피크제 도입 시에도 퇴직급여가 불합리하게 감액될 수 있는 점을 감안하여 중간정산 사유로 인정하고 있다. 또한 임금피크제는 정년연장 또는 정년 후 재고용하면서 일정 나이, 근속기간을 기준으로 임금을 감액하는 제도로 「고용보험법」 시행령 제28조 제1항에서 정한 정년연장형, 소정근로시간단축형, 57세 이상 정년 및 재고용형을 중간정산 사유로 규정하고 있다. 결국 퇴직금 중간정산 사유를 ①무주택자가 본인의 명의로 주택 구입 시, ②가입자 또는 그 부양가족이 질병·부상에 따라 6개월 이상 요양 시, ③최근 5년 이내에 가입자가 파산의 신고를 받은 경우, ④임금피크제 도입 시, ⑤개인회생 절차 개시의 결정을 받은 경우, ⑥무주택자의 전세자금, ⑦천재지변 시 등으로 제한하고 있다.

표2 퇴직금 중간정산 및 퇴직연금 담보대출(중도인출) 사유

근퇴법 개정안	근퇴법 시행령 개정안
제7조 (퇴직연금제도 수급권 보호 및 담보대출) ① 퇴직연금제도의 급여를 받을 권리는 양도하거나 담보로 제공할 수 없다. ② 제1항에도 불구하고 가입자는 주택 구입 등 대통령령이 정하는 사유와 요건을 갖춘 경우에는 대통령령이 정하는 한도에서 퇴직연금제도의 급여를 받을 권리를 담보로 제공할 수 있다. 이 경우 제26조에 따라 등록한 퇴직연금사업자는 제공된 급여를 담보로 대출이 이루어지도록 협조하여야 한다.	제2조(퇴직연금제도 수급권의 담보 제공 사유 등) ① 법 제7조 제2항에서 주택 구입 등 대통령령으로 정하는 사유와 요건을 갖춘 경우란 다음 각호의 어느 하나에 해당하는 경우를 말한다. 1. 무주택자인 가입자가 본인 명의로 주택 구입 시 2. 가입자 또는 그 부양가족이 6개월 이상 요양 시 3. 최근 5년 이내에 파산선고를 받은 경우 4. 개인회생 절차 개시의 결정을 받은 경우 5. 천재지변 시 ② 법 제7조 제2항에서 대통령령으로 정하는 한도란 가입자별 적립금의 100분의 50을 말한다.
제8조(퇴직금제도의 중간정산 등) ② 제1항에도 불구하고 사용자는 주택 구입 등 대통령령으로 정하는 사유로 근로자가 요구하는 경우에는 근로자가 퇴직하기 전에 해당 근로자의 계속근로기간에 대한 퇴직금을 미리 정산하여 지급할 수 있다.	제3조(퇴직금제도의 중간정산 사유) ① 법 제8조 제2항에서 '대통령령으로 정하는 사유'란 다음 각호의 어느 하나에 해당하는 경우를 말한다. 1. 제2조 제1항 각호에 해당하는 경우 2. 무주택자인 가입자가 주거를 목적으로 전세금 또는 주택임차에 따른 보증금을 부담하는 경우(다만 해당사업에 근로하는 기간 중 1회에 한함) 3. 고용보험법 시행령 제28조 제1항 제1호부터 제3호까지의 임금피크제를 실시하는 경우
제22조(확정기여형 퇴직연금제도 중도인출) 확정기여형 퇴직연금제도에 가입한 근로자는 주택 구입 등 대통령령으로 정하는 사유가 발생하면 적립금을 중도인출할 수 있다.	제15조(확정기여형 퇴직연금제도의 중도인출 사유) 법 제22조에서 주택 구입 등 대통령령이 정하는 사유란 제2조 제1항 각호의 어느 하나에 해당하는 경우를 말한다.
제24조(개인형 퇴직연금제도 수급조건 및 중도인출) ⑤ 개인형 퇴직연금제도의 급여의 종류별 수급요건 및 중도인출에 관하여는 대통령령으로 정한다.	제19조(개인형 퇴직연금제도 수급요건 및 중도인출) ② 가입자가 제2조 제1항 각호의 어느 하나에 해당하는 경우 법 제24조 제5항에 따라 개인형 퇴직연금제도의 적립금을 중도인출 할 수 있다.

자료: 「근로자퇴직급여보장법」 및 시행령, 2012.7.

2) 해외 사례 및 기대 효과

미국 401K의 경우 퇴직, 장애, 사망, 플랜 폐지 등의 사유가 있을 때만 중도인출이 가능하며 59.5세 이하가 중도인출 시 10%의 세제상 페널티를 부과하고 있다. 호주의 경우도 영구 또는 일시적 장애, 경제적 궁핍, 질병치료 등 일정한 사유가 있는 경우에만 중도인출이 가능하도록 되어 있다. 우리나라도 근퇴법 및 시행령 개정으로 중간정산 사유가 엄격히 제한됨으로써 퇴직금이 중간정산되어 생활자금으로 소진되는 것이 방지될 것으로 보인다. 또한 사용자가 주도하여 관례적으로 중간정산하는 사례를 방지하여 퇴직급여 수령액의 불합리한 감소를 예방하고 퇴직금의 노후소득보장기능 강화가 예상된다.

퇴직연금제도의 연속성 강화

1) 개정 배경 및 내용

평균근속기간이 5.9년에 불과한 노동시장의 현실에서 충분한 노후재원의 확보를 위해서는 직장이동 시 퇴직연금의 연속성을 강화할 필요가 있다. 이에 따라 개정된 근퇴법 및 시행령에서는 퇴직연금 가입자가 55세 이전에 퇴직하여 받는 퇴직적립금을 개인형 퇴직연금에 자동적으로 이전하도록 규정함으로써 퇴직연금제도 간 연속성을 강화하였다.

다만 55세 이후 퇴직 등 대통령령이 정하는 사유에 한하여 예외를 인정하고 있다. 즉 ①55세 이후 퇴직하여 급여를 수령하는 경우, ②퇴직연금급여를 담보로 하는 대출금액을 상환하는 경우(단 담보대출 채무상환금액만 이전 대상에서 제외), ③퇴직 시 일시적 자금수요를 감안하여 퇴직급여가 일정액 이하인 경우 등을 제외하고는 가입자가 지정한 개인형 퇴직연금의 계정으로 이전하도록 의무화하고 있다.

이처럼 근퇴법 및 시행령에서는 퇴직근로자의 자금수요의 긴급성, 이전

표3 근퇴법 및 근퇴법 시행령상의 퇴직적립금 이전 관련 조항

근퇴법 개정안	근퇴법 시행령 개정안
제17조(급여 종류 및 수급요건 등) ②사용자는 가입자의 퇴직 등에 따른 급여를 지급할 사유가 발생할 날부터 14일 이내에 퇴직연금사업자로 하여금 적립금의 범위에서 지급의무가 있는 급여 전액을 지급하도록 하여야 한다. ④제2항에 따른 급여의 지급은 가입자가 지정한 개인형 퇴직연금제도의 계정으로 이전하는 방법으로 한다. 다만 가입자가 55세 이후에 퇴직하여 급여를 받는 경우 등 대통령령으로 정하는 사유가 있는 경우 그러하지 않는다. ⑤가입자가 제4항에 따라 개인형 퇴직연금제도의 계정을 지정하지 않는 경우에는 해당 퇴직연금사업자가 운영하는 계정으로 이전한다. 이 경우 가입자가 해당퇴직연금사업자에게 개인형 퇴직연금제도를 설정한 것으로 본다. 제20조(부담금의 부담수준 및 납입 등) ⑥가입자는 퇴직할 때에 급여를 갈음하여 그 운용중인 자산을 가입자가 설정한 개인형 퇴직연금제도의 계정으로 이전해줄 것을 해당 퇴직연금사업자에게 요청할 수 있다. 제38조(퇴직연금제도 폐지·중단 시의 처리) ④사용자와 퇴직연금사업자는 퇴직연금제도가 폐지되어 가입자에게 급여를 지급하는 경우에 가입자가 지정한 개인형 퇴직연금제도의 계정으로 이전하는 방법으로 지급하여야 한다.	제10조(개인형 퇴직연금제도로의 이전 예외 사유) 법 제17조 제4항에서 '가입자가 55세 이후에 퇴직하여 급여를 받는 경우 등 대통령령으로 정하는 사유'란 다음 각호의 어느 하나에 해당하는 경우를 말한다. 1. 가입자가 55세 이후에 퇴직하여 급여를 받는 경우 2. 가입자가 법 제7조 제2항에 따라 급여를 담보로 대출받은 금액 등을 상환하기 위한 경우. 다만 가입자가 지정한 개인형 퇴직연금제도의 계정으로 이전하지 아니하는 금액은 담보대출채무 상환금액을 초과할 수 없다. 3. 퇴직급여액이 고용노동부 장관이 정하는 금액 이하인 경우

자료: 「근로자퇴직급여보장법」 및 시행령, 2012.7.

시 연금제도의 연속성 보장효과 등을 감안하여 개인형 퇴직연금으로의 이전 예외 규정을 두고 있다. 또한 가입자가 개인형 퇴직연금제도의 계정을 지정하지 않는 경우 해당 퇴직연금사업자가 운영하는 계정으로 이전하도록 하고 있다. 특히 확정기여형 퇴직연금 가입자의 경우는 운용중인 자산을 가입자가 설정한 개인형 퇴직연금의 계정으로 이전해줄 것을 해당 퇴직사업자에게 요청할 수 있도록 규정하고 있다.

2) 해외 사례 및 기대 효과

일본의 경우 65세 이전 퇴직 후 6개월 이내에 개인형 DC(개인형 퇴직연금과 유사)로 이행하지 않는 경우 국민연금기금 연합회로 강제 이전하여 통산하고 있다. 미국은 개인퇴직계좌IRA로 이전을 원할 경우 급여가 지급된 날로부터 60일 이내에 이전하며 59.5세 이전 인출 시 벌금을 부과하고 70.5세부터는 최소인출규정에 의해 지급하도록 하고 있다. 55세 이전에 수령한 급여를 개인형 퇴직연금으로 강제 이전시킴으로써 퇴직급여의 노후재원으로서 기능이 제고될 것이다.

확정급여형 재정검증 기준 마련

1) 개정 배경 및 내용

기존 근퇴법 및 시행령에는 확정급여형 퇴직연금 제도의 재정건전성 기준만 제시되고 이 기준을 충족하는지를 검증·확인하는 절차는 존재하지 않았다. 이에 따라 적립금 과부족에 대한 처리 근거가 불분명하고 퇴직연금의 사외적립이라는 취지가 반감되는 결과를 초래하게 되었다. 따라서 확정급여형 퇴직연금의 적립금이 일정한 수준에 미달하는 경우 부족분을 해소하기 위한 기준 및 절차가 필요하게 되었다.

개정된 근퇴법 및 시행령에서는 첫째, 퇴직연금사업자로 하여금 매 사업연도 말 이후 6개월 이내에 적립금이 최소적립금을 상회하고 있는지 여부를 검증하여 사용자에게 통지하도록 하였다. 다만 최소적립금보다 적은 경우에는 그 확인결과를 근로자 대표에게도 알리도록 하였다. 둘째, 사용자는 재정검증 결과 최소적립금의 95%에 미달하는 경우 부족분을 해소하도록 하였다. 최소적립금의 산정 기초인 기준책임준비금은 미래예상치를 기초로 계산하기 때문에 적립금 부족의 판단기준은 연금계리 오차 등을 고려하여 최소적립금의 95% 수준으로 하였다. 적립금이 최소적립금의 95%에

표4 근퇴법 및 근퇴법 시행령상의 재정검증 기준

근퇴법 개정안	근퇴법 시행령 개정안
제16조(급여 지급능력 확보 등) ①확정급여형 퇴직연금제도를 설정한 사용자는 급여지급능력을 확보하기 위하여 매 사업연도 말 기준책임준비금에 100분의 60 이상으로 대통령령이 정하는 비율을 곱하여 산출한 금액(최소적립금) 이상을 적립금으로 적립하여야 한다. ②확정급여형 퇴직연금제도의 운용관리 업무를 수행하는 퇴직연금사업자는 매 사업연도 종료 후 6개월 이내에 고용노동부령으로 정하는 바에 따라 산정된 적립금이 최소적립금을 상회하고 있는지 여부를 확인하여 그 결과를 대통령령이 정하는 바에 따라 사용자에게 알려야 한다. 다만 최소적립금보다 적은 경우에는 그 확인결과를 근로자 대표에게도 알려야 한다. ③사용자는 제2항에 따른 확인결과 적립금이 대통령령으로 정하는 수준에 미치지 못하는 경우에는 대통령령으로 정하는 바에 따라 적립금 부족을 해소하여야 한다. ④제2항에 따른 확인결과 매 사업연도 말 적립금이 기준책임준비금을 초과한 경우 사용자는 그 초과분을 향후 납입할 부담금에서 상계할 수 있으며 매 사업연도 말 적립금이 기준책임준비금의 100분의 150을 초과하고 사용자가 반환을 요구하는 경우 퇴직연금사업자는 그 초과분을 사용자에게 반환할 수 있다.	제6조(최소적립금 수준) 법 제16조 제1항에서 '100분의 60 이상으로 대통령령으로 정하는 비율'이란 기준책임준비금 대비 적립금비율(의무적립비율)로 다음과 같이 정한다. 1. 2012년 7월부터 2013년 12월: 100분의 60 2. 2014년 1월부터 2015년 12월: 100분의 70 3. 2016년 1월부터 2017년 12월: 100분의 80 4. 2018년 1월 이후: 노동부령에서 정한 비율 제7조(재정검증 결과의 통보) 법 제16조 제2항에서 '대통령령으로 정하는 바'란 적립금과 최소적립금을 비교하여 적립금 부족 여부, 그간의 적립금 및 납입 현황, 재정안정화계획서 작성 여부 등을 서면으로 통지하는 것을 말한다. 제8조(적립금 부족의 판단기준 및 해소방안) ①법 제16조 제3항에서 '대통령령으로 정하는 수준'이란 최소적립금의 100분의 95를 말한다. ②법 제16조 제3항에서 '대통령령으로 정하는 바'란 다음 각호의 사항을 말한다. 1. 적립금 부족을 최대 3년 이내에 균등하게 해소할 수 있도록 부족금액에 대한 자금조달방안, 납입계획 등의 내용을 포함한 계획서(재정안정화계획서)를 구체적으로 작성할 것 2. 퇴직연금사업자로부터 재정검증 결과를 통보받은 날부터 60일 이내에 근로자 대표와 제1호에 따른 재정안정화계획서를 통보할 것 3. 제1호에 따라 작성한 재정안정화계획서에 따라 적립금 부족을 성실하게 해소할 것

미달하는 경우 최대 3년 이내에 적립 부족을 해소할 수 있는 계획을 마련하고 사용자는 자금조달 방안, 납부 계획 등을 포함하여 작성한 재정안정화계획서를 근로자 대표 및 퇴직연금사업자에게 제출하고 이를 성실히 이행하여야 한다. 셋째, 적립금이 기준책임준비금의 100%를 초과한 경우 장

래부담금과 상계할 수 있도록 하고 150%를 초과한 경우 사용자에게 반환될 수 있도록 하였다.

2) 해외 사례 및 기대 효과

미국은 적립률(연금자산/연금부채)이 90% 이하인 경우 추가부담금을 납입하도록 하고 있다. 캐나다는 적립 부족액을 5년 이내에 해소하도록 하고 있으며 초과 잉여부담금은 장래의 부담금과 상계하도록 하고 있다. 일본의 경우 적립률이 90% 이하인 경우 부족액을 7년 이내에 해소하도록 하고 있고 심각한 적립 부족에 대해서는 연금급여를 감액시킬 수 있다.[5] 일본의 경우도 잉여부담금에 대해서 장래부담금과 상계가 가능하다. 근퇴법 및 시행령 개정으로 확정급여형 재정검증절차가 합리적으로 개선되고 적립금과부족에 대한 처리절차가 명확히 됨으로써 근로자의 수급권 강화가 기대된다.

퇴직연금의 우선변제 규정 명확화

1) 개정 배경 및 내용

퇴직연금이 체불된 경우 퇴직금 체불과 동일하게 채권 등에 대하여 우선변제(3년치는 최우선변제)되도록 해석하고 있으나 해석에 대한 근거가 명확하지 않아(법 제11조는 퇴직금에 한하여 우선변제하도록 규정), 이를 명확히 할 필요가 있었다. 이에 따라 「근로자퇴직급여보장법」 개정안에서는 기존의 퇴직금 우선변제제도를 퇴직급여 등 우선변제제도로 확대·개편하여 우선

5 확정급부기업연금은 연금의 지속가능성이 곤란한 특별한 사정이 있을 경우 가입자 및 수급자의 수급권 보호 관점에서 부득이하게 사업자 등이 연금규약에서 약속한 연금액을 감액할 수 있다. 이는 현재 가입자에 대한 미래채무에 대한 감액은 물론 현재 수급하고 있는 수급자에 대한 과거채무에 대해서도 감액할 수 있다는 것을 의미한다. 다만, 이 경우에도 기업의 경영 악화, 보험료 부담 증가 등으로 엄격히 제한하고 있으며, 연금 가입자 또는 수급자의 동의절차 등 법령에서 정하는 절차에 따라 감액을 실시할 수 있다.

변제제도의 범위를 퇴직연금까지 포함시키고 있다. 즉 퇴직금의 우선변제조항을 DB형의 급여 및 DC형의 부담금, 개인형 퇴직연금의 부담금으로 확대함으로써 퇴직연금이 우선변제 대상이 됨을 명확히 하고자 하였다. 즉 「근로자퇴직급여보장법」 개정안 제12조에 의하면 사용자에게 지급의무가 있는 퇴직금, 확정급여형 퇴직연금의 급여, 확정기여형 퇴직연금의 부담금은 사용자의 총재산에 대하여 질권 또는 저당권에 의하여 담보된 채권을 제외하고는 조세·공과금 및 다른 채권에 우선하여 변제 받을 수 있다.

특히 최종 3년간의 퇴직금, 확정급여형 퇴직연금의 급여, 확정기여형 퇴직연금의 부담금은 사용자의 총재산에 대하여 질권 또는 저당권에 의하여 담보된 채권, 조세·공과금 및 다른 채권에 우선하여 변제되어야 한다. 이 경

표5 근퇴법 개정 전후의 우선변제제도 관련 규정

근퇴법 개정 이전	근퇴법 개정 후
제11조(퇴직금의 우선변제) ① 퇴직금은 사용자의 총재산에 대하여 질권 또는 저당권에 의하여 담보된 채권을 제외하고는 조세·공과금 및 다른 채권에 우선하여 변제되어야 한다. 다만 질권 또는 저당권에 우선하는 조세·공과금에 대하여는 그러하지 않는다. ② 제1항의 규정에 불구하고 최종 3년간의 퇴직금은 사용자의 총재산에 대하여 질권 또는 저당권에 의해 담보된 채권, 조세·공과금 및 다른 채권에 우선하여 변제되어야 한다. ③ 제2항의 규정에 의한 퇴직금은 계속근로기간 1년에 대하여 30일분의 평균임금으로 계산한 금액으로 한다.	제12조(퇴직급여 등의 우선변제) ① 사용자에게 지급의무가 있는 퇴직금, 확정급여형 퇴직연금제도의 급여, 확정기여형 퇴직연금제도의 부담금 중 미납입부담금 및 미납입 부담금에 대한 지연이자, 개인형 퇴직연금제도의 부담금 중 미납입부담금 및 미납입부담금에 대한 지연이자 (이하 퇴직급여 등)는 사용자의 총재산에 대하여 질권 또는 저당권에 의하여 담보된 채권을 제외하고는 조세·공과금 및 다른 채권에 우선하여 변제되어야 한다. 다만 질권 또는 저당권에 우선하는 조세·공과금에 대하여는 그러하지 않는다. ② 제1항에도 불구하고 최종 3년간의 퇴직급여 등은 사용자의 총재산에 대하여 질권 또는 저당권에 의하여 담보된 채권, 조세·공과금 및 다른 채권에 우선하여 변제되어야 한다. ③ 퇴직급여 등 퇴직금, 확정급여형 퇴직연금제도의 급여는 계속근로기간 1년에 대하여 30일분의 평균임금으로 계산한 금액으로 한다. ④ 퇴직급여 등 중 확정기여형 퇴직연금제도의 부담금 및 개인형 퇴직연금제도의 부담금은 가입자의 연간 임금총액의 12분의 1에 해당하는 금액으로 한다.

우 퇴직금, 확정급여 퇴직연금의 급여는 계속근로기간 1년에 대하여 30일분의 평균임금으로 계산한 금액으로 하되, 다만 확정기여형 퇴직연금의 부담금은 가입자의 연간 임금총액의 12분의 1에 해당하는 금액으로 하도록 규정하고 있다.

2) 해외 사례 및 기대 효과

선진국의 경우 우리나라와 같은 퇴직급여 등의 우선변제제도가 존재하지 않는 대신 국가가 법적으로 연금지급을 보증하는 장치를 두고 있다. 퇴직급여 등에 대한 우선변제 규정 명확화는 선진국처럼 완전하지는 않지만 어느 정도 근로자의 수급권 보호에 긍정적인 영향을 미칠 것으로 기대된다.

개인형 퇴직연금제도 도입

1) 개정 배경 및 내용

국내 자영인(소상공인, 특수형태 근로종사자)은 2006년 말 기준으로 취업근로자 대비 32.8%로 OECD 국가 평균인 16%의 두 배 수준에 이르고 있다. 이는 구조조정으로 근로자들이 자영업으로 대거 이동하고 고용 없는 성장으로 일자리가 줄어들었기 때문이다. 또한 평균 근속기간(2007년 기준 5.9년)이 짧으며, DB형 퇴직연금을 이용하는 경우 근로자의 추가 납입이 어려운 상황이다.

이와 더불어 이직 후 재입사한 사업장이 퇴직금, DB형 제도를 운영하는 경우 통산이 불가능하여 퇴직 시 소액일시금을 받아 생활비로 소진될 가능성이 존재한다. 따라서 DB형 퇴직연금 가입자가 추가 납입할 수 있고 퇴직금 또는 DB형 퇴직연금사업장에 이직하는 경우도 통산할 수 있는 제도적 보완이 필요하게 되었다.

즉 개인퇴직계좌의 가입자로 자영인(소상공인, 특수형태근로종사자), 재직

표6 개인형 퇴직연금제도의 설정 및 운영

근퇴법 개정안	근퇴법 시행령 개정안
제24조(개인형 퇴직연금제도의 설정 및 운영 등) ① 퇴직연금사업자는 개인형 퇴직연금제도를 운영할 수 있다. ② 다음 각 호의 어느 하나에 해당하는 사람은 개인형 퇴직연금제도를 설정할 수 있다. 1. 퇴직급여제도의 일시금을 수령한 사람 2. 확정급여형 퇴직연금제도 또는 확정기여형 퇴직연금제도의 가입자로서 자기부담으로 개인형 퇴직연금제도를 추가로 설정하려는 사람 3. 자영업자 등 안정적인 노후소득 확보가 필요한 사람으로서 대통령령으로 정하는 사람 ③ 제2항에 따라 개인형 퇴직연금제도를 설정한 사람은 자기의 부담으로 개인형 퇴직연금제도의 부담금을 납입한다. 다만 대통령령으로 정하는 한도를 초과하여 부담금을 납입할 수 없다.	제18조(개인형 퇴직연금제도의 부담금 납입한도) 법 제24조 제3항 단서에서 '대통령령으로 정하는 한도'란 이전사업장에서 받은 퇴직급여제도의 일시금 등을 제외한 금액으로 연간 1,800만 원을 말한다.

자 등을 포함하고 관련 규정에 가입자가 원하는 경우 추가로 부담금을 납입할 수 있도록 개인형 퇴직연금제도의 도입 필요성이 제기되었다. 이에 따라 근퇴법을 개정하여 기존의 개인퇴직계좌를 개인형 퇴직연금으로 명칭을 변경하고 제도를 개선하여 2012년부터 시행하기에 이르렀다.

근퇴법 개정안 제24조에서는 퇴직급여제도(퇴직연금제도, 법정퇴직금제도)의 일시금 수령자, DB형 퇴직연금 및 DC형 퇴직연금의 가입자, 자영업자 등이 가입할 수 있도록 가입자 범위를 확대하였다. 따라서 중간정산에 의해 받은 일시금을 개인형 퇴직연금으로 전환할 수 있으며 퇴직연금 가입자도 개인형 퇴직연금을 추가로 가입할 수 있게 되었다. 특히 개인형 퇴직연금에 가입할 수 있는 사업장의 범위를 10인 미만 사업장에서 모든 사업장으로 확대하였다. 다만 자기부담으로 개인형 퇴직연금제도를 추가로 설정한 사람은 연간 1,800만 원 한도로 납입할 수 있다.

2) 해외 사례 및 기대 효과

미국은 다양한 형태의 IRA가 도입 및 개발되는 등 지속적인 제도 개선을 통해 활성화되고 있다. 미국의 IRA는 퇴직연금 가입 대상이 아닌 근로자에게 노후자금 마련의 기회를 제공하고, 직장 이동 시 퇴직연금의 세제혜택을 유지하면서 적립금을 전환할 수 있는 제도적 장치 마련을 위해 도입되었다. 그 이후 기업이 근로자에게 IRA를 제공하는 SEP, SIMPLE IRA, Roth IRA 제도 등 다양한 IRA 제도를 도입하였다. 2009년 말 IRA 적립금 규모는 약 4조 2천억 달러로 전체 은퇴 자산시장의 약 25%를 차지하며, 은퇴자금의 주요한 수단으로 자리매김하고 있다.

우리나라도 근퇴법 개정으로 자영업자 등도 개인형 퇴직연금에 가입이 허용되기 때문에 잠재적인 가입층이 보다 확대되고 운용능력에 따른 사업자간의 차별성도 확연히 나타날 것으로 보인다. 이와 같은 개인형 퇴직연금 제도는 단순히 통상장치의 기능에 국한하지 않고 가입요건의 완화 및 다양한 형태의 제도 개발 및 도입을 통해 퇴직연금(2층)과 개인연금(3층)의 기능을 동시에 담당하게 되어 노후소득보장제도로서의 역할이 제고될 것으로 보인다.

특히 가입자의 측면에서는 개인형 퇴직연금이 직장이동 시 통산장치의 역할을 하게 되므로 퇴직연금의 수급권 및 운용의 연속성 강화, 안정적인 노후자금 마련 등의 긍정적 효과를 기대할 수 있다. 정부 측면에서는 장기적

표7 IRP 제도 도입의 기대 효과

가입자	정부	금융산업
– 노후소득보장 강화 – 안정적인 노후대비	– 재정부담의 완화 및 고령화 리스크 대응 – 연금 사각지대 해소	– 다양한 금융상품 출현 – 은퇴관리자 역할 증대 – 금융산업 성장 견인

으로 세수증가와 재정부담 완화, 금융산업 측면에서는 퇴직연금시장의 증가와 같은 직접적인 효과 이외에 개인형 퇴직연금 도입으로 파생되는 다양한 금융상품의 출현, 은퇴관리자로의 역할 증대, 금융산업의 성장 견인 등과 같은 부수적인 효과가 기대된다.

퇴직연금 모집인 제도 도입[6]

1) 개정 배경 및 내용

(1) 개정 배경

기존 「근로자퇴직급여보장법」에는 퇴직연금제도 도입을 권유하는 업무(이하 모집업무)에 대한 특별한 규정이 없어 유권해석을 통해 퇴직연금사업자 업무의 하나로 퇴직연금사업자만 모집업무를 수행할 수 있다. 따라서 보험설계사 등 금융중개인은 법적 근거가 없어 모집업무 수행을 퇴직연금사업자에 한정한 것은 부당하다며 지속적으로 퇴직연금 모집업무의 위탁을 요구하기 이르렀다. 실제로 보험설계사, 협회 등은 행정소송, 질의요청, 유권해석 요청 등을 통해 지속적으로 퇴직연금 판매를 요청하였다. 그러나 퇴직연금은 근로자의 안정적 노후를 위한 노후소득보장제도로서 전문적 지식 구비 없이 단순한 금융상품으로 인식하고 판매하는 경우 펀드 등의 사례와 같이 허위정보에 의한 불완전 판매 가능성이 존재할 수 있다.

이러한 문제점을 개선하고자 근퇴법 개정안에서는 보험설계사 등에 대해 퇴직연금 모집업무 위탁수행을 전면 허용하되 일정한 모집인 요건, 위탁범위 등을 규정하여 영업사업장까지 퇴직연금이 확산될 수 있는 기반을 마련하게 되었다.

---

6 이에 대한 자세한 내용은 류건식·이상우, 「퇴직연금 모집업무위탁제도 도입과 보험회사 대응과제」, 보험연구원 KIRI Weekly, 20011.2.21 및 류건식, 「퇴직연금 모집인제도 도입과 보험회사 시사점」, 보험연구원 주간포커스, 2012.7.30을 참조.

(2) 관련 규정

(가) 퇴직연금 모집인 업무 범위

퇴직연금사업자는 퇴직연금 모집인에게 퇴직연금제도를 설정하거나 가입할 자를 모집하는 업무를 위탁할 수 있다. 퇴직연금사업자는 퇴직연금 모집인에게 모집업무를 위탁한 경우 위탁받은 자를 고용노동부장관에게 등록하여야 한다. 근퇴법 시행령 개정안에서는 모집인이 할 수 있는 업무를 퇴직연금제도 설명업무, 소개 및 중개업무, 질의사항 전달업무 등으로 구분하고 있다.

표8 모집업무 위탁

법안	근퇴법 제31조(모집업무의 위탁)
내용	① 퇴직연금사업자는 다음 각 호의 요건을 모두 갖춘 자(이하 '퇴직연금제도 모집인')에게 퇴직연금제도를 설정하거나 가입할 자를 모집하는 업무(이하 '모집업무')로서 대통령령으로 정하는 업무를 위탁할 수 있다. 1. 생략 2. 퇴직연금제도의 전문지식이 있는 자로서 대통령령으로 정하는 요건을 갖출 것 3. 생략 ② 퇴직연금사업자는 제1항에 따라 퇴직연금제도 모집업무를 위탁한 경우에는 위탁받은 자를 고용노동부장관에게 등록하여야 한다. 이 경우 고용노동부장관은 그 등록업무를 대통령령이 정하는 바에 따라 고용노동부장관이 정하는 기관에 위탁할 수 있다. ③ 제1항에 따라 퇴직연금제도 모집업무를 위탁받은 자는 제2항에 따른 등록을 하지 아니하고는 퇴직연금제도 모집업무를 수행하여서는 아니 된다. ④ 퇴직연금사업자는 제2항에 따라 등록한 퇴직연금제도 모집인 이외의 자에게 모집업무를 위탁하여서는 아니 된다. ⑤ 제2항에 따른 등록신청, 방법, 절차 및 그 밖의 등록을 위하여 필요한 사항은 고용노동부장관이 정한다.

즉 퇴직연금제도를 설정하거나 가입하려는 자에게 퇴직연금제도 및 운영에 관한 사항을 설명할 수 있으며, 퇴직연금제도에 가입하려는 기업 또는 개인을 퇴직연금사업자에게 소개하거나 중개할 수 있다. 또한 퇴직연금제도에 가입하려는 기업 또는 개인의 질의사항에 대해 퇴직연금사업자의 답변을 전달할 수 있다.

표9 퇴직연금 모집인의 업무 내용

구분	업무 내용
제도 설명업무	퇴직연금제도를 설정하거나 가입하려는 자에게 퇴직연금제도 및 운영에 관한 사항을 설명하는 업무
소개 및 중개업무	퇴직연금제도에 가입하려는 기업 또는 개인을 퇴직연금사업자에게 소개하거나 중개하는 업무
질의사항 전달업무	퇴직연금제도에 가입하려는 기업 또는 개인의 질의사항, 퇴직연금사업자 등의 답변을 전달하는 업무

(나) 퇴직연금 모집인 요건

보험설계사, 투자권유대행인이 고용노동부장관 인정 교육과정을 이수한 후 퇴직연금사업자와 서면계약으로 모집업무를 위탁받은 경우에 퇴직연금 모집인이 된다. 즉 퇴직연금 모집인이 되는 요건은 보험설계사, 투자권유대행인(1차 요건), 노동부장관 인정 교육과정 이수(2차 요건), 퇴직연금사업자와 모집업무 위탁계약(3차 요건) 등이다.

따라서 교육과정을 이수하고 사업자로부터 위탁을 받았다 해서 퇴직연금 모집인이 될 수 있는 것이 아니라 금융위원회에 등록된 보험설계사, 금융투자협회에 등록된 투자권유대행인에 대해 퇴직연금 모집인이 될 수 있는 기본 자격이 부여된다. 여기에서 투자권유대행인(펀드 투자권유대행인, 증권 투자권유대행인)은 한국금융투자협회가 정한 전문자격시험(펀드 투자상담

표10 퇴직연금 모집인의 요건(근퇴법 시행령 제29조)

1차 요건	- 보험업법에 따라 금융위원회에 등록된 보험설계사 - 자본시장과 금융투자업에 관한 법률에 따라 한국금융투자 협회에 등록된 투자권유대행인
2차 요건	고용노동부장관이 인정하는 교육과정 이수
3차 요건	퇴직연금사업자와의 서면계약으로 모집업무 위탁

사, 증권 투자상담사)에 합격한 후 정규 교육과정을 이수하고 증권사와 위탁계약을 통해 투자자에게 금융투자상품을 투자권유할 수 있는 자(「자본시장법」 시행령 제56조)을 의미한다. 펀드 투자대행인은 증권펀드(주식형, 채권형, 혼합형), 부동산펀드에, 증권 투자권유대행인은 주식(국내, 해외), 채권, RP, CP, 원금보장형 ELS, 원금보장형 DLS에 투자권유가 가능하다.

표11 모집인 교육과정 및 이수기준

구분	세부 내용
교육과목	①퇴직연금제도의 이해 ②근퇴법 및 감독 규정 해설 ③퇴직급여제도 관련 노동법 ④퇴직연금 적립금의 운용방법 ⑤모집인의 준수사항
교육기관	등록업무 위탁 수행기관
이수기준	교육시간 20시간 이상, 이수검정시험 평균 60점 이상(각 40점 미만은 과락)
교육과정 주기	분기별 실시

고용노동부장관은 퇴직연금 모집인의 등록업무를 수행할 수 있는 인력과 시설을 보유하고 유사한 업무경험이 있는 법인 또는 단체에 등록업무를 위탁할 수 있으며 모집인 등록업무의 위탁기간은 3년을 넘지 않는 범위에서 정할 수 있다. 또한 퇴직연금사업자는 2년마다 6개월 이내에 퇴직연금 모집인에 대한 보수교육을 실시하여야 한다.

㈐ 퇴직연금 모집인의 준수사항

퇴직연금 가입자를 보호하기 위해 퇴직연금 모집인에게 ①퇴직연금 모집인 이외의 명칭 사용 금지, ②허위사실에 근거한 모집업무 수행 행위 금지, ③모집업무의 위탁범위를 벗어난 업무수행 금지, ④둘 이상의 사업자와 모집업무 위탁계약 체결 금지, ⑤모집업무를 수행하면서 알게 된 정보를 자기 또는 제3자의 이익을 위해 이용하는 행위 금지 등 엄격한 준수사항을 근퇴법 시행령에서 규정하고 있다.

또한 퇴직연금 모집인은 모집업무를 수행하는 경우 퇴직연금을 설정하려는 사용자 등에게 모집업무를 위탁한 퇴직연금사업자의 명칭, 모집업무를 위탁한 퇴직연금사업자 등을 대리하여 계약을 체결할 권한이 없다는 사실 등을 사전에 알려야 한다.

표12 퇴직연금 모집업무 위탁 시 준수사항

근퇴법 개정안	동법 시행령안
제31조(모집업무의 위탁) ⑥ 고용노동부장관은 퇴직연금제도 모집인 요건을 갖추지 못한 자에 대해 퇴직연금제도 모집인에 대한 등록을 취소하거나 6개월 이내의 모집 업무를 정지할 수 있다. ⑦ 모집업무를 위탁한 경우 위탁받은 자는 다음 각호의 사항을 지켜야 한다. 1. 위탁한 업무를 다른자에게 다시 위탁하지 아니할 것 2. 허위 정보에 의한 모집행위 금지 등 퇴직연금제도의 적절한 운영을 위하여 필요한 사항으로서 대통령령이 정하는 사항 ⑧ 퇴직연금사업자는 모집업무를 위탁받은 자가 제7호 각호에 따른 준수사항을 지키지 아니한 경우에는 모집업무의 위탁을 취소할 수 있다.	제31조(퇴직연금 모집인의 준수사항) 법 제31조 제7항 제2호의 '대통령령이 정하는 사항'은 다음 각호의 사항을 말한다. 1. 퇴직연금제도 모집인이외의 명칭을 사용하여 모집업무를 수행하지 아니할 것 2. 허위사실에 근거하여 모집업무를 수행하지 아니할 것 3. 모집업무를 수행하면서 그 내용을 사실과 다르게 알리거나 중요한 사항을 알리지 않는 행위를 아니할 것 4. 모집업무의 위탁범위를 벗어나서 업무를 수행 하지 아니할 것 5. 둘 이상의 퇴직연금사업자와 모집업무 위탁계약을 체결하지 아니할 것 6. 모집업무를 수행하며 알게 된 정보 등을 자기 또는 제3자의 이익을 위하여 이용하지 아니할 것 7. 다른 퇴직연금제도 모집인의 명의 등을 이용하여 모집업무를 수행하지 아니할 것 8. 모집업무를 위탁한 퇴직연금사업자 또는 가입 예정인 사용자 등을 대리하여 계약을 체결하지 아니할 것 9. 퇴직연금제도를 설정하였거나 설정하려는 사용자와 가입자로부터 금전·증권, 그 밖에 재산상의 가치가 있는 것을 받지 아니할 것 10. 제3자로 하여금 퇴직연금제도를 설정하였거나 설정하려는 사용자와 가입자로부터 금전 등을 대여하도록 중개·주선 또는 대리하지 아니할 것 11. 퇴직연금제도를 설정하려는 사용자 등에게 금전대차의 관계를 이용하여 모집업무를 수행하지 아니할 것 12. 특별한 이익을 제공하거나 제공할 것을 약속하지 아니할 것 13. 사용자 또는 가입자로부터 적립금 운용방법에 대한 지시를 대리·전달 또는 매매하지 아니할 것

2) 해외 사례 및 기대 효과

(1) 퇴직연금 시장에서의 보험설계사 역할 증대

보험설계사의 역할은 퇴직연금 모집인보다 퇴직연금의 단순소개인 역할에 지나지 않아 운용관리업무로서의 상품소개, 퇴직연금제도 설명, 자산운용 자문 등은 엄격히 금지되어 있다. 소개업무 역시 정부의 명시적인 허용 아래 수행되기보다 금융감독원의 소개 규정에 기초하여 제한적인 역할을 수행하고 있는 실정이다. 그러나 근퇴법 개정으로 퇴직연금 모집인의 업무범위가 사업자와 기업 및 근로자간의 계약 체결·중개업무 등으로 확대됨에 따라 퇴직연금의 노후소득보장기능 제고에 보험설계사의 역할이 기대된다. 또한 보험설계사의 업무영역 범위가 기존의 개인영업에서 법인영업으로 확대되는 효과를 가져와 영업의 시너지 제고가 예상된다.

(2) 소규모 가입기업 등의 퇴직연금 이해도 증대

2010년 노동부·미래에셋퇴직연금연구소 등의 조사결과에 의하면 기업규모가 작을수록 퇴직연금제도에 대한 인지비율 및 인지수준이 현격하게 낮게 나타나 소규모기업의 퇴직연금제도 이해도가 부족한 것으로 나타나고 있다. 즉 소기업의 경우 퇴직연금제도 인지자의 22.5%만이 퇴직연금제도를 잘

표13 기업규모별 퇴직연금제도 인지 여부

기업 규모		100인 미만	100~299인	300인 이상
미가입(n=400)	인지 못함	25.6%	8.8%	5.3%
	인지	74.4%	91.2%	94.7%
인지(n=315)	약간 안다	77.5%	61.5%	58.3%
	잘 안다	22.5%	38.5%	41.7%

주: 퇴직연금 미가입기업 대상
자료: 미래에셋퇴직연금연구소, 2009년 기업의 퇴직연금제 인식 및 운영실태 분석, 2010.

이해한다고 답한 반면, 대기업의 경우 약 42%가 퇴직연금제도를 잘 이해한다고 응답함으로써 대기업과 소기업과의 퇴직연금제도 인지수준이 크게 차이가 나고 있다.

또한 2011년부터 4인 이하 사업장도 퇴직급여제도가 적용됨에 따라 이들 사업장에 대한 합리적인 가입자 교육이 더욱 요구될 것이다. 그럼에도 현실적으로 사업자의 교육담당자가 소수의 기업들까지 가입자 교육을 하는 데에는 비용 및 조직상 한계가 존재하기 마련이다. 이런 점에서 4인 이하의 사업장이나 근로자에 대한 보험설계사의 대면교육 및 서비스 제공은 퇴직연금제도의 이해도를 높여 퇴직연금가입 증대에 영향을 미칠 것으로 기대된다.

(3) 개인형 퇴직연금의 노후소득보장 역할 강화

근퇴법 개정으로 개인형 퇴직연금 가입대상이 근로자에서 자영업자, 특수형태근무자 등으로 대폭 확대됨으로써 개인형 퇴직연금의 노후소득보장기능은 제고될 전망이다. 지금까지 자영업자 등은 퇴직연금의 사각지대로, 퇴직연금제도의 혜택을 받을 기회마저 없었다는 점에서 대표적인 노후소득보장제도의 소외계층에 해당되었다. 따라서 개인형 퇴직연금제도가 조기 정착되어 견고한 3층 노후소득보장제도로 퇴직연금제도가 자리매김하기 위해서는 자영업자 등을 대상으로 한 보험설계사 등 퇴직연금 모집인의 역할이 절대적이다. 이러한 상황에서 퇴직연금 모집인에 대한 모집업무 위탁은 자영업자, 특수형태 근무자 등의 퇴직연금 가입을 유도하고 중간정산자 등의 은퇴자금을 개인형 퇴직연금제도로 이관하는 데 영향을 미쳐 퇴직연금제도의 발전에 기여할 것이다. 즉 보험설계사가 기존 영업을 기반으로 한 기업 및 근로자, 자영업자 등을 직접 대면하여 설명하고 퇴직연금제도를 중개하는 경우 개인형 퇴직연금의 노후소득보장기능은 강화될 수 있다.

제2부

퇴직연금 규제 개관

제3장

퇴직연금 규제 기초

1. 퇴직연금 규제 의의 및 필요성

규제 의의

퇴직연금 규제는 사적 퇴직연금제도의 구조와 운영을 통할하는 제반 법규 및 규정을 말한다. 이러한 법규 및 규정은 목적 달성을 위해 체계적으로 정립되어 퇴직연금제도의 다양한 이해관계자가 소기의 역할을 수행하도록 하여야 한다. 감독supervision은 이러한 규제가 적절히 준수되었는지를 다양한 수단을 통해 감시하고, 만약 문제가 있는 경우에는 부여된 권한을 행사하여 규제를 준수하도록 하는 것이다. 퇴직연금 규제는 관련 법률이나 규정이 제정되고 개정됨에 따라, 새로운 판례가 등장함에 따라 지속적으로 변화해왔으며, 따라서 매우 복잡한 특성을 갖는다.

퇴직연금 규제에 대한 이해를 위해 퇴직연금제도가 어떻게 진화해왔는지를 간단하나마 조명할 필요가 있다. 근대적인 의미의 퇴직연금제도는 19세기 후반에 영국, 미국과 같은 앵글로색슨 국가를 중심으로 생겨나기 시작하였다. 영국의 경우, 1859년에 생긴 공무원연금을 통해 공공기관 등의 사무직 근로자에게 노령연금이 제공되기 시작하였고, 이후 철도, 도시교통, 제조업 등 자본집약적 산업에 종사하는 근로자에게로 확산되었다.[1] 미국에서는 1875년 아메리칸 익스프레스American Express Company가 최초로 퇴직연금제도를 도입하였고, 그 이후 50여 년에 걸쳐 400여 개의 퇴직연금제도가 주로 철도, 은행, 공공시설 부문에서 도입되었다.[2]

미국의 경우 퇴직연금제도는 1940년대 이래 특히 괄목할 성장을 이루기 시작하여 1950년대 말 이후에는 보편화되는 추세를 보였다. 1930년대 민간부문 근로자의 15%만이 퇴직연금의 대상자였으나 1960년에는 40%로 증가하였다. 이와 같은 성장의 주요인으로는 첫째, 근로자의 노후소득 문제 해결을 위해 퇴직연금이 인사관리의 중요 부분이 되었고, 둘째, 기업주의 입장에서 유능한 근로자의 고용과 장기근속 유도 및 장기근속자에 대한 보상 차원에서 퇴직연금제도가 유용한 방안으로 인식되었고, 셋째, 정부도 이러한 퇴직연금의 활성화를 위해 기업 및 근로자에게 세제혜택을 제공한 것을 꼽을 수 있다.

세제혜택과 같은 정부의 지원은 퇴직연금 규제에 직접적이고 심대한 영향을 끼쳐왔다. 정책적 관점에서 볼 때, 세제혜택은 세수 감소를 의미하므로 공공복리의 증진을 위해 정부가 퇴직연금제도에 대해 체계적인 규제를 하는 것이 요망되었다. 퇴직연금의 수급권 기준에 대한 규제, 적립에 대한 규제, 지배구조에 대한 규제, 퇴직연금의 지급보장 등에 대한 규제 등이 이에 해당한다. 이러한 규제를 체계적으로 성문화한 대표적인 예가 1974년 제정된 미국의 「종업원퇴직소득보장법ERISA: Employers Retirement Income Security Act」이다.

---

1 보험미래포럼, 『연금의 진화와 미래』, 논형출판사, 2011.3, p.60을 참조.

2 1900년 약 12개의 퇴직연금제도가 운영되고 있었고, 이 숫자는 1910년에 약 60개, 1920년에 약 270개, 1930년에 약 420개로 증가하였다.

세제적인 측면뿐만 아니라 퇴직연금제도의 운영과 관련된 기업주의 부적절한 행태, 퇴직연금기금의 불건전한 운영, 퇴직연금사업자의 불완전판매 등은 더욱 퇴직연금 규제를 복잡다기화하였다.[3] 그 결과 퇴직연금 규제는 현재 가장 복잡한 규제 분야 중의 하나로 인식되고 있다. 퇴직연금 규제의 핵심 목적은 퇴직연금제도 가입자들의 노후소득보장을 위해 연금제도, 연금기금 및 연금사업자pension entities의 건전한 운영을 도모하고, 퇴직연금 급여의 안전성을 확보하는 데 있다.

세계적으로 볼 때 퇴직연금의 역할을 중요시하는 연금개혁이 이루어지고 있다. 특히 정부 부채로 고민하는 OECD 주요 국가들은 인구고령화 및 저출산의 심화로 공적 연금의 재정 부담이 가중됨에 따라 퇴직연금 및 개인연금의 기능을 강화하는 정책을 추진했다.[4] 이에 따라 퇴직연금제도를 효율적으로 규제하는 것이 더욱 더 중요해지고 있다.

이런 맥락에서 2009년에 OECD는 퇴직연금제도를 제대로 규제하기 위해서는 어떠한 핵심 원칙들이 필요하며 또 이러한 원칙들이 제대로 실행되기 위해서는 무엇이 필요한지를 권고하는 안Core Principles of Occupational Pension Regulation을 내놓았다. 권고안은 일곱 가지 분야와 관련된 핵심 원칙을 논의하고 있다. 이들은 첫째, 효과적인 규제와 감독을 위한 조건, 둘째, 퇴직연금제도, 연금기금 및 연금기금관리회사pension fund managing companies의 설립, 셋째, 퇴직연금제도 부채, 적립 기준, 해산winding up, 지급보증, 넷째, 자산 관리, 다섯째, 가입자 및 수익자의 권리 및 급여의 적정성, 여섯째, 지배구조, 일곱째, 감독에 관한 것이다. OECD 핵심원칙은 아래의 제2절에서 소개된다.

---

3 이는 일반적인 규제의 필요성(시장의 불완전성이나 시장 실패, 정보의 비대칭성, 잠재적 모럴해저드, 소비자의 근시안적 행태, 효율성 제고 등)과 동일하다.

4 보험미래포럼, 『연금의 진화와 미래』, 논형출판사, 2011.3, pp.164~167을 참조.

규제 필요성[5]

대부분 국가는 최근에서야 퇴직연금 감독에 대한 노력이 이루어지고 있지만, 금융기관에 대한 규제와 감독의 합리적 근거에 대해서는 광범위하게 검토되어 왔다. 연기금 감독의 이론적 근거에 대한 합리성은 다른 금융상품의 규제 및 감독 근거에서 유추할 수 있다.

일반적으로 연금 감독은 연기금의 리스크를 적절히 관리 감독함으로써 후생 이득을 달성하는 것을 목표로 하고 있다. 이에 대한 합리성을 제시할 수 있는 근거로는 ①시장의 불완전성 및 시장실패, ②정보의 비대칭성, ③도덕적 해이moral hazard, ④경쟁을 통한 효율성 등을 들 수 있다.

연금 감독은 효과적이면서 공정하게 시장 기능이 작동하지 않거나 참여자의 보호 및 시장 규율이 달성되지 않는 경우, 이에 대한 시정의 수단으로 정당화 될 수 있다. 이러한 문제점들은 상품 및 시장의 특성으로 인해 발생하게 된다. 일반적으로 연금상품의 가격산정 구조상의 리스크 및 사회적 비용을 시장에서 충분히 반영되고 있지 못할 때 발생하게 된다.

연금상품의 복잡성 및 장기적 특성으로 말미암아 필수적인 규율을 제공하는 순수한 시장 메커니즘의 작동을 제한하게 된다. 연금저축상품의 복잡한 구조로 인해 구매 시점에 소비자가 이에 대한 가치를 판단하기는 매우 어려운데, 이러한 현상은 DB형이나 연금의 경우에 많이 발생하게 된다. 그러나 DC형 상품의 경우에도 세제혜택, 유동성 규제, 허용하고 있는 투자에 대한 복잡한 규제로 인해 일반 소비자들이 상품에 대해 충분히 이해하기 어려울 수 있다. 더욱이 많은 연금상품이 소비자들이 계약을 맺거나 해지

5 규제의 필요성은 방하남·김재현·류건식, 「퇴직연금 재정건전성 및 투명성 확보를 위한 체계적인 감독방안」, 노동부 연구용역보고서, 2007.10, pp.5~7을 참조할 것. 이에 대한 세부적인 내용은 Hinz, P. Richard and Anca Mataoanu, "Pension Supervision: Understanding International Practice and Country Context", *Social Protection Discussion Paper Series*, World Bank, May 2005 및 Hinz, P. Richard and Roberto Rocha, "Risk-Based Supervision of Pension Funds: Summary of First Four Case Studies", IOPS Conference, March 2006을 참조.

결정을 할 경우 많은 조건들을 수반하는 불완전한 계약 성격을 지니고 있어서 효과적인 시장 규율 형태로서의 가격산정을 방해하는 특성이 있다.

특히 사적 연금은 공개적 가격 경쟁으로 직접적·자발적인 거래로 구매되는 것이 아니라 중개인을 통하거나 정부의 강제의 결과로 빈번히 구매된다. 대다수 국가에서는 임금 근로자들이 엄격한 규제의 적용을 받는 기관을 통해 연금상품을 구매하도록 하고 있으며, 사용주나 노동조합의 사전 선택을 통해 연금시장에 대한 접근이 이루어지도록 하는 국가도 있다. 이러한 두 구조는 소비자와 판매자간의 직접적인 상호거래 및 선택을 제한하게 되어 투명한 가격 경쟁과 시장 규율을 방해하는 요소로 작용하고 있다.

이러한 시장의 불완전성의 주된 원인은 일반적으로 비대칭 정보의 문제로 인식되고 있다. 이는 상품 판매자가 구매자보다 상품 가치에 대한 더 많은 정보를 보유하고 있어, 이러한 정보를 유리하게 이용하기 위한 수단 및 유인을 가지고 있는 상황인 것이다. 전형적으로 연금상품 구매자들은 상품 판매자가 보유한 정보에 대한 지식이 부족하다. 예를 들어 연금 가입자들은 리스크와 관련된 특정 포트폴리오 전략의 잠재적 가치나 관리 비용 수준에 대한 장기적인 함의 등을 효과적으로 고려할 수 없다. 또한 연금에 가입한 대다수 개인들은 연금계약의 현재가치를 추정하기 어렵다. 비대칭 정보는 역선택의 문제로 나타날 수 있다. 연금상품 판매자들은 짧은 기대여명을 가진 것으로 파악되는 개인들에 대해 선택적으로 상품 판매를 도모할 수 있다. 이들은 또한 제공된 수익에 부합하지 않는 리스크를 부과한 상품을 구성하거나 숨겨진 비용을 구분하지 못할 수 있는 대상으로 판매활동을 할 수도 있다.

정보의 비대칭성으로 인한 주된 결과 중 하나는 거래당사자 중 한 측에서 상대방의 이익에 반한 행동을 할 유인이 존재할 경우 도덕적 해이의 가능성이 더 높다는 것이다. 대부분의 금융상품과 마찬가지로 연금의 경우에 있어서도 도덕적 해이의 가장 빈번한 유형이 대리인 문제agency problem이다. 장기간에 걸쳐 연금저축을 축적하고 투자한 연기금은 기금 구성원의 대리인이 설정한 수수료 계약에 의해 작동한다. 일부 제도에서는 공동투자co-investment 및 자본적정성 요건을 시행하고 있으나, 이는 문제를 부분적으로 다루고 있는 것에 불과하다. 자산 관리인은 잠재적인 미래 수익의 극대화라는 기금 구성원의 이익과 불일치하는 리스크가 큰 행위를 할 유인을 가지고 있다. 따라서 감독을 통해 정보의 접근에 대한 비대칭성을 상쇄시키고 더불어 의미 있는 분석을 위한 검사 및 평가가 이루어질 필요가 있다.

도덕적 해이의 또 다른 원인은 연기금에 대한 정부의 보증에 있다. 보증이 존재하는 경우 리스크가 정부에 전가되기 때문에 연금상품 구매자들은 기금 관리인이 초과 리스크를 야기하는 것에 무관심해진다. 보증은 사적 연금 도입에 필수적이나, 보증으로 인해 발생하는 많은 도덕적 해이를 상쇄시키기 위해 규제 및 감독이 필요하다. 따라서 공공기관에 의한 지급보장제도의 도입은 연금제도와 기금에 대한 체계적이고 효율적인 감독을 전제하게 되며 그렇지 않을 경우 사전적, 사후적 도덕적 해이의 문제로 인해 지급보장제도 자체의 지속가능성이 위협을 받게 된다.

이에 따라 공공기관에 의한 감독은 대체로 사적 연금제도의 운영상 효율성을 증대시키는 공공재로서 인식되고 있다. 광범위한 개별적인 검사 및 연기금 운영에 대한 분석은 이론적으로 비대칭 정보 및 도덕적 해이로 야기된 문제를 해결해줄 수 있으나 과도한 비용이 초래된다. 이는 투자 상품에 대한 구매 시에 규모의 경제를 달성하고자 하는 근로자나 중개인의 역량에 제한을 가하는 경향이 있으며 종국에는 효율성 감소로 나타난다. 효과적인 감독은 사회적 편익을 제공하면서 각 개인이 노년이 되었을 경우 정부의 보호대상자가 될 가능성을 축소하는 장기적인 연금계약을 맺을 수 있는 조건을 마련하는 것이다. 공공기관의 공통적인 감독 방식은 연금 시장의 효율성을 증가시키고 사적 연금상품 도입의 장애물들을 제거하는 것으로 볼 수 있다. 도덕적 해이 및 대리인 문제에 따른 리스크 발생 가능성이 높은 상황이라면, 법규를 집행하고 감독하는 메커니즘이 없는 경우 소비자들은 안전한 방식에 따라 시장에 참여할 가능성이 낮다. 감독은 이러한 장애물을 극복하는 필수적인 촉매제로서도 작용을 한다.

2. 퇴직연금 규제 원칙[6]

제1핵심원칙: 효과적인 규제·감독 조건

퇴직연금제도의 가입자와 수익자를 보호하고, 연금제도 및 연금기금의 건전성과 경제 전반의 안전성을 확보하기 위해 적정한 규제 체제framework가 연금제도 형태의 다양성을 반영하는 가운데 포괄적이고 동적이며 탄력적으로 적용되어야 한다. 그러나 이러한 규제 체제가 연금 시장, 연금사업자 혹은 사용자에게 과도한 부담을 주어서는 안 된다.

리스크 분산을 위해 수익성 있는 분산투자가 이루어지기 위해서는 자본시장과 금융기관들이 제대로 작동해야 한다. 사전적립식의 연금 시스템이 발전하기 위해서는 금융시장 인프라와 연금 규제 체제가 병행하여 강화될 필요가 있다. 여기에는 신규 금융상품 및 인플레 연동 시장과 같은 신규 시장의 개발 및 연금 시장 기능의 개선이 포함된다. 퇴직연금 규제는 운영사업자들different operators간의 공평한 경쟁 분위기를 진작시켜야 하며, 기능적 접근방법의 유용성을 고려해야 한다. 공정한 경쟁은 소비자에게 이익이 되며, 적절한 사적 연금 시장의 발전을 가져온다.

---

6 2009년 6월 OECD 위원회에서 승인된 OECD Core Principles of Occupational Pension Regulation을 참조.

제2핵심원칙: 퇴직연금제도, 연금기금 등의 설립

과도한 행정적 부담을 주지 않은 수준에서 적정한 법률, 회계, 기술, 재무 및 경영 기준이 제도적이고 기능적인 차원에서 체계적으로 마련되어 연금기금 및 연금제도에 공통적으로 또는 개별적으로 적용되어야 한다. 연금기금은 법적으로 사용자sponsor와 분리되어야 한다. 또는 적어도 이러한 분리는 적절한 장치를 통해 취소가 가능하지 않도록 이루어져야 한다.

제3핵심원칙: 퇴직연금부채, 적립 기준, 해산, 지급보증

퇴직연금은 사전 적립되어야 한다. 완전 적립은 원칙적으로 확정기여형에서 존재하지만, 확정급여형과 같은 다른 형태의 연금제도는 최소적립 규정이나 다른 적정 적립을 보장하는 장치의 적용을 받는다. 해산방식winding-up approach에 대한 규정은 영속성ongoing approach을 보완하는 최소 수준으로 인정된다. 일시적인 한정된 수준의 과소적립 상태는 제한적 상황에서는 탄력적으로 용인될 수 있다. 연금제도 부채의 장기적 성격을 감안한 가운데 주의를 기울여 연금기금의 최소자본(보증)에 대한 적정하지만 탄력적인 요건이 적용되어야 한다. 세제와 재무건전성 규제는 신중한 적립 수준을 도모토록 해야 한다. 개별 회사의 부과방식pay-as-you-go 연금제도는 일반적으로 금지되어야 한다. 자산 평가와 부채 적립에 대한 적정한 산출 방식(보험수리기법과 상각규정을 포함하는)이 투명하고 비교 가능한 기준에 의해 정립되어야 한다.

적절한 해산 장치가 존재해야 한다. 사용자의 파산 시 사용자가 연금기금에 납입하지 않은 부담금을 받을 수 있도록 법률에 의거한 제도적 장치(우선채무청구권 등)가 있어야 한다.

파산보험 및 보증 장치에 대한 필요성을 적절히 평가해야한다. 경우에 따라 이런 장치는 적정한 틀framework하에 권고될 수 있다. 보험(단체보험 및 재보험) 장치를 통한 소구recourse는 장려된다.

제4핵심원칙: 자산 관리

연금기금의 투자는 적절히 규제되어야 한다. 이러한 규제는 통합적인 자산·부채 접근방식 그리고 제도적institutional 및 기능적 접근방식을 포함하고, 분산·다변화·만기 및 통화 매칭에 관련된 원칙을 고려한다. 계량적 규제와 신중한 관리자 원칙prudent-person principles에 대해 면밀한 평가가 이루어져야 한다. 적절한 안전장치가 존재하지 않는 한, 자기투자는 제한되어야 한다. 연금기금의 해외투자는 용인되어야 하되 신중한 관리 원칙하에 이루어져야 한다. 연금기금과 퇴직소득을 제공하는 금융기관이 갈수록 현대적이고 효과적인 리스크관리 그리고 산업 차원의 리스크관리 기준에 의존하도록 장려되어야 한다. 자산부채관리 기법의 개발에 적절히 고려해야 한다.

제5핵심원칙: 가입자 및 수익자 권리 및 급여 적정성

퇴직연금제도에 대한 접근성은 비차별적이어야 한다. 규제는 연령, 봉급, 성, 근무기간, 고용조건, 파트타임 고용 및 사회적 지위에 근거한 예외가 생기지 않게 규제를 해야 한다. 근로자와 사용자의 부담금 납입에 관해 연금수급권의 보호 및 적절한 권리 부여 과정에 대한 규제가 필요하다. 연계indexation 정책은 장려되어야 한다. 직장 이동이 많아질 때 연금권리의 통산성(이관성)portability은 극히 중요하다. 중도퇴직의 경우(특히 연금제도 가입이 강제적인 경우) 수익자를 보호하는 장치가 마련되어야 한다.

특히 사적 연금제도의 가입이 강제적으로 이루어지고 공적 연금제도를 대행하거나 상당히 보완하는 중요한 공적 역할을 수행할 경우에 사적 퇴직연금제도의 적정성(리스크, 급여, 담보 측면)에 대한 평가가 이루어져야 한다. 적정성 평가 시 다양한 퇴직소득원(세금 및 이전체계, 사전적립체계, 사적 저축 및 소득)을 고려하여야 한다.

연금제도의 비용과 편익에 대한 적정한 공시와 교육이 장려되어야 한다. 개인가입자의 선택이 제공되었을 경우 이는 특히 그러하다. 수익자는 퇴직급여의 오용(특히 일시금으로 받을 경우)과 적절한 권리 보전에 대해 교육을 받아야 한다. 개인퇴직연금의 경우, 수수료, 연금제도의 성과 및 급여 방식modality에 대한 공시가 특별히 장려되어야 한다.

제6핵심원칙: 지배구조

연기금이 안전한 퇴직소득원이 될 수 있도록 하는 것을 최우선 목표로 하여 연금 지배구조의 규제가 이루어지는 것이 필요하다. 지배구조는 운영과 감독 직무의 적절한 분리, 이러한 직무 수행자들의 책임과 적합성을 확실하게 해야 한다. 연금기금에는 적절한 통제, 커뮤니케이션, 그리고 좋은 의사결정이 이루어지게끔 하는 동기부여장치, 적절하고 적시의 집행, 투명성, 정기적인 심사와 평가가 이루어지도록 해야 한다.

제7핵심원칙: 감독

연금기금과 연금제도의 효과적인 감독이 이루어져야 하며, 감독 시 법규 준수, 재무 통제, 보험계리적 검사 및 경영자 감독에 초점이 맞추어져야 한다. 적어도 특정 유형의 기금이나 특별한 문제가 보고되었을 때 적절한 검사가 이루어지기 위해서는 인력과 예산을 제대로 갖춘 적절한 감독기구가 설립되어야만 한다. 개별적 연금제도에 대한 감독기구의 규제 권한과 감독 권한은 적절하게 부여되어서, 비정상적인 배분 및 분배 방식에 따른 불완전판매를 방지할 수 있어야 한다.

3. 퇴직연금 규제와 감독[7]

연금 감독체계를 정립하는 데 있어 규제와 감독의 관계를 설정하는 것이 매우 중요한다. 규제란 연기금 구조와 운영의 통제를 위한 법적 근거 및 규정 제정과 같은 활동을 의미한다. 일반적으로 연금제도의 규제는 기본적인 구조와 최소 기준을 정의하는 법률을 포함하고 있다. 현재 법적 제도상의 구조는 연기금에서 요구되는 특성을 제공하도록 맞추어져 있다. 이에 대한 가장 두드러진 예는 앵글로색슨 국가의 연기금 설립 시 신탁법trust law의 일반적인 규정을 이용하는 것을 들 수 있다. 또한 규제는 법률 제정, 주기적인 법령의 개정, 판례법의 제정, 법령에서 다루어지지 않은 특수한 상황에서의 법률의 적용, 특정 개별 사안에서 법률의 적용 등과 같은 광범위한 기능을 포괄하고 있다. 이러한 규제는 법안화되거나 행정절차를 통해 시행될 수 있다. 규제는 각 기관들의 기능 수행을 위해 요구되는 요인들을 수립함과 동시에 허용 가능한 활동들에 대한 정의를 할 수 있는 기준들을 나타내는 공통적 목적을 지닌 모든 조치를 포괄한다.

반면에 감독supervision은 연기금에 대한 법규 집행을 수행하는 것을 의미한다. 감독 활동은 규제 환경, 감독정책의 선택 및 다양한 요소들에 따라 유사한 변동 폭을 가지게 된다. 일반적으로 감독활동은 연기금에 대해서 적용되는 요구 조건을 확보하는 활동을 포괄하는 것으로 정의된다.

퇴직연금의 규제와 감독은 동일한 기관에서 수행하거나 또는 서로 다른 기관에서 분리되어 이루어질 수도 있다. 1999년 세계은행의 조사에 따르면 25개 OECD 국가 가운데 13개국에서 감독기관에서 규제를 같이 책임지고

7 방하남·김재현·류건식, 「퇴직연금 재정건전성 및 투명성 확보를 위한 체계적인 감독방안」, 노동부 연구용역보고서, 2007.10, pp.25~26을 참조.

있고, 이외의 국가에서는 연금을 주관하는 정부부처에서 규제와 감독을 담당하는 것으로 나타나고 있다.

그럼에도 불구하고 동 조사는 연금 감독체계에서 규제와 감독 사이의 구분이 명확한 경우는 거의 없음을 지적하고 있다. 동일한 기관에서 규제와 감독에 대한 책임을 지는 경우가 자주 발견된다. 이러한 경우에는 동일 기관의 특정 부서에서는 규정의 제정 및 해석 활동interpretive activities을 담당하고 있으며, 또 다른 부서에서는 이들 기관의 법규 준수에 대한 집행을 하게 된다.

또한 세계은행의 조사가 수행된 이후 적지 않은 OECD 국가가 퇴직연금 감독체계를 재정비하였고, 동 자료에서 구분의 근거를 정확하게 제시하지 않고 있음을 고려할 때, 실질적으로 규제와 감독의 엄격한 구분에 대한 정확한 기준이 없다고 할 수 있다.

제4장

퇴직연금 감독 기초

1. 퇴직연금 감독 원칙

감독기구 목적

연금 감독기구의 주된 목적은 명확히 명시되어야 한다. 감독기구의 목적에는 연금가입자 및 수급자 보호에 관한 내용이 포함되어야 한다. 또한 연기금 및 제도의 안정성, 지배구조의 개선, 연금제도의 활성화 등을 주된 목표로 설정하여야 한다. 연금 감독자에 대한 명확한 의무를 부여함으로써, 감독자의 책임이 명확히 기술될 필요가 있다.[1]

감독기관 독립성

연금 감독기관은 그 기능이나 권한을 행사 시 정치단체나 시장으로부터 운영상의 독립성을 보유하고 있어야 한다. 이를 위해서는 연금 감독기구의 최고경영자 차원에서 안정성과 자율성이 요구된다. 연금 감독기구 수장에 대

1 IOPS, *Principles of Private Pension Supervision*, 2010을 참조.

한 추천, 임명 및 해임에 관해서는 명시적인 절차 및 투명한 방법을 통해 이루어져야 한다.

표1 IOPS의 사적 연금 감독에 관한 핵심원칙

원칙	주요 내용
목적	국내법을 통해 연금 감독기관의 목적을 명시적으로 설정
독립성	연금 감독기관의 운영상 독립성 확보
적정 감독 자원 확보	연금 감독기관의 적절한 재정적·인적·기타 자원 확보
적정 감독 권한 부여	기능 달성 및 목적 달성을 위한 조사권 및 집행 권한 보유
리스크 중심 감독	리스크 중심 접근 방식의 채택
비례성 및 일관성	리스크 경감에 비례하는 감독 수준 및 감독의 일관성 유지
협의 및 협력	감독 대상과의 협의, 국내외 타 감독기관과의 협력
정보의 보안	기밀정보의 적절한 취급
투명성	운영의 투명성 확보
지배구조	바람직한 지배구조: 내부 리스크관리 시스템, 성과 측정

감독기관의 최고책임자는 통상 3~6년 등의 정해진 임기로 임명되며, 전문성 확보를 위해 추후 재임명이 허용되도록 하여야 한다. 연금 감독기관은 독립성이 확보되어야 하고, 이를 가능하게 하는 운영기금을 조성하고, 투명한 예산 절차가 존재하여야 한다. 제재 권한의 행사를 포함한 감독행위는 법률상 결정, 적합한 권한을 보유한 헌법재판소, 의회 등에 한해서만 기각될 수 있다.

적정 감독 자원 확보

연금 감독기구는 적절한 담당자를 보유함과 더불어, 재원에 대한 접근 권한

이 부여되어야 한다.[2] 연금 감독기구는 적절하고 효과적이며 독립적인 감독 수행이 가능하기에 충분한 예산을 확보해야 한다. 독립성 유지가 가능하다면 관리하고 있는 연기금의 일부를 감독기구의 재원으로 고려해볼 수 있다. 한편, 수수료를 부과하는 경우 수수료 체계의 투명성이 확보되어야 한다. 연금 감독기구는 적절한 보안기준과 더불어 전문성을 갖춘 충분한 직원을 채용, 교육해야 한다. 임원, 감독원장, 고위관리자들은 충분한 교육수준, 경험, 능력 및 평판 측면에서 적합한 자질을 갖추어야 한다.

한편 이들의 능력이 충분하지 않거나 다른 이유로 필요한 경우, 감독기관은 감사인 또는 계리인 등과 같은 제3자에게 감독임무를 위탁하거나 내부적으로 해당 업무를 수행할 수 있는 적절한 경험을 갖춘 직원에게 감독업무를 부여해야 한다. 그러나 이 경우에도 감독의 절차와 결정에 대한 책임은 감독기관이 보유하고 있다. 연금 감독 기능이 제3자에게 위탁된 경우, 연금 감독기관은 적정 보안수준의 유지, 성과에 대한 감독, 연기금 및 기타 관련 당사자들과의 독립성을 확보할 필요성이 있다.

이러한 과정을 통해 만약 필요하다면, 연금 감독기관은 직접적으로나 적절한 전문기관을 통해 제3자에 대한 조치를 취할 수 있는 능력을 확보해야 한다. 의사결정과 허가 및 제재 등에 관한 업무에 대해서는 외부 위탁이 이루어져서는 안 된다.

적절한 감독 권한 부여

연금 감독기구는 감독을 수행할 수 있는 법적 권한을 보유하고 있어야 하며, 이 같은 권한을 행사하기 위한 지위가 부여되어야 한다. 연금 감독기구는 감독을 수행하는 연금제도의 특징에 따라 요구되는 필요한 감독 기능을

2 IOPS, Guidelines for Supervisory Intervention, Enforcement and Sanctions, 2012.

수행하기 위한 권한을 보유하고 있어야 한다. 연기금에 대한 효과적인 감독은 법규 준수, 재정건전성, 최소 요구자본, 투자행위, 지배구조, 계리적 검사, 연금제도 및 펀드매니저에 대한 감독, 연금가입자를 대상으로 한 적절한 정보공시 등에 초점을 맞추어야 한다. 연금 감독기구는 종합적인 조사권 및 집행권을 보유하고 있어야 한다. 연금 감독기관이 개입하게 되는 조건이나 상황 등을 규정한 법적 구조는 감독자가 사전 예방적이거나 시정조치 등을 행사할 수 있도록 다소 유연할 필요성이 있다. 연금 감독기구는 특정 문제 발생 시 조사를 수행할 수 있는 권한을 확보하고 있어야 한다. 이들 권한으로는 감독당국의 지시가 이행되지 않을 경우 시정조치나 개선조치 등이 포함된다. 권한 범위는 벌금 등과 같은 행정상 제재, 인가 취소, 형사상 고소 등으로 확장될 수 있으며, 일부의 경우 구속력 있는 규제를 행사할 수 있는 능력 등을 권한에 포함할 수 있다. 모든 권한이 적극적으로 사용되지는 않더라도, 감독기구는 예외적인 상황에서 행사할 수는 특정 권한이나 감독 대상의 행위를 교정할 수 있도록 하는 권한을 확보하여야 한다. 또한 연금 감독기관은 금융 및 경제 위기나 변동성이 확대된 시기에는 필요하다면 이례적인 조치를 취할 수 있는 권한을 보유하고 있을 필요성이 있다.

리스크 중심 감독

연금 감독기구는 감독 자원의 효율적 활용을 위해 리스크 중심 접근 방식을 채택해야 하며, 이를 위해 적합한 리스크 평가 방법이 수립될 필요성이 있다.[3] 리스크 중심 감독으로의 이행은 감독기구와 연금산업이 필요한 전문성을 개발해가는 과정을 거치면서, 전통적인 규정 중심의 감독체계와의 결

3 IOPS Toolkit for Risk-based Supervision, IOPS Guidelines for Supervisory Intervention, Enforcement and Sanctions 참조.

합을 통해 단계적으로 시행될 수 있다. 리스크 중심 감독의 도입은 규정 중심 제도에 대한 의존에서 벗어나 감독의 초점이 기능이나 리스크인 제도로 이행되는 가정으로 볼 수 있다. 그러나 리스크 중심 감독이 규정이나 준수 절차를 보유하고 있지 않다는 것을 의미하고 있지는 않다.

감독 권한에 대한 해석 및 행사 측면에서의 적합한 재량권을 허용하는 법적 구조가 필요하며, 연금 감독기관이 리스크 중심 접근 방식을 채택할 수 있는 필요한 권한을 부여할 필요성이 있다. 리스크 중심 감독 절차 뿐 아니라 철학 측면에서 볼 때 직원의 재편성 및 교육은 새로운 접근방식으로 이행됨에 따라 이루어질 수 있다. 연금 감독기구는 지침서나 교육 등을 통해 리스크관리와 관련해서 기대되는 측면들에 대한 설명을 통해 연금산업과 리스크 중심 접근방식에 대한 의견을 교환할 필요성이 있다. 만약 양적인 리스크 평가기법이 사용된다면, 이와 관련한 모형 설계 시 좀 더 주의 깊은 고려가 이루어져야 하며, 평가모형상의 한계점을 충분히 인식할 필요성이 있다. 리스크 평가모형risk-scoring model은 연금 감독기관에서 초점을 맞추고 있는 위험과 더불어 개별 금융기관의 순수한 리스크와 시스템 리스크가 반영되어 있어야 한다. 이러한 요인은 연기금의 규모를 포함한 연금제도의 특징에 따라 적절한 가중치가 부여되어야 하며, 리스크 평가점수는 이들 사건을 발생확률 및 영향에 따라 산출되어야 한다.

감독행위의 비례성 및 일관성 유지

연금 감독기구에서 수행하는 리스크 평가에 대한 결과와 감독기관의 행위 사이에는 논리적인 연계성이 존재하여야 한다. 시정조치나 연금 감독기관에서 부과하는 제재는 가입자, 수급자 및 연금제도에 미치는 리스크 규모에 비례하며, 가장 효율적인 감독 자원의 활용이 이루어지도록 할 필요성이 있다. 연기금의 장기적인 특성이 고려될 필요가 있으며, 불필요한 경기 순응적인 행위는 피해야 한다. 연기금 및 관련 기관에 대한 감독 수요의 범위는 이를 통해 파생될 것으로 기대되는 가치와 부합되어야 한다. 의사결정 과정에서 감독조치에 따른 잠재적인 편익과 연기금 구성원과 수급자에게 미치게 될 영향과 비용 간 균형이 깨질 수 있다. 일단 문제가 확인된다면, 명확한 적법절차를 준수할 필요성이 있다. 적법절차는 감독기관이 감독이 되는 대상을 공정하고 일관적으로 투명하게 처리하는 견제와 균형을 나타낸다.

감독방식 협의 및 협력

연금 감독기구는 감독에 대한 접근방식을 결정함에 있어서 적절한 방식으로 연금산업과 협의를 진행시켜야 한다. 연금 감독기관은 법적으로 보안상 요구되는 조건하에서 타 감독기관과 정보를 교환할 수 있는 권한을 보유하고 있어야 한다. 이는 국내외적으로 타 감독기구 및 연금 감독과 관련된 부서, 타금융기관 또는 시장을 감독하는 기관 및 법률 집행기관과의 협력을 포함하게 된다. 적극적인 예방조치의 장려와 더불어 감독의 중복을 피하고 범위와 규모의 경제를 촉진함으로써 감독의 효율성이라는 목적을 달성하기 위해 타기관과의 협력이 필요하다.

감독 관련 정보 기밀성 유지

연금 감독자는 법률에서 허용되는 경우에 한해서만 기밀 정보에 대한 유출이 가능하다. 직원들은 내부 보안규정을 준수해야 하며, 연금 감독기관의 퇴직 후에도 이에 대한 준수가 필요하다. 보안 유지를 위해 감독기관에서 사용하는 IT 장비에 대한 접속 권한을 제한하여야 하며, 효과적인 자료 보호 목적을 위해 감독기관의 DB에 대해서 특별한 취급조치가 수행되어야 한다. 감독기관은 보안정보 취급방식에 관한 정책을 공표해야 한다.

감독의 투명성 확보

연금 감독기구는 명확하고 투명하며 일관적인 감독절차를 수립할 필요성이 있다. 연금 감독기구의 규정과 절차 및 이에 대한 개정 내용들은 공표되어야 한다. 연금 감독기관은 일반적으로 투명한 환경에서 운영되어야 하며, 적어도 매년 또는 적절한 시기마다 감독의 목적 및 이에 대한 성과를 기술하는 정기적인 보고서를 제공하고 발간할 필요성이 있다.

지배구조

연금 감독기구는 신뢰성 및 도덕적 권위를 유지하기 위해 건전한 지배구조를 수립하여야 한다. 연금 감독기관은 관리 가능한 규모의 이사회를 통해 감독을 받아야 한다. 감독기관의 고위임원에 대한 보수는 투명하게 공표되어야 한다. 연금 감독기구는 적절한 내부 통제, 견제와 균형, 리스크 및 성과 관리에 대한 효과적인 절차에 대한 내용을 담고 있는 지배구조 규약을 수립하고 이를 준수하여야 한다. 또한 연금 감독기구의 구성원과 관련된 실천 강령을 수립하고 시행할 필요성이 있다.

2. 퇴직연금 감독 방식[4]

퇴직연금 감독 활동이 실행되는 방식은 국가별로 다양하게 나타나고 있다. 예를 들어 일부 국가에서는 일일 주기daily basis로 연금에 대한 집중적인 감독 프로그램을 시행하고 있기도 하며, 다른 국가에서는 문제의 징후가 발

4 방하남·김재현·류건식, 「퇴직연금 재정건전성 및 투명성 확보를 위한 체계적인 감독방안」, 노동부 연구용역보고서, 2007.10, pp.23~25를 참조.

생하는 경우에만 예외적으로 기금에 대한 감독을 수행하게 된다. 다음과 같은 연금 감독 방식의 분류는 동일한 연금 감독 체계를 상이한 관점에서 살펴보고 정리한 것이다.

표2 퇴직연금 감독기조 및 접근방식

	← 감독 방식 →	
감독접근방식	제한적 감독(restricted supervisionary)	공개적 감독(open supervisionary)
	사전적 감독(proactive supervisionary)	사후적 감독(reactive supervisionary)
	밀착적 감독(intensive supervisionary)	예외적 감독(exception supervisionary)
	규정적 감독(directive supervisionary)	협상적 감독(negotiated supervisionary)
	시정적 감독(corrective supervisionary)	억제적 감독(deterrent supervisionary)

자료: 방하남·김재현·류건식(2007), p.23.

제한적 감독과 공개적 감독

제한적 감독 체계restricted system는 연기금의 운영에 관한 승인 또는 허가를 받기 이전에 감독기관에서 광범위한 정보 제출을 요구하는 진입 장벽이 매우 높은 제도를 말하며, 시장에 대한 진입은 엄격한 기준을 충족하는 극소수의 대상에만 허용되어 있다. 이에 반해 공개적 감독 체계open system는 연기금 운영에 대한 자격을 평가하는 데 있어서 최소한의 감독기관의 개입이 이루어지거나 없는 제도를 말하며, 시장 진입은 법과 규정에서 설정된 자격요건을 충족하는 모든 대상에게 허용된다.

사전적 감독과 사후적 감독

사전적 감독체계proactive system는 감독기관이 바람직하지 못한 행위에 대한 방지 및 기준의 위반을 사전적으로 다루기 위해 일상적인 방식으로 개입하는 제도를 말한다. 일반적으로 예방 제도 하에서는 감독기관에 의해 이루어지는 높은 수준의 사전예방 및 정기적인 강도 높은 개입을 포함하고 있다. 사후적 감독체계reactive system는 감독기관의 개입이 특수한 상황에서의 대응 또는 매우 선택적인 방식으로 이루어지는 제도를 말한다. 일반적으로 이러한 유형의 제도는 감독 기준이나 요구사항의 위반 이후 이에 대한 사항을 수정하기 위해 고안된 감독 조치들을 포함하고 있다.

밀착적 감독과 예외적 감독

밀착적 감독체계intensive system는 감독기관과 연기금 기관과의 빈도 높은 상호작용 및 의견 교환이 이루어지는 제도를 말한다. 이러한 상호작용은 정보의 수입이나 기타 사전 예방활동의 형태이거나 시정이나 예방 활동을 위한 요구사항의 집행 형태로 나타날 수 있다. 예외적 감독체계exception system는 감독기관과 연기금기관과의 비정기적인 상호작용이 이루어지거나 특수한 상황에서 일부 조치가 필요한 경우 예외적 방식exception basis에 따라 상호작용이 이루어지는 제도를 말한다.

규정적 감독과 협상적 감독

규정적 감독체계directive system는 감독기관에서 정기적으로 연기금 제재에 대한 권한을 행사하는 제도를 말한다. 감독기관에서는 권한의 범위 및 권한의 행사 방식에 대한 참고사항을 제시하게 된다. 협상적 감독체계negotiated system는 감독기관에서 제안 조치 및 문제 해결책에 대한 과정에 역점을 둔 제도이다. 이는 감독기관에 부여된 권한의 범위 및 특성의 형태, 독립성의 정도 또는 사법절차를 통한 감독기관의 집행요구 사항의 형태일 수 있다.

시정적 감독과 억제적 감독

시정적 감독체계corrective system는 감독 권한 및 방식이 문제를 예방하거나 시정하는데서 발생하는 제도로 직접적인 조치를 통해 제도의 안정성을 증대시키게 된다. 억제적 감독체계deterrent system는 모든 사건들에 대해 종합적으로 다루기보다는 필요한 조치를 통해 신뢰할 만한 억제력을 조성하는 제도이다. 이는 규제 위반에 따른 잠재적 제재 위협을 통해 법규 준수를 달성하고 허용가능 수준의 감독 조치 수립을 위한 선택적인 개입에 의존하는 제도이다.

이와 같은 측면에서 볼 때 미국, 영국 등 선진국의 퇴직연금 감독 특징은 진입 규제와 개입의 강도는 낮은 반면, 의사소통에 대한 의존도는 높다. 즉, 선진국일수록 시장의존도가 높아져 자발적인 법규 준수를 촉진시키는 방향으로 감독이 이루어지고 있다. 퇴직연금 감독 대상도 수탁기관 이외의 수탁자까지 확대하고 있으며, 수탁자 감독의 초점은 투명성 관련 감독에 맞추어지고 있다.

또한 감독기관의 감독활동은 단순히 법규 제정을 통한 감독에 국한하지 않고 감독기관 스스로 감독지침을 제정하거나 가이드라인을 설정하도록 유도하는 등 수탁기관이 보다 효율적으로 관리감독을 수행할 수 있도록 지도·독려하는 방향으로 이루어지고 있다. 이는 직접적인 감독체계에서 벗어나 시장기능에 입각한 자율적 감독체계로의 전환을 의미한다.

3. 퇴직연금 감독 단계[5]

허가 단계

허가는 수탁자 등에 대해 적격요건 및 기준을 부과함으로써 진입을 규제하는 것이다. 진입규제는 연금제도에 따라 많은 차이가 있으나, 대부분 허가를 위한 사전기준을 두고 있다. 허가의 주요 목적은 부적격자의 시장진입에 따른 리스크를 사전에 차단하고, 자본 요건을 부과함으로써 위험 추구행위나 업무 태만으로부터 시장참여자를 보호하기 위한 것이다. 연금 시스템에서 중요한 역할을 담당하는 수탁자들이 자본 요건 이외에도 물적 요건 및 인적 요건 등 퇴직연금 영위에 요구되는 사전진입 요건을 갖추어야 한다.

모니터링 단계

모니터링은 감독기관이 연기금사업 관련 수탁기관의 경영·재무상태를 파악하기 위해 관련 정보를 수집하는 행위이다. 감독기관은 모니터링을 위해 주기적으로 관련 정보를 제출하도록 하는데, 일반적으로 요구되는 정보는 재무제표, 거래 내용, 연기금 자산운용에 중요한 역할을 하는 개인, 즉 수탁자, 운영자, 이사회에 대한 정보, 보험계리사 분석 및 기금 갹출자에 대한 정보 등이다.

모니터링은 관련 기관이나 개인이 정보를 제출하기 때문에 수동적인 감독행위로 인식되기도 하지만, 특정 정보나 보완 정보를 수집하기 위해 정기

---

5 방하남·김재현·류건식, 「퇴직연금 재정건전성 및 투명성 확보를 위한 체계적인 감독방안」, 노동부 연구용역보고서, 2007.10, pp.7~11 및 Hinz, P. Richard and Anca Mataoanu, "Pension Supervision: Understanding International Practice and Country Context", *Social Protection Discussion Paper Series*, World Bank, May 2005를 참조. 또한 힌츠Hinz와 마타오아누Mataoanu가 분류한 퇴직연금 감독 단계(허가 단계, 모니터링 단계, 의사소통 단계, 측정 및 분석 단계, 개입 및 시정조치 단계)별 선진국의 수탁자 리스크 감독 실태는 류건식·이경희, 『퇴직연금 수탁자 리스크 감독방안』, 보험개발원 보험연구소, 정책조사자료, 2007.1, pp.51~103 참조.

적으로 임점검사를 할 경우에는 적극적인 역할을 할 수도 있다. 모니터링 과정에서 감독기관은 다른 감독관들과 정기적으로 정보를 교류할 수 있으며, 정보 수집을 위해 연기금 관련자와도 정기적인 프로그램을 만들 수도 있다. 특히 영국의 관습법common law 체계를 따르는 국가에서는 모니터링 기능의 제고를 위해 위법행위에 대한 신고(고발)의무를 부여하고 있다. 수탁자, 외부감사, 보험계리사와 같이 외부에서 정보를 산출하고 확인하는 독립적인 제3자Whistle Blower를 활용함으로써 감독기관의 감독에 대한 부담을 경감시키고 있다. 모니터링 활동은 감독관이 활용하고자 하는 정보의 유형·범위·깊이, 정보를 제공하는 당사자 및 정보 제공 주기 등에 따라 다양하게 나타나고 있다.

의사소통 단계

감독기관은 연기금과의 의사소통을 통해 모니터링을 보완할 수 있다. 즉 감독관들이 산업 전반에 대한 정기적인 보고서를 작성하고, 법규 전략을 공표함으로써 수탁자와 의사소통을 할 수 있으며, 임점검사, 상호이익을 위한 토의, 협의를 통한 문제해결 등을 통해서도 상호간 의사소통이 가능하다. 감독관들은 수탁자 및 가입자를 대상으로 법적 요건 및 연금 시스템 운영에 대한 지식을 높이기 위해 교육·훈련 프로그램을 운영할 수도 있다. 이를 위해 감독관들은 종종 펀드매니저, 서비스 공급자, 가입자 및 일반 대중 등 일련의 관련 당사자를 대상으로도 의사소통을 하게 된다. 감독관들의 의사소통 행위는 다양한 목적을 갖고 있다. 일부 의사소통 프로그램은 규제 및 감독에 대한 이해를 높이고, 제도 관련 권한과 책임에 대한 이해를 높여 법규 준수를 촉진하기 위한 것이다. 따라서 감독관에 의한 의사소통의 기본 유형은 공시 및 교육훈련으로 이루어진다.

공시는 일반 대중과의 의사소통 수단으로서, 감독관이 보유한 정보의 일부를 공개하는 것이다. 공시 프로그램은 개인이 연기금의 활동을 감시하고, 금지행위를 억제하며 펀드 간 경쟁을 제고시키기 위한 것이다. 공시의 활용과 신뢰성은 직접적인 개입보다는 간접적인 방식으로 법규 준수를 가능하게 하는 감독 시스템의 중요한 지표이다.

교육활동은 감독관이 퇴직연금 시스템의 운영과 필요 요건에 대한 이해를 높이려는 노력으로서, 일반 대중과 연기금 가입자를 대상으로 그들의 권한과 책임을 교육하거나 산업 전체적으로 감독기준이나 법규 준수에 대한 이해력을 높이기 위한 것이다. 이러한 교육활동은 주로 출판, 웹사이트 운영, 정기적인 전문자문 프로그램 형태를 통해 이루어진다. 공시와 마찬가지로 교육활동은 감독방식을 시장에 간접적으로 암시하는 것으로 이런 노력이 부족할 경우에는 감독관의 직접적인 개입에 더욱 의존하게 된다. 이러한 프로그램은 참여자들에게 법규 준수 방법을 교육시키고, 제도를 감시하는 제3자의 감시기능을 제고시킴으로써 문제 발생을 사전에 억제하기 때문에 사후적 감독보다는 예방적인 감독행위에 해당한다. 일부 국가에서는 감독관이 사업허가 전에 특정 요건을 부가하거나, 연기금 관리자들의 사전적인 준비를 위해 공식적인 훈련프로그램을 제공한다. 여기에는 리스크관리 및 투자규범, 외부서비스 공급자의 평가기준 및 기술적인 규제요건의 준수 등이 해당한다.

분석 단계

분석은 감독관이 연기금으로부터 입수한 정보를 분석하고 평가하는 것으로 법적·제도적 방식과 밀접한 관련이 있다. 법률체계가 양적 기준을 중시할 경우 감독관은 특정 기금의 재무 상태를 표준기준과 비교하게 된다. 앵글로색슨 전통의 신탁법에 기초하여 설립된 연금시스템에서는 상대분석에 중점을 두기 때문에 벤치마크와의 비교 횟수는 그다지 중요하지 않을 수 있다.

따라서 측정과 분석은 감독행위의 목적, 횟수, 강도 등에 따라 다르다. 집중적이고 적극적인 시스템에서는 가능한 법규 위반을 빨리 식별하기 위해 분석이 자주 이루어진다. 이러한 특성은 리스크 중심 감독 방식과 연계되어 있다. 반면 이와 대조적인 시스템에서는 분석이 자주 이루어지지 않고 주로 금융시장 측면에서의 감시와 규제에 의존한다.

최근에는 자본시장에서의 변동성이 증대되고, 저수익 환경, 은행·증권·보험 감독기구의 통합 현상, 감독 자원 배분의 개선 및 유럽 지역에서의 Solvency Ⅱ 시행 등과 같은 환경으로 인해 퇴직연금의 감독도 지급불능리스크 중심으로 이행하고 있다. 이럴 경우 감독기관의 핵심 활동은 연금제도의 리스크를 식별하고 감소시키는 조치들에 집중되고 있는데, 감독과 평가의 대상이 되는 중요 리스크에는 가입자의 급부 지급을 상당히 감소시키거나 어렵게 할 수 있는 부적절한 적립, 부정확한 기록관리, 수탁자 자신의 역할과 의무에 대한 전문지식과 이해 부족, 부정 또는 사기 등이 포함된다.

일부 국가에서는 또한 감독의 패러다임이 양적 기준과 질적 기준을 결합한 평점제도, 즉 스코링 시스템Scoring System을 통한 리스크 평가방식을 채택하고 있다. 이러한 시스템은 정기적인 검사보다는 연기금관리의 질적 평가와 리스크의 변동을 토대로 선별적인 개입을 함으로써 리스크관리에 대한 인센티브를 부여하고 감독부담을 경감하겠다는 취지에서 비롯된 것이다. 확정급여형 제도에서의 리스크 중심 감독은 적립 기준과 시장상황과의 연계를 통해 안전성을 향상시키기 위한 리스크 중심의 자본을 보유하도록 하는데 초점을 두고 있으며, 확정기여형 제도에 대한 리스크 중심 감독은 연기금이 위험·수익률간의 효율적인 프런티어에 존재하도록 하는 것이다. 즉 확정급여형 제도 감독의 핵심은 책임준비금에 상응하는 적정수준의 기금을 적립하도록 하는 것이며, 확정기여형 제도는 리스크관리를 통한 효율적 투자달성을 유도하는 것이다.

개입 및 시정 단계

모든 감독 프로그램은 연기금의 운영에 개입할 것인가, 그리고 어떻게 개입할 것인가에 대한 의사결정을 필요로 한다. 종종 감독조치를 의사소통의 핵심 측면과 분리하기 어려운 경우가 있다. 감독조치는 기금을 폐지할 것인가에 대한 명시적 요건을 의미한다. 감독조치의 절차는 문제해결을 위한 협의, 소송을 위한 기소절차 등이 포함된다. 일부 국가에서는 모든 조치가 법원을 통해 이루어지도록 한 반면, 다른 일부 국가에서는 특별히 설립된 단체에게 구제를 요청하는 절차를 갖고 있다.

법규 위반의 보고를 받은 감독기관은 법규 준수를 위해 수탁자나 기타 당사자를 도와주거나, 교육 및 지도를 할 수 있으며, 제도 운영을 위한 수탁자를 지명하거나, 제도를 동결할 수도 있다. 또한, 적립 요건을 지키지 않을 경우에는 특별 조치를 취할 수 있으며, 위반 전 수준으로 적립상태를 환원하도록 명령할 수도 있으며, 벌금을 부과할 수도 있다. 연금 감독의 최종목적은 잘못된 행위를 시정하는 데 있다. 개념적으로 시정과 개입은 구분하기 어려운데, 시정의 조치로는 징벌, 구제, 보상 행위 등이 있다. 징벌은 가입자의 이익을 침해한 펀드에 대해 벌금을 부과하는 것이며, 구제는 법규 위반에 대한 결과를 제거하는 것이며, 보상은 법규 위반의 직·간접적인 결과에 대해 보상하는 것이다.

제3부

퇴직연금 규제 각론

제5장

연금운용주체

1. 수탁자 및 책임의 의의

수탁자 의의

퇴직연금제도에는 수익자인 근로자, 연금자산을 출연하는 사용자, 출연한 자산을 수탁 받아 운용하는 금융기관 등 많은 이해당사자들이 참여한다. 이에 따라 각 당사자들이 수행하는 역할과 그에 따른 권리·의무가 발생하는데, 최근 들어 수탁자의 역할이 중요해지고 있다.

수탁자는 신탁법에 근거한 것으로서 영국, 미국에서 기원한 제도이다. 신탁법의 기본원칙은 신탁자산을 자기소유자산이나 다른 신탁으로부터 분리해야 한다는 것이다. 미국, 영국, 호주, 캐나다 등 모든 앵글로색슨 국가들은 신탁을 연기금에 대한 유일한 법적 형태로 인정하고 있다. 사용자가 신탁을 설정하여 수탁자에게 연금자산을 양도함으로써 연금자산을 사용자로부터 분리하여 사외 유보시키고, 연금자산의 보유자인 수탁자로 하여금 신탁자산을 관리하게 한다. 지명 수탁자는 사용자로부터 출연 받은 연금자산의 운용을 금융기관에 위탁해야 한다. 신탁을 활용함으로써 연금자산은 사용자의 파산 리스크로부터 분리되어 장기간 급부 지급이 가능해지는 장점이 있으며, 세제 측면에서도 유리한 측면이 있어 연금자산관리를 위해 이용되어 왔다. 퇴직연금의 지배구조에 대한 규제는 모든 연기금이 그 운영과 감시에 대한 책임을 지는 집행기관governing body이나 운영자administer, 즉 수탁자를 둘 것을 요구한다. 집행기관이나 운영자가 퇴직연금제도를 운영·관리하는 데 재량권을 가지고 있거나 제도의 자산을 통제할 경우에는 행사하는 재량권이나 통제의 범위 내에서 수탁자가 되는 것이다.[1]

퇴직연금제도 집행기관은 개인 또는 위원회가 될 수도 있으며, 독립적인 법인체인 금융회사도 될 수 있다. 일반적으로 수탁자는 투자 자문사, 제도의 관리를 위해 재량권을 행사하는 모든 개인들, 제도 운영위원회의 모든 구성원, 위원회 대표 등이 포함된다. 다만 변호사, 회계사, 보험계리사 등이 전문가적 입장에서 행동할 경우에는 수탁자에 해당되지 않는다. 개인이나 단체가 수탁자인지 아닌지 결정하는 중요한 기준은 그들이 제도에 대한 재량권이나 통제를 행사할 수 있는지 여부이다. 퇴직연금에 대한 의사결정 중 상당 부분은 수탁자에 의해 결정되는 것이 아니라 사용자에 의해 이루어진다. 예를 들면, 제도 설립 결정, 급여수준 결정, 제도 수정, 제도 종료 등은 사용자에 의해 이루어지는 경영전략 측면의 의사결정이다. 이러한 의사결정 시 사용자는 경영진을 대신하여 행동하는 것이지 제도를 위한 것은 아니기 때문에 수탁자가 아니다. 그러나 만약 사용자가 이러한 의사결정을 내리는 과정에서 제도를 대신하여 행동할 경우 수탁자에 해당한다.

1974년에 제정된 미국의 「종업원퇴직소득보장법Employment Retirement Income Security Act of 1974: ERISA」은 퇴직연금 수탁자를 매우 포괄적으로 규정하고 있다. ERISA에서는 기금운영에 관해 재량권을 가지고 있는 자는

1 수탁자의 지위는 당사자의 지위에 의한 것이 아니라 제도에서의 역할에 기초한 개념이다.

모두 수탁자이며, 수수료를 받고 자문서비스를 제공하는 경우에도 수탁자 범주에 포함시키고 있다. ERISA상의 수탁자의 범위를 보면 ①연금운영에 재량권 또는 통제권을 행사하는 자, ②연금자산에 대한 운용 및 처분에 관한 재량권을 행사하는 자, ③연금자산운용 등에 관하여 보수를 받고 조언하는 자, ④외부전문기관(펀드매니저, 연금 컨설팅 등) 등으로 되어 있어 근로자 이외의 퇴직연금제도 운용 관련자 모두를 수탁자로 보고 있다.

표1 수탁자 범위

미국·영국	일본	한국
– 포괄적으로 규정 – 지명 수탁자 – 신탁 수탁자 – 외부전문가 – 사용자 등	– 사용자 – 운용 및 자산관리기관 – 연금 컨설턴트 등	– 사용자 – 퇴직연금사업자

영국의 경우에도 수탁자 배상책임을 지는 수탁자 범주에는 직역연금을 위탁 관리하는 금융기관뿐만 아니라 금융기관에 고용되어 연금자산을 관리하는 펀드매니저도 포함하고 있다. 일본의 경우는 자산운용을 의뢰한 수익자의 이익을 보전하기 위하여 행동 및 조언을 하는 전문능력을 지닌 자를 수탁자로 보고, 사용자, 운용 및 자산관리기관, 컨설턴트 등을 포함시키고 있다. 우리나라에서는 사용자와 퇴직연금사업자인 금융기관이 수탁자의 범위에 포함된다.

수탁자 책임의 의의

퇴직연금에서 수탁자 책임이란 연금제도의 운영·관리에 관계되는 책임을 말한다. 수탁자는 퇴직연금제도의 가입자·수익자를 대신하여 이들의 수급권 보호를 위해 행동하기 때문에 법에서는 중요한 수탁자 책무fiduciary duty를 두고 있다.

연기금의 목표는 가입자 및 수익자에게 약속된 급부를 지급하기 위한 재원을 마련하는 것이므로 수탁자 책임의 상당 부분은 연기금 자산의 운용과 관련된다. 연기금의 투자와 관리는 투자목표, 자산구성 등 주로 투자정책을 결정하는 것이다. 주식시장이 급락하고 금리가 하락하는 불확실한 금융·경제환경에서 연기금의 투자와 관리에는 전문적인 지식과 재량권이 필요하다. 연기금 운용에 필요한 재량권의 남용을 방지하면서 가입자의 이익을 극대화하기 위해서는 수탁자의 책임을 명확히 할 필요가 있다. 일반적으로 퇴직연금의 법적 형태에 따라 수탁자 책임도 달라진다.

가장 일반적인 퇴직연금 형태는 기금형fund-type과 계약형contract-type이다. 기금형은 연기금자산을 투자 관리하고 급부를 지급하기 위해 사용자와 독립적인 회사를 설립하는 것이다. 기금형의 특징은 연기금이 법인격을 갖지 못하고 가입자가 연기금자산에 대한 법적 권한을 갖지 못한다는 것이다. 연금자산에 대한 법적 권한이 연기금을 지배하는 수탁자에게 귀속되기 때문에 수탁자는 신탁자산을 신탁약관에 따라 가입자 및 수익자의 최대이익을 위해 관리해야 하는 책임을 진다. 반면 계약형은 연기금자산의 관리와 급부 지급을 위해 사용자·근로자가 은행, 증권사, 생명보험회사 등 금융기관과 계약을 체결하는 것이다. 계약형의 경우 연기금이 법인격을 갖지는 못하지만 가입자는 연기금자산에 대한 법적 권한을 갖는다. 연기금자산은 금융회사에서 관리하는 계좌에 보유되며 계좌는 법적으로 운영주체인 금융회사와는 분리된다. 이러한 지배구조상의 차이로 인해 일반적으로 계약형이 기금형보다 상대적으로 수탁자 의무 개념이 약하다. 이러한 연기금의 법적 형태 중 특정 제도를 선호하는 데 대한 사전적 이유는 없다. 주로 연기금 형태, 국가의 법률적 전통, 세제 등과 같은 요인과 관련되어 특정 형태가 선택된다.

수탁자 책임은 영국과 미국 등 앵글로색슨계 국가의 신탁법에서 유래한 것으로 수탁자가 가지는 재량권의 남용을 방지하기 위한 것이다. 수탁자로 지명된 모든 주체는 제도 가입자의 이익을 위해서만 행동할 것best interest, 의무를 신중하게 수행할 것, 연금제도 규정을 준수할 것, 분산투자할 것, 합리적인 경비를 집행할 것 등과 같은 책임을 진다. 신중한 업무 수행은 수탁자의 핵심 책무이다. 이를 위해서는 투자와 같은 분야에서 전문적인 지식을 갖고 있어야 하는데, 이러한 전문성이 부족할 경우에는 전문지식을 갖고 있는 사람을 고용할 수 있다. 신중함이란 의사결정 과정에 초점을 두는 것이다. 따라서 의사결정의 증거자료를 문서화하는 것이 중요하다. 예를 들면, 서비스 공급자를 고용할 경우 수탁자는 다수의 공급자에 대해 조사하고 동일한 정보를 요구할 수 있는데, 이렇게 함으로써 수탁자는 의사결정과정을 문서화할 수 있고 비교·선택할 수 있다. 제도 규정은 제도 운영의 기초가 되기 때문에 규정에 따라 업무를 수행하는 것도 중요한 책무이다. 따라서 수탁자는 규정을 주기적으로 검토하여 최근 변동사항을 적시에 반영해야 한다. 대규모 투자손실 리스크를 최소화할 수 있도록 하는 분산투자 역시 중요한 수탁자 의무이다.

미국의 경우 수탁자 책임에 대해 1974년 이전에는 전적으로 판례법에 의존하고 있었으나 ERISA의 제정으로 엄격한 성문법제를 채택하고 있으며, 충실의무, 주의의무(선량한 관리자의 의무), 분산투자의무, 문서준수의무를 엄격히 규정하고 있다. 영국은 여전히 판례법에 강하게 의존하고 있지만 1995년 연금법에 수탁자 책임 규정이 명시되어 판례법과 병행하고 있다. 일본 역시 영·미식의 선량한 관리자의 주의의무Prudent Man Rule에 입각한 수탁자 책임의 명문화가 2002년 기업연금법 제정을 통해 세부적으로 규정되었다. 즉 2000년 제정된 공적 연금의 자주운용 관련법, 2001년 6월에 제정된 「확정급여기업연금법」 및 「확정기여연금법」은 연금제도 내부자 이외에 운용기관(신탁은행, 생명보험회사, 투자 자문회사)의 수탁자 책임을 통일적으로 규정하고 있다. 수탁자가 의무를 위배할 경우 민법에 의하면 연기금자산에 대해서는 계약위반, 다른 사람들에 대해서는 불법행위에 대한 손해배상책임을 진다. 미국을 제외하고 수탁자배상책임보험의 가입이 의무화되어 있지는 않지만, 일반적으로 수탁자 의무 위반에 대해 수탁자 개인적으로 손해를 배상해야 한다. 또한 제도의 자산을 부적절하게 활용하여 이득을 취한 경우에는 이를 반환해야 할 의무가 있다.

2. 수탁자의 역할

미국

ERISA에서 연금 플랜을 포함한 모든 근로자 급부 플랜은 설립문서에 따라 운용할 것을 요구하고 있다. 이 설립문서에는 연대하여 플랜 운영과 관리를 통제하고 운용할 1명 이상의 지명 수탁자 임명을 의무화하고 있다. 따라서 미국의 지명 수탁자 임무는 영국의 수탁자 임무와 거의 유사하다. 일반적으로 지명 수탁자는 연금자산의 운용을 제외한 모든 기능에 대해 직접적인 책임을 지거나 감독책임을 지는 관리자로서의 역할을 하고 있다.

연금 플랜에서 규정하는 경우에는 몇 명의 지명 수탁자에게 수탁자 책임을 공동으로 책임 지울 수 있으며 타인에게 위임할 수 있다. 지명 수탁자의 지위는 신탁을 설정한 플랜인가에 따라, 신탁을 설정한 플랜의 경우 운용권한을 신탁 수탁자 또는 투자운용자에게 위임하느냐에 따라 표2와 같이 상이하다.

또한 근로자 급부 플랜의 모든 자산은 원칙적으로 신탁에 의해 보유되어야 하므로 ERISA하에서 신탁 수탁자의 선임은 강제된다. 신탁 수탁자는 신

그림1 미국 지명 수탁자와 일반 수탁자의 책임분담 위임관계도

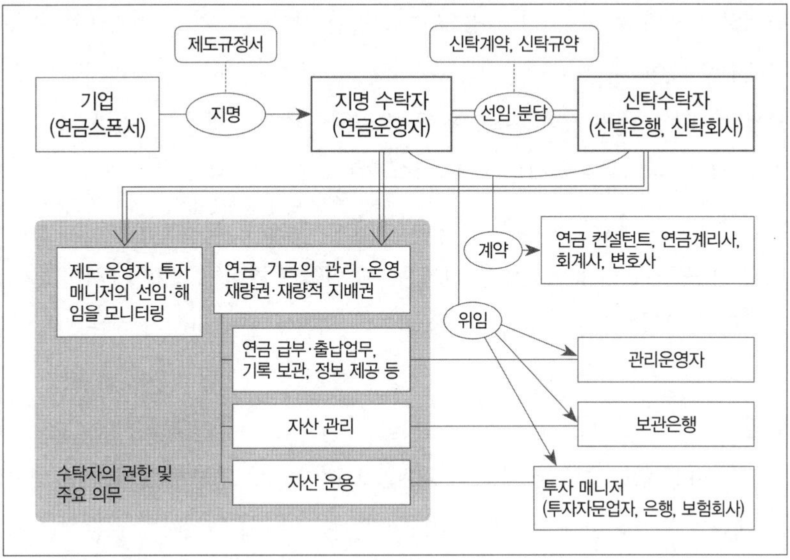

자료: 野村綜合研究所, 企業年金の受託者責任, 調査報告書, 2010.11, p.40.

표2 연금 플랜의 4가지 운용구조와 지배구조 형태

운영구조	지배구조 형태
신탁이 설정되고 운용권이 신탁 수탁자에게 넘어간 경우	– 자산운용권은 신탁 수탁자가 행사하게 되고 지명 수탁자는 연금 플랜에 관한 그밖의 관리 권한을 보유 – 신탁 수탁자에 대한 견제장치가 중요하며 지명 수탁자가 그 역할수행(신탁 수탁자에 대한 운용감독이 중요)
신탁이 설정되고 지명 수탁자가 운용권을 계속 보유한 경우	– 신탁 수탁자는 사실상 보관자 역할만을 담당하며 지명 수탁자는 연금 플랜의 사무관리기능 외에 운용 권한까지 행사 – 지명 수탁자의 권한 행사에 대한 견제장치가 필요 (충실의무 부과, 신탁 수탁자로 하여금 지명충실 의무자 감독)
신탁이 설정되고 운용권을 투자운용자에게 위임하는 경우	– 투자운용은 투자운용자가, 자산 보관은 신탁 수탁자가, 그 밖의 연금 플랜 관리권은 지명 수탁자가 보유 – 투자운용자의 권한행사에 대한 견제가 중요 (지명 수탁자와 신탁 수탁자가 투자운용자의 감독권 행사)
신탁을 설정하지 않은 경우	– 근로자 급부 플랜 자산이 보험사의 보험증권으로만 구성된 경우 신탁설정이 강제화되지 않음 – 보험회사 선정 등 지명충실 의무자의 역할이 중요

자료: 류건식·김대환·이상우(2013), p.55.

탁약관 또는 설립문서에 의해 지명되거나 지명 수탁자가 직접 선임하도록 규정하고 있다. 이와 같이 지명 또는 선임된 신탁 수탁자는 연기금의 운용 통제권을 갖게 된다. 다만 지명 수탁자는 신탁 수탁자에 대한 지시권을 유보할 수 있고 연기금의 운용권을 투자운용사에게 위임할 수 있다. 후자의 경우 신탁 수탁자는 자산보관자로서의 기능만을 가지게 된다.

연금자산이 보험계약으로 구성되는 경우는 신탁을 설정하지 않아도 되므로 신탁 수탁자에 대한 선임은 없게 된다. 신탁 수탁자도 ERISA에서 충실의무자로 간주되므로 ERISA상의 충실의무와 책임에 관한 규정이 적용된다.

일본

사업주(사용자)는 사업이 법인일 경우 그 법인이며, 그렇지 않을 경우에는 그 대표자를 의미한다. 퇴직연금제도의 운용 시 사업주가 지는 기본적인 의무에는 주무관청에 신고 의무, 피보험자에 통지 및 교부 의무, 부담금 기여 및 납입 의무를 진다. 신고 의무는 사용자가 주무관청에 퇴직연금 도입을 신고하는 의무로 기금형의 경우 사용자는 피보험자 1/2 이상의 동의(피보험자의 1/3 이상이 조직한 노동조합이 있는 경우는 그 노동조합의 동의 필요)를 얻고 기금규약을 작성하여 후생노동장관의 승인을 받아 기금설립에 대해 후생성장관의 인가를 받을 필요가 있다.[2] 규약을 변경할 경우에도 피보험자의 과반수 이상의 동의를 얻어 후생노동장관의 승인을 받아야 한다. 다만 법령에서 정한 경미한 규약의 변경인 경우에는 후생노동장관에게 지체 없이 신고해야 한다.

규약형의 경우 사용자는 연금 규약에서 정한 바에 따라 연금 또는 일시

2 「후생연금보험법」 제111조 및 「확정급부기업연금법」 제5조. 다만, 「확정급부기업연금법」에서 규약형의 경우 사업주에 대한 규정이 상대적으로 많다.

금 급부의 지급을 수급권자가 청구하면 이를 심사하여 급부 지급을 결정하여 자산관리운용기관에 통보해야만 한다. 이를 위해 사용자는 매년 1회 이상 정기적으로 기여금을 납부하고, 자산관리운용기관에 납부할 의무가 있다. 사용자의 가장 기본적인 의무이다. 또한 사용자는 법령에서 정하는 바에 따라 적립금의 관리 및 운영에 대한 퇴직연금 계약을 퇴직연금사업자와 체결해야 한다.

표3 사용자의 규약형과 기금형의 의무

구분	기금형	규약형
공통업무	– 주무관청에 신고 의무 – 피보험자에 통지 및 교부 의무 – 부담금 기여 및 납입 의무	
규약 인가	인가신청	승인신청
사업자 선정	기금이 선정	사업주가 선정
계약 체결	기금이 계약 체결	사업주가 계약 체결
급부 지급	기금이 급부 지급 심사, 결정	사업주가 급부 지급 심사, 결정

자료: 방하남·김재현·류건식(2007), p.23.

기금형에서 연기금은 기업이 사외에 설립하는 법인이며, 연금기금 업무와 관련한 의사결정기구로 사용자 및 가입자의 대표자로 구성되는 대의원회, 집행기관으로서 이사회, 감사를 두게 된다. 연기금의 의무는(규약형 제도의 경우 사용자)는 보험료 및 적립금을 안전하고 효율적으로 관리할 의무가 있는 등 기본적으로 사용자의 의무와 동일하다. 또한 연기금은 기금업무 현황에 대해 관계자에게 공시하는 것이 지배구조의 기본이다. 일본은 2001년 법률 개정을 실시하여 후생연금기금의 업무현황에 대해 가입자에게 주지시키도록 의무화 하였다. 이는 가입자에게 국한되어 있는 것이 아니고 수급자에게도 공시하도록 노력 의무가 부과되어 있다.

1) 대의원회

대의원회는 연기금을 운영하기 위한 중요사항에 대하여 심의, 결정하는 의사결정기관이다. 대의원회는 연기금에 대한 사용자와 가입자의 의사를 각각 반영하기 위해 각각 대의원을 선정하는 것이 요구된다. 대의원은 사용자측이 임명한 대의원과 가입자측이 투표한 선출직 대의원이 동수로 구성되며 임기는 3년을 이내로 규약에 정한다. 대의원회는 정기회의와 임시회의가 있으며, 심의사항에는 규약의 변경, 매년도 예산, 사업 보고 및 결산, 기금 해산, 기타 규약에서 정하는 사항 등의 중요사항을 의결한다. 이사장은 대의원회의 의장이 맡는다. 대의원회의 회의는 대의원 절반 이상의 참석으로 개최할 수 있으며, 의사결정은 출석한 대의원의 과반수 이상의 찬성으로 의결된다. 만약 찬성이 동수일 경우에는 의장이 결정한다.

2) 이사회

이사회는 연기금의 기본적 업무에 대한 의사결정을 집행하는 기관이다. 이사회는 임명직 대의원 중에서 선정된 임명이사와 선출직 대의원에서 선정된 이사가 각각 동수로 구성되며, 이사의 임기는 대의원과 동일하게 3년 이내에서 규약에서 정한 기간으로 한다. 이사장은 임명직 이사 중에서 1명을 이사장으로 선출하며, 기금의 대표자로서 업무를 집행한다. 상무이사는 이사장이 이사회의 동의를 거쳐 이사 중에서 지명하게 되어 있다. 이사장은 매 사업 연도마다 1회 이상의 대의원회를 소집하여야 한다.

3) 운용 집행이사

연기금은 이사장의 지명 및 이사회의 승인을 거쳐 운용집행 이사를 선출해야 한다. 운용 집행이사는 연금기금의 자산운용과 관련되는 업무를 집행하는 것이다. 운용 집행이사는 연금기금의 재정 상태에 전문적이고, 운용업무를 적정하게 집행 할 수 있는 자이며, 연기금의 업무 운영에 열의를 가지는 자를 선출할 수 있다.

영국

수탁자는 개인, 회사, 선임된 근로자elected employee, 또는 가입 근로자의 대표, 복수사용자 연금제도인 경우 주된 사용자principal employer일 수 있다. 하지만 실제로는 노사가 선출한 몇 명의 개인이 공동수탁자가 되거나 퇴직연금목적의 법인을 설립하고 노사가 선출한 개인이 그 수탁법인의 이사로 선임된다. 법인수탁자가 선임된 경우 퇴직연금의 수탁자는 형식상 법인이 되지만 실제 수탁자의 결정을 행하는 주체는 법인수탁자의 이사회가 된다. 또한 영국에서는 수탁자 충원에 근로자가 어느 정도 영향력을 미칠 수 있다. 수탁자 가운데 3분 1 이상은 근로자가 지명한 수탁자인 근로자 지명 수탁자member-nominated trustee로 충원하도록 되어 있다. 근로자 지명 수탁자제도를 통해 가입자들은 연금사업자 선정 등 운용에 대한 직접적인 통제를 할 수 있다. 이에 반해 사용자는 사용자의 이사 또는 이사였던 자 등을 수탁자로 임명하는데, 이들은 상근하지 않는 경우가 일반적이다. 근로자가 선임하는 수탁자도 비전문가인 경우가 많고 상근하지 않기 때문에 수탁자에 대해 보수를 지급하지 않는 퇴직연금도 많다.

연금자산을 자본시장에 투자하는 경우 수탁자는 일반적으로 금융감독기관Financial Services Authority: FSA의 자산운용업 인가를 받은 자산운용사에게 투자권한을 위임한다. 수탁자는 자본시장에서 투자를 행할 전문지식이 결여되어 있거나 또는 전문지식이 있더라도 퇴직연금을 위해 상근하지 않는 경우가 대부분이기 때문이다. 이 경우 수탁자로부터 운용위탁을 받은 자산운용사fund manager는 연금자산의 운용을 담당하게 되고 자산운용사의 운용행위는 FSMA 2000Financial Services and Markets Act 2000하에서

FSA의 규제를 받는 규제대상행위가 된다.

실질적인 연금자산의 운용은 자산운용사가 담당하므로 근로자의 최대수익을 위해서는 수탁자로 하여금 최선의 자산운용사를 선정해 최선의 자산운용을 하도록 하는 것이 매우 중요하다.[3] 이에 따라 수탁자에게 전문가의 주의의무를 부과하고 있으며 운용원칙을 구체화하여 자산운용사를 어떻게 선정해 평가할 것인가에 관한 수탁자 의무를 규정하고 있다. 또한 자산운용사는 수탁자와 운용위탁계약을 체결하므로 기본적으로 수탁자에 대해 계약상 의무를 지게 된다. 이러한 의무는 수탁자에 대한 충실의무와 선량한 관리자의 주의의무 등으로 구성되고 있다. 또한 자산운용사에게 위임된 업무에 대해서는 투자재량을 지닌다 해도 가입자의 신탁자산을 운용하는 것이므로 가입자와 이해상충의 가능성이 발생할 수 있다. 이 경우 자산운용사에 대해 취약한 지위를 갖는 가입자를 보호하기 위해 자산운용사에게 충실의무가 부과되고 있다.

한국

우리나라 퇴직연금제도는 신탁형 또는 기금형 형태가 아닌 계약형 형태로 운용되고 있어 「근로자퇴직급여보장법」상에 수탁자 개념이 명문화되어 있지 않다. 그러나 근로자를 제외한 사용자, 퇴직연금사업자, 자산운용사가 퇴직연금 운용 이해관계자이므로 선진국의 수탁자 개념과 유사하다. 따라서 「근로자퇴직급여보장법」에서는 사용자와 퇴직연금사업자에 대한 책임과 의무를 부여하고 있다. 그 이유는 이들이 퇴직연금 운용에 재량권이 있어 근로자의 수급권에 영향을 미칠 수 있기 때문이다. 특히 우리나라 퇴직연금제

---

3 Pension Act 1995는 사실상 자산운용업자의 선임을 강제한다. 왜냐하면 Pension Act 95는 기업연금계획의 자산이 FSMA 2000에서 정의하는 투자로 구성되거나 또는 투자를 포함하는 경우 일정한 개인 혹은 법인을 자산운용자로 임명할 것을 강제하기 때문이다.

도는 노사 간의 합의인 규약을 근거로 기본 제도가 설정되지만 실질적인 제도 운영은 금융회사인 퇴직연금사업자를 통해 이루어진다. 이러한 특징으로 인해 우리나라의 수탁자 책임은 사용자보다는 금융회사인 퇴직연금사업자를 중심으로 이루어지고 있다.

3. 수탁자 책임 관련 규제

미국

1974년에 제정된 ERISA에 의하면 퇴직연금의 수탁자를 정의하고 그 수탁자의 의무fiduciary duty인 충실의무, 주의의무(선량한 관리자의 의무), 분산투자의무, 문서준수의무를 엄격히 규정하고 있다. 이를 구체적으로 살펴보면 먼저 충실의무란 수탁자가 수익자이익을 위해서만 행동하여야 하는 의무로, 이에 기초하여 수탁자의 이익 상반 행위를 금지[4]하고 있다. ERISA는 ① 가입자·수익자의 이익의 실현과 플랜 운영을 위한 합리적 경비의 지출을 유일한 목적으로 하고, ②동일한 성질 또는 목적을 가지는 기업의 운영에 필요한 능력과 지식에 기초하여 행동하는 자와 유사한 신중한 인물prudent man로서 행동하고, ③플랜의 손해를 최소한도로 억제하도록 신중성을 가지고 다각적인 투자를 행하며, ④법 규정에 의하여 작성이 의무화된 문서의 기재에 따라 플랜을 운영하는 것 등을 수탁자에게 의무지우고 있다. 이것이 수탁자의 충실의무이다.

또한 선관주의의무(선량한 관리자의 의무)란 1830년 매사추세츠 주 최고재판소의 판결에서 연유된 선량한 관리자의 의무(선관주의의무), 즉 '사려분

4 이익 상반 행위 금지의무는 연금기금자산을 수탁자 개인 계정에서 거래하는 행위를 하지 않는 의무를 말한다.

별, 능력 있는 사람이 자기의 자산을 운용하는 때'에 사용하는 주의를 태만하지 않도록 하는 의무이다. 그리고 연금기금의 자산을 신중하게 분산투자하도록 한 분산투자의무와 연금기금이 정한 문서 및 투자 가이드라인을 준수토록 한 문서준수의무 등을 규정하고 있으며, 이는 광의의 '신중한 관리자의 원칙Prudent Man Rule'이라고 할 수 있다. ERISA는 수탁자에 대하여 신중한 투자가prudent invester가 준수하여야 할 일반적 행위기준에 따를 것을 규정하고 자기거래 및 이해관계인 등의 거래를 규율하는 일련의 거래금지기준을 명시적으로 규정하고 있다. 그러나 이 거래금지기준에 대한 중요한 예외로서 플랜 설치기업의 유가증권과 부동산에 대한 10%를 상한으로 하는 투자를 인정하는 것도 명기하고 있다. 역시 수탁자의무의 위반에 대한 제재로서 수탁자는 개인으로서 그 위반행위에 의하여 파생한 모든 손해를 배상할 책임을 부담함과 동시에 그가 획득한 이익을 전부 반환할 의무를 부담한다. 또 이해관계 당사자는 민사소송에 의하여 수탁자를 그 지위로부터 해임하는 것도 가능하다. 더불어 거래금지기준을 위반한 경우에는 별도로 추징과세에 의한 제재도 규정되어 있다.

따라서 명확하게 연금기금의 문서[5]로 되어 있는 것을 입수하고자 하지 않았거나 읽고 이해하고자 하지 않으면 수탁자 책임 위반에 해당된다. 이처럼 퇴직연금의 기금운용에 관여하는 자는 충실의무 및 선의의 주의의무에 의한 수탁자 책임이 요구되며, 노동성 연금복지급부국이 관할하게 된다. 특히 수탁자의 행위목적이 손해를 불러오거나 불성실하지 않더라도 수탁자가 기울이는 노력이 배타적 목적Exclusive Purpose Rule[6]을 위해서가 아니라면 수

---

5 법률상 어떠한 것이 준수해야 하는 문서에 해당되는지가 분명치 않으나 판례에서는 신탁계약서 및 투자계약서 외에 게시문서 및 부속문서 등이 해당하는 것으로 본다.

6 배타적 목적은 연금기금 가입자 및 수익자의 이익만을 위하여 이익을 제공하거나 연금기금에 관한 합리적인 비용을 부담하는 것을 의미한다.

표4 ERISA상의 수탁자 책임 규정

구분	내용
목적	연금자산의 부적절한 관리에 대한 법적 책임 부과
대상	– 지명 수탁자: 연금제도 전반에 대한 운영의 책임 부여 – 신탁 수탁자: 보험계약을 제외한 연금기금자산의 운용은 반드시 신탁계약이어야 하는데, 이 자산의 운용에 대하여 독점적 지배권과 책임 부여 – 투자매니저: 지명 수탁자에 임명된 투자 자문, 은행, 보험사에서 운용되는 기금자산에 대해 책임부여
기준	– 가입자 및 수급자에 대한 급부와 관리비용 이외의 유용금지 – 같은 정도의 능력을 가진, 같은 정도의 문제에 정통하고 있는 수탁자가 동일한 특징과 목적을 가진 사업을 취급할 때 발생할 수 있는 주의, 기술, 신중함과 근면함을 가지고 행동할 것을 요구 – 기금과 이해관계자의 거래를 배제하며, 대규모 손실을 피하기 위하여 리스크가 최소화될 수 있도록 분산투자를 요구
벌칙	– 위반행위의 결과로서 전 손실에 대해 개인적 책임부과 – 부정한 방법에 의한 이익의 환원 – 금지거래에 대해서는 발생 시부터 거래액에 대해 연 5%, 일정기간에 시정한 경우는 100%의 특별세 부과

자료: 이상우·류건식, 「퇴직연금 수탁자 책임과 제재제도」, 2009년도 한국보험학회·한국 리스크관리학회 공동 하계학술대회 세미나자료, 2009.8.

탁자 책임위반이 되는 경우도 존재한다.

1) 지명 수탁자 및 신탁 수탁자 책임

퇴직연금의 설립 전반에 대해 권한을 지는 자로 지명된 수탁자, 즉 지명 수탁자named fiduciary 제도가 있다. 플랜 문서에는 공동으로 또는 개별적으로 플랜을 통제하고 운영·관리하는 권한을 가지는 1인 이상의 지명 수탁자를 지정하여야 한다. 단일 사용자 플랜에서는 통상 설치기업의 이사회가 지명 수탁자를 선정한다. 이에 대하여 단체협약에 기초한 복수사용자 플랜에서는 합동신탁 수탁자 위원회joint board of trustees가 지명 수탁자를 선정한다. 이 지명 수탁자는 수탁자임과 동시에 연금 플랜의 운영자로서의 책임을 부담하게 된다.

한편 플랜이 신탁에 보유된 경우에, 당해 신탁 수탁자trustees는 신탁문서trust instrument 또는 플랜 문서plan instrument에서 지명되거나 또는 지명 수탁자인 자에 의하여 임명되어야 하고, 지명 또는 임명을 수락한 경우에 신탁 수탁자는 플랜 자산의 운영과 통제에 관하여 배타적인 권한 및 재량권을 갖는다. ERISA의 적용을 받는 근로자 수익계획employee benefit plan에서 지명 수탁자의 지위는 영국 퇴직연금에서 수탁자의 지위와 비교될 수 있는 매우 중심적인 지위이다. 지명 수탁자의 선임은 근로자 수익계획의 설립문서에 반드시 기재되어야 하는 필수적 사항이기 때문에, 지명 수탁자의 선임은 강제된다. 그리고 지명 수탁자는 원칙적으로 각자 혹은 연대하여 연금계획의 운영과 관리를 통제할 권한을 갖는다.

지명 수탁자의 가장 중요한 역할과 기능은 연금자산의 운용책임에 있다. 지명 수탁자는 통상 은행 및 생명보험사 등의 신탁 수탁자와 보험계약 내지 신탁계약을 체결하여 연금자산의 운용을 위탁한다. 이 경우 원칙적으로 신탁 수탁자가 자산운용에 관한 배타적 권한과 최종적인 회계책임을 부담한다. 그러나 플랜 설명서에서 명기한 경우에는 지명 수탁자가 신탁관리기관에 대하여 투자방침 등을 지도하는 것도 가능하다.

구체적으로는 플랜 설치기업이 사장·재무담당부사장·감사 등에 의하여 구성되는 기업 내 투자위원회를 설치하여 신탁관리기관에 대하여 투자에 관한 구체적 지시를 행하는 경우가 여기에 해당한다. 이 경우에 투자위원회의 구성원은 모두 지명 수탁자로 간주되고 신탁관리기관은 투자결과에 대한 법적책임을 면책 받는다. 또 플랜 설명서에서 명기한 경우에는 지명 수탁자가 투자관리자를 선임하여 투자운용을 위탁하는 것도 가능하다. 이 경우 지명 수탁자는 「투자 자문인법Investment Advisors Act 1940」하에서 등록된 적격 투자관리자를 신중히 선임한 것으로 간주되는 경우에 한하여 투자관리자의 행위에 의하여 발생한 법적 책임을 면책받고, 신탁관리기관도 또

자산운용에 관한 법적 책임을 면책받게 된다.

이 경우에 플랜 문서에서 투자관리자가 수탁자인 것을 명기해 둘 필요가 있다. 지명 수탁자는 최근 연금 포트폴리오 이론에 기초하여 자산운용을 복수의 투자관리자에게 분할해 투자의 다양화와 효율화 또는 위험의 분산화를 도모하는 정책을 채용하고 있다.

이 경우 복수의 투자관리자가 공동수탁자co-fiduciary로 간주되는 것이 아니라 개개의 투자관리자로서 자산운용에 관한 법적책임을 부담하게 된다. 역시 법적으로 인가받은 생명보험회사가 발행한 보험계약 또는 연금계약에 의하여 플랜 자산이 구성되어 있는 경우에는 자산의 신탁은 의무지워져 있지 않다. 그러나 이 경우에도 생명보험회사는 수탁자로 간주되고 ERISA하에서의 수탁자 책임을 부담하여야 한다.

2) 보고 및 공시의무

ERISA는 근로자급여 플랜의 보고·공시 및 기록유지의무에 관한 요건들을 규정하고 있다. 이는 플랜이 국세청, 노동부 및 연금급부보증공사 등을 포함한 다양한 연금관리기관에 대하여 일정한 서류와 정보를 제출·보고하도록 요구함으로써, 근로자급여 플랜에서 근로자의 수급권을 보호하고 근로자급여 플랜이 과세·비과세 규정에 따를 것을 보장하려는 것이다. 또 플랜은 플랜의 적용을 받는 가입자와 수익자에게 플랜 및 급여에 관하여 다양한 정보를 제공·공개하여야 한다. 이 보고 및 공개의 요건은 모든 연금 플랜 및 복지 플랜에 적용된다.

3) 정보제출의무

근로자급여 플랜의 관리자administrator는 플랜의 적용을 받는 각 가입자와 플랜에 의하여 급여를 받는 각 수익자에게 플랜 개요설명서, 연차보고서

상의 각종 명세서와 목록에 관한 정보를 제공하여야 한다. 또 가입자의 가입 자격 발생 후 90일 이내 또는 수익자가 최초로 급여를 수령한 이후 90일 이내에, 플랜 설치 후 120일 이내에, 수정·변동의 경우에는 120일 이내에 개별 플랜의 가입자와 수익자에게 플랜 개요설명서와 연차보고서를 제공하여야 한다. 이와 동시에 서면으로 요구하는 가입자 또는 수익자에게 1년에 1회 발생된 총 급여, 발생된 비상실성 연금급여 또는 급여가 비상실성이 되는 최초 일자 등에 관한 명세서를 제공하여야 한다. 한편, 관리자는 노동부장관에게 플랜 개요설명서, 플랜 설명서, 수정·변경사항, 연차보고서 및 종료·보충보고서를 제출하여야 한다. 또 당해 플랜 연도 종료 후 120일 이내에 연차보고서를, 플랜 설치 후 120일 이내에 플랜 설명서를, 수정·변동이 행해진 이후 60일 이내에 그 수정변동사항을 장관에게 제출하여야 한다. 다만 100명 미만의 가입자를 대상으로 하는 연금 플랜에 대하여는 노동부장관이 정하는 규칙에 의한 간이연차보고서simplified annual reports를 제출하는 것도 가능하다.

플랜 설치자는 국세청의 적격연금 플랜인가를 위한 사전심사를 받기 위하여, ①플랜 명칭 및 사용자의 성명·주소, ②신탁약정서의 사본, ③생명보험사와의 연금계약서의 사본, ④플랜을 구성하는 기타 문서의 사본, ⑤문서를 변경하는 경우에는 개정된 문서의 사본, ⑥플랜 개요설명서, ⑦고액급여근로자에 관한 급여·급여액·갹출금액 기타의 정보, ⑧모든 근로자의 직무 분류와 비적용자에 관한 정보, ⑨이해관계 당사자(근로자)에 대한 적절한 정보 제공이 이미 행해져 있다는 것의 증거 등을 증명하는 문서를 제출할 필요가 있다. 국세청은 이들 문서를 심사하여 필요한 경우에는 시정을 권고하고, 적정한 플랜으로 인정되는 경우에는 적격연금 플랜으로서 인가된다.

4) 플랜 설명서 작성의무

ERISA에 의하면, 근로자급여 플랜에는 급여조건 등을 명시하여 가입자 및 수익자에게 제공되는 플랜 개요설명서summary plan description와 장관에게 제출되는 플랜 개요설명서 및 플랜 설명서plan description가 준비되어 있어야 한다. 플랜 개요설명서는 '평균적인 플랜 가입자와 수익자들이 이해할 수 있는 방법'으로 작성되어야 하고, 당해 가입자와 수익자들이 플랜에서 그들의 권리와 의무를 합리적으로 평가할 수 있도록 정확하고 포괄적이어야 한다.

플랜 설명서는 장관이 규정한 형식으로 준비되어야 한다. 플랜 개요설명서와 플랜 설명서에는 법이 요구한 일정한 정보를 담아야 한다. 즉 ①플랜의 명칭과 관리유형, ②관리자·신탁 수탁자 및 업무대리인의 성명과 주소, ③적용단체협약의 관계규정에 대한 설명, ④가입과 급여의 자격에 관한 플랜 요건, ⑤비상실성 연금급여를 제공하는 규정의 설명, ⑥비적격·무자격 또는 급여의 거부·상실을 초래하는 상황, ⑦플랜의 재원과 급여가 제공되는 단체의 신원, ⑧플랜 연도 및 기록보존의 기준이 되는 회계연도, ⑨플랜에 의한 급여의 청구절차, ⑩플랜에 의하여 이용할 수 있는 구제수단 등이 그것이다.

특히 플랜 설명서에는 ①플랜 가입 자격이 있는 근로자의 범위와 가입조건, ②갹출방식과 갹출수준, ③급여형태와 급여방식, ④근로자의 갹출을 필요로 하는 경우에 그 비율의 결정방식, ⑤플랜 가입자의 고용종료 시 권리, ⑥사용자의 플랜 변경·갹출중단·종료에 관한 권리 및 이익, ⑦플랜 종료에 즈음한 가입자의 권리 등이 구체적으로 기재되어 있어야 한다. 이 플랜 설명서의 작성 의무는 행정적 감독과 규율의 편의를 위하여 필요할 뿐만 아니라, 적용대상이 되는 근로자에 대하여 적절한 정보를 제공하기 위하여도 불가결한 것이다.

5) 연차보고서 제출의무

근로자급여 플랜은 매년 연차보고서annual reports를 작성하여 노동부장관에게 제출하여야 한다. 이 연차보고서는 100인 이상의 가입자가 있는 경우에는 매년, 100인 이하의 가입자가 있는 경우에는 3년에 2회 제출하여야 한다. 또한 플랜 관리자는 플랜이 계속되는 기간 중에는 각 회계연도 종료 후 7개월 이내에 전년도의 플랜 운영에 관한 연차보고서를 국세청에 제출하여야 한다.

연차보고서에는 ERISA가 요구하는 내용과 형식의 재무제표와 연금계리제표가 첨부되어야 한다. 재무제표financial statement에는 자산부채명세서 및 그 변동명세서, 일정기간 동안 행해진 중요한 변동을 포함한 플랜 설명서, 기금적립정책 등의 변동사항, 급여의 변동사항, 기타 당해 연금 플랜의 재무제표를 충분히 공정하게 표현하는 데 필요한 사항이 포함되어야 한다. 재무제표에는 통화가치로 평가되는 자산부채명세서, 영수증과 지출금의 명세서, 투자목적으로 보유된 모든 자산의 목록, 이해당사자와의 거래목록, 대출금 및 채무에 관한 목록, 임대차목록, 신탁이나 구분회계에 의하여 보유되는 자산에 관한 정보 등에 관하여 별도목록을 첨부하여야 한다. 또 연차보고서에는 플랜의 적용을 받는 근로자의 숫자, 수탁자의 성명과 주소 및 재정적·연금계리적 정보를 제공하여야 한다.

즉 가입자에 관한 상세한 정보와 통계숫자, 대차대조표, 수지보고서, 플랜 운영보고 등과 관련되는 정보가 필요하다. 뿐만 아니라 외부의 공인회계사에 의한 감사보고서·의견서와 더불어 전 자산의 3%를 초과하는 거래가 있었던 경우에는 연차보고서에 그 거래에 관한 모든 정보를 기재한 문서도 첨부하여야 한다. 나아가 연차보고서와 별도로 연금계리사에 의하여 작성된 연금계리제표actuarial statement가 제출되어야 하는데, 여기에는 연금수리평가 일자, 갹출금의 금액, 가입자 및 수탁자의 숫자, 적립된 자산의 통화가치 및 장관이 요구하는 기타 정보가 포함되어야 한다. 연금자산의 합병merger·통합consolidation·이전transfer이 있을 때에는 내국세입법에 의하여 자산변동보고서를 제출할 것이 의무화되어 있다. 국세청은 이들 보고서를 수리한 경우에 그 사본을 노동부 및 연금급부보증공사에 송부하게 되어 있다.

일본

1) 수탁자 책임 관련 규정

일본의 경우 확정기여형은 사용자, 확정급여형은 사용자(규약형)와 기금이사(기금형)에게 업무 전반의 충실의무를 공통적으로 규정하고 있다. 「확정기여형연금법」에서는 사용자에게 연금운용방법 선정 시 주의의무를 준수토록 규정하고 있다. 이 경우 의무를 지는 상대방의 경우 기금이사는 위임계약 상대방에 해당하는 기금, 사용자는 가입자 등이다.

「확정갹출형연금법」에서는 수탁자 책임의 공통규정인 충실의무를 운영관리기관 및 자산관리기관에게 부여하였다. 일본 「확정갹출형연금법」에서는

표5 연금제도 내부자에 대한 수탁자 책임규정

법률 (대상)	후생연금보험법 (후생연금기금)	확정갹출연금법 (기업형)	확정급부기업 연금법(규약형)	확정급부기업연금법 (기금형)
의무자	이사	사용자	사용자	이사
대상업무	적립금 관리운용	전반	전반	전반
일반적 의무	충실의무 (주무대신 처분 준수)	충실의무 (주무대신 처분 준수) 운용방법 선정 시 전문가의 주의의무		충실의무 (주무대신 처분 준수)
금지의무	政令 위임	구체적으로 규정	구체적으로 규정	구체적으로 규정
의무 상대방	기금	가입자 등	가입자 등	기금

자료: 土浪修(2002), p.106.

사용자와 퇴직연금사업자에 대해 다양한 책임 및 의무를 부여하고 폭넓은 형벌적 제재조치가 존재하는 등 법률 위반행위에 대해 단호하고 적극적인 것이 특징이다. 퇴직연금 수탁자 책무에는 사업주의 책무, 운영관리기관의 법령준수 및 충실의무, 주의의무, 문서관리 준수의무 등으로 구분된다.

표6 「확정갹출형연금법」상의 수탁자 책임 관련 사항

<table>
<tr><th>구분</th><th colspan="2">수탁자 책임 사항</th><th>관련 근거</th></tr>
<tr><td rowspan="2">사용자</td><td colspan="2">– 사업주의 부금 납부(법 제21조)
– 근로자 교육 실시 의무(법 제22조)
– 운영관리기관에 통지의무(법 제16조)</td><td rowspan="2">법 제22조
(사업주 책무)</td></tr>
<tr><td>금지의무</td><td>– 근로자 동의 위반 금지(법 제3조)
– 보고징수 및 임점검사 위반(법 제51조)
– 규약 변경 시 미신고, 허위신고(법 제6조 1항)
– 개선 명령 이행 위반(법 제52조 1항)
– 장부 미보존 및 허위 작성(법 제149조 1항)</td></tr>
<tr><td rowspan="2">퇴직연금
사업자</td><td colspan="2">법령준수 및 충실의무(법 제99조 1항)</td><td rowspan="2">법 제99조
(퇴직연금사업자의 행위준칙)</td></tr>
<tr><td>금지의무</td><td>– 중요사항 미고지·부실고지 금지(법 제100조 4항)
– 가입자 손실보전 금지(법 제100조 1항)
– 특별이익제공 금지(법 제100조 2항)
– 미등록 부정등록 행위 금지(법 제88조 1항)
– 명의 대여 금지(법 제95조)
– 보고서 미제출 및 허위 기재(법 제102조)
– 열람거부 또는 허위기재(법 제96조)</td></tr>
<tr><td>정부</td><td colspan="2">세제 등 지원방안강구 의무(법 제86조)</td><td>법 제87조
(지도 및 조언)</td></tr>
</table>

2) 사용자의 수탁자 책임

사용자 책무에는 투자교육 제공, 근로자 동의, 업무 위탁 등이 있으며, 법률은 의무조항을 규정하고 있다. 퇴직연금을 시행하는 주체인 사용자는 퇴직연금 시행에 앞서 노사 간의 합의를 얻은 규약을 마련하여 주무장관의 승인을 받아야 한다. 제도의 운영에 대해서는 운영관리업무를 운영관리기관에

위탁할 수 있고 적립금의 관리에 대해서는 자산관리기관과 계약해야 한다.

기여금은 사용자가 갹출하며, 가입자 등이 그 운용의 지시를 한다. 가입자 등이 적절한 자산운용을 지시할 수 있도록 정보와 지식을 함양시키기 위해 사용자에게 투자교육을 실시하는 책무를 지우고 있다. DC법에서는 사용자의 수탁책임을 규정하고 있다. 즉 사용자는 사업주는 법령에 의거하여 후생노동장관의 처분 및 기업형 연금 규약을 준수하고 기업형 연금 가입자 등을 위하여 충실히 그 업무를 수행하여야 한다(제43조 1항). 기업(주식회사)의 이사나 후생연금기금의 이사는 위임에 근거한 선관주의의무를 지는 것을 전제로 제43조 1항의 취지의 규정을 두고 있다. 운영관리기관이나 자산관리기관, 또는 DB법에서 사용자, 기금 이사 및 운용기관 등을 통해서 이른바 충실의무가 규정되고 있다. 이에 따라 DB법 및 DC법에서 충실의무를 퇴직연금의 관리·운영에 관련한 자에게 공통되는 수탁자 책임 규정이라고 말할 수 있다. 이외에도 사용자에게는 보고징수 및 임점검사 위반, 규약 변경 시 미신고·허위신고, 기한 내 미보고 및 허위보고, 개선 명령 및 이행 위반, 규약 변경 통지 위반, 기록관리에 정보 미통지, 기한 내 신고 위반을 금지하는 등의 행위를 엄격히 제한하고 있다.

주무장관은 사용자에게 보고 징수, 감독 권한이 있고, 보고 거부 등에 대해서는 벌칙도 있다. 충실의무 등의 이행을 확보하기 위한 수단으로서 업무 개선 명령을 지시할 수 있지만, 최종적으로는 규약의 승인 취소도 가능하다. 민사 책임에 대해서는 특별한 규정은 없다. 예를 들면, 사용자가 운영관리기관이나 자산관리기관의 선임·감독에 임하여 상당한 주위를 기울이지 않았기 때문에 손해를 입은 가입자 등은 DC법(충실의무 등)에 근거해 사용자의 책임을 추궁할 수 있다. 이외에도 만약 사용자가 이러한 법률상 책임의무를 위반할 시에는 위반행위의 경중에 따라서 6개월 이하의 징역 또는 20만 엔 이하의 벌금, 20만 엔 이하의 과태료, 10만 엔 이하의 과태료가 부과된다.

3) 운영관리기관의 수탁자 책임

운영관리업무란 퇴직연금 기록 관련 업무(가입자에 관한 기록, 운용지시의 정리와 자산관리기관에의 통지, 급부의 재정) 및 운용 관련 업무의 선정과 가입자에게의 제시, 운용 방법에 관한 정보 제공이다. 사용자는 운영관리업무의 전부 또는 일부를 운영관리기관에 위탁할 수 있고, 운영관리기관은 그 업무의 일부를 다른 운영관리기관에 재위탁할 수 있으며, 투자교육에 대해서도 운영관리기관으로의 위탁이 가능하다.

확정갹출연금 운영관리기관은 법령에 근거한 주무대신의 처분 및 운영관리 계약을 준수하고, 가입자 등을 위해 충실히 그 업무를 수행해야 한다고 명시하여 운영관리기관의 충실의무를 규정하고 있다. 또한 개인정보의 유용 금지, 금지 행위와 같은 운영관리기관의 충실의무의 규정이 있다. 운영관리기관은 손실 부담행위 금지, 특별이익 제공행위 금지, 추가적 이익 제공행위 금지 등과 같은 선관주의의무 등을 진다. 운영관리기관은 그 업무의 수행에 임하여 오로지 가입자 등의 이익을 도모해야 하며, 운영관리기관으로서 기대되는 전문가 수준의 주위를 기울일 의무를 진다. 사용자와 가입자의 이익이 충돌하는 경우에는 운영관리기관은 가입자의 이익을 우선해야 한다. 가입자의 개인정보에 대해서는 법률에 따라 일정한 보호 규정을 두고 있다. 금지행위로서 손실 부담 계약 등의 이익상충행위가 규정되고 있다. 이익상충은 운영관리기관이 운용방법의 제공하는 상품제공기관 업무를 함께 하는 경우에 발생할 수 있다. 대표적인 예로 자기 또는 가입자 외 제3자의 이익을 도모하는 목적을 갖고 특정한 운용의 방법을 가입자에게 제시하는 것, 운영관리기관이 자사(또는 계열회사)의 제공하는 운용방법을 선택 및 제시하는 것은 이익상충행위라 할 수 있다. 충실의무에 따라 전문적인 입장에서 선정 및 제시, 선정 이유를 나타내는 것이 필요하다. 운용방법의 추천을 원칙으로서 금지하면서 예외를 인정하고 있다. 또한, 확정갹출연금 운영관리기관에 관한 명령 제10조 1호는 운용방법과 관련되는 상품의 판매·권유를 하는 자가 운용 관련 업무를 함께 실시하는 것을 금지하고 있다(임원, 영업소장 제외). 예컨대, 운영 관련 업무를 영위하는 금융회사에 대해 운용 관련 업무를 실시하는 자와 별도의 자이면, 판매·권유를 하는 것이 가능하다.

운영관리기관에 대해서는 미등록 영업행위, 부정한 방법으로 등록 명의 대여 금지, 손실부담의 금지위반 특별이익 제공 행위, 추가적 이익제공 금지, 중요사항 미고지·부실고지, 업무정지 명령 후 업무영위 등의 행위를 엄격히 제한하고 있다. 이외에도 등록신청서 허위 기재, 장부 미보존 및 허위 작성, 보고서 미제출 및 허위 기재, 보고징수 및 임점검사 위반(운용관리기관), 변경 신고 위반, 영업소 표식 비치 위반 등의 행위가 금지된다.

만약 운영관리기관이 이를 위반할 시에는 주무대신은 운영관리기관에 대한 감독 권한이 있고, 업무개선을 명령할 수 있으며 최종적으로는 등록의 취소가 가능하다. 일부 금지 행위에 대해서는 벌칙도 존재한다. 또한 위반행위의 경중에 따라 3년 이하의 징역 또는 300만 엔 이하의 벌금, 1년 이하의 징역 또는 100만 엔 이하의 벌금, 6월 이하의 징역 또는 20만 엔 이하의 벌금, 20만 엔 이하의 벌금, 10만 엔 이하의 과태료 등의 처벌이 가능하다.

4) 자산관리 및 상품제공기관의 책무

사용자는 적립금의 자산관리계약으로 신탁회사와의 신탁계약 또는 생명보험사를 상대방으로 하는 생명보험계약 등을 체결해야 한다. 자산관리업무는 신탁은행이나 생명보험회사 등의 고유의 업무에 해당되며 은행법과 보험업법이 적용된다. 즉 DC법은 "자산관리기관은 법령 및 자산관리 계약을 준수하고 퇴직연금 가입자 등을 위해 충실히 그 업무를 수행해야 한다"고 명시하고 있다. 상품제공업무와 관련하여 「확정갹출형연금법」은 예금 및 저금, 신탁회사의 신탁상품, 유가증권 매매, 생명보험사의 생명보험계약 등의 방법으로 운용할 수 있다. 상품제공기관의 의무나 감독에 관한 규정은 명시하고 있지 않다. 상품제공기관의 계약 상대방은 자산관리기관으로 생각할 수 있지만 운용리스크를 부담하는 가입자가 된다.

영국

1) 기금적립 관련 수탁자 책임[7]

확정급여형 연기금 관리자는 연금부채가 최종 임금과 연관되어 결정되기 때문에 우발contingent 부채를 갖고 있고 이러한 부채를 최대한 이행할 수 있도록 자산 포트폴리오를 구축하고 관리해야 한다. 부채를 이행할 자산이 부족할 경우 적립 부족에 대한 책임이 사용자에게 있기 때문에 연기금관리자는 투자결과에 대한 책임을 부분적으로는 부담하지 않지만, 사용자가 투자 실적의 부진을 이유로 관리자를 교체할 가능성이 있기 때문에 투자결과에 대해 전적으로 책임이 없는 것은 아니다.

영국의 대형 연금부정사건인 맥스웰Maxwell 사건을 계기로 「1995년 연금법」에서 확정급여형 퇴직연금에 대해 최소 적립 요건Minimum Funding Requirement: MFR을 도입하였는데, 이는 부채의 90% 이상에 해당하는 자산 보유를 요구한 것이다. 그러나 유연성 부족 등으로 인해 「2004년 연금법Pension Act 2004」에서는 MFR을 대체하는 새로운 적립 요건Scheme Specific Funding Standard: MFR을 도입하여 2005년 12월부터 적용하고 있다.

새로운 제도의 목적은 책임준비금에 대응하는 자산을 보유하도록 하는 것인데, 이전과 달리 사용자들에게 동일한 수준의 적립을 요구하지 않고, 적립전략 수립 시 제도가 처한 특수한 상황을 고려할 수 있도록 하였다. 기금

7 류건식·이경희(2007), pp.63~67.

적립과 관련된 수탁자 책임으로는 ①적립목표를 충족시키기 위한 정책 수립, ②재정재계산, ③계리보고서 작성, ④갹출 스케줄 작성, ⑤적립 부족 시 정상화 계획 수립 등을 들 수 있다.

첫째, 수탁자는 적립방식을 결정하고, 적립원칙보고서Statement of Funding Principles를 마련하도록 하고 있다. 적립원칙보고서에서는 적립금 부족을 해소하기 위한 방법과 기간에 대해 명시해야 하며 수탁자는 사용된 가정을 기록할 수 있도록 하고 있다. 이와 같은 적립원칙보고서에 포함해야 하는 주요 내용으로는 ①적립목표를 충족시키기 위한 수탁자의 정책, ②책임준비금 계산 방식 및 가정, ③할인률(자산의 기대수익률), ④연금 증가율, ⑤급여 인상률, ⑥사망률(향후 개선 감안), ⑦신규 가입, ⑧중도 탈퇴, ⑨퇴직, ⑩피부양자의 연령 차이, ⑪가입자 사망 시 피부양자 급여의 비중 등을 들 수 있다.

영국에서는 적립원칙보고서 외에 연기금 자산에 대한 투자원칙보고서도 요구하고 있는데, 투자원칙보고서는 연기금의 투자가 어떻게 이루어져야 하는가를 지배하는 중요한 문서로서 전략적 목표를 구체화하도록 하고 있다. 주요 내용은 분산투자정책, 투자 가능 자산, 서로 다른 투자 항목 간 균형, 리스크에 대한 성향, 리스크관리 절차와 리스크 측정 방법 및 기대수익, 투자 실현, 투자에 수반되는 투표권 행사 등을 포함하도록 하도록 하고 있다.

둘째, 영국의 새로운 책임준비금 적립 기준에서는 연기금 적립에 대한 연금계리사의 역할을 명확히 하여 수탁자는 적립과 관련한 의사결정을 내리기 전에 보험계리사의 자문을 구해야 하며, 연금계리사는 윤리규범ethical code을 준수해야 하며 책임준비금 평가 기준을 준수하도록 하고 있다.

셋째, 수탁자로 하여금 재정 재계산 주기가 3년일 경우 중간에 연금계리보고서actuarial report를 작성하도록 규정하고 있다. 이는 최종 재정재계산 실시 이후 책임준비금에 영향을 미치는 제반 사건들을 분석한 보고서로서 연금계리사의 추정에 기반하여 작성하게 된다. 연금계리보고서는 재정재계산과 달리 일반적으로 상세한 개별 가입자 기준으로 작성되지 않는다. 이와 같은 계리보고서의 작성 목적은 연기금의 재정 상태에 관한 개략적인 업데이트를 제공하는 것으로서, 연금계리사는 책임준비금 계산과 자산의 시가평가를 위해 적용 가능한 정보를 사용할 수 있으며 책임준비금의 중대한 변동을 반영하기 위해 ①신규 가입자 등 갹출 가입자에 의한 추가적인 급부 증가, ②재량 또는 증액에 의한 급부액의 변동, ③제도의 유입 및 유출에 의한 중대한 변동 등과 같은 사항이 포함되도록 하고 있다.

넷째, 영국의 퇴직연금 감독규정에서는 수탁자가 연금제도 운영을 위해 사용자 및 근로자가 납입해야 할 갹출요율과 납입시기를 명시한 부담금납입계획서schedule of contribution를 작성해야 하며, 시행 전에 연금계리사의 확인을 받도록 규정하고 있다. 부담금납입계획서는 수탁자로 하여금 갹출금이 기간 내에 지불되는지 감시할 수 있도록 해야 하며, ①사용자의 갹출비율과 기한, ②갹출 가입자의 갹출 비율과 기한, ③적립 부족액 보전을 위한 추가 갹출과 기한, ④관련 경비를 충당하기 위해 명시적으로 할당된 갹출금과 기한 등이 포함되어야 한다. 또한 부담금납입계획서는 연금계리사 확인일로부터 5년 동안을 대상으로 하도록 하고 있으며, 수탁자는 갹출금의 납입여부를 감시하기 위한 절차를 갖고 있도록 규정하고 있다. 이와 더불어 사용자가 갹출금을 납부하지 못하고 그 상태가 심각할 경우에는 이러한 사실을 수탁자가 연금 감독자에게 보고하도록 하고 있다.

다섯째, 재정재계산 결과 적립액이 부족하다고 판정될 경우 정상화 계획recovery plan을 마련하도록 규정하고 있다. 정상화 계획은 수탁자가 연금계리사, 전문가의 자문을 받은 후 작성하며, 사용자의 향후 영업계획, 퇴직 시까지 잔여기간 등 제도 가입자의 특성, 예금보장기구의 보험요율 등을 감안하도록 규정하고 있다. 정상화 계획은 적립목표를 달성하기 위한 추가 갹출 금액 및 기간을 명시해야 하며, 중요 가정을 포함할 수 있도록 하고 있다. 정상화 계획에는 계리적 가치평가 관련 내용, 즉 ①자산 가치, ②이연 수급자와 갹출 가입자로 구분한 책임준비금, ③연금급부에 대해 외부 생명보험사로부터 연금보험을 구입할 경우 소요되는 추정 비용, ④책임준비금 계산 시 사용된 방법, ⑤투자수익률, 퇴직 전후 연금증가율, 임금상승률, 기준일 현재 사망률 및 20년 후 사망률 등 책임준비금 계산 시 사용한 주요 가정 등이 포함하도록 규정하고 있다.

2) 자산운용자의 수탁자 책임

자산운용자는 수탁자와 운용위탁계약을 체결하였기 때문에 기본적으로 수탁자에 대해 계약상 의무를 진다. 이러한 의무는 수탁자에 대한 충실의무와 선량한 관리자의 주의의무 등으로 구성된다. 또한 자산운용업자에게 위임된 업무는 그 성질상 '투자재량'을 가지고 '가입자'의 신탁자산을 운용하는 것이기 때문에 가입자와 이익 충돌의 가능성이 생긴다. 이 경우, 자산운용자에 대해 취약한 지위를 갖는 가입자를 보호하기 위해서 자산운용자에게 충실의무가 부과될 수 있다. 따라서 자산운용자에 대해서는 수탁자에 대해 부과된 것과 동일한 내용의 충실의무가 수익자 보호를 위해 수익자에 대해서도 부과될 수 있다.

3) 감시자의 수탁자 책임

연금사업자가 자신에게 부과된 충실의무를 위반하여 자신의 이익을 위하여 행위할 가능성은 영국에서도 존재한다. 그러면, 영국의 퇴직연금에서는 연금사업자에 대한 제3감시자를 어떻게 선임하는가? 영국에서는 연금사업자를 선임한 수탁자에 대하여 일차적인 연금사업자 감시의무를 부과한다.

그런데 영국에서 수탁자는 연금계리사와 외부감사인도 선임하기 때문에 이들이 수탁자와 같이 연금사업자에 대한 감시의무를 부담한다고 할 수 있다.

영국의 확정급여형 퇴직연금에서는 연금계리사의 임명과 외부감사인의 임명이 강제된다. 수탁자에 의해 임명된 연금계리사는 장래에 발생할 연금채무의 확정 등 자신의 업무를 수행하면서, 퇴직연금의 다른 이해관계자(수탁자, 연금사업자, 사용자, 외부감사인, 변호사 등)의 위법사실을 발견한 경우, 즉시 연금 감독기관에 보고할 의무를 진다. 수탁자에 의해 임명된 외부감사인은 다른 이해관계자의 위법사실을 발견한 경우, 마찬가지로 즉시 연금 감독기관인 연금 감독기관에 보고할 의무를 진다. 영국의 확정기여형 퇴직연금에서는 외부감사인의 임명만 강제되고 연금계리사의 임명은 강제되지 않는다. 하지만 실제로는 연금계리사도 선임되어 연금자산의 투자 자문역할을 수행한다고 한다. 확정기여형의 경우에도, 외부감사인과 연금계리사는 확정급여형 퇴직연금에서와 같이 연금 감독기관에 보고의무를 진다.[8]

연금법에서는 대부분의 퇴직연금은 특별한 경우를 제외하고 연금계리사를 임명하도록 명시하고, 연금계리사는 법인이 아닌 개인이어야 하며, 계리법인에 근무하는 경우에도 연금계리사는 특정 개인named individual이어야 한다고 규정하고 있다.

연금계리사의 역할은 수학적이고 통계적인 방법을 사용하여 재무적인 문제를 평가하는 업무를 담당한다. 특히 불확정적인 장래의 사건과 관련된 문제들에 대해 전문적인 역할을 한다. 사망률을 예측하는 업무와 지급의무가 발생한 수익과 장래 비용을 산정하는 작업을 수행한다. 특히 연금계리사는

8 임영재·이중기, 「기업연금의 지배구조 설계에 관한 소고」, KDI 정책연구시리즈, 2003.12., pp.21~22.

①연금계획의 자산 및 부채 평가에 사용될 가정과 방법을 권고하고, ②정기적으로 자산 부채의 가치를 평가하며, ③상시적으로 수익관련 문제에 대한 자문을 한다. 또한 연금계리사는 연금감시자whistle blower로서 감시와 책임의무를 부담한다. 또한 퇴직연금의 수탁자는 개인 또는 법인을 연금의 외부감사인으로 임명해야 한다고 규정하고 있다. 연금외부감사인도 연금계리사와 동일한 연금관련자 감시의무를 부담한다. 따라서 외부감사인도 연금관련자의 의무위반사실을 알게 된 경우, 즉시 연금 감독기관에 서면으로 보고할 의무를 진다.

4) 사업자의 수탁자 책임

영국의 퇴직연금에서 일차적 수임인인 수탁자는 자신이 연금자산을 직접 운용할 수도 있지만, 실제로는 자본시장에서의 운용을 위하여 인가를 받은 금융기관에 연금자산의 운용을 위탁하는 것이 보통이다. 따라서 연금자산을 직접 운용하는 연금사업자와 연금자산에 수익권을 갖는 근로자의 이익이 충돌하게 된다. 이 때문에 연금사업자에 대한 규제가 필요하게 되는데, 영국법은 연금운용을 위탁받은 연금사업자에 대하여 ①자신을 선임한 수탁자에 대해서뿐만 아니라 ②연금자산에 대해 신탁상 수익권을 갖는 근로자에 대해서 충실의무를 부담한다고 해석함으로써, 연금사업자와 근로자 간에 발생할 수 있는 이익 충돌상황에 대하여 대처하고 있다.

여기서 연금사업자는 수탁자로부터 연금자산의 운용을 위탁받는 자산운용사일 수도 있고, 혹은 근로자를 위하여 수탁자와 연금보험계약을 체결하는 보험회사일 수도 있다. 그리고 영국의 퇴직연금 구조에서는 기본적으로 연금사업자가 확정급여형 연금사업자인지, 확정기여형 연금사업자인지를 구분하지 않는다.

한국

1) 사용자 수탁자 책임 및 제재조치

사용자의 책무와 관련된 규정은 법 제32조와 시행령 제32~34조이다. 이들 규정에 의하면 사용자는 자기 또는 제3자의 이익을 도모할 목적으로 운용관리업무 및 자산관리업무의 수행계약을 체결할 수 없도록 규정하고 있으며, 자료를 고의로 누락·작성하여 퇴직연금사업자에 제공하는 행위 등을 할 수 없도록 규정하고 있다. 전자의 경우는 수탁자 의무 중에서 충실의무에 해당하는 것이며, 퇴직연금제도의 운영은 오로지 가입자의 이익만을 위해서 이루어져야 한다는 것을 의미한다.

표7 사용자 수탁자 책임 관련 규정

근퇴법	근퇴법 시행령
① 생략 ② 퇴직연금제도를 설정한 사용자는 다음 각호의 어느 하나에 해당하는 행위를 하여서는 안 된다. 1. 자기 또는 제3자의 이익을 도모할 목적으로 운용관리업무 및 자산관리업무의 수행계약을 체결하는 행위 2. 그 밖에 퇴직연금의 적정한 운영을 저해하는 행위로서 대통령령이 정하는 행위	법 제32조 제3항 제2호에서 '대통령령이 정하는 행위'라 함은 운용관리업무 또는 자산관리업무의 수행에 필요한 자료를 고의로 누락하여 작성하여 퇴직연금사업자에게 제공하는 행위를 말한다.

후자의 경우는 신의성실에 입각한 사용자의 자료제출의무를 제시하고 있다. 이와 같이 계약 체결의 충실의무 및 자료제출의무만을 사용자의 주된 의무로 제시하고 있다. 기금형 퇴직연금 지배구조를 채택하고 있는 영국, 미국 등에서 퇴직연금사업자에 준하는 책임과 의무를 사용자에 부과하고 있는 것과 비교할 때 우리나라 퇴직연금제도에서의 사용자 책임과 의무는 극히 제한적이라 할 수 있다.

사용자가 수탁자 책임을 위반하였을 경우 3년 이하의 징역 또는 2천만 원 이하의 벌금, 2년 이하의 징역 또는 1천만 원 이하의 벌금, 500만 원 이하의

표8 사용자 수탁자 책임 위반 시 조치사항

구분	세부 내용	조치사항
퇴직금 기한 내 지급 위반	사용자가 퇴직금 지급 기한(14일 이내)의 규정을 위반하여 퇴직금을 지급하지 아니한 경우(법 제44조)	3년 이하의 징역 또는 2천만 원 이하의 벌금
사업안의 차등 금지 위반	사용자가 퇴직연금제도 설정 시 법을 위반하여 하나의 사업안에 퇴직급여제도를 차등하여 설정한 경우(법 제45조)	2년 이하의 징역 또는 1천만 원 이하의 벌금
근로자 동의 위반	사용자가 제도 선택·변경 시 노동조합원 또는 근로자과반수 동의 규정을 위반하여 근로자대표의 동의를 얻지 아니한 경우(법 제46조)	500만 원 이하의 벌금
근로자 불이익 행위 금지 위반	사용자가 제도 변경 시 근로자대표의 의견을 듣지 아니하거나 근로자입장에서 불이익하게 변경 시 동의를 얻지 아니한 경우(법 제48조)	
교육 실시 위반	사용자가 가입자에게 매년 1회 실시하여야 할 퇴직연금제도 운영상황 등에 관한 교육을 실시하지 아니한 경우(법 제48조)	1천만 원 이하의 과태료
다른 목적으로 계약 체결	사용자가 자기 또는 제3자의 이익을 도모할 목적으로 운용관리 및 자산관리업무의 수행계약을 체결하는 경우(법 제48조)	500만 원 이하의 과태료
자료의 고의·거짓 작성	사용자가 운용관리·자산관리업무의 수행에 필요한 자료를 고의로 누락하여 작성하거나 거짓으로 작성하여 퇴직연금사업자에게 제공하는 경우(법 제48조)	

벌금, 1천만 원 이하의 과태료, 500만 원 이하의 과태료가 부과된다. 또한 퇴직연금사업자와 체결한 계약에 의해서 발생된 권리를 양도하거나 담보에 제공하는 행위 등을 금지하도록 규정하고 있다.

2) 사업자 수탁자 책임 및 제재조치

근퇴법 및 시행령에 나타난 퇴직연금사업자 책무 및 감독과 관련된 제반 규정을 요약·정리하면 다음과 같다. 첫째, 퇴직연금사업자는 법 제15조(운용관리업무에 관한 계약의 체결), 제16조(자산관리업무의 수행), 제25조(개인형 퇴직연금 설정 및 운영) 등에서 규정한 계약의 내용을 준수하고 가입자를 위하여 성실히 업무를 수행할 의무를 부과하고 있다. 이들 규정은 퇴직연금 사업자에게 계약 체결상의 신의성실의무를 부과한 규정이라 할 수 있다. 둘째, 퇴직연금사업자는 정당한 사유 없이 ①운용관리업무의 수행계약 체결을 거부하는 행위, ②자산관리업무의 수행계약 체결을 거부하는 행위, ③특정한 퇴직연금사업자와 계약 체결을 강요하는 행위, ④사용자 또는 가입자의 이익을 침해할 우려가 있는 행위[9] 등을 할 수 없도록 규정하고 있다.

4. 수탁자 감시

미국

미국은 근로자와 사용자 사이 및 소유자와 연금사업자 사이의 이익 충돌을 방지하기 위해 연금계리사 등과 같은 제3자적 감시기능장치를 별도로 두고 있다. 책임준비금 적립의 적정성 검증차원에서 책임준비금 등 연금수리부분에 대해 연금계리사의 확인을 요구하고 있다. 즉 보고와 공시를 하는 제도관리자는 연차보고서를 작성하게 되는데, 이 연차보고서에는 연차수리보고서를 반드시 포함하도록 하고 있다. ERISA 제103조에서는 '제도관리자는 등록연금계리사[10] 합동위원회에 등록되어 있는 연금계리사를 고용하여 매년 수리보고를 작성하지 않으면 안 된다'라 규정하고 있어[11] 수리보고서를 작성

9 사용자 또는 가입자에게 특정한 운용방법의 가치 상승 또는 하락에 대한 단정적이거나 합리적 근거가 없는 판단을 제공하는 행위, 사용자 또는 가입자의 운용지시 등 업무 수행과 관련하여 알게 된 정보를 자기 또는 제3자의 이익을 위하여 이용하는 행위 등이다.

10 등록연금계리사enrolled actuary는 등록연금계리사 합동위원회Joint Board for the Enrollment of Actuaries에 등록되어 있는 연금계리사이다.

11 ERISA는 제3041조에서 등록연금계리사 합동위원회Joint Board for the Enrollment of Actuaries를 설치하도록 하고 있다.

하는 것이 연금계리사의 주된 기능이다.

ERISA는 연금계리사에게 엄격한 행위규범을 요구하고 있으며 이 규범에 위반하는 경우 면허정지 및 취소와 같은 행정처분을 받게 된다. 다만 ERISA에는 연금계리사가 업무과오를 하게 된 경우 민사책임에 대한 직접적인 규정[12]이 없다. 따라서 연금계리사가 행위규범위반(의무 위반) 즉 업무과오를 하였더라도 ERISA에 있어 민사책임을 물을 수 없다. 다만 제502조에서는 소송에 의한 구제조치를 규정하고 있어, 이 구제가 인정되면 업무과오를 행한 연금계리사는 민사책임을 지게 된다.[13] 또한 퇴직연금 책임준비금을 부적정하게 적립하였을 경우에 결산 감사의견이 부적정하게 나타나게 되며, 이는 회사의 주가에 직접적인 영향을 미치기 때문에 외부감사인에 의해 회계업무감사가 이루어지고 있다.

영국

연금사업자가 자신에게 부과된 충실의무를 위반하여 자신의 이익을 위하여 연금자산을 운용할 가능성이 있다. 따라서 영국에서는 연금사업자를 선임한 수탁자에 대하여 일차적인 연금사업자 감시의무를 부과하고 있다. 그런데 영국에서 수탁자는 연금계리사와 외부감사인도 선임하므로 이들에 의해 수탁자와 같이 연금사업자에 대한 감시의무를 부담하고 있다. DB형에서는 연금계리사, 외부감사인의 선임이 강제된다. 연금계리사는 가입자의 사망, 퇴

이 등록연금계리사 합동위원회는 연금급부보증공사PBGC처럼 ERISA가 설치를 정한 행정기관의 하나이다. 따라서 등록연금계리사가 그 행위규정에 기초하여 행위를 행한 경우, 등록연금계리사 합동위원회는 면허정지나 취소와 같은 처분을 행할 수 있다(제3042조). 이 것은 행정처분이라 할 수 있으므로 행위규범 위반의 연금계리사는 행정상의 책임을 지게 된다.

12 ERISA 제409조(수탁자의무의반에 대한 책임): 제도수탁자는 책임responsibility, 책무obligation 또는 의무duty에 위반한 경우, 그 위반으로 인해 제도가 입은 손해를 개인적으로 배상하여야 하며, 수탁자가 제도자산을 사용함으로써 얻은 이익은 제도에 반환해야 한다.

13 별도의 특별한 권한을 부여하고 있지 않는 한, 연금계리사는 수탁자가 아니므로 수탁자 책임은 지지 않는다.

직, 탈퇴 등 퇴직연금의 변동을 예상하는 작업 및 지급의무가 생긴 수익권과 장래에 발생할 수익권 등을 예측하는 작업을 수행하고 있다. 영국의 연금계리사는 1995년 「연금법」에 의해 연금감시자로서 역할을 하도록 규정하고 있으며, 또한 개별연금기금의 재정을 상시 체크하여 연금재정악화를 조기 발견, 사전적 대응책을 마련하기 위해 연금계리사의 기능을 강화하고 있다.

DC형에서는 외부감사인의 임명만 강제되고 연금계리사의 임명은 강제되지 않는다. 즉 연금 지배구조와 관련해 DC형의 경우에는 연금계리사의 선임이 면제된다. 하지만 실제로는 연금계리사도 선임되어 연금자산의 투자자문역할을 수행하고 있다. 따라서 DC형의 경우도 외부감사인과 연금계리사는 DB형에서와 같이 연금 감독기관에 대한 보고 의무를 진다.

일본

일본은 DB형 연금제도인 후생연금기금과 확정급부기업연금에서 연금재정이 연금수리에 기초하여 운용하는지 여부를 검증하기 위해 연금계리사제도가 운용되고 있다.

즉 「후생연금보험법」(제130조의 3항, 제159조의 3항)과 「확정급부기업연금법」(제97조)은 퇴직연금을 실시하는 '사업주 또는 기금은 후생노동장관에게 제출하는 연금수리에 관한 업무 서류로서 후생노동성령에서 정한 서류가 적정한 연금수리에 의거하여 작성되었는지 「후생연금보험법」 제176조에서 규정하는 연금수리인(이하 연금계리사)이 확인하고 서명 날인'하도록 규정하고 있다.

일본 연금계리사 제도는 '연금가입자 등의 수급권을 보호하고 연금재정 건전성을 확보하기 위하여 연금수리에 기초하여 적정한 연금재정이 운영되고 있는지 검증이 필요'하다는 취지에 따라 1988년에 도입한 제3자의 전문적인 감시인 제도이다.

표9 확정급부기업연금의 연금계리사 주요 업무 내용

항목	주요 내용
업무 내용	후생노동대신에 제출하는 연금수리 관련 서류 확인 및 소견 제시
업무기준	연금계리사의 공정성·중립적 업무 수행을 위해 법률 및 연금수리인회의 실무기준 마련
연금계리사 요건	① 일본계리사회 정회원(또는 이에 준하는 경우) ② 연금계리 업무에서 5년 이상의 실무 경험 ③ 재정계산확정보고의 책임자로서 2년 이상 경험 ④ 충분한 사회적 신뢰
확인업무	① 급부 설계의 기초에 대한 서류 ② 부담금 계산의 기초에 대한 서류 ③ 재정재계산보고서 ④ 결산에 관계되는 서류 중 연금수리에 관한 확인이 필요한 항목 ⑤ 종료 시 적립액 및 최저 적립 기준액에 대한 명세서 ⑥ 법령을 기준으로 계산된 급여의 현가(現價)가 표시된 서류
자격 현황	2010년 10월말 기준 591명(정회원 492명, 준회원 99명)

자료: 「확정급부기업연금법」 제97조.

확정급부기업연금을 중심으로 한 연금계리사의 업무 내용은 사업주 또는 연금기금이 후생노동대신에 제출하는 연금수리 관련서류에 대한 연금수리 적정성을 검증하는 업무이며, 연금계리사는 관련서류에 대한 검증 후 지적 사항 또는 서류에 대한 본인 소견을 첨부할 수 있다. 일본에서는 후생연금보험법의 개정에 따라 지정 연금계리사 제도가 도입되어 1997년부터 시행되고 있다. 지정 연금계리사 제도란 후생연금기금 등이 특정한 연금계리사(반드시 후생노동대신의 인정을 받은 자)를 지정하여 후생노동대신에 제출하는 연금수리 관련 서류에 대해 정확히 작성되었는지를 확인함과 함께 계속적으로 연금기금의 재정상황을 진단이나 재정운영에 대한 소견을 제시하는 업무를 수행한다. 한편 사업주 또는 연금기금은 연금수리 관련 업무를 제3자에게 위탁할 경우 다음과 같은 적격요건을 갖춘 연금계리사를 선정하여 후생노동대신에 승인을 받는 것이 요구된다.

①일본계리사회 정회원(또는 이에 준한다고 인정되어지는 경우)

②연금계리 업무에서의 5년 이상의 실무 경험

③재정계산확정보고의 책임자로서의 2년 이상의 경험

④충분한 사회적 신용

다만 연금계리사의 정회원이 되기 위해서는 일본연금계리사회가 주관하는 자격시험에 합격하고 일정한 전문가 과정을 이수해야 한다. 2010년 10월 말 기준으로 591명의 연금계리사가 등록되어 활동하고 있다. 현재 일본에서는 연금수리업무의 성실한 수행과 자질 향상을 위하여 사단법인 연금계리사회가 1989년에 설립되었다. 연금계리사회는 지속적인 연금계리사의 자질 향상과 연금수리 업무 개선을 통해 퇴직연금 등의 재정 건전성 개선을 목적으로 하며, 자체적인 실무기준과 운용규칙을 제정하여 연금계리사의 규범과 직무를 관리하고 있다.

한국

우리나라의 경우는 현행법상 퇴직연금사업자가 되고자 하는 경우 인적·물적 요건 등 대통령령이 정하는 요건을 갖추어 노동부장관에 등록하도록 규정하고 있다. 특히 확정급여형 제도를 설정한 사업자는 연금제도설계 및 연금계리 등 운영관리업무를 수행하기 위한 연금계리업무에 관한 전문 인력을 갖추도록 퇴직연금사업자 등록요건의 규정을 두고 있다. 이에 따라 감독규정 제3조(퇴직연금사업자 등록의 세부요건)에서 확정급여형 퇴직연금을 취급하고자 하는 운용관리기관은 퇴직연금계리 전문 인력을 갖추도록 규정하고 있다. 그러나 퇴직연금계리 전문 인력의 범위에는 보험계리사 이외에 퇴직일시금신탁, 퇴직보험업무, 금융상품개발 등과 같은 업무에서 3년 이상 종사한 자도 포함시킴으로써 퇴직연금계리 전문 인력의 범위를 매우 광범위하고 포괄적으로 규정하고 있다. 즉 우리나라의 경우는 보험계리업무에 대한 전문가가 아니어도 확정급여형 퇴직연금계리 전문 인력으로 규정하여 연금재정의 적정성 검증 등과 같은 제3자적 감시기능을 담당하게 하고 있다. 이는 영국, 미국 등 퇴직연금 선진국의 경우 연금계리의 중요성을 인식하여 연금계리사(보험계리사)를 확정급여형 퇴직연금계리 전문 인력으로 한정시키고 있는 점과는 대조적이다. 우리나라의 경우는 확정급여형 제도의 연금재정 검증 관련 규정에 연금계리의 개념 자체가 없기 때문에 보험계리사의 역할 규정이 전무할 뿐만 아니라 비전문가들도 연금계리업무를 취급할 수 있도록 인정하고 있어 제3자적 감시기능 측면에서 한계를 보이고 있다.

5. 수탁기관 성과평가

성과평가 개념 및 중요성

1) 성과평가의 개념

수탁기관인 운용기관의 성과평가는 정량적 성과평가와 정성적 성과평가로 구분된다. 정량적 성과평가는 운용기관의 운용실적에 대한 양적인 성과평가이며 정성적 성과평가는 운용체계의 질과 서비스 같은 질적인 성과평가

표10 정량적 및 정성적 성과평가 개념과 기준

	정량적 성과평가	정성적 성과평가
개념	연금자산의 운용실적에 대한 평가	운용체제의 질(운용회사의 질+운용상품의 질)에 대한 평가
기준	수익률 중심 평가 ·벤치마크 비교 ·유니버스 비교	4P 중심 평가 ·운용철학(Philosophy) ·운용인력(People) ·운용사의 결정 프로세스(Process) ·운용포트폴리오(Portfolio)

체계를 의미한다.

운용기관의 성과평가는 사용자인 기업과 근로자가 운용기관을 처음 선정하거나 선정된 운용기관을 재선정하는 경우에 하나의 선택기준이 된다. 운용기관의 성과평가를 어떠한 프로세스에 의해 평가하느냐는 근로자의 수급권 보호 측면뿐 아니라 사용자 비용부담 측면에서도 매우 중요하다.

표11 연기금 운용단계와 운용기관 선정

운용단계	계획(Plan)	실행(Do)			검증(Review)	선정
운용절차	운용목표 설정	자산 배분 전략	운용스타일 선택	운용기관 선택	정량적 성과평가 (정성적 성과평가)	

연기금은 계획·실행·검증의 사이클에 입각하여 단계별로 연금운용의 의사결정을 체계화하는 것이 필요하다. 즉 계획단계에서는 리스크의 허용도를 확인한 후 운용목표를 설정하여 운용 기본방침을 수립하고 실행단계에서는 구체적인 운용전략(자산 배분 전략 및 운용 스타일의 조합 등)을 입안하여 운용기관을 선정하며, 검증단계에서는 운용기관의 운영성과를 평가한 후 운용기관의 재선정 여부를 면밀히 검토할 필요성이 있다.

2) 성과평가의 중요성

우리나라도 2005년 12월 퇴직연금제도가 도입되어 일본 등 선진국처럼 다층 노후소득보장체계를 구축하였다. 그러나 고령화에 따른 국민연금의 재정부담 가중, 세제적격 개인연금의 세대가입률 저조 등으로 국민연금과 개인연금이 제 기능과 역할을 다하지 못하고 있는 실정이다. 따라서 장수시대의 근로자 생존 리스크 대응 차원에서 퇴직연금의 노후소득보장기능은 보다 강조되고 있는 실정이다. 퇴직연금제도는 퇴직금을 연금으로 전환하여 노후에 안정적인 자금을 확보토록 하는 데 그 근본목적이 있다고 할 수 있다. 이에 따라 근로자의 최종적인 노후자금인 퇴직연금을 보다 효율적으로 관리할 수 있는 퇴직연금사업자의 선정은 기업 및 근로자의 입장에서 매우 중요하다. 그 이유는 대략 다음과 같다.

첫째, 퇴직연금사업자가 전문성 등 제도운용 역량 부족, 수익성 위주 투자 등으로 퇴직연금제도 운영이 부실화하는 경우, 기업의 비용증가로 경영에 부담을 주기 때문이다. 즉 확정급여형 퇴직연금에서 퇴직연금사업자의 운용실적이 부진한 경우 기업의 비용 증가로 이어지고 확정기여형 퇴직연금에서 퇴직연금사업자의 운용실적 부진은 근로자의 퇴직자산에 직접적으로 영향을 미치게 된다.

둘째, 근로자의 수급권 보호에 직간접적으로 영향을 줄 수 있다. 퇴직연금사업자가 운용을 잘못함으로 인해서 기업의 안정성에 영향을 주어 기업이 파산하는 경우 자칫 근로자는 연금을 받지 못하는 경우가 발생할 수 있다는 점이다. 미국에서는 기업이 파산하여도 정부가 연금지급을 보증해주는 연금지급보증공사가 존재하지만 우리나라는 현재 이러한 지급보증제도가 존재하지 않는다. 우리나라는 근로자 채권 우선변제제도에서 최근 3년간의 퇴직금만 질권 또는 저당권에 우선하여 변제하도록 하는 장치만 마련되어 있을 뿐이다. 결국 퇴직연금제도가 잘못 운영되어 부실화되면 기업경영과 근로자의 노후생활에 악영향을 미칠 뿐만 아니라 막대한 사회적 비용까지 발생하게 된다는 점에서 퇴직연금사업자를 어떻게 설정할 것인가 하는 문제는 기업의 입장에서 매우 중요한 현안과제이다.

셋째, 우리나라는 미국 등 선진국과 달리 퇴직연금사업자와 기업이 일대일 계약을 체결하고 모든 업무를 퇴직연금사업자에게 일임하도록 하는 계약형 지배구조를 지니고 있기 때문이다. 즉 우리나라의 퇴직연금제도가 퇴직연금과 관련된 연금설계 및 연금계리, 운용방법의 제시 및 정보 제공, 기록관리, 적립금의 보관 및 관리, 퇴직급여 지급 등의 업무를 모두 퇴직연금사업자에게 일임하는 형태, 즉 계약형 지배구조 형태로 운용하고 있어, 시장기능에 의해 운용되는 기금형 지배구조하에서 보다 올바른 퇴직연금사업자의 선정이 중요하다.

그러나 현실적으로 기업(근로자)이 적정한 퇴직연금사업자를 선정하는 데에는 일정한 한계가 있다. 그 이유는 기업이 어느 퇴직연금사업자가 퇴직연금을 안정적으로 잘 운용할 수 있는지 판단할 수 있는 유용한 정보가 제대로 제공되고 있지 않기 때문이다. 즉 기업이 퇴직연금제도를 안정적으로 운용할 수 있는 퇴직연금사업자를 선정하기 위한 기준이나 가이드라인 등과 같은 유용한 정보가 제공되고 있지 않음으로 인해서 자칫 기업경영 및 근로자의 노후보장에 문제가 발생할 수 있다는 데 그 심각성이 있다. 결국 퇴직연금사업자를 어떻게 설정할 것인가 하는 문제는 제도적·정책적 차원에서 접근해야 할 것이다.

성과평가의 기준

1970년대 후반까지는 재무이론에 입각하여 금액가중수익률로 성과측정을 하였기 때문에 투자원본의 유출입효과를 감안하였으나 이는 초기 투자원본 크기에 민감하여 성과평가에 부적절한 문제를 내포하고 있었다. 이후 1980년대 들어 미국에서는 펀드산업의 규모가 비약적으로 증가하기 시작하면서부터 기금평가의 역할(투자자보호의 투자정보 제공)이 부각되기 시작하였다.

이 시기에 미국 투자신탁상품에 대한 평가의식이 정착되기 시작했고 여러 가지 평가방법을 본격적으로 시험했다. 현재의 기금평가산업은 미국계 기관들을 중심으로 이루어지고 있으며, 그들과의 합작이나 기법 지원 등을 통하여 다른 나라로 전파되고 있다. 이러한 성과평가의 여러 시도들은 1980년대와 1990년대에 이르러 운용기법상의 눈부신 변화를 일으키면서 종전의 직감에 의한 투자패턴보다는 계량적 관리 모델이 주류를 이루게 되었다.

운용전략 측면에서 타이밍에 의한 운용방식, 계량모델 이용, 전술적 자산배분방식, 국내 분산투자에서 국제분산투자 전략, 선물, 옵션 등 파생증권의 이용, 운용성과에 의한 선별적 외부 위탁기관 선정을 추구하는 지수적 운용형태 등이 그것이다. 1980년대부터 성과평가는 시장가중수익률의 개념으로 측정을 시작하기도 하였으나 1980년대 중반까지는 여전히 절대수익률의 개념으로 성과측정을 한다는 한계를 안고 있었다.

1980년대 후반부터 벤치마크에 의한 관리가 시작되어 벤치마크 대비 초과수익률로 성과를 측정하기 시작하고 90년대 후반부터 단순한 성과보다

표12 정량적 및 정성적 성과평가 개념 및 기준

구분	운용성과의 측정·평가	운용전략
1965~1975년	Reported Earning ·시간가중 수익률 ·지수비교 ·유니버스비교	균형투자형 운용전략 투자 자문회사
1975~1985년	Financial rate of return ·α, β 등 결정계수 ·위험조정후 운용성과 요인분석 ·매매수수료의 관리	분산투자 전문운용기관 위탁 복수운용기관의 조직 인덱스펀드 투자목표대비 투자
1985~1999년	Excess return of Benchmark ·운용형태별 벤치마크지수 ·국제분산투자 ·개별시장지수	운용성과에 따른 인센티브 계량화 모델 도입 전술적 자산 배분 국제분산투자 파생상품 등 대체투자 신규시장개척
2000년 이후	Risk adjusted return-Information ratio Performance Evaluation Attibution ·포트폴리오 계량적 관리기법의 발전 ·위험관리 차원의 성과평가 강화	성과기여도분석 위험관리 컴플라이언스 강화

자료: 정문경 외 2인, 「해외 선진연기금의 성과평가사례 연구」, 국민연금연구센터, 연구보고서, 2003.12, p.8.

는 성과를 낸 원인을 분석하여 차후 투자계획에 반영하기 위해 성과요인을 분석하는 등 전 세계적으로 활용하는 기금평가의 기본 토대가 마련되었다.

또한 2000년대에 들어서면서 기금의 실적에 대한 인식이 단순한 수익률을 넘어선 위험관리 차원으로까지 인식이 확산되면서 세계적으로 성과평가의 추세는 운용자의 기금운용수익률보다 기금운용의 위험을 관리하는 방향으로 전환되고 있으며 현대적 성과평가는 위험의 측정과 관리와 같은 의미의 말로 인식될 만큼 그 중요성이 점점 커졌다.

표13 정량적 평가와 정성적 평가 장단점

	정량적 평가	정성적 평가
장점	– 객관성이 높으며 알기 쉬움 – 비교하기 쉬우며 다수의 운용상품을 평가할 수 있음	– 과거성과만으로 알 수 없는 중요한 정보를 발견하는 것이 가능 – 운용내용을 보다 심도 있게 이해하고, 정확하게 현상을 인식가능
단점	– 운용실적은 과거치에 지나지 않음 – 단기성과에는 운·불운의 영향도 존재 – 성과 결정 요인은 항상 변화함	– 자의성이 존재할 가능성이 있으며 일반적으로 매우 난해함 – 평가하는 데 많은 비용이 소요

이와 같은 정량적 평가기준의 변화와 더불어 퇴직연금 운용기관을 정성적 성과에 의해 평가하려는 경향도 1990년대 후반부터 뚜렷하게 나타났다. 운용체계의 질 등에 기초한 정성적 평가는 자의성이 존재할 가능성이 있지만, 정량적 평가만으로는 알 수 없는 정보를 발견할 수 있기 때문에 기업은 정량적 평가보다 정성적 평가를 중요시하기 시작했다.

이에 따라 1990년대 후반부터는 본격적으로 정량적 평가의 단점을 보완하기 위한 운용기관 선정기준이 마련되기 시작하여, 컨설팅 회사뿐만 아니라 운용기관 자체에서도 정성적 평가에 기초하되, 정량적 평가를 참조하는 평가체제로 전환하는, 즉 정량적 평가는 정성적 평가를 단순히 보완하는 평가체제로 운용기관의 평가기준을 마련하게 되었다.

퇴직연금제도와 달리 국민연금제도는 국가가 국민연금 운용에 따른 모든 리스크를 부담하기 때문에 대체로 정량적 평가인 운용성과, 즉 수익률제고에 운용평가의 초점을 맞추고 있다는 특징을 지녔다. 즉 국민연금제도에서는 정량적 평가가 절대적이라 할 수 있다. 이에 반해, 퇴직연금제도의 운용주체는 퇴직연금기금 또는 사용자, 근로자 등이 되고 이들이 모든 운용리스크를 부담하기 때문에 정량적 평가 이외에 사용자의 비용부담, 근로자의 수급권에 미치는 영향도 고려하려는 특징이 크다.[14]

표14 국민연금과 퇴직연금의 평가 비교

	국민연금	퇴직연금
운용 주체	정부(국민연금기금운용위원회)	사용자, 근로자
평가 기관	자산운용사	운용기관(수탁기관)
운용 부담	1차적으로는 정부가 운용 부담을 지나 최종적으로는 국민에게 전이	사용자, 근로자(최종적 운용부담) · 수탁기관은 간접적 운용부담만 존재 (수탁기관 탈락)
성과평가	정량적 평가 위주 (정성적 평가는 보완적 기능)	정성적 평가 위주 (성과평가의 대체기능 수행)
평가 목표	수익률 제고에 의한 연금 재정부담 경감(보험료율 적정 유지)	안정적 수익률제고로 근로자 수급권 보호

국민연금제도, 퇴직연금제도 모두 정량적 평가, 즉 성과평가에 의한 운용평가를 기본으로 하고 있지만 그 정도는 국민연금제도가 강하고 상대적으로 퇴직연금제도는 약하다 할 수 있다.

---

14 정문경 외 2인, 「해외 선진연기금의 성과평가사례 연구」, 국민연금연구센터, 연구보고서, 2003.12, pp.6~8 및 류건식·이창우·서성민, 「선진국의 퇴직연금 운용기관 평가 및 시사점」, 보험연구원 Working paper, 2009.9, pp.13~16 참조.

성과평가 절차

1) 운용목표의 확인

퇴직연금의 운용성과평가에 있어서 가장 중요한 것은 단순히 결과의 좋고 나쁨이 아니라 무엇보다도 그 전제인 운용목표, 운용방침, 운용전략에 비추어 결과를 평가하는 것이다. 어떠한 일에서도 운용결과만을 보고 그 수치의 높낮이로만 평가하는 것은 의미가 없다. 왜냐하면 장래의 운용활동목표에 얼마나 기여하는지를 종합적으로 판단하여 평가할 필요성이 있기 때문이다. 퇴직연기금에서는 일반적으로 운용활동의 장기적인 목표로 현재 예정이율수준의 수익률을 달성하여야 하며, 실질수익률은 인플레이션을 상회하고, 5년 내에 목표달성의 확률이 2/3 이상이 되어야 한다는 지침을 설정하고 있다. 그리고 이 목표를 달성하기 위한 충분조건을 정책적 자산 믹스의 책정에서 출발하고 있다.

5년 내 목표수익률을 2/3 이상의 확률로 달성해야 한다는 것은 1/3은 미달할 가능성이 존재한다는 것을 의미한다. 이후 5년도 동일한 운용방침하에 운용된다고 가정하면 총 10년간 목표를 달성할 수 없는 확률은 1/9(=1/3×1/3, 즉 확률 11.1%)이 된다. 따라서 장기운용인 퇴직연금의 경우 어느 정도 리스크를 고려하여 운용할 것인가 하는 목표설정이 매우 중요하다.

2) 운용평가의 과정

운용평가의 1단계에서는 중장기적 관점에서 운용목표가 설정되고 그 목표달성에 상응하는 정책적 자산 믹스가 책정된다. 2단계에서는 실제의 운용과정으로 환경변화에 대응하여 일정한 정도의 폭으로 자산 믹스의 변경이 이루어진다. 3단계에서는 운용기관에 의한 개별자산 수준에서의 종목선택이 이루어진다.

따라서 운용성과의 평가는 이 세 가지의 단계별로 접근하는 것이 효과적이다. 먼저 가장 중요한 운용기본방침, 즉 정책적 자산 믹스에 관한 의사결정이 과연 합당한가를 보기 위해 시장의 실적 데이터에 기초하여 평가하게 된다. 두 번째는 운용활동의 과정에서 정책적 자산 믹스와의 차이가 부가가치 증가로 이어지는지 여부를 평가하게 된다. 세 번째는 주식, 채권 등 개별 자산단계에서 효과적인 종목 선택에 의해 부가가치를 창출할 수 있는가에 대한 평가가 이루어진다.

이 세가지 단계에 의한 운용평가를 퇴직연기금과 운용기관 사이의 역할 분담이라는 관점에서 정리하면 다음과 같다. 먼저 첫 번째 단계인 운용기본방침에 운용기관 및 컨설턴트의 의견이 반영되더라도 최종적으로 퇴직연기금 또는 모기업이 판단하게 된다. 두 번째 단계는 퇴직연기금이 괴리의 범위를 제시하고 구체적인 운용판단은 운용기관에 위임하는 것이 일반적이며, 세 번째 단계에서는 운용기관의 운용능력 평가가 직접적으로 이루어진다.

수탁기관 성과평가 관련 규정

1) 미국

(1) 법적·제도상의 운용수탁기관 선임 및 평가

미국의 경우 「연금보호법Pension Protection Act」 제정 시 퇴직연금제도 운영을 책임지는 기업이 퇴직연금사업자를 선정할 때 고려해야 할 사항을 가이드라인으로 발표하였다.[15]

즉 퇴직연금사업자의 선정Hiring A Service Provider은 기업이 수행하여야 할 핵심역할 중 하나로 보고 다음과 같이 제도의 운영을 책임지는 기업이 퇴직연금사업자 선정 시 고려해야할 사항을 ①회사 자체에 대한 정보,

15 U.S. Department of Labor Employee Benefits Security Administration, "Meeting Your Fiduciary Responsibilities", October 2008, pp.5~6(www.dol.gov).

표15 연금정보사이트의 사업자 선정 기준

구분	평가항목
전문성	컨설팅(Plan Consulting to Plan Sponsor)
	운용 역량(Administrative Capabilities)
	컨설팅 담당자의 지식수준(Knowledge)
자산운용력	다양성(Variety of Investment Options)
	경쟁력 있는 상품(Brand Name Fund)
	투자실적(Investment Performance)
서비스	가입자 서비스(Service to Participant)
	시스템/웹사이트(Provider's Web-site)
안전성	신용평가(Credit Ratings)
	회사재무건전성(Financial Strength)
기타	수수료 적정성(Reasonableness of Fees)
	수수료 투명성(Transparency of Fees)
	이미지/평판(Market Image/Reputation)

자료: http//www.Plansponsor.com

즉 퇴직연금사업자의 재정 상태, 자사와 유사한 크기 또는 복잡성을 지닌 타기업에 퇴직연금제도를 제공한 경험 및 결과, ②퇴직연금사업자가 제공하는 서비스의 질質인 퇴직계정을 관리할 전문가의 경험 및 자격요건, 사업자의 과거 제도 운용 경험 및 성과, 제도관련 피소被訴 경험 여부, ③업무처리 부분인 퇴직연금사업자가 적립금 투자를 할 경우 투자방법(자산 배분), 혹은 가입자가 투자 결정을 하는 경우 처리방법, 수수료 체계, ④퇴직연금사업자에 행해진 법적 제재, ⑤퇴직연금을 관리할 전문가의 자질 등을 제시하고 있다.

특히 기업이 원할 때 언제라도 퇴직연금사업자를 교체할 수 있을 것인가에 대한 결정을 위해 공식적으로 퇴직연금사업자를 평가할 수 있는 시스템

표16 퇴직연금사업자 평가항목 및 비중

	평가항목(예)		비중
A 컨설팅사	운용철학	투자철학 의사결정 프로세스 운용의 일관성 리서치 체제 매매 집행 체제 포트폴리오 특성	40%
	안정성	자산규모 경영문화 등	15%
	고객서비스	관련자료(보고서) 시의성 대고객 커뮤니케이션	15%
	전문성	전문가 레벨 운용경험	10%
	성과	Return/Risk 운용분석 등	20%
B 컨설팅사	전문성	전문 인력 현황 및 수준 경험의 풍부성 업무의 일관성 등	10%
	자산운용력	투자철학 펀드 라인업(개수, 다양성) 자산운용컨설팅능력	30%
		투자성과	20%
	서비스	고객과의 커뮤니케이션 투자교육수준, 시의성	10%
	수수료	기업/근로자 부담수준	10%
	기타	안전성(Credit Ratings) 브랜드이미지/브랜드파워	10%
C 컨설팅사	인적자원	경험풍부한 인재 인사의 일관성	2/3
	투자철학	명확한 투자방침 포트폴리오 구축능력	
	운용의사결정	의사결정 조직체제 의사결정방식	
	경제, 증권 조사 체제		
	운영·관리	운용업무 체제, 보고	
	성과	실적 여부 실적 관련 보고체계	1/3

자료: 삼성생명퇴직연금연구소 내부자료, 2008.

을 구축하도록 하였으며 퇴직연금사업자를 평가하기 위해 다음 사항이 퇴직연금사업자와 사용자 간에 합의가 되도록 하고 있다. 즉 퇴직연금사업자의 운영성과를 볼 수 있어야 한다는 점, 퇴직연금사업자의 운용과 관련된 보고서를 제시하여야 한다는 점, 퇴직연금사업자가 부과하는 수수료를 점검할 수 있어야 한다는 점, 퇴직연금사업자의 운용정책과 실질적 운용에 대하여 질문할 수 있어야 한다는 점, 연금가입자의 불만을 들어주고 이에 대해 적절히 조치하여야 한다는 점 등이다. 퇴직연금사업자의 선정은 기업의 핵심역할로서, 기업은 퇴직연금사업자 선정과정을 문서화하여야 하며, 최적의 퇴직연금사업자선정을 위해, 전문가의 경험·자격요건, 제도운용 경험 및 성과, 투자방법, 수수료체계, 재정 상태 등을 고려토록 하고 있다. 이에 따라 대형 컨설팅사 및 최대 연금정보 사이트인 플랜스폰서(Plansponsor.com) 등에서는 기업에 퇴직연금사업자 선정기준 가이드라인을 체계적으로 제시하고 있다.

예를 들어 A컨설팅사는 전문성, 자산운용력, 서비스, 수수료 등을, B컨설팅사는 전문성, 운용철학, 성과, 고객서비스, 안정성 등을, C컨설팅사는 인적자원, 투자철학, 운용의사결정, 운영/관리, 성과 등을 평가하여 퇴직연금사업자를 선정하고 있다. 또한 플랜스폰서에서도 퇴직연금사업자 선정기준으로 전문성, 자산운용력, 서비스, 안전성을 제시하고 있다.

(2) 실제 운용상의 운용수탁기관 선임 및 평가

운용수탁기관을 평가할 때 평가대상으로 해야 할 요소에 대한 일람표를 만들어 비중을 배분하고, 채점한 결과를 가중평균함으로써 상당히 객관성이 높은 평가를 하게 된다. 다만 아무리 객관적이고 냉정하게 평가하고자 하더라도 과거 운용성과의 잘잘못에 얽매일 우려가 있으므로 평가내용을 일람표에 기재하도록 하여 그것을 직접 눈으로 확인함으로써 직감적인 인상을

표17 퇴직연금사업자 평가 체제

구분	평가항목	구분	평가항목
인재/조직	– 경영실태 – 운용담당자 평균 경험연수 – 운용담당자의 정착률 – 조직의 적극적인 자세 – 인센티브	경영자원 투입량	– 운용관리사무 – 고객대응의 주력도 – 포트폴리오 관리·분석능력 – 조사능력 – 운용보고·컴퓨터능력
운용철학 /프로세스	– 명료한 운용철학 – 조사부문에의 주력도 – 증권매매의 결정근거 – 위험관리/포트폴리오 구축능력 – 조사능력/부가가치	운용보수	– 운용 스타일에 상응한 보수율 – 성과보수제의 채용
증권매매 능력	– 시장영향 경감책 – 매매트레이드제의 충실도 – 선진적/프로그램/패키지 매매	운용성과	– 유니버스 대비 – 운용 스타일별 인덱스 대비 – 기여분석 – 평가기간 대비 – 금액가중/일관성

자료: 류건식·서성민, 「기업의 바람직한 퇴직연금사업자 선정과 과제」, 보험연구원 보험동향 (가을호) 테마진단, 2008.9.

희석시켜 냉정한 판단을 돕도록 하는 것이 효과적인 방법이다.

표17은 윌셔 어소시에이츠Whilshire Associates 사가 운용수탁기관과의 미팅 결과를 스코링scoring 하여 종합평가할 때 사용하는 평가항목이다. 평가항목을 보면 정성적 평가에 관한 항목이 대부분을 차지하고 있는 반면, 정량적 평가와 관련된 평가항목은 극히 일부에 불과한 것으로 나타나고 있다. 즉 단기적 변동성이 매우 큰 수익률 등과 같은 정량 평가보다 퇴직연금사업자의 능력 및 운용체제의 질 등과 같은 정성 평가에 보다 초점을 맞추어 운용수탁기관의 선정 및 평가가 이루어지고 있다.

특히 미국에서는 일반적으로 표18과 같은 질문내용(질문표)을 여러 운용수탁기관에 보낸 후 회답내용에 기초하여 운용수탁기관으로서의 적격성을 종합적으로 평가하고 운용수탁기관을 선정하고 있다. 즉 운용수탁기관으로서의 적격성에 대하여 구체적인 항목에 대해 하나씩 확인하고 그 결과를 종

표18 운용수탁기관 선정시 질문내용

항목	내용
운용기관의 개요	창업 시기, 주주 구성, 결산보고서
자산운용의 현황	수탁자산의 종류와 그 운용금액, 주식, 채권 등 운용자산별 운용잔고, 주요 고객명 등
운용체제	조직과 운용직원 배분, 포트폴리오 구축체제, 전문가의 근속연수와 운용경력, 증권분석가 등 공인자격소지여부
운용철학	운용이념, 의사결정의 프로세스 등
운용 스타일	주된 운용상품, 핵심적 운용전략, 부가가치의 근거
운용성과 실적	운용성과의 측정기준, 과거의 객관적 운용성과 데이터 등
운용상황보고	기금에의 운용보고 빈도, 보고 내용, 보고서의 양식
기타	운용보수체계, 보수율 등

자료: 이봉주·류건식(2006), p.235.

합적으로 평가하여 운용수탁기관의 선정 여부를 결정하는 절차를 거치고 있다.

이 경우 운용실적이 우수하여 많은 근로자(또는 사용주)를 확보하고 있는 운용수탁 기관이 높게 평가될 수 있다. 그러나 기금이 운용수탁기관에 대한 기대가 무엇인가를 근거로 하여 그것이 적합한 능력과 자질이 있는가의 여부를 기준으로 냉정하게 판단한다. 예를 들어 주식, 채권, 외화자산 등의 운용자산 중에서 어떤 종류의 운용자산에 운용능력이 높은가, 적극적 운용기관이라면 어떠한 운용기법이 뛰어난가, 연금자산을 보다 효율적으로 운용하기 위한 운용체제 및 운용철학이 마련되어 있는가 등을 충분히 확인한 후에 운용수탁기관을 선정한다.

2) 일본

(1) 기업연금법상의 운용수탁기관 선임 및 평가

㈎ 운용기본방침과 운용수탁기관 선임관련 규정

「확정급부기업연금법」에서는 기업이 작성하는 기본방침에 운용수탁기관의 선임 및 평가에 관한 사항을 기재하도록 하고 있다. 즉 「확정급부기업연금

표19 적립금 운용 원칙 및 운용수탁기관 선임·평가 관련 규정

확정급부기업연금법	시행령	시행규칙
제57조 (적립금의 운용) 적립금의 운용은 정령에 정하는 바에 따라 안전하고 효율적으로 이루어져야 한다.	제45조 (운용의 기본방침) ①사업주 및 기금은 적립금의 운용 목적이외에 후생노동성령이 정하는 사항을 작성하고 당해 기본방침에 따라 운용해야 한다. ②전항의 규정에 의한 기본방침은 법령에 반하는 것이어서는 안 된다. ③생략	제83조 (운용의 기본방침에 정해야 하는 사항) ① 영 45조 제1항의 후생노동성령으로 정하는 사항은 다음과 같다. 1. 적립금의 운용목적에 관한 사항 2. 운용에 관한 자산의 구성에 관한 사항 3. 신탁회사, 생명보험사, 농협협동조합연합회 또는 투자고문업자(운용수탁기관)의 선임에 관한 사항 4. 운용수탁기관의 업무에 관한 보고의 내용 및 방법에 관한 사항 5. 운용수탁기관 평가에 관한 사항 6. 운용업무에 관한 준수해야 하는 사항 ②,③ 생략 ④사업주 등은 운용수탁기관에 대해 운용방법에 관한 사항을 기재한 기본방침과 정합적 운용지침을 작성해서 이것을 교부해야 한다. 제84조(적립금의 운용) ①사업주 등은 다음에 언급하는 것에 의해 적립금의 운용을 실시하여야 한다. 1. 운용자산에 대해 장기에 걸쳐 유지해야 하는 자산의 구성비율을 적절한 방법에 의해 정해야 할 것 2. 사업주 등은 당해 확정급부기업연금의 매 사업연도 말일, 자산을 시가평가에 의해 평가하여 그 구성비율을 확인해야 한다. ②생략

자료: 일본 「확정급부기업연금법」 및 시행령, 시행규칙.

법」 및 시행령, 시행규칙에 기초하여 사업주 등은 운용수탁기관의 선임에 해당하는 기준이나 고려사항을 규정하여야 하며, 운용업무에 관한 보고의 내용 및 방법에 관해서 운용수탁기관에 어떠한 빈도, 형식, 방법으로 보고를 요청할 수 있는 가를 정하도록 하고 있다.

또한 운용수탁기관의 투자철학, 운용체제, 운용실적 등에 관한 평가방법에 대해 규정하도록 하고 있다.[16] 다만 운용수탁기관을 선임하는 데 있어 운용수탁기관에 지불하는 운용보수 등 운용에 필요한 비용에 대해서는 운용스타일이나 시장의 실제 보수수준 등에 비추어 합리적으로 판단하도록 하고 있다.

(나) 운용지침의 책정과 운용수탁기관 평가

• 운용지침 책정의무 및 절차

사업주(가입자가 300인 미만인 경우, 당해 규약형 기업연금의 운용에 관한 자산액이 3억 엔 미만을 충족하면 규약형 기업연금 제외) 및 이사장 등은 운용의 기본방침을 책정하도록 규정하고 있다. 운용의 기본방침은 확정급부기업연금의 성숙도, 적립수준, 사업주 또는 기금형 사업주의 보험금부담능력, 경영상황 등 확정급부기업연금의 개별사정에 따라 사업주 등이 스스로 판단하여 책정하도록 되어 있다. 운용의 기본방침에 있어서는 운용의 목적, 운용목표, 자산구성에 관한 사항, 운용수탁기관의 선임에 관한 사항, 운용업무에 관한 보고의 내용 및 방법에 관한 사항, 운용수탁기관의 평가에 관한 사항, 운용업무에 관한 준수사항, 내부운용에 관한 사항(내부운용을 행하는 기금에 한함), 기타 운용업무에 관하여 필요한 사항을 규정하고 있다. 또한 사업주 등은 스스로의 판단에 따라 정책적 자산구성비율을 정하도록

16 일본 「확정급부기업연금법」 시행규칙, 제83조.

규정하고 있다.

기금의 경우 이사회 등 기금 내부의 의사결정절차에 따라 운용의 기본방침을 책정하도록 되어 있다. 또한 사업주가 운용의 기본방침을 책정하는 때에는 수급권 보호를 위한 의사결정과정 투명성 차원에서 적정하다고 인정되는 의사결정절차에 따라 책정하도록 하고 있다.

이와 같은 운용의 기본방침은 중장기적인 관점에서 책정되지만 확정급부기업연금의 상황 및 환경의 변화에 따라 그 전제조건과의 정합성을 확인하고 정기적으로 점검하도록 하고 있다.

• 자산구성 및 운용방법[17]

사업주 등이 장기에 걸쳐 유지해야 할 자산의 구성비율(정책적 자산구성비율)을 전제로 해서 각 운용수탁기관이 준수해야 할 자산구성비율의 기준 및 허용폭, 또는 자산 구성에 대한 방침에 대해 규정한다. 이와 더불어 자가운용을 실시하는 기금 또는 주식으로 부금을 납부하는 사업주, 주식에 의한 부금의 납부를 받는 기금은 정책적 자산구성비율을 전제로 각 운용수탁기관이 준수해야 할 자산구성비율 및 허용폭을 규정하여야 한다.

또한 운용에 관해서 적극적 운용(시장평균의 수익을 목표로 하는 운용) 또는 매우 적극적 운용(시장평균을 상회하는 수익을 목표로 하는 운용) 등의 운용방법을 규정한다. 또한 각 자산마다의 시장 벤치마크(시장동향의 지표)에 대해서도 기재하도록 하고 있다. 특히 적극적 운용의 지시를 하는 경우에는 벤치마크에 대한 초과수익을 얻을 수 있는 합리적인 방법이 있는지 등을 평가하고 있다.

---

17 일본은 확정급부기업연금과 관련한 자산운용 관계자의 역할 및 책임에 관한 가이드라인(후생노동성 연금국장 통지, 2002.3.29)에 의거, 자산운용 관계자의 역할과 책임을 명확히 하고 있다.

• 운용수탁기관 평가

각 운용수탁기관의 투자철학, 운용체제, 운용실적 등에 관한 평가방법에 대해 규정하도록 하고 있다. 이 경우 운용수탁기관을 일률적으로 평가하는 것은 적절하지 않고 각 성격별, 스타일별로 벤치마크 또는 스타일·벤치마크 등과 대비하여 비교·평가하도록 규정하고 있다.

(2) 후생노동성 통지상의 운용수탁기관 선임 및 평가

후생노동성 통지通知에서는 운용수탁기관은 서비스 내용, 수수료 등에 대하여 평가한 후 선정하도록 규정하고 있다. 즉 운용수탁기관을 선임하는 경우 후생노동성 통지에서는 운용수탁기관의 운용방법을 고려하여 운용실적에 관한 정량 평가뿐만 아니라 투자철학, 운용체제 등에 관한 정성 평가를 고려한 종합평가를 하도록 규정하고 있다.[18] 또한 자산의 관리를 행하는 자산관리기관, 자금운용기관의 선임은 자산관리의 위탁에 있어서의 유의사항을 준수해야 한다. 운용수탁기관의 선임 시 이루어지는 정량 평가는 ①시가에 의한 수익률을 기준으로 자산의 종류별로 적절한 시장 벤치마크(시장동향의 지표)를 설정하고, ②다른 유사한 운용을 하는 운용수탁기관의 수익률과 상대적 비교를 하는 등 일반적으로 적정하다고 인정되는 합리적인 기준을 통해 이루어지도록 해야 한다.

이에 반해 정성 평가는 운용에 대한 기본적인 고려사항, 운용책임자 및 운용담당자의 체제 및 능력, 조사·분석 등 운용지원의 체제, 운용상황의 보고, 그 외 정보 제공 내용 등을 종합적으로 고려하여 이루어진다. 운용수탁기관의 실적은 단기 운용실적에 문제가 있는 경우를 제외하고 일정기간(예를 들어 3년 이상)의 실적으로 평가할 것을 권고하고 있다. 또한 운용평가의 기준

---

18 일본 후생노동성, 「확정급부기업연금법 시행령 및 후생노동성 통지」, 2008.

은 운용수탁기관의 선임·계약 체결에 있어서의 유의사항을 고려하되, 운용의 기본방침과 운용수탁기관에 제시한 가이드라인에 따르도록 하고 있다.

(3) 규약 및 규약승인상의 운용수탁기관 선임 및 평가

「확정갹출연금법」 시행규칙에서는 사업주가 퇴직연금을 운용하기 위해서는 다음과 같은 승인서류, 즉 ①과반수로 조직된 노동조합이 있는 경우 당해 노동조합, 노동조합이 없는 경우는 당해 피용자 연금보험자의 과반수를 대표하는 자와 사업주 간에 합의한 경위, ②운용관리기관의 선임 이유,[19] ③

표20 규약상의 운용수탁기관 선임 관련 규정(일본)

기재사항	승인사항	심사요령
법 제3조 제3항 1~2. 생략 3. 사업주가 운용관리업무의 전부 또는 일부를 수행하는 경우, 그 업무 4. 사업주가 운용관리업무의 전부 또는 일부를 위탁하는 경우	다음과 같은 운용 관련 업무에 대한 승인이 있어야 한다. 1. 가입자 및 운용지시자의 성명, 주소, 개인별 관리자산액 및 기타 가입자에 관련된 사항의 기록, 보존 또는 통지 2. 가입자 등이 행한 운용지시의 내용 및 그 통지의 내용 3. 운용수탁기관의 선임이유, 운용방법의 선정과 가입자 등에 대한 운용방법의 지시, 당해 운용방법에 대한 정보의 제공 4. 생략	사업주가 아래 각 사항을 고려하여 운용수탁기관을 선임하였다는 이유에 대해 서류 등에 의해 충분히 확인할 수 있어야 한다. 1. 운영수탁기관에 대해서는 가입자의 이익관점에서 운영관리업무의 전문적 능력의 수준, 업무, 서비스 내용, 수수료 등에 관해 복수의 운영수탁기관을 대상으로 적정한 평가를 하여야 한다. 2. 특히 사업주가 긴밀한 자본관계 거래관계, 인적관계가 있는 운용수탁기관을 선임한 경우에는 당해 기관의 전문적 능력의 수준, 업무, 서비스 내용, 수수료 등에 관해 적정한 평가를 수행한 결과 및 합리적인 이유가 있어야 한다. 3. 자산운용에 관한 정보 제공에 관한 업무(투자교육)를 운용수탁기관 등에 위탁한 경우, 운용수탁기관은 가입자 등의 이익만을 고려해 적절히 업무를 수행하여야 한다. 1) 운영수탁기관이 행하는 업무가 명기되어 있어야 한다. 2) 운영수탁기관의 명칭, 주소지가 가계약서의 내용과 일치하여야 한다. 3) 위탁의 업무가 가계약서의 내용이 합치되어야 한다.

자료: 일본 「확정급부기업연금법」 시행령 및 시행규칙.

---

19 사업주가 스스로 운용관리업무를 전부 수행하는 경우는 제외하고 있다.

운용관리기관 등록통지서류사본, ④상업등기부등본, ⑤후생연금적용사업소 및 후생연금적용사업소의 사업주임을 증명하는 서류 등을 반드시 제출하도록 요구하고 있다.

이처럼 사업주가 어떻게 운용수탁기관을 선임하였느냐 하는 여부는 사업주가 퇴직연금을 운용하기 위한 필수 전제조건이 되고 있으며 이를 사업주의 책임과 의무로 명확하게 규정하고 있다. 또한 사업주가 운용관리업무의 전부 또는 일부를 위탁하는 경우를 규약에 기재하도록 하고 있다. 이 경우 사업주는 복수의 운용수탁기관을 선정하여 운용수탁기관의 운영관리 업무 능력, 서비스 내용 등을 비교평가한 후에 최종 운용수탁기관을 선정하도록 하고 있다. 특히 사업주는 긴밀한 자본관계, 거래관계, 인적관계가 있는 운영수탁기관을 선임한 경우에도 당해 기관의 전문적 능력의 수준, 업무, 서비스 내용, 수수료 등에 관해 합리적으로 평가한 결과를 제출하도록 하고 있다.

표21 퇴직연금 관련법상의 평가 관련 규정

관련 규정	세부 내용
「확정급부기업연금법」 시행령 제45조 시행규칙 제83조	사업주는 적립금의 운용에 관한해서 운용의 목적 이외에 운용수탁기관의 선임 및 평가에 관한 사항 등을 기재한 기본방침을 작성하고 이에 따라 운용해야 한다.
법규에 대한 후생노동성의 통지	운용관리기관 및 자산관리기관 선정에 관해서는 가입자의 이익관점에서 운용관리업무와 자산관리업무의 전문적 수준, 업무·서비스내용(가입자등으로부터 기업형 퇴직연금의 운영상황에 관한 조회가 있을 때는 성실하고 신속히 대응할 수 있는 체제를 정비하고 있을 것 등), 수수료 등에 관하여 복수의 운용관리기관 또는 자산관리기관에 대해 평가를 실시한 후 선임해야 한다.
	운용관리기관의 선임에 있어서는 운용실적에 대한 정량평가 뿐만 아니라 운용에 대한 기본적 고려사항, 운용책임자 및 운용담당자의 체제 및 능력, 조사·분석 등 지원체제, 운용상황의 보고, 기타 정보제공 등에 대한 정성평가를 더한 종합평가를 하는 것이 바람직하다.

자료: 일본 「확정급부기업연금법」 시행령 및 시행규칙.

(4) 실무상의 운용수탁기관 선임 및 평가

일본은 정량적 평가에 의한 운용기관 평가를 2000년까지 지향하여 오다가 본격적으로 2001년 퇴직연금제도 개혁을 통해 정성적 평가 위주로 평가체계가 전환되었다고 할 수 있다.

일반적으로 정성평가는 전문성(전담조직 현황, 전문가 비율, 보유자격, 운

표22 운용수탁기관 평가 가이드라인

구분	세부 평가항목	평가방법
전문성	전담 조직 현황	정성
	전문가 비율(연금업무 경험, 연수)	
	보유자격	
	운용역량(업무 재위탁 여부 등)	
자산운용력	운용상품의 수, 다양성 – 원금확보형, 실적배당형 별도 비교	정량
	운용상품 선정에 관한 규칙	정성
	모니터링 체계	정량
	수익률	
서비스	운영관련 보고 신속성, 정확성	정성
	퇴직연금시스템	
	가입자 교육 역량 – 교육방법, 강사진 역량 등	
	콜센터 수준	
안전성	대외신용도(신용평가등급 등)	정량
	경영건전성지표(업권별)	
기타	수수료	정량
	수탁 실적 – 평균 사이즈, 수탁신장률	
	브랜드이미지/브랜드파워	정성

자료: 일본 스미모토 신탁은행 내부자료, 2008.

영역량), 자산운용능력(운용상품 선정에 대한 규칙), 서비스(운영관련 보고 신속성, 정확성, 퇴직연금 시스템, 가입자 교육역량, 콜센터 수준), 기타(브랜드이미지 및 브랜드파워) 등을 고려하여 평가하고 있는 반면에, 정량평가는 자산운용력(운용상품의 수 및 다양성, 모니터링 체계, 수익률), 안전성(대외신용도, 경영건전성 지표 등), 기타(수수료, 수탁실적) 등을 고려하여 평가하고 있다.

주요 연기금의 성과평가

1) 캘리포니아 주정부 퇴직연금[20]

(1) 개요

캘리포니아 공무원 퇴직연기금CalPERS은 약 160만 명의 캘리포니아 공무원, 퇴직자와 가족에 대한 연금과 의료 혜택을 관리하는 캘리포니아 행정기관이다. 자산규모는 2,600억 달러(2007년 10월 기준)까지 상승하였다가 금융위기 여파로 2008년 12월 현재 1,792억 달러로 하락하였지만 여전히 미국에서 가장 큰 규모의 연기금이다.

CalPERS의 기금 재원은 가입자의 확정된 보험료로 충당되고 있으며 직업군에 따른 기금운용 방식으로 인해 보험요율은 가입된 연기금에 따라 다르다. CalPERS가 운용하는 연기금 종류는 가장 큰 가입자 비중을 차지하는 공공근로자 퇴직연금 플랜과 그 외에 주의회 의원 퇴직연금 플랜, 판사 퇴직연금 플랜, 소방관 퇴직연금 플랜, 주 안전국직원 연금 플랜 등으로 구성되어 있다.

CalPERS가 운용하는 연금자산은 대부분이 확정급여형이며 확정기여형은

---

20 CalPERS 부문은 류건식·이창우·서성민, 「선진국의 퇴직연금 운용기관 평가 및 시사점」, 보험연구원 Working paper, 2009.9, pp.53~65 및 http://www.calpers.ca.gov 등을 참조.

표23 캘리포니아 공무원 퇴직연기금 종류와 보험요율

(단위: %)

종류	기여율(보험요율)
공공근로자 퇴직연금 플랜	5
주 공무원 퇴직연금 플랜	0
치안공무원 퇴직연금 플랜	6
소방관 퇴직연금 플랜	8
캘리포니아 고속도로 경찰 퇴직연금 플랜	8
학교공무원 퇴직연금 플랜	7
공공기관 공무원 퇴직연금 플랜	5~9
주의회의원 퇴직연금 플랜	0
판사 퇴직연금 플랜	8

자료: CalPERS 2007년 연차보고서.

표24 CalPERS 연기금 종류와 자산규모

(단위: 백만달러, %)

구분	종류	자산규모	비중
확정급여형	퇴직연금 플랜(계)	303,994.5	99.43
	주의회의원 연금 플랜	142.5	0.05
	판사 연금 플랜	12.0	0.00
	판사 연금 플랜(II)	291.0	0.10
	소방관 연금 플랜	4.0	0.00
소계			99.58
확정기여형	주 안전국 직원 연금 플랜	335.7	0.11
	세제혜택 공무원 연금 플랜(457플랜)	684.3	0.22
	복직 연금 플랜	1.4	0.00
	보조 연금 플랜	23.4	0.01
소계			0.34
합계		305,731.0	100.00

자료: CalPERS 2007년 연차보고서.

낮은 비중을 차지하고 있다. 따라서 자산운용위험의 대부분을 CalPERS가 부담하고 있기 때문에 신중한 투자전략의 설정과 자산운용사의 투자전략 가이드라인 준수 여부를 평가하기 위한 시스템으로 자산 운용의 효율성을 제고하고 있다.

이로 인해 CalPERS의 관심 대상인 주식은 다른 주식보다 더 좋은 성과를 내고 있으며, CalPERS 효과라는 용어까지 생겨나고 있다. 미국 내에서는 미국의 가장 강력한 기관투자가, 가장 중요한 연금기금으로 인식되고 있으며 전 세계적으로도 투자업계의 글로벌 리더로 인식되고 있다.

(2) CalPERS의 조직 및 운용 관련 부서

CalPERS는 이사회Board of Administration, 집행임원Executive Officers, 그리고 각각의 부서로 구성되어 있다. 13명으로 구성된 운영위원회는 CalPERS의 최고의사결정기구이다. 운영위원 중 6명은 CalPERS 가입자들의 투표에 의해서 선출되고, 3명은 임명되며,[21] 4명은 주 정부법에 의해 선출된다. 운영위원[22]들은 매월 정기적으로 모이는 운영위원회를 통해 보험요율 결정, 자산 배분의 결정, 재정추계 등을 관할하며 정기적 혹은 임시적으로 모이는 소속된 분과위원회를 통해서 특정 프로그램이나 프로젝트를 심사하여 운영위원회에 상정하는 역할을 하고 있다. 분과위원회는 6개의 분과 위원회와 1개의 소분과 위원회로 구성되어 있으며 각각의 업무는 그림2와 같다.

기획조정위원회는 운영위원회의 내부 지배구조 절차를 검토하고 이사회의 변화와 정책의 추가 사항에 대해서 권고하는 책임을 맡고 있으며, 급여 및 프로그램 관리위원회는 급여 프로그램 구조, 계리 연구와 요율 산정, 퇴

21 주지사에 의해 2명, 주의회의장에 의해 1명을 지명한다.

22 캘리포니아 주 재무관, 캘리포니아 주 감사관, 인사 관리부의 장관, 그리고 주인사위원회 위원으로 구성되어 있다.

그림2 CalPERS의 이사회 및 구성

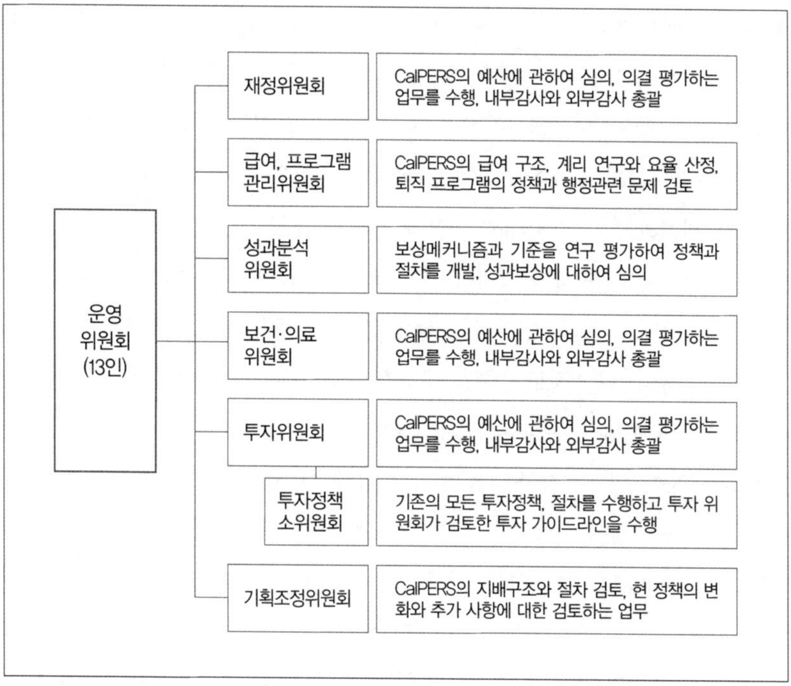

자료: CalPERS 2007년 연차보고서.

직 프로그램 정책과 행정에 관련된 모든 문제들을 검토한다.

또한 재정위원회는 모든 예산 문제에 대한 재정 상태를 파악하고, 각 부문의 재정상태를 평가하며, CalPERS 예산의 승인을 심의하여 운영위원회에 상정하고 있다. 그리고 내부감사와 외부감사를 통해 연간 및 정기감사를 총괄하고 있다. 보건·의료위원회는 주 공무원의 의료법안과 장기간병보험 법안의 운영을 관할하고 있다.

이에 반해 성과분석위원회는 보상 메커니즘과 기준을 연구, 평가하고 정책과 절차를 개발하며 성과보상에 관해서 심의하여 운영위원회에 상정하는 역할을 하고 있다. 투자위원회는 투자 거래, 내부 투자매니저와 외부투자 매니저의 실적을 점검하고, 투자정책 및 전략을 수립하고 있다. 투자정책 소위원회는 기존의 모든 투자정책, 절차를 수행하고 투자위원회가 검토한 가이드라인을 수행하면서 개선안을 투자위원회에 상정하게 된다. 이와 더불어 정책과 절차 그리고 가이드라인에 대한 매뉴얼과 지침 및 프로세스를 정기적으로 개정하고 그것에 대해 책임을 지게 된다.

집행임원들은 운영위원회에서 결정된 사항에 맞게 CalPERS를 운영하며 경영을 책임지고 있다. 임원의 구성은 CEO를 포함하여 의료급여, 경영, 급여서비스, 공공업무, 정보기술을 책임지고 있는 5명의 집행임원, 투자업무를 책임지는 CIO(Chief Investment Officer)와 COIO(Chief Operating Investment Officer), 대표계리사, 감사로 구성되어 있다. 이에 반해 실무부서는 19개의 부서로 나누어지며 기금운용을 담당하는 투자국Investment Office과 성과평가와 보상체계를 담당하는 인사국Human Resource Division이 포함되어 있다.

특히 연기금의 운용은 투자위원회의 결정에 따라서 CIO 책임하에 투자국에서 담당하고 있다. CalPERS의 2008년 개정된 자산 배분 전략의 원칙에서는 투자위원회와 투자직원의 책임을 명시하고 있다. 개정안에 따르면 투자위원회는 전체 기금 투자정책에 명시된 책임 이외에, 투자를 위한 자산 종류에 대한 승인, 자산 배분에 대한 정책, 허용범위, 자산 종류의 벤치마크 대한 책임을 지고 있으며, CalPERS의 투자국 직원은 ①모니터링, 분석 그리고 적절한 벤치마크와 비교했을 때 성과가 어떠했는지 평가하는 것을 포함한 포트폴리오 관리, ②투자위원회가 승인한 정책 범위 내에서 정책 가이드라인에 따라 CalPERS 자산 종류의 배분 관리, ③목표와 범위에 대해 자산 클래스 배분이 어떠했는지 격월마다 투자위원회 보고, ④프로그램 배분과 수익률, 위험과 활동에 대해서 매년 혹은 필요시마다 투자위원회 보고, ⑤정책이 준수되고 집행되는지 모니터링, ⑥자산클래스의 확인과 자산클래스 벤치마크의 선택, 정책 목표와 범위와 관련해서 투자위원회에 권장사항 제공 등과 같은 책임이 있다. 마지막으로 일반 연금 컨설턴트General Pension Consultant는 벤치마크와 정책과 관련된 프로그램의 성과와 관련해서 모니터하고, 평가하여 투자위원회에 주기적으로 보고해야 하는 책임이 있다.

(3) 기금운용방식

CalPERS의 자산 배분 전략은 위험을 관리하며 최대한의 수익률을 실현하는 것을 목표로 설정하고 있다. 2008년 개정된 자산 배분 전략의 원칙에서 명시하고 있는 보다 구체적인 목표는 다음과 같다.[23]

첫째, 정기적인 자산 부채 관리를 통해서 자산 배분 혼합의 목표와 범위를 설정하여야 한다. 둘째, 위험과 유동성이 신중한 수준 내에서 합리적으로 가능한 최고의 수익률을 달성하여야 한다. 셋째, 큰 손실을 피하기 위해 충분하게 다양성을 유지하고 자본을 확보하여야 한다. 넷째, 위원회에 의해 승인된 투자가능자산 정책이 유지되고 있는지 확인하고, 재조정이 효과적이고, 신중하게 수행되는지를 확인하며 적극적인 자산 배분을 통해 양(+)의 수익률을 발생시키도록 하여야 한다. 이상과 같은 자산 배분 전략의 목표하에 CalPERS의 자산투자 또한 투자위원회에 의해 자산투자 전략과 실행이라는 두 가지 관점에서 관리되고 있다.

자산투자전략은 자산의 종류에 따른 성과 목표와 범위, 벤치마크의 결정, 자산 종류 선택의 기준, 자산 선택의 과정에 관하여 준수하여야 할 원칙을 포

23 CalPERS, California public employee's retirement system statement of investment policy for asset allocation strategy, December 15, 2008.

함하고 있다. 표25는 2008년 12월 위원회에 의해 승인된 자산 종류에 따른 성과목표와 범위를 나타내며 투자위원회는 해당 목표에 대해 3~4년간에 걸쳐 시행할 것을 권고하고 있다. 또한 각각의 자산 종류는 투자위원회에 의해 승인된 벤치마크를 가져야 함을 투자원칙에 명시하고 있다. 투자위원회에 의해 승인된 자산 배분원칙은 자산 배분 전략 수립의 과정에서 임직원이 수행할 임무를 상세히 기술하고 있다. 임무는 투자와 관련된 임직원이 자산 배분 전략의 수립과 재점검을 위한 임무와 수립된 재산배분 전략으로 인한 재무여건의 분석을 위한 임무로 구성되어 있다. 자산 배분 전략의 수립과 재점검을 위해 투자위원회는 종합적인 자산 배분 전략 분석을 적어도 3년에 한 번 수행하며 자산 종류에 따른 성과목표와 범위에 대한 검토와 승인을 결정하고 있다. 투자위원회의 결정에 따라 CIO는 이전 분석에서 예상되었던 수익이나, 위험, 유동성 가치가 실질적으로 변화되었다면, 자산 종류 배분과 범위에 대한 분석을 더 자주 권고할 수 있다.

표25 자산 종류별 성과목표와 허용범위

자산 종류(자산 클래스)	구 성과목표	신 성과목표	목표와 비례한 허용범위
글로벌 주식	60%	56%	±15%
민간 주식	6%	10%	±8%
전체 주식	66%	66%	±15%
글로벌 고정 수입(①)	26%	19%	±15%
인플레이션과 연계된 자산(②)	0%	5%	0%～5%
소계(①+②)	26%	24%	±15%
부동산	8%	10%	±5%
현금	0%	0%	0%～10%
전체	100%	100%	N/A

자료: CalPERS, California public employee's retirement system statement of investment policy for asset allocation strategy, December 15, 2008.

투자국 직원은 추가적으로 적어도 매년 자산 배분 전략을 수립하는 데 이용된 모든 가정들이 합리성을 지속하는지 확인하기 위해 프로그램을 검토하여야 한다. CIO는 또한 투자위원회에 현금을 제외한 성과 목표와 범위에 대해 변화를 줄 것을 권고할 수 있다.

자산 배분 전략의 수립으로 인한 예상 재무여건 분석은 CalPERS의 예상 부채를 포함한 CalPERS의 현재와 예상된 재무 여건을 고려해서 분석하고 있다. 분석은 기대 장기 자본 시장 전망, 기대 인플레이션, 그리고 CalPERS의 위험성을 포함하며 다음의 사항이 고려되어야 한다.

첫째, 자산 종류의 구분기준에 따라 적절한 자산 종류를 나누어 자산 기대 수익, 변동성 그리고 상관관계가 고려되어야 한다.

둘째, 재무여건의 결정요인이 분석되어야 하며, 결정 요인으로 ①예상 재정 상태의 측정, ②자금 상태가 악화될 가능성의 측정, ③예상 비용의 측정, ④용인할 수 없을 정도로 높은 비용의 발생가능성 측정 등을 고려해야 한다. 이러한 결정요인은 투자위원회 임원이 투자 우선순위를 설정할 수 있도록 종합적인 자산 배분 전략 분석에 통합되어야 한다.

셋째, 대체 자산구성의 분석은 기대 위험과 수익, 다양화에 대한 추정효과를 측정하여 한다.

넷째, 투자위원회는 전체 자산의 비율로 표시된 정책 자산 배분 목표와 범위를 허용하여야 한다. 위원회는 효율적이고 유연한 집행이 가능하도록 정책 범위를 충분히 넓게 설정하고 배분 목표에 의해 설정된 기본 위험과 수익률 관계를 유지하기 위해 적당한 범위를 설정하여야 한다.

자산 배분 전략의 수립 시 가장 중요한 기준이 되는 자산 종류에 대한 정의 또한 투자위원회에서 결정하고 있다. 금융자산 혹은 실질 자산 유형이 현재의 CalPERS 자산 종류와는 충분히 다른 위험과 수익률, 상관관계 프로파일을 가지고 있다면, 그리고 그 자산의 포함이나 배제가 CalPERS의 전체

수익률의 기대 위험과 수익률에 실질적으로 영향을 미친다면, 그 자산은 다른 자산 종류로 고려하고 있다.

하나의 자산 종류로 구분되기 위한 기준을 구체적으로 살펴보면, 첫째, CalPERS가 자산 종류에 상당한 규모로 투자할 수 있는 규모와 유동성이 충분해야 하고, 비용 대비 효율적이어야 하며 CalPERS의 수익률에 실질적으로 영향을 미쳐야 한다.

둘째, 충분한 내적·외적 투자의 가능성, 그리고 자산 종류로 선정 시 투자의 신중한 집행을 보장할 수 있는 기술적 전문성이 있어야 한다.

셋째, 다양성, 수익 강화, 유동성 규정 등의 존재 혹은 다른 자산 종류와 충분히 다른 식별 가능한 특징이 있어야 한다.

넷째, 규모가 큰 다른 연기금에서 자산 종류로 간주하고 있거나 학계에서 자산 종류로 인정하고 있는 자산이어야 한다.

마지막으로, 충분한 데이터와 역사, CalPERS에 대한 자산 클래스의 타당성과 이익을 평가하는 전문적 지식의 이용가능성이 있어야 한다. 즉 측정 가능한 투자 성과가 존재해야 한다. 이상과 같은 기준이 충족된다면 투자가 승인될 수 있다. 그리고 투자위원회는 이런 승인을 한 것에 대한 수탁자 책임을 이행하기 위해 충분한 교육의 기회를 갖도록 하고 있다.

한 번 CalPERS가 투자를 위해 자산 클래스를 승인한다면, 프로그램의 일부로서 투자는 그 자산 종류에 대해서 투자위원회에 의해 검토되고 승인된 정책에 따라 이루어지게 된다. 그러한 정책은 투자 가이드라인을 열거하게 되고 그 자산 클래스에 대한 모니터링을 제공하게 된다.

투자를 실행할 때 지켜야할 원칙은 다음과 같다. 첫째, 자산 종류의 성과 목표의 범위가 준수되는지 모니터해야 하며 매월 CIO 리포트의 일부로서 투자위원회에 보고해야 한다. 이 리포트는 포트폴리오 자산 종류에 따른 배분과 성과 목표의 범위를 비교하고 있으며 각각 자산 종류의 투자성과 결과와 벤치마크 수익을 비교한다.

둘째, 자산 배분은 정책 범위 내에서 관리하고 있으며 극단적인 시장의 변동성이 있는 것으로 인식된 자산 클래스 배분이 일시적으로 그 범위를 벗어날 수 있는데, 만일 자산 배분이 성과에 대한 정책 범위를 초과한다면, 직원은 적절한 방법을 찾아 거래비용과 유동성에 일차적으로 의존하는 정확한 시간 내에 정책 범위 내로 자산 배분이 이루어져야 한다. 자산 종류의 가중치와 관련한 직원의 결정은 자본 시장 전망, 적절한 자산 종류의 성질, 거래비용, 유동성, 그리고 이 정책과 다른 모든 적용 가능한 정책에 수반되는 위험을 고려해서 이루어진다.

글로벌 주식과 글로벌 고정 소득의 경우, 직원에 의해 가중 조정된 자산 클래스의 누적 조정은 위원회의 사전 동의 없이 어떤 분기 내에도 자산 클래스의 정책범위 50%를 초과할 수 없다. 현재 정책 범위를 감안할 때, 글로벌 주식이나 글로벌 고정 소득에 대한 배분에서 분기별 최대 허용 가능한 누적 조정은 5%p이다. 자산 배분의 변화는 증권의 거래를 통해서, 파생상품을 이용하여 자산 내에서 자본의 이동으로 이루어질 수 있다.

셋째, 계정은 설정될 수 있고 정책범위 내에서 자산 종류 할당을 조정하거나 정책 범위 내에서 초과하는 자산 배분을 반환하기 위해 이용될 수 있다. CalPERS 현금은 현금 혹은 적극적 자산 배분 결정과 정책 범위에 속해 있다가 주식이나 채권의 위험 노출 시 전환될 수 있다.

넷째, 관리자는 정책 자산 배분 범위에 속해 있는 프로그램을 이행하는 동안 고용될 수 있다.

다섯째, 적극적 자산 배분 수익은 측정한 후 전체 기금 수익에 포함되고, 최소한 분기별로 위원회에 보고된다.

마지막으로, 목표 추적 오차Target Tracking Error 프로그램은 CalPERS 리스크관리 시스템을 사용하면서 연간 0.75%의 목표 추적 오차 내에서 관리되어야 한다. CalPERS 전체 기금은 CalPERS 리스크관리 시스템을 사용하면서 적극적 자산 배분과 다른 적극적 관리 결정을 포함해서, 연간 1.5%의 예측된 연간 목표 추적 오차 내에서 관리되어야 한다.

(4) 평가보고서 수립방식 및 평가보고서 내용

CalPERS의 평가보고서는 투자위원회의 연금관련 컨설턴트인 윌셔Wilshire 사에 의해 독립적으로 작성되고 있다. 매분기 퇴직연금과 그 외의 기금 성과를 관찰하기 위해 기금보고서를 작성하고 있으며 매년 성과평가보고서를 작성하고 있다. 또한 윌셔 사 이외에 독립된 컨설턴트를 통해 특정자산의 성과에 관련된 자문을 얻고 있다.

2008년 8월에 투자위원회에 보고된 윌셔 사가 작성한 성과평가보고서(회계연도 기준 2007년 7월~2008년 6월)의 내용은 회계연도의 시장상황, 총 기금의 성과와 각각의 자산 종류별로 개괄적인 총평과 함께 벤치마크 대비 성과평가가 대부분을 차지하고 있다. 덧붙여 외부운용사에 위탁한 부문에서 외부운용사별로 총괄적인 평가와 함께 운용사의 전략과 성과에 대해서 평가하고 있다. 또한 2008년에는 윌셔 사 외에 대체투자부문과 부동산투자부문에 대해 PCA가 윌셔 사가 보고한 분기별 평가보고서 내용을 검토하고 투자위원회에 보고하였는데 그 내용은 윌셔 사가 간과한 대체투자부문과 부동산투자부문에서 성과평가 시 더욱 고려되고 개선되어야 할 점을 지적하고 있다.[24]

---

24 Wilshire Consulting, *Executive summary of investment performance*, September 30, 2008 및 Wilshire Consulting, *CalPERS Year End Performance Review*, September 18, 2008.

(5) 성과평가 및 보상[25]

각 개인에 대한 성과평가는 인사국에서 기안하여 성과보상위원회에서 심의한다. 성과보상위원회는 다음 회계연도의 성과계획을 승인하여 각 개인의 성과를 승인된 계획의 수행여부와 비교하여 성과를 평가하고 있다.

성과평가의 대상자는 CEO를 포함하여 전 투자국 직원을 대상으로 하는

표26 자산 종류별 성과목표와 허용범위

직급	담당	정량 평가 비중
CEO	–	0%
대표계리사	–	0%
감사	–	0%
투자 총 책임자	–	35%
투자 선임책임자	대체자산	85%
	자산 배분 및 리스크관리	65%
	채권	85%
	해외주식	85%
	부동산	85%
선임 포트폴리오 매니저	대체자산	70%
	자산 배분 및 리스크관리	25%
	이머징	85%
	채권	85%
	채권 기간구조	85%
	해외주식	85%
	부동산	85%

25 CalPERS Performance and Compensation Committee, *2008–2009 Performance Plans for the Senior Portfolio Managers and Portfolio Managers*, August 18, 2008.

포트폴리오 매니저	안전형 주식	85%
	대체자산	70%
	자산 배분 및 리스크관리	60%
	지배구조	45%
	현금 및 글로벌 채권	85%
	국내조사	85%
	해외주식	75%
	채권	85%
	글로벌 주식	75%
	내부주식전략	75%
	위험성 채권	75%
	위험성 주식	85%
	양적 전략	50%
	부동산	85%
	단기 듀레이션 채권	85%
	국공채	85%

데 직급과 담당 투자부문에 따라 정성 평가와 정량 평가의 비중이 다르다. 표27은 정량 평가의 비중이 상대적으로 높은 CIO의 구체적인 평가요소와 성과기준을 보여주고 있다. CIO가 실질적인 투자의 총 책임자임을 감안한다면 투자와 관련된 전 임직원의 성과평가는 정도의 차이는 있지만 정량 평가와 정성 평가가 혼합되어 있다. 또한 대부분의 정량 평가의 비중이 70%를 넘고 있지만 CIO와 자산 배분과 위험관리를 맡고 있는 투자 임직원이 상대적으로 낮은 정량 평가 비중을 가지고 있다.

표27 투자 담당 책임임원의 정량적·정성적 평가기준

비중	평가요소	성과기준	보상기준
35%	전체 기금	전체 기금 벤치마크 대비 초과수익	수익 정도
25%	리더십	– 직원 성과 및 개발 정도 – 투자운용사와의 커뮤니케이션 정도 – 회사브랜드 제고능력(컨퍼런스, 세미나등)	일정에 따른 성과
25%	투자전략	기존의 투자 자산 종류에 대해 좀 더 통합된 투자 접근법을 달성하고 각종 사업 달성을 위한 지시와 감독을 수행	일정에 따른 성과
15%	연금체계 개선업무	연금체계개선 운영위원회에 참가 보충 손익 계획에 관련된 프로젝트 지원	일정에 따른 성과

자료: CalPERS Performance and Compensation Committee(2009), p.40.

2) IBM 퇴직연기금

퇴직연금을 운용하고 있는 IBM 사의 계열사인 일본 IBM 사는 연금운용관리를 목적으로 사내에 연금기금위원회를 설치하였다. 연기금 위원회는 최고경영자를 위원장으로 구성하여 연 2회 정기적으로 개최되고 있다. 연기금 위원회의 주요 기능은 운용기본방침의 책정, 운용목표의 설정, 운용기관의 선정, 운용성과의 평가, 운용위탁비율의 변경, 연금수리 계산상의 건전성의 점검 등이다.

중심적 과제인 운용기본방침은 장래의 연금급부의 예측에 기초하며, 허용 가능한 리스크 한도와 기대수익률의 판단을 기초로 책정되고 있다. 중장기 자산 믹스는 목표자산 믹스로서 각 운용기관에 대해 표28과 같은 형식으로 구체적으로 제시되고 있다. 자산 믹스는 운용기관이 자산을 배분할 때 기준이 되는 것으로 제시된 목표자산 믹스의 일정한 틀 내에서 자산 배분비율을 변경함으로써 부가가치 확대를 기대할 수 있다.

표28 일본 IBM의 연금운용방침 및 자산 믹스

구분	목표(시가기준)		변경 이유
	범위	자산 믹스	
국내주식	25～30%	28%	변경 없음
전환사채	10～15%	13%	원금보증자산 중에서 더 적극적으로 운용하기 위해 인상
국내채권	25～35%	31%	더욱 적극적인 운용을 지향하여 인하
외화증권	15～30%	20%	위험자산 내에서 유연한 운용을 위해 범위를 확대
대출금 등	5～10%	8%	대기자금으로서의 위치를 명확히 하여 인하

자료: 이봉주·류건식(2006), p.242.

기업 측이 운용기관에 새로운 목표자산 믹스를 제시함에 있어서 자산 믹스 변경사유를 설명하고, 운용기관측이 이해하기 쉽도록 배려한다. 이러한 사실로부터 운용방침에 관해 퇴직연기금과 운용기관이 커뮤니케이션을 중요시하고 있음을 알 수 있다. 일본 IBM은 개별 운용기관별 운용성과를 자산별로 측정하고 전 운용기관의 실적과 비교한다. 이 경우도 과거 1년간, 과거 3년간 등 복수의 기간을 채용하여 중장기적으로 평가할 수 있다. 운용기관의 실적평가는 부여된 목표자산 믹스에 대해 허용된 괴리의 폭을 적절하게 활용한 부가가치의 창출 여부, 개인자산별로 인덱스에 대한 초과수익의 달성 여부 등 두 가지 관점에서 각각 기여분석을 통해서 이루어진다.

3) 후생연금기금

(1) 기업연금기금연합회의 운용 기본방침 및 성과평가

기업연금기금연합회는 연금자산운용의 기본방침을 작성하여 운용수탁기관에 제시하게 된다. 이 연금자산운용의 기본방침을 기초로 운용수탁기관은 운용하게 된다.

기업연금기금연합회의 운용 기본방침은 다음과 같은 특징을 지니고 있다. 첫째는 개별자산별 벤치마크를 구체적으로 명시한 후 운용목표는 장기적으로 벤치마크를 상회하는 것으로 정의하고 있다는 점이다. 개별자산 수준에서도 운용과목별로 벤치마크를 상회하는 성과를 요구하고 있을 뿐만 아니라 운용기관별 자산 전체에 대해서도 복합벤치마크를 장기적으로 상회하는 성과를 요구하고 있다.

따라서 당연히 운용성과평가도 절대수준의 평가가 아니라 벤치마크와의 비교로 이루어지고 있다는 점이 특징적이다. 두 번째는 기업연금기금연합회

표29 기업연금기금연합회의 운용 기본방침

구분	내용
목적	– 기업연금기금연합회의 연금자산 운용목적은 허용가능한 리스크 범위 내에서 장기적으로 가능한 종합수익(실현수익 및 미실현수익)을 시현하는 데 있음
기대수익률	– 연간수익률은 최저조건으로서 장래에 걸쳐 건전한 연금제도를 유지할 만큼 수익률을 확보하는 것임 · 이 경우 개별자산에 대해서는 운용과목별로 시장수익률(이하 벤치마크)을 장기적으로 상회하는 성과를 올리도록 노력할 필요가 있음 – 수탁기관의 자산전체에 대해서도 적어도 운용과목별 벤치마크를 자산구성비에 조합시킨 수익률(이하 복합벤치마크)을 장기적으로 상회하는 성과를 거두도록 노력하여야 함
자산구성	– 자산운용의 위탁계약서, 연금자산운용의 기본방침 등에 기초하여 수탁기관은 채권, 대출, 주식 및 외화증권 등을 통해 최적의 자산구성을 구축하여 운용하도록 하여야 함 – 연합회가 수탁기관과의 협의를 통해 자산구성비 및 그 운용방법 등에 관한 운용가이드라인을 제시한 경우, 수탁기관은 이에 따라야 함
운용성과 평가	– 운용성과는 시가를 기준으로 분기별로 측정하고, 평가는 벤치마크, 복합 벤치마크 및 기타 수탁기관의 운용성과를 비교·실시함
자산 배분의 변경	– 운용성과의 평가에 투자철학, 운용체제 등의 정성적 평가를 가미한 종합평가를 실시하고 자산 배분을 변경함 · 평가기간은 일반적인 기준으로 3년에서 5년으로 설정 – 단기의 운용성과에 현저한 문제가 있는 경우 등에는 즉각 자산 배분을 변경할 수 있음

자료: 企業年金基金聯合會, 『資産運用指針』, 2010.4.

와 운용수탁기관은 수시로 협의하여 운용방법을 결정하여야 한다는 점이다. 그 중에서도 주목되는 것은 자산구성 및 운용방법 등에 대해 기업연금기금연합회의 운용 가이드라인이 제시되고 있는 경우 운용기관은 이에 따르도록 되어 있다는 점이다. 즉 운용 기본방침의 핵심인 자산 배분은 최종적으로 연합회의 의사에 의해 결정되어야 한다는 점을 명시하고 있다. 즉 기업연금기금연합회는 1993년부터 개별 운용기관에 대해 구체적인 투자비율을 지정한 자산 믹스를 제시하기 시작하였으며 운용기관의 판단으로 자산 믹스를 변경할 수 있는 것은 제시된 범위 내로 한정하고 있다. 자산 배분에 관한 의사결정은 기본적으로 기업연금기금연합회의 책임이며 운용기관에 위탁한 것은 주로 개별자산 수준이라는 점을 명확히 하고 있다.[26]

(2) 후지전기 연금기금의 운용기본방침 및 성과평가

일본의 대표적 연금기금의 하나인 후지전기富士電機 연금기금의 운용 기본방침을 보면 기업연금기금 연합회에서 주식, 채권 등 자산구분별로 시가구성비Policy Portfolio, 벤치마크 인덱스, 장부가 가이드라인을 구체적으로 제시하고 있다. 본래 자산 믹스의 관리는 시가만으로 가능하지만 운용제한이 장부가기준으로 부여되어 있기 때문에 장부가에 의한 가이드라인도 필요하게 된 것이다.

운용성과는 매 분기별마다 시가를 기준으로 한 수익으로 측정하도록 하였으며, 수탁자산 및 각 자산의 수익률은 시장가중수익률을 사용하여 매년 측정하도록 하고 있다. 특히 운용성과의 평가는 그 운용기관의 수탁총자산 및 각 자산의 수익률을 벤치마크, 유니버스 및 그 운용기관의 수익목표와 비교하여 이루어지도록 하고 있다.

---

26 小林弘明, 『企業年金の資産運用ハンドブック』, 富士総合研究所, 2007 참조.

표30 후지전기 연금기금의 성과평가

항목	정책 포트폴리오 및 성과평가 내용
정책 포트폴리오	– 장부가 가이드라인을 준수하고 정책 포트폴리오에 의거 운용하여야 함 – 장부가 가이드라인을 준수하기 위해 허용범위를 초과하는 경우, 현저히 시장의 변동이 있을 것으로 예상되는 경우 기금에 신속히 연락하도록 함 – 각포트폴리오는 원칙적으로 반년마다(3월, 9월)재결산을 하며, 정책 포트폴리오에 준하여 운용할 수 있도록 노력하여야 함 – 리스크 절감 목적으로 정책 포트폴리오에서 괴리가 발생하지 않도록 하여야 함
운용 성과평가	– 운용성과는 매 분기마다 시가를 기준으로 한 수익으로 측정함 – 수탁자산 및 각 자산의 수익률은 시간가중수익률을 사용하여 매월 측정함 – 운용성과의 평가는 그 운용기관의 수탁 총자산과 각자산의 수익률을 벤치마크, 유니버스 및 운용기관의 수익목표와 비교하여야 함 – 각 자산그룹마다 벤치마크 인덱스를 설정하고 기금에서 제시한 인덱스를 사용하여야 함

자료: 企業年金基金聯合會, 資産運用ハンドブック, 2009.5.

6. 수탁자의 퇴출

이전 및 취소

1) 외국

일본의 후생노동장관은 규약형 또는 기금형 퇴직연금의 건전한 운영을 확보하는데 필요하다고 인정될 때에는 기간을 정하여 사용주 또는 기금에 대하여 규약 변경을 명령할 수 있으며, 사업주가 감독당국의 명령을 위반한 때에는 규약형 퇴직연금에 관계되는 규약의 승인을 취소할 수 있다. 또한 확정급여형 제도의 계속적 운영이 곤란하다고 인정될 때에도 당해 규약형 퇴직연금에 관계되는 규약의 승인을 취소할 수 있도록 하고 있다.[27]

특히 「확정갹출연금법」에 의하면 확정기여형 운영관리기관은 ①운영관리

27 「확정급부기업연금법」 제102조(사업주 감독).

업무의 위탁에 관계되는 계약의 변경이 있을 때, ②등록의 효력이 상실되거나 등록이 취소되는 경우, 위탁 또는 재위탁을 받은 운영관리업무의 전부 또는 일부를 다른 확정기여형 운영관리기관에게 이전하도록 강제화하고 있다.[28] 특히 후생노동장관은 확정기여형 운영관리기관의 업무운영에 관하여 가입자 등이 이익을 침해한 사실이 인정될 경우는 가입자 등의 보호에 필요한 한도에서 업무의 종류 및 방법의 변경, 기타 업무운영의 개선에 필요한 지도를 할 수 있도록 규정하고 있다.

이와 더불어 후생노동장관은 확정기여형 운영관리기관이 ①부정한 방법으로 등록을 받은 경우, ②확정기여형 운영관리기관이 법률에 따른 명령이나 처분에 따르지 않고 위반한 경우, ③확정기여형 운영관리업무를 계속하기 곤란하다고 인정되는 경우에는 6개월 이내의 기간을 정하여 확정기여형 운영관리업무의 전부 또는 일부 정지를 명하거나 등록을 취소할 수 있도록 하고 있다.[29]

특히 일본에서는 타 연금제도로의 이행[30]이 많이 발생함에 따라 이행에 따른 권리의무의 이전 및 승계, 절차가 「확정급부기업연금법」, 동법 시행령 및 시행규칙에 상세하게 규정되어 있다.[31]

2) 한국

근퇴법 제27조(연금사업자에 대한 등록 취소 및 이전 명령)에서는 ①연금사

28 「확정갹출연금법」 제98조(업무 전이).

29 「확정갹출연금법」 제102조(확정기여형 운영관리기관 감독).

30 타 연금제도로의 이전은 규약형 퇴직연금에서 후생연기금으로의 이행(제108조), 기금에서 후생연기금으로의 이행(제109조), 후생연기금에서 규약형 퇴직연금 또는 기금으로의 이행(제111조~제112조), 확정급여형에서 확정기여형으로의 이행(제117조) 등을 말한다.

31 일본의 경우, 제93조(폐업 시의 신고 등)신고 등에 따라 확정기여형 운영관리기관이 합병·파산 등으로 확정기여형 운영관리기관의 등록이 효력을 상실할 경우 상실일로부터 30일 이내에 주무장관에게의 신고에 의해 확정기여연금을 폐지할 수 있다.

업자 해산 시, ②거짓 또는 부정한 방법으로 연금사업자로 등록 시, ③등록 요건을 갖추지 못하였을 경우, ④법 제14조(연금사업자에 대한 감독)의 규정에 의한 고용노동부장관 또는 금융위원회의 명령에 따르지 않은 경우, 고용노동부장관은 등록을 취소할 수 있도록 명시하고 있다. 또한 고용노동부장관은 등록을 취소함에 있어 근로자의 수급권 보호를 위하여 필요하다고 인정되는 경우에는 등록이 취소되는 연금사업자에게 그 업무의 전부 또는 일부를 다른 연금사업자에게 이전을 명할 수 있다. 이 경우 고용노동부장관은 그 업무의 전부 또는 일부를 이전받는 연금사업자의 동의를 얻도록 하고 있다.

이와 더불어 연금사업자 등록 취소 또는 말소에 따른 가입자 보호조치를 구체화하여 연금사업자의 사정변동으로 인한 근로자의 손해를 최소화하고자 하였다. 즉 등록 취소 처분을 받거나 등록 말소를 신청한 연금사업자는 설정된 퇴직연금제도 이전에 필요한 조치인 ①등록 취소 또는 말소 사실의 통지, ②계약해지·변경에 따른 가입자 보호조치 내용 안내, ③계약해지·변경에 따라 발생하는 수수료 등의 손실의 보상 등을 하여야 한다. 특히 자발적인 연금사업자 등록 말소 신청 근거를 신설하고 퇴직연금사업의 빈번한 진입 및 탈퇴로 인한 시장의 혼란을 막고 금융기관의 사업개시 등의 신중성을 높이기 위하여 등록 취소(3년) 또는 등록 말소(2년) 시에 재진입 제한 규정을 두고 있다.

특히 사업장의 일시적 사유 등으로 인한 퇴직연금 중단 시 제도의 연속성을 유지하기 위한 기본적 업무를 유지하도록 하고 있다. 즉 제도 중단 사유, 제도의 재개시 일정, 제도 중단 시점까지의 미납부담금에 대한 처리방안, 제도 중단 기간의 처리방안 등을 가입근로자에게 공지하고 가입자 교육, 급여지급, 운용현황의 통지, 적립금 운용 등의 업무가 계속 유지되도록 하고 있다. 이와 같은 조치는 제도가 중단되는 경우 사용자가 수행해야 할 기본 업무를 구체화하여 가입자를 보호하고 제도 연속성과 정상화를 위한 제반 여건을 조성하기 위함이다.

폐지·청산

1) 외국

일본의 경우 과반수로 조직된 노동조합이 있을 때에는 당해 노동조합, 과반수로 조직된 노동조합이 없을 때에는 과반수를 대표하는 자의 동의를 얻은 경우에 사업주는 후생노동장관의 승인을 받아 규약형 퇴직연금을 폐지(청산)할 수 있다.[32] 다만 종결하는 때에 최저적립 기준액을 하회하는 경우에는 사업주가 밑도는 금액을 부금으로 일괄 기여하도록 규정하고 있다. 특히 기금은 대의원회에서 대의원정수의 4분의 3 이상으로 의결된 때 또는 기금의 사업 계속이 불가능하게 된 때에 후생노동장관의 인가를 받아 해산할 수 있다.[33] 또한 규약형 퇴직연금을 폐지할 때에는 확정급여형 제도의 잔여재산은 폐지한 날에 당해 확정급여형 제도를 실시하는 사업주 등이 급부지급에 관한 의무를 지고 있던 자, 즉 제도 가입자 등에게 분배하도록 규정하고 있다. 잔여재산을 분배[34]하는 경우에는 제도 가입자 등에게 그 전액을 지불하도록 하며 잔여재산을 사업주에게 인도하지 않는다.[35] 특히 일본의 「확정갹출연금법」에서는 기업형 연금 규약이 있다. 이 경우 근로자의 과반수를 대표하는 자의 동의를 얻고 후생노동장관의 승인효력이 상실되거나 승인이 취소되는 경우에 폐지할 수 있도록 하고 승인을 받아야 한다. 또한 법인이 합병에 의해 소멸하거나 해산한 때에는 기업형 연금 규약의 승인 효

32 「확정급부기업연금법」 제84조(후생노동장관 승인·종결).

33 「확정급부기업연금법」 제85조(기금 해산).

34 종결한 확정급여형 퇴직연금의 잔여재산 분배방법에 대해서는 「확정급부기업연금법」의 시행령 제57조 참조.

35 「확정급부기업연금법」 제89조(청산).

그림3 퇴직연금제도의 자발적 종결과 비자발적 종결

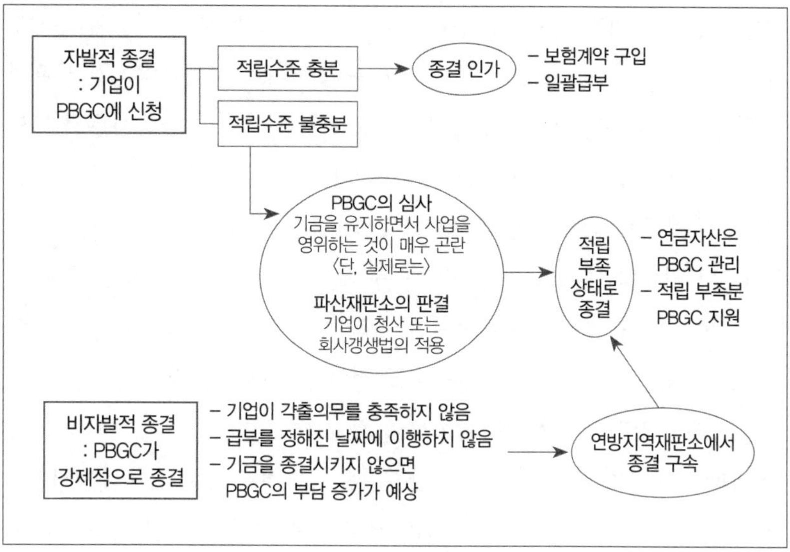

력이 상실되는 것으로 규정하고 있다.[36]

이에 반해 미국의 연기금 폐지(종결)는 원칙적으로 기업이 자유롭게 행할 수 있는데, 이와 같이 기업 스스로가 원하여 행하는 폐지를 자발적 폐지(자발적 종결)라고 한다. 다만 기업은 그 취지를 PBGC에 신청하여야 하며, 만약 기금이 적립 부족에 빠져 있는 경우에는 필요조건을 충족하지 않는 한 폐지는 인정되지 않는다. 자발적 폐지 절차를 요약·정리하면 그림3과 같다.

자발적 폐지에는 적립수준이 충분한 경우와 적립 부족에 빠져 있는 경우 두 가지가 있다. 전자는 PBGC의 연금급부가 발생하지 않기 때문에 신청은

36 「확정갹출형기업연금법」 제45~47조 참조.

받아들여지지만, 기업이 주의하지 않으면 안 되는 것은 PBGC가 적립충분성을 판단하기 위해 기준으로 삼는 것은 추가기여의무에서의 누적급부채무 ABO: Accumulated Benefit Obligation[37]라는 점이며, 더욱이 PBGC가 사용하는 할인율은 보수적 관점에서 일반적으로 기업이 기금 운영에 사용하고 있는 수준보다도 낮게 설정되어 있다는 점이다.

문제는 기금이 적립 부족인 경우이다. 이 경우는 기업이 신청을 인가받기 위해서는 기금의 계속이 기업 전체에 중대한 부담을 주어 결국 도산에 이를 수 있다고 PBGC를 설득하거나 파산재판소로부터 도산을 선언받는 절차가 요구된다. 즉 기금 운영의 부담이 기업의 존속에 직접적인 영향을 미치지 않는다면 적립 부족기금의 폐지는 인정되지 않는다.

반면에 PBGC가 기업의 의지와 상관없이 강제적으로 기금을 폐지시키는 경우도 있는데, 이를 비자발적 폐지라 부른다. 이 경우는 기금을 그대로 존속시키더라도 기금에의 기여가 부담이 되어 도산 등의 우려가 있으며, 더욱이 그때까지 기다린다고 하더라도 보증해야 하는 급부액이 커진다고 PBGC가 판단한 경우이다. 결국 미국에서는 자발적·비자발적인 것에 상관없이 적립 부족인 기금이 폐지되는 것은 기업의 도산 또는 그것에 유사한 사정을 수반하는 경우로 한정하고 있다.

이처럼 PBGC는 기업이 자발적으로 제도를 폐지하고자 할 경우 이를 승인할 권한을 가지고 있으며, 또한 기업의 폐지의사 유무에 관계없이 필요하다고 PBGC가 판단하는 경우 강제로 연금제도를 폐지할 수 있도록 하고 있다. 특히 PBGC는 연금제도와 관련된 특정사항에 대해 보고를 받거나, 보고를 면제하거나, 보고사항을 추가할 권한까지 지니고 있다. 즉 연금사업자는

37 현재의 부채액과 현재와 동일한 급여수준으로 장래 근무기간을 예측해 추가적으로 미래발생 부채액의 합계를 말한다.

PBGC에 연금제도와 관련된 다음과 같은 일련의 사항, 즉 ①내국세법상 적격요건 상실 시, ②가입자 급여를 감축하거나 미래 급여의 발생을 중지하는 방향으로 연금제도 개정 시, ③최소적립 기준을 이행치 못한 경우 등이 발생한 경우 발생 후 30일 이내에 보고하도록 하고 있다.

2) 우리나라

사용자가 퇴직연금제도를 폐지하는 경우 급여지급을 위한 적절한 조치를 취하여 가입자의 수급권을 보호하도록 하고 있다. 근퇴법 제38조(퇴직연금제도의 폐지·중단 시의 처리) 제2항에 의하면 '사용자는 퇴직연금제도가 폐지된 경우 지체 없이 적립금으로 급여를 지급하는 데 필요한 조치로서 미납 부담금의 납입 등 대통령령으로 정하는 조치를 하여야 한다'고 규정하고 있다.

여기에서 대통령령이 정하는 조치라 함은 ①사용자가 제도를 폐지한 경우 근로자 대표 동의 결과, 제도 폐지 사유, 미납 부담금 내역 및 처리방안 등을 내용으로 하는 퇴직연금제도 폐지신고서를 노동부장관에게 신고하고, ②제도폐지일 현재 미납된 부담금의 내역 및 납입예정일, 제도폐지일 현재 적립된 적립금 현황(확정급여형에 한함), 급여내역 및 지급절차, 가입자별 지급된 급여에 따른 중간정산 대상기간 등을 근로자에게 공지하는 것을 의미한다.

또한 사용자는 제도폐지일로부터 14일 이내에 미납입 부담금을 납입하고 연금사업자로 하여금 급여를 지급하도록 하되, 급여는 가입자가 지정한 개인형 퇴직연금제도의 계정에 이전하는 방식으로 지급하도록 규정하고 있다.

즉 사용자로 하여금 퇴직연금제도의 폐지에 따른 근로자 대표의 동의결과, 미납 또는 부족 부담금 납부결과, 급여지급 현황 등을 고용노동부장관에게 신고하도록 의무화하였으며 ①가입자별 미납 부담금 내역(DC형), ②

적립비율 및 부족한 부담금(DB형), ③미납 또는 부족한 부담금의 납입예정일, ④급여지급절차, ⑤중간정산 대상기간 등에 대하여 가입자에게 공지하도록 규정하고 있다.

제6장

연금부채

1. 연금부채 계산 기초

예정이자율

예정이율은 현재의 연금재정의 상태 및 부담금을 결정짓는 중요한 요소로 우리나라에서는 부담금 산출이율, 재정검증 산출이율로 이원화되어 적용되고 있다. 먼저 부담금 산출이율의 경우 적립금 운용수익 등 장기예측에 기초하여 고용노동부에서 규정한 이율(직전 사업연도 말 기준으로 투자협회가 발표하는 10년 만기 국고채의 36개월 평균수익률과 3년 만기 회사채의 36개월 평균수익률의 합을 2로 나눈 값)에서 1.00%를 가감한 범위 내에서 퇴직연금사업자가 자율적으로 결정할 수 있도록 하고 있다. 이는 장기적으로 평균화된 부담금의 납입과 안정적인 자산운용을 유도하기 위한 조치이다. 재정검증 산출이율 또한 부담금 산출이율과 마찬가지로 장기시장예측에 적합한 이율로써 적립금의 급격한 변동으로 인한 시장혼란을 최소화하기 위해 시장 상황을 고려한 이율로 고용노동부에서 정한 이율을 사용하고 있다.

예정사망률

예정사망률은 성별, 연령별로 산출되며 가입자의 사망률이 연금수급자의 사망률로 낮으므로 가입자와 연금수급자의 예정사망률을 각각 적용하는 경우가 대부분이다. 예정사망률 산출의 대상이 되는 단체는 연금제도에 가입한 집단이 되는 것이 원칙이고 경험통계를 기초통계로 활용하는 것이 바람직하지만 제도 도입 초기임을 감안하여 국민 전체를 대상으로 산정한 사망률을 보정하여 퇴직연금사망률을 사용하고 있다. 산출방식은 먼저 기준사망률로 선택된 국민생명표를 기준으로 개선율을 결정하고, 그 후 개선율이 반영된 장래사망률은 보정과 보외를 통해 사망률을 산출한다. 이에 반해 연금사망률은 개인연금사망률을 사용하고 있다.

즉 퇴직급여를 연금으로 선택하여 종신연금을 받는 가입자의 사망수준은 개인연금의 사망수준과 유사할 것으로 예측됨에 따라 개인연금사망률을 그대로 사용하고 있다. 우리나라는 현재 고용노동부 신고 규약상의 "재정건전성 확보를 위한 의무적립금 수준에 적용되는 사망률"은 300명 미만 또는 이상의 경우로 구분하여 예정이율, 임금상승률 그리고 퇴직률에 대한 규정만을 적용하고 있다. 고용노동부에서는 규약상 퇴직률은 명확한 규정이 없이 "최근 3년간의 퇴직률의 평균" 또는 "보험요율 산출기관이 산출한 퇴직률"을 적용하고 있다.

예정퇴직률

소규모 단체 같이 대수의 법칙을 적용하기 힘든 단체는 참조퇴직률을 적용하며, 계약단체의 규모가 크고 과거 3년 이상의 퇴직 관련 자료가 구비된 단체에 대해서는 가입단체에 맞는 경험퇴직률을 산출하여 적용한다. 참조퇴직률 산출방식은 산출된 기초 퇴직률에 안전할증을 부과한 뒤 마지막으로 보정을 통해 인접연령간의 급격한 퇴직률 변동요인을 제거하여 평활성을 향상시키는 것으로 산출이 완료된다.

경험퇴직률 산출방식은 산출일 현재의 계약단체 가입자명부와 직전 3년 이상의 퇴직 관련 자료가 명기된 퇴직자명부가 기존 통계자료가 되며, 해당 기간에 급격한 퇴직자의 변동이 발생한 연도는 제거한 뒤 산출된다. 또한 「근로자퇴직급여보장법」 시행규칙 제10조(확정급여형 퇴직연금의 부담금 산정 및 납입)에 의하면 기타 기초율은 사용자의 경험통계를 기초로 한 기초율을 이용하여야 한다고 규정하고 있다. 다만 ①설립된 지 3년 미만인 경우(합병 및 분사로 인한 경우 제외), ②화재 등에 의해 과거 자료를 분실한 경우, ③과거 통계가 장래통계에 사용하기에 부적합한 경우, ④상시근로자 수가 300인 미만인 사업 등에 해당될 때에는 고용노동부 또는 보험개발원이 발표하는 자료를 활용한 기초율을 이용할 수 있도록 하고 있다. 또한 보충부담금(과거근무에 발생하는 급여에 충당하기 위한 부담금)은 10년 이내의 과거근무에 의한 급여가 산출되어야 한다고 규정하고 있다.

2. 연금부채의 종류

연금채무(또는 연금부채)에는 책임준비금 이외에도 기발생채무, 회계기준에서 적용하는 채무 등이 있다.

책임준비금

퇴직연금에서는 일반적으로 장래법에 의해 책임준비금을 산출한다. 장래법의 책임준비금은 장래급부의 현재가치 즉 급부현가에서 장래 갹출금(장래부담금) 수입의 현재가치인 갹출금 수입현가를 차감하여 산출하게 된다. 제도 발족 시에 이미 재직하고 있는 가입자의 급여액을 산정할 과거근무기간을 통산하는 경우가 있다. 이와 같이 과거의 근무기간을 통산하는 것에 의해 발생하는 채무가 과거근무채무이다.

기발생채무

가입자가 장래 받을 급부액은 입사에서부터 퇴직할 때까지의 전全 근무기간을 기초로 하여 계산된다. 그러므로 근무기간이 경과하는 것에 비례하여 급부액이 조금씩 증가한다고 하면 현시점까지의 근무기간에 해당하는 급부액을 계산할 수 있다. 이 기발생급부는 퇴직 후에 지급되는데 그 장래급부를 현재가치로 환산한 것이 기발생채무이다. 기발생채무는 현시점에서 발생하고 있는 급부비용을 장래 지급하기 위해 필요한 적립금을 나타내고 있다. 이에 반해 책임준비금은 부담금을 계속 납입하는 것을 전제로 하여 장래의 급부 지급을 위하여 현시점에 준비하여야 할 적립금을 나타낸다. 계산의 방식은 다르지만 기발생채무도 책임준비금도 현재 보유하여야 할 적립금액을 나타낸다.

회계기준상의 채무

회계기준에서 적용하는 채무에는 확정급부채무Vested Benefits Obligation: VBO, 누적급부채무Accumulated Benefits Obligation: ABO, 예측급부채무Projected Benefits Obligation: PBO 등 3종류의 연금채무가 있다. 누적급부채무는 현재의 급여를 기초로 하여 전 근무기간에 대응하는 장래급부의 현재가치를 산정하고 그것을 기간 배분하여 과거의 근무기간에 대응하는 부분을 구한 금액이다. 예측급부채무는 장래의 임금상승을 예측한 퇴직시 급여를 기초로 하여 전 근무기간에 대응하는 장래급부의 현재가치를 산출하고 그것을 기간배분하여 과거의 근무기간에 대응하는 부분을 구한 금액이다.

이에 반해 확정급부채무는 누적급부채무 중 수급자격을 충족하는 가입자에 한정된 급부채무이다. 향후 임금상승을 반영하고 있는 예측급부채무는 제도의 영속성을 전제로 하는 경우의 연금채무이다. 한편 현 시점의 급여를 기준으로 하는 누적급부채무는 현 시점에서 제도가 종료하여도 연금급부의 보전이 가능한 연금채무를 나타내고 있다.

3. 연금부채의 평가

부담금의 종류

미국의 경우 법정최저부담금이 표준부담금Normal Cost: NC과 적립 부족액에 대한 상각액인 보충부담금Supplement Cost: SC으로 구성된다. 우리나라도 매년 정기적으로 납입해야 하는 기본부담금이 표준부담금과 보충부담금으로 구성되어 있다는 점에서 공통점이 있다.

표1 부담금의 종류

구분	유형	특징
기본부담금	표준부담금	장래 근무기간분에 해당하는 퇴직급여지급을 위해 납입하는 부담금
	보충부담금	과거근무기간분에 해당하는 퇴직급여지급을 위해 납입하는 부담금
제도 도입 시 발생	일시전환부담금	제도 도입 이전의 과거근무기간분에 해당하는 퇴직급여지급을 위해 제도 도입 시 퇴직보험 등에서 이전되는 금액
재정건전성 검증결과 적립과부족 시 발생	특별부담금	매 사업연도 말 실시되는 재정건전성 검증을 통하여 발생한 적립금부족분(적립금이 최저적립금수준에 미달되는 금액)을 보완하기 위하여 납입하는 부담금
	상계부담금	매 사업연도 말 실시되는 재정건전성 검증 시 초과적립분(적립금이 기준책임준비금을 초과한 금액)으로 차회부담금과 상계하는 부담금

미국의 경우 매년 평가시점에서 발생된 미적립채무Unfunded Accrued Liability: UAL를 보충부담금으로 계상하는 반면 우리나라는 제도 이전에 발생한 미적립채무에 대해서만 보충부담금으로 상각한다는 차이점이 있다. 즉 미국은 매년 평가시점을 기준으로 평가시점 이전에 발생한 미적립채무를 과거근무채무Past Service Liability: PSL로 정의하는데, 우리나라는 제도 도입시점을 기준으로 제도 도입 이전에 발생한 미적립채무만을 과거근무채무로 정의한다. 만약 제도 도입 이후 재계산을 통해 새로운 미적립채무가 발생하는 경우 보충부담금은 재산출되는데 다음 중 하나의 방법으로 한다.

- 새롭게 발생한 미적립채무액에 상각기준을 적용하여 산출한 금액을 기존 보충부담금에 합산하여 적용하는 방법
- 기존의 미상각된 미적립채무액과 새롭게 발생한 미적립채무액을 합산하여 새롭게 상각기준을 적용하여 산출하는 방법

보충부담금은 계약단체의 자율성과 재정부담능력을 고려하여 최저적립수준을 초과하는 수준에서 정액상각(균등상각), 정률상각, 탄력상각,[1] 일시상각 등과 같은 상각방법을 선택할 수 있다. 부담금 재계산 주기가 미국의 경우는 1년인 반면 우리나라는 특별한 사유가 없는 한 3년이 된다는 점이 부담금산출에 있어 가장 큰 차이점이라 할 수 있다. 여기에서 특별한 사유(부담금 재계산 사유)는 ①법에서 규정하는 재정건전성기준을 충족하지 못하는 경우, ②가입자의 수가 현저히 변동하는 경우 ③가입자의 자격 또는 급여의 수준을 변경하는 경우 ④기타 장래 연금재정의 균형에 상당한 영향을 미칠 것으로 예상되는 경우를 말한다. 우리나라의 경우 도입 이후 부담

1 선택한 기간동안 정액상각으로 계산된 금액과 미상각 과거근무채무액 사이에서 탄력적으로 상각하게 된다.

금납입이 지연되거나 여러 환경적 변화에 따라 추가적인 미적립채무가 발생한다고 할지라도 부담금 재계산 주기가 3년으로 길고 부담금 재계산에 대한 법적 강제력이 없으므로 현실적으로 적정수준의 부담금 산출이 어렵다.

부담금 산출 및 연금부채 평가 방법

표준부담금Normal Cost: NC을 산출하거나 연금부채인 퇴직급여채무Accrued Liability: AL를 산출(평가)하는 방법이 재정방식funding method이다. 재정방식은 크게 발생급여 평가방식인 급부할당방식Benefit allocation method과 예측급여 평가방식인 비용할당방식Cost allocation method으로 구분된다. 발생급여 평가방식은 기발생연금채무 차원에서 연금채무를 평가하는 방식이고 예측급여 평가방식은 미래예상연금채무 차원에서 연금채무를 평가하는 방식이다. 발생급여 평가방식에서는 AL이 우선적으로 산정된 다음 NC가 부수적으로 산정되는 반면, 예측급여 평가방식에서는 수지상등의 원칙에 입각하여 NC가 먼저 산정된 다음 AL이 산정된다.

활용도가 높은 대표적 발생급여 평가방식Prospective Benefits Valuation Methods에는 현재단위 적립방식Current Unit Credit Method, 예측단위 적

표2 부담금 및 연금부채 평가방법

발생급여 평가방식(급부할당방식)	예측급여 평가방식(비용할당방식)
발생주의 관점에서 평가시점까지 누적된 급부에 기초하여 평가시점에서의 적정수준의 부채 산출이 목적	평가시점까지 누적된 급부뿐 아니라 미래지급가능한 급부까지 고려하여 이를 전기간에 걸쳐 평균화된 부담금 산출이 목적
일정적립수준 유지하는 데 초점	일정부담금수준을 유지하는 데 초점
근로자 수급권 보장에 초점(Security Driven)	안정적 부담금 산출에 초점(Contribution Driven)
발생주의 관점에서 우위	계리적 관점에서 우위
보험수리에서 자연보험료 산출방법 유사	보험수리에서 평준보험료 산출방법 유사

립방식Projected Unit Credit Method이 있다. 예측급여 평가방식Accrued Benefits Valuation Methods에는 특정연령방식, 도달연령방식, 총합방식 등이 있다.[2] 우리나라는 국제회계기준이 도입됨에 따라 회계기준과의 정합성을 높이기 위해 예측단위 적립방식을 주로 사용하고 있다.

발생급여 평가방식에 의한 연금부채평가

발생급여 평가방식에서는 평가시점까지 재직자의 발생급여Accrued Benefit, Past Service Benefits와 연금수령권자의 향후 연금급여Future Pension Payments: FPP의 합으로 AL이 먼저 산정된 뒤 표준부담금standard contribution이 부수적으로 산정되는 방식이다.

1) 현재단위 적립방식

재직자 퇴직 시의 예상급여를 각 가입연도에 대응하는 단위로 분할한 후 근로기간만큼 할당하여 전체의 계리적 현가를 산출함으로써 발생된 연금채무를 산정한다. 가입자 퇴직 시 예상급여를 가입기간으로 분할한 후 각 가입연도에 유닛unit을 할당하고 그것의 현가상당액을 가입기간 중의 각 연도에 표준부담금으로 납입한다. 퇴직 시 예상급여를 산출할 때 임금상승률을 반영하지 않으며, 퇴직사유로는 정년퇴직, 중도퇴직, 사망퇴직이 있으므로 각각의 경우에서 표준부담금을 구한 후 합하면 전체 표준부담금이 산출된다. 과거근무기간을 포함하여 제도를 도입하는 경우, 제도 도입 이전의 과거근무기간에 할당된 부분은 보충부담금supplemental contribution에 의해 상각된다. 퇴직 시 예상퇴직금이 각 년도에 할당된 현가 상당의 부담금이므로 연금지급 개시까지 기간이 긴 저연령의 부담금일수록 높은 운용수익이

---

2 문형표·성주호·류건식 외, 「2010 사학연금 장기재정추계」, 사학연금관리공단, 2010.10, pp.123~138 참조

예상되어 부담금이 적어지게 된다. 즉 정상퇴직연령이 가까울수록 부담금 수준이 체증한다.

2) 예측단위 적립방식

단위적립방식과 유사하나 퇴직 시의 예상임금을 산출할 때 임금상승률을 반영하는 특성이 있다. 일반적으로 부담금산출이율, 퇴직률, 승급률, 사망률 등과 같은 조건이 현재단위적립방식과 동일하다고 가정했을 때 임금상승률을 반영하게 되면 퇴직 시의 예상급여가 단위연금적증방식보다 커지게 되고 표준부담금도 커지게 된다. 과거근무기간을 포함하지 않는 장래분만 도입하였을 경우 보충부담금은 발생하지 않으며, 제도 도입 후 1년이 지날 때마다 계산기준일부터 1년간의 가입자기간의 증가에 근거하여 전망되는 연금채무 순증가분을 표준부담금으로 한다. 예측단위 적증방식은 개별적립방식이므로 가입자 개개인의 부담금을 각각 산출하여 합계를 내야만, 그 단체의 총 부담금이 산출된다. 여기에서 적증방식에 따라 발생연금을 구하는 방식은 평가 시 연금수급권의 유무에 따라, 그리고 기준보수의 선택에 따라 크게 세 가지로 구분된다. VBO와 ABO 모두 평가 시 현재 보수기준으로 평가되며 PBO는 퇴직 시 예측보수기준으로 평가된다. 또한 VBO는 연금수급권 취득자의 경우만 평가되며 ABO와 PBO는 연금수급권 미취득자의 경우도 아울러 평가된다. VBO는 청산 차원에서 활용도가 높은 방식이며, PBO는 영·미·캐나다의 퇴직연금제도에서 흔히 적용되는 개념으로 국제회계기준IFRS 개정 IAS 19 기준에서 채택하고 있다. 한국 채택 국제회계기준의 종업원급여규정에서도 연금채무 평가 시에 예측단위 적립방식에 의한 PBO 산정만을 인정하고 있다.

예측급여 평가방식에 입각한 연금부채평가

예측급여 평가방식은 퇴직 시 예상보수에 기반하여 수지상등원칙에 입각한 표준부담금을 먼저 구한 다음, 연금채무를 산정하는 방식으로서 장기적 기금적립의 안정성에 우선적인 초점을 두며, 차후적으로 연금부채를 관리하는 방식이다. 주로 임금대비 일정 비율을 표준부담금으로 산출함으로 부담수준의 표준화contribution stability를 도모하는 반면, 연금수급권의 안전성 문제benefit security는 보조적립방식에서 감안되는 적립방식이다.

1) 가입연령방식

가입연령방식에서 표준부담금은 연금제도에 가입한 시점에서 가입자의 연령에 따라 총 예상 재직기간에 대하여 임금의 일정 비율을 산출한다. 즉 기간별 임금 대비 하나의 표준부담률stand contribution rate을 산출한다. 연금제도 도입시점에서 과거근무기간이 있는 가입자의 경우 표준부담금만으로는 적립 부족이 발생하므로 이러한 미적립채무의 상각을 위해 보충부담금을 별도로 납입함으로써 제도 전체의 수지가 균등하게 유지하도록 운영한다. 대표가입자가 속한 단체의 퇴직률과 승급률에 의해 가입시점부터 정년시점까지 급여의 생존자 수입현가와 정년퇴직급여, 중도퇴직급여, 사망퇴직급여를 예측하여 '표준부담금 수입의 현가=퇴직급여지급의 현가'의 수지상등이 되도록 표준부담률을 산정하고 있다.

2) 특정연령방식

가입연령방식과 달리 표준부담금을 매 가입연령별로 산출하여 적용하지 않고 하나의 가입연령에 대응하는 표준부담금률을 일률적으로 적용하는 방식이다. 이는 컴퓨터 등과 같은 IT 기술이 발달하지 않았던 과거에 공사연금 구분없이 활용도가 높았던 방식이다. 특정연령방식은 가입자 개인별로 표준부담금률을 적용하여 개개인의 각기 다른 표준부담금을 산출하지 않고 대표가입자를 정한 후 그 가입자의 표준부담금률을 산출한 후 모든 가입자에게 적용한다. 대표가입자의 연령을 결정한 후 단체의 직전 3년 내 신규가입자의 평균연령이나 최저연령, 최빈연령 또는 그 단체가 지정한 특정한 연령을 대표가입자로 선정하게 된다. 이후 선정된 대표가입자가 속한 그 단체의 퇴직률과 승급률에 의해 가입부터 정년까지 급여의 수입현가와 정년퇴직급여, 중도퇴직급여, 사망퇴직급여를 예측하여 보험료수입의 현가와 퇴직급여지급의 현가가 동일하도록 현재임금 대비 하나의 표준부담률을 산정하고 있다. 일본에서는 사용하고 있지만 미국을 필두로 각국에서는 산출인프라와 환경이 충분히 발전하여 시스템이 완비되었기 때문에 각 개인별 연령이나 통계율을 반영할 수 있어 거의 사용하지 않고 있다.

4. 연금부채와 재무건전성

사전적 재무건전성

1) 적립 기준

우리나라는 퇴직연금제도 도입초기 기업의 재무 부담을 덜어주기 위해 최저적립수준을 기준책임준비금의 60%로 설정하였다. 또한 퇴직연금 도입 이전 근로기간을 퇴직연금가입기간에 포함하는 경우에는 최대 5년에 걸쳐 60%에 도달하도록 최저적립비율 수준을 과거근무기간에 따라 차등 적용함으로써 과거근무분에 대한 적립수준이 매우 완화되었다. 따라서 과거근무분을 포함해서 제도이행을 하는 경우 과거근무기간이 긴 회사일수록 법정최저적립수준은 많이 낮아질 수 있다. 즉 과거근무분에 대한 최저적립수준을 매우 완화된 수준으로 낮춤으로써 현재보다 과거에 근무한 근로자의 수급

그림1 퇴직연금기업의 적립비율

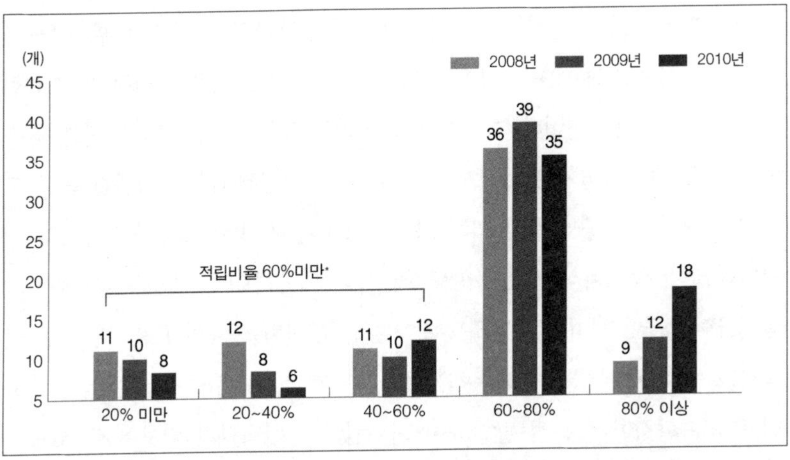

* DB형 도입 시 과거분을 퇴직금제도로 남겨두거나 5개년 동안 나누어 적립하는 기업이 포함될 수 있음.
자료: 2010년말까지 DB형만을 도입했다고 발표된 근로자 500인 이상 기업 중 코스피 및 코스닥 상장사 79개 기업의 3개년 재무제표를 기초로 작성.

권이 취약해질 수 있다는 문제가 있다. 또한 주요 선진국의 최저적립수준이 90~100% 이상임을 감안할 때, 우리나라의 최저적립수준은 매우 낮은 편이며 그만큼 향후 기업도산 시 근로자의 수급권이 충분히 보장받지 못하는 문제가 발생할 수 있다. 이는 2010년 말까지 DB형만 도입한 것으로 신고한 상시 근로자 500인 기업중 79개사의 재무정보를 조사한 결과에서도 알 수 있다. 대부분의 기업이 근퇴법 기준에 따라 기준책임준비금의 60~70% 이하를 사외에 적립하고 있는 것으로 나타나고 있다. 특히 2008~2010년 3개년 동안 동 기업들의 사외적립비중(퇴직급여추계액 대비)은 점차 높아지고는 있으나 2010년 말에도 적립비중이 60%에 미치지 못하는 기업이 26개나 되는 것으로 나타났다. 이러한 근로자 수급권 보호 문제를 보완하고자 개정된 근퇴법에서는 최저적립수준을 60% 이상으로 상향조정하기에 이르렀다. 즉 개정된 「근로자퇴직급여보장법」 제16조(급여지급능력 확보 등)에 의하면 '확정급여형 퇴직연금제도를 설정한 사용자는 급여지급능력을 확보하기 위해 계속기준에 의한 책임준비금 또는 비계속기준에 의한 책임준비금 중 더 큰 금액(기준책임준비금)에 100분의 60 이상으로 대통령령으로 정하는 비율을 곱하여 산출한 금액 이상을 적립금으로 적립하여야 한다'라고 규정하고 있다.[3]

즉 개정 근퇴법에서는 최소적립금을 '기준책임준비금의 60% 이상으로 대통령령이 정한 비율을 곱한 금액'으로 정의하였다. 그럼에도 국제회계기준의 도입으로 인해 DB형 퇴직연금 부채의 변동성이 커 적립하여야 할 부채규모가 빠르게 증가할 것으로 보인다. 즉 국제회계기준의 도입에 따른 예측단위 적립방식의 적용으로 계속기준의 책임준비금이 증대하고, 이는 기준책임준비금의 증대에 영향을 미칠 것이다. 이는 예측단위적립방식에 따른 DB형 퇴직연금 채무는 이자율(할인율), 퇴직률 등 계산기초율을 바탕으로 산출되므로 이들의 움직임에 따라 DB형 퇴직연금채무가 변동하기 때문이다.

표3 적립기준 관련 규정

구분	관련 내용	관련 규정
적립기준	기준 책임준비금의 60% 이상 · 기준책임준비금=Max〔비계속기준준비금(추계액), 계속기준준비금(주로 예측단위적립방식)〕	근퇴법 제16조 1항

이에 반해 미국 및 일본 등 대부분의 국가는 우리나라와 달리 책임준비금의 적립수준, 즉 추정된 연금부채의 100%를 적립하도록 규정하고 있

3 개정된 근퇴법 시행령 제6조에서 기준책임준비금 대비 적립금비율(의무적립비율)을 정하고 있다. 즉 2013년 12월 말까지는 100분의 60, 2014년부터 2015년말까지는 100분의 70, 2016년부터 2017년말까지는 100분의 80, 2018년부터는 고용노동부령에서 정하는 비율을 적립하도록 규정함으로써 의무적립비율을 단계적으로 인상하는 것으로 되어 있다.

다. 이처럼 모든 국가에서 책임준비금의 100%를 적립하도록 함으로써 완전적립을 요구하고 있다. 또한 책임준비금의 적립수준뿐만 아니라 연금부채에 대비한 연금자산의 비율, 즉 적립비율(연금자산/연금부채) 역시 최소 100%를 기준으로 하거나 영국, 네덜란드 등처럼 적립비율 100% 이상(영국: 104%, 네덜란드: 105%)[4]을 최소적립비율로 근로자의 수급권 보호차원에서 재무건전성을 더욱 강화하고 있는 실정이다. 또한 선진국에서는 통상 과거근무채무의 발생요인을 분석하여 사안에 따라 상각기간을 달리 적용하고 있다.

표4 적립기준 및 과거근무채무 상각

구분	미국	일본	영국
적립기준	100%	100%	100%
최소적립비율	90%에서 100%로 상향조정[1)]	100%	104%
PSL 상각	– 상각기간 차별화(3년~30년) – 과거근무채무 상각 30년 – 재정방식 변경 10년 – 제도 개정 30년	– 최소 7년, 최장 20년 이내 상각 – 균등상각, 탄력상각, 정률상각 인정	– 20년 이내 상각

주: 2006년 연금보장법(Pension Protection Act) 개정으로 최소적립수준 100%로 상향조정

미국의 경우는 30년에 걸쳐서 상각하고 있는 반면, 영국은 20년 이내, 캐나다는 15년에 걸쳐서 상각하고 있으며, 일본의 경우에는 7~20년에 걸쳐서 상각하고 있다. 특히 일본의 경우 원리금균등상각, 탄력상각, 정률상각을 인정하여 상각방법의 다양화를 도모하고 있다. 연금재정의 건전성 측면에

4 네덜란드에서는 2006년 연금개혁을 통해 적립비율이 105%(최소적립비율)미만인 경우 1년 이내 재무건전성 관련 문제를 어떻게 해결할 것인지를 담은 자구계획서recovery plan를 작성하도록 하고 있다. 또한 시장상황에 따라 Solvency Buffer 25%를 고려하여 적립비율이 130% 이상을 유지하도록 규정(연기금에 대한 평균적인 요구적립수준)하고 있다.

서 볼 때 미국은 기업의 부담을 고려하여 장기간에 걸쳐 상각이 이루어지도록 하는 반면, 일본은 가입자의 수급권을 보호하기 위한 차원에서 단기간에 과거근무채무 상각이 이루어지도록 함으로써 연금재정의 건전성을 유도한다.

2) 적기시정조치

개정된 근퇴법에서는 적립과부족 시 적기시정조치가 이루어지도록 퇴직연금제도의 운영기준을 강화하였다. 즉 확정급여형 퇴직연금제도의 운영관리 업무를 수행하는 퇴직연금사업자는 매 사업연도 종료 후 6개월 이내에 산정된 적립금이 최소적립금을 상회하고 있는지 여부를 확인하여 그 결과를 사용자에게 알리며, 최소적립금보다 적은 경우에는 그 확인 결과를 근로자 대표에게도 알리도록 하고 있다.

표5 적기시정조치 관련 규정

<table>
<tr><th colspan="2">구분</th><th>관련 내용</th><th>관련 규정</th></tr>
<tr><td rowspan="2">적립
과부족
시의
조치</td><td>적립
초과</td><td>– 적립금>기준 책임준비금일 때
: 납부할 부담금과 상계
– 적립금>기준 책임준비금×150%
: 초과분을 사용자에게 반환</td><td>근퇴법
제16조 4항</td></tr>
<tr><td>적립
부족</td><td>– 적립금<대통령령으로 정하는 수준일 때
: 대통령령으로 정하는 바에 따라 적립금 부족 해소</td><td>근퇴법
제16조 3항</td></tr>
<tr><td rowspan="2">적립
상황
보고</td><td rowspan="2">사업자</td><td>사업자는 매 사업연도 6개월 이내에 산정된 적립금이 최소적립금을 상회하고 있는지 여부를 확인하여 그 결과를 사용자에게 보고</td><td>근퇴법
제16조 2항</td></tr>
<tr><td>최소적립금보다 적립금이 적을 경우에는 그 확인결과를 근로자 대표에게도 보고</td><td>근퇴법
제16조 2항 단서</td></tr>
</table>

또한 사용자는 확인결과, 적립금이 대통령령으로 정하는 수준(최소적립금의 100분의 95)에 미치지 못하는 경우에는 적립금부족을 해소하여야 한

다.[5] 다만 매 사업연도 말 적립금이 기준책임준비금을 초과한 경우 사용자는 그 초과분을 향후 납입할 부담금에서 상계할 수 있으며 매 사업연도 말 적립금이 기준책임준비금의 100분의 150을 초과하고 사용자가 반환을 요구하는 경우 퇴직연금사업자는 그 초과분을 사용자에게 반환하도록 규정하고 있다.

표6 적립과부족에 대한 시정조치

국가	적립 부족 시	적립 초과 시
미국	– 추가부담금 납입 · 적립률 90% 이하 – 부족액 상각 · 급부개선에 따른 부족(30년 상각) – 급부액 감액	부채초과분 환수, 각출휴일 등 인정 · 적립최고한도 설정
일본	– 순자산액이 최저적립 기준액의 1.05배에 미치지 못할 때 7년 내 회복조치 – 연기금 부족 시 연금급부액 감액	사용자 부담금 납입 감소 또는 중지
영국	– 일정기간 내 추가부담금 납입 · 3년 내: 최소책임준비금의 90% · 10년 내: 최소책임준비금의 100% – 정상화 계획 마련	세법에 세제혜택을 받을 수 있는 적립최고한도 설정 · 사용자 부담금 납입감소 및 사용자 환수 가능

미국은 적립률이 90% 이하인 경우 추가부담금을 납입해야 하며, 캐나다의 경우 적립 부족액을 5년 이내에 해소하도록 하고 있다.[6] 일본의 경우에도 적립률이 90% 이하인 경우 적립 부족액을 7년 이내에 해소해야 하며, 적립 부족 상태가 심각할 경우에는 연금급여를 감액시킬 수도 있으며, 주식시

5 적립금이 최소적립금의 100분의 95에 미치지 못하는 경우 적립금 부족을 최대 3년 이내에 균등하게 해소할 수 있도록 부족금액에 대한 자금조달방안, 납입계획 등의 내용을 포함한 계획서(재정안정화계획서)를 구체적으로 작성하도록 하고 있다(근퇴법 시행령 제8조).

6 계산기초율의 불리한 변동 또는 연금급여 개선에 따른 미적립채무에 대해서는 15년 이내에 해소하도록 하고 있다.

장 하락 시에는 최저적립 기준을 일시적으로 완화시켜주고 있다.

영국은 연금자산이 연금부채의 90%를 하회하는 경우에는 3년 이내에 그 기준을 달성하여야 하며, 100%까지 적립수준의 인상은 10년 이내로 한정하고 있다. 이와 더불어 3년마다 한 번씩 의무적으로 연금수리평가를 받아야 하며, 적립수준이 100%를 하회하는 것으로 나타나면 연금기금을 운용하는 이사회는 신규 연금갹출계획서를 작성, 임명연금계리사의 증명을 첨부하여 제출할 의무가 있다. 연금기금의 재무건전성 검증프로세스는 ①3년마다 정기적인 연금수리평가, ②연금기금으로부터 지명된 임명연금계리사와 수탁자에 의해 간행되는 매년의 연차보고서, ③적립수준이 최저적립수준의 100%를 하회하는 경우의 중장기적인 회복조치 및 적립수준이 최저적립 기준의 90%를 하회하는 경우의 긴급한 회복조치 등과 같이 3단계로 구성되고 있다. 특히 긴급한 회복조치에서는 즉시적인 현금보전 이외에 은행에 의한 채무보증, 용도가 특정된 은행예금 내지 예비자산cash reserve 보유 등의 방법도 인정된다.

또한 재정재계산 결과 적립액이 부족하다고 판정될 경우 정상화 계획recovery plan을 마련하도록 규정하고 있다. 정상화 계획은 사용자의 향후 사업계획, 제도가입자의 특성, 연금보증기구Pension Protection Fund: PPF의 보험요율 등을 감안하여 작성해야 하는데, 여기에는 적립목표를 달성하기 위한 추가 갹출금액과 기간을 명시하도록 하며, 중요 가정도 포함할 수 있도록 하고 있다. 또한 계리적 가치평가와 관련된 내용, 즉 자산 가치, 이연 수급자와 갹출 가입자로 분리된 책임준비금, 외부 생명보험사를 통해 연금보험 가입 시 소요되는 비용 추정액, 책임준비금 계산 시 사용된 방법, 투자수익률, 임금상승률, 현재 사망률 및 20년 후 사망률 등 책임준비금 사용 시 사용한 주요 가정 등이 포함된다. 적립 초과 시 주요 국가의 시정조치를 살펴보면 정규부담금과 상계하는 것이 일반적이다.

미국의 경우 적립최고한도full funding limit 내에서 최저부담금과 최대부담금을 결정하도록 하고 있다. 일본의 경우 적립상한액을 초과하는 경우에 정규부담금에서 공제하도록 하고 있다. 캐나다는 자산이 부채를 초과하는 잉여금이 일정 한도를 초과할 경우에 초과 잉여금을 장래 정규부담금과 상계하도록 하고 있다.

3) 재정검증

재정검증이란 퇴직연금제도의 적립금이 법에서 정한 수준이상으로 적립되고 있는지 매 사업연도 말 검증하는 것으로 향후 퇴직급여가 근로자에게 무리 없이 지급될 수 있도록 연금재정의 건전성을 확인하고 보완하는 것을 목적으로 한다. 우리나라의 재정검증은 비계속기준과 계속기준에 의해 이루어진다. 즉 적립금 평가액이 비계속기준에 의한 책임준비금과 계속기준에 의한 책임준비금 중 큰 금액의 60%보다 작은 부분에 대해서는 특별부담금을 부과하고 양 기준에 의한 책임준비금중 큰 금액(기준책임준비금)보다 큰 부분에 대해서는 향후 납입할 부담금과 상계 처리하도록 되어 있다.

이에 반해 미국은 매년 부담금을 재계산하며 부담금 계산과정에서 재정검증을 통해 최저부담금과 최대부담금을 산정하게 된다. 재계산, 재정검증이 별도로 구분되지 않고 최저부담금을 결정하는 과정이 곧 재정검증이 된다. 납입부담금은 최저부담금과 최대부담금 내에서 결정된다. 부담금 재계산작업이 이루어지는 기간 동안은 전년도 현재부채에 의해 납입시기 및 납입수준을 정하게 된다. 재계산이 완료되면 확정된 기준에 의한 부담금 정산이 이루어지며, 늦어도 다음해 8.5개월 이전에 최저기준 및 최고기준의 범위 내에서 부담금의 납입이 완료되어야 한다.

영국은 2004년 연금법 제정에 따라 최소적립 요건Minimum Funding Requirement: MFR 방식에서 맞춤형 적립Scheme Specific Funding: SSF 방

식으로 전환하였다. 2004년 연금법에 의해 새로 설립된 연금 감독청The Pension Regulator의 최대 관심사도 확정급여형 퇴직연금제도의 적립을 어떻게 규제할 것인가에 대한 것이다. 1997년 4월부터 적용된 최소적립 요건MFR은 최소한 최저적립수준을 충족시킬 수 있는 자산을 보유하도록 규정하는 표준화된 접근 방식이었다. 이는 개별연금제도의 특수성을 반영하지 못한 것으로 제도 운영자들이 장기적 관점에서 재무건전성을 유지하려는 노력보다는 단기적 시장상황에 초점을 맞추는 부작용이 발생하였다. 이에 따라 영국 정부는 MFR를 폐기하고 적립수준을 충족시킬 수 있도록 하기 위해 기업별 퇴직연금제도의 독특한 상황을 고려하여 융통성 있게 적용되는 SSF 방식을 채택하였다.[7]

캐나다는 재계산, 재정검증이 별도로 구분되지 않고 최저부담금을 계산하는 과정이 곧 재정검증이 된다. 최저한도, 최고한도 계산 시 계속기준과 비계기준을 고려하여 산출하도록 관련 연금규제Pension Benefit Regulation에 규정되어 있다. 계속기준평가와 비계속기준 평가를 실시하여, 적립 부족이 발생하는 경우, 일정기간 동안 상각해 가는 특별보험료Special Payment를 산출하게 되는데, 계속기준에 의한 경우 ①미적립채무발생 시(채무>자산) 일정기간(15년) 동안 분할하여 적립 부족에 충당하는 특별보험료를 산출하는 반면, ②일정기간(5년) 동안 분할하여 적립 부족에 충당하는 특별보험료를 산출하고 있다. 특히 계속기준에 의한 재정검증 결과, 적립 초과가 발생하는 경우 초과잉여금은 향후 표준보험료와 상계하도록 하고 있다.

---

7 이봉주, 『퇴직연금 지급보증제도의 요율체계에 관한 연구』, 보험개발원 보험연구소, 정책연구자료, 2007.3, pp.95~98 참조.

사후적 재무건전성

1) 퇴직급여 우선변제제도

우리나라의 경우 사용자인 기업 및 퇴직연금사업자가 도산하는 경우 수급권 보호가 이루어지는 지급보증장치로는 퇴직급여 우선변제제도 및 임금채권보장기금제도, 예금자보호제도 등이 존재한다. 개정된 「근로자퇴직급여보장법」에서는 기존의 퇴직금 우선변제제도를 퇴직급여 우선변제제도 확대·개편하여 우선변제제도의 범위를 퇴직연금까지 포함시키고 있다.

표7 퇴직급여 우선변제제도 관련 규정

기존	현행
제 11조(퇴직금의 우선변제) ① 퇴직금은 사용자의 총재산에 대하여 질권 또는 저당권에 의하여 담보된 채권을 제외하고는 조세·공과금 및 다른 채권에 우선하여 변제되어야 한다. 다만 질권 또는 저당권에 우선하는 조세·공과금에 대하여는 그러하지 아니한다. ② 제1항의 규정에 불구하고 최종 3년간의 퇴직금은 사용자의 총재산에 대하여 질권 또는 저당권에 의하여 담보된 채권, 조세·공과금 및 다른 채권에 우선하여 변제되어야 한다. ③ 제2항의 규정에 의한 퇴직금은 계속근로기간 1년에 대하여 30일분의 평균임금으로 계산한 금액으로 한다.	제11조 (퇴직급여제도의 우선변제) ① 사용자 지급의무가 있는 퇴직금, 확정급여형 퇴직연금의 급여, 확정기여형 퇴직연금의 부담금은 사용자의 총재산에 대하여 질권 또는 저당권에 의하여 담보된 채권을 제외하고는 조세·공과금 및 다른 채권에 우선하여 변제되어야 한다. 다만 질권 또는 저당권에 우선하는 조세·공과금에 대하여는 그러하지 아니한다. ② 제1항에도 불구하고 최종 3년간의 퇴직금, 확정급여형 퇴직연금의 급여, 확정기여형 퇴직연금의 부담금은 사용자의 총재산에 대하여 질권 또는 저당권에 의하여 담보된 채권, 조세·공과금 및 다른 채권에 우선하여 변제되어야 한다. ③ 2항에 따른 퇴직금, 확정급여 퇴직연금의 급여는 계속근로기간 1년에 대하여 30일분의 평균임금으로 계산한 금액으로 한다. 다만, 확정기여형 퇴직연금의 부담금은 가입자의 연간 임금총액의 12분의 1에 해당하는 금액으로 한다.

자료: 「근로자퇴직급여보장법」 전부개정안, 2012.7.

개정된 「근로자퇴직급여보장법」에서는 사용자 지급의무가 있는 퇴직금, 확정급여형 퇴직연금의 급여, 확정기여형 퇴직연금의 부담금은 조세·공과금 및 다른 채권에 우선 변제받을 수 있도록 하고 있고 최종 3년간의 퇴직금, 확정급여형 퇴직연금의 급여, 확정기여형 퇴직연금의 부담금은 사용자의 총 자산에 대하여 질권 또는 저당권에 의해 담보된 채권, 조세·공과금 및 다른 채권에 우선하여 변제되어야 한다고 규정하고 있다. 따라서 기업 도산 시 최소 3년간의 퇴직급여는 법적으로 보장된다.

2) 임금채권보장기금제도

임금채권보장법에 의하여 도입된 임금채권보장기금제도는 퇴직한 근로자가 기업의 도산으로 인하여 임금·휴업수당 및 퇴직금을 지급받지 못한 경우 국가가 임금채권보장기금에서 사업주를 대신하여 일정한 범위까지 임금·휴업수당 및 퇴직금(체당금)을 지급하는 제도로, 체불 퇴직금에 대해 최종 3년간의 퇴직금을 보장하고 있다. 임금채권보장기금의 재정은 기업의 부담금

표8 임금채권보장법의 보장 내용

제7조(체불 임금 등의 지급)
①고용노동부장관은 사업주가 파산 등 대통령령으로 정하는 사유에 해당하는 경우에 퇴직한 근로자가 지급받지 못한 임금 등의 지급을 청구하면 제3자의 변제에 관한 「민법」 제469조에도 불구하고 그 근로자의 미지급 임금 등을 사업주를 대신하여 지급한다. ②제1항에 따라 고용노동부장관이 사업주를 대신하여 지급하는 임금 등[이하 '체당금(替當金)'이라 한다]의 범위는 다음 각 호와 같다. 다만, 대통령령으로 정하는 바에 따라 근로자의 퇴직 당시의 연령 등을 고려하여 그 상한액을 제한할 수 있으며 체당금이 적은 경우에는 지급하지 아니할 수 있다. 1. 「근로기준법」 제38조 제2항 제1호에 따른 임금 및 「근로자퇴직급여보장법」 제11조 제2항에 따른 최종 3년간의 퇴직금 2. 「근로기준법」 제46조에 따른 휴업수당(최종 3개월분으로 한정한다) ③체당금의 지급대상이 되는 근로자와 사업주의 기준은 대통령령으로 정한다. ④사업장 규모 등 고용노동부령으로 정하는 기준에 해당하는 근로자가 제1항에 따라 체당금을 청구하는 경우 고용노동부령으로 정하는 공인노무사로부터 체당금 청구서 작성, 사실확인 등에 관한 지원을 받을 수 있다. ⑤고용노동부장관은 근로자가 제4항에 따라 공인노무사로부터 지원을 받은 경우 그에 드는 비용의 전부 또는 일부를 지원할 수 있으며, 지원 금액 및 구체적인 지급방법 등에 관한 사항은 고용노동부령으로 정한다. ⑥그 밖에 체당금의 청구와 지급 등에 필요한 사항은 대통령령으로 정한다.

으로 충당하며, 부담금은 당해 사업에 종사하는 근로자의 임금총액에 일정 부담금 비율을 곱하여 결정하게 된다.

2011년 현재 부담금 비율은 0.08%이며 부담금에 대한 경감기준에 따라 상시근로자 수가 5인 미만인 사업주에게는 부담금의 100분의 25가 적용된다. 임금채권보장법에 의한 체당금은 근본적으로 근로자들의 최소한도 생활안정을 위하여 도입된 제도이므로 금액에 월별상한액을 설정하고 있다. 또한 퇴직금을 미리 정산하여 지급한 사업주, 퇴직연금제도를 설정하여 가입한 사업주 등에는 '부담금의 100분의 50×전체근로자의 최종 3년간 퇴직금 중 미리 정산하여 지급한 비율' 또는 퇴직연금제도의 설정 등으로 지급이 보장되는 비율이 적용된다.[8]

표9 임금채권보장기금 사업주 부담금 경감기준

사업주 구분	부담금 경감기준
전년도말 기준으로 ①퇴직금을 중간정산한 사업주 ②퇴직연금제도를 설정한 사업주 ③퇴직보험 또는 퇴직일시금신탁에 가입한 사업주 ④외국인근로자 출국만기보험 또는 출국만기일시금신탁에 가입한 사업주	부담금의 100분의 50×전체근로자의 최종3년간의 퇴직금 중 미리 정산하여 지급한 비율 또는 퇴직연금제도 설정 등으로 지급보장되는 비율*
「임금채권보장법」 시행령 제14조 제1항의 규정에 의하여 산정한 상시근로자가 5인 미만인 사업주	부담금의 100분의 25

자료: 고용노동부공고 제2010-109호, 2010.11.23.

* 퇴직금을 미리 정산하여 지급한 경우(①인 경우): 개산부담금 산정연도 전년도 말을 기준으로 최종 3년간의 퇴직금에 대하여 미리 정산한 지급한 비율.
확정급여형 퇴직연금제도 설정 등을 한 경우(②인 경우): 전년도 말 기준으로 전체근로자의 평균근속연수가 3년 이하인 경우에는 퇴직금 적립비율(전체근로자를 대상으로 퇴직연금상품 등에 적립된 금액을 전체근로자의 퇴직금 추계액의 합계액으로 나눈 비율), 단 평균근속연수가 3년을 초과하는 경우는 '3년-[평균근속연수-(1-퇴직금적립비율)]/3년'을 적용한다.

8 노동부 고시 제 2005-37호.

3) 예금자보호제도

「예금자보호법」이 개정되기 이전에는 퇴직연금의 자산관리계약을 신탁계약으로 체결한 경우에는 부보금융기관 명의로, 보험계약으로 체결한 경우에는 사용자(법인) 명의로 퇴직연금적립이 보험회사에 예치됨에 따라 예금보호를 받지 못하였지만 확정기여형 제도와 개인형 퇴직연금의 적립금이 예금보호대상에 신규 포함되게 되었다. 즉 「예금자보호법」 시행령 개정으로 2009년 6월부터 근로자의 퇴직연금 적립금 중 확정기여형 제도와 개인형 퇴직연금의 적립금이 원리금보장형 보험상품 등 기존 예금보호대상상품으로 운용되는 경우, 근로자 개인별로 5천만 원까지 예금보호를 받을 수 있게 되었다.

표10 퇴직연금 적립금의 예금보호

보호대상	보호한도	보호상품
확정기여형, 개인퇴직계좌의 적립금	근로자 1인당 금융회사별 5천만 원	기존 예금보호대상상품 (정기예금, 원리금보장형 보험상품 등)

원금보전 부분에 대해 예금보험제도를 적용하는 부분적 예금보험제도를 적용하고 있다. 이처럼 우리나라는 근로자의 수급권 보호를 위해 최소적립금 및 적기시정조치, 퇴직급여 우선변제제도, 임금채권 보장기금제도, 예금자보호제도 등과 같은 수급권 보호제도를 두고 있음에도 불구하고 대략 다음과 같은 문제가 있다.

첫째, 최소적립금 제도와 적기시정조치prompt corrective action가 마련되어 있음에도 불구하고 그 범위가 제한적이기 때문에 기업이 도산할 경우 퇴직연금에 대한 수급권이 부분적으로만 보장된다는 점이다. 현재 최소적립금의 기준이 적정수준의 60%에 불과해 기업이 도산할 경우 나머지 40%의 퇴직금에 대한 수급권이 보장되지 못하고 있다.

둘째, 퇴직급여 우선변제제도의 개선으로 인해 퇴직연금 가입자의 수급권 보장이 확대되었다고 할 수 있겠으나 여전히 유용성에는 한계가 존재한다. 즉 퇴직급여 우선변제제도에 의해 최소 3년간의 퇴직급여는 법적으로 보장되고 있지만 3년 이상 장기근로자를 보호할 수 없다는 점에서 한계가 존재하고 있다.

셋째, 임금채권 보장기금제도가 기업의 도산 시 근로자의 수급권을 보장한다고 하지만 기준이 까다롭고 적용범위 또한 제한적이다. 「임금채권보장법」에서는 체불 퇴직금(근퇴법에 의한 퇴직금)에 대해 최종 3년간의 퇴직금을 보장하는 것으로 한정하고 있기 때문이다(임금은 3개월분). 퇴직금 3년치라고 하더라도 지급사유는 회사가 도산하는 경우에 한하며, 여기에 도산이라 함은 법원의 판결에 의하여 인정되는 도산으로 법원이 파산을 선고하거나 채무자 회생 및 파산에 관한 법률에 의해 회생절차를 밟은 경우로 제한된다. 그러므로 신청인인 회사가 도산절차를 신청해야 혜택을 제공받을 수 있다. 물론 이러한 문제점을 해결하기 위해 사실상 도산이라는 제도를 운용하고 있지만 상시근로자 300인 이하의 기업만 가능하며 300인 이상의 기업은 해당되지 않는다. 또한 도산 등 사실인정신청도 퇴직일로부터 일정기한 이내에 하여야 하며, 현재 임금채권보장기금은 3,980억 원 수준(2010년도)으로 하나의 대기업 퇴직연금 적립액 수준에도 미치지 못하고 있어 근로자의 퇴직급여에 대한 근본적이고 현실적인 수급권 보호장치로 기능하기 어렵다고 할 수 있다.

넷째, 퇴직연금은 금융권별 특성이 존재하지 않는 제도형 상품이라는 점을 고려하여 별도의 예금보험요율체계를 가져갈 필요가 있음에도 불구하고 일반 예금자보호제도와 동일한 요율체계를 지향하고 있는 문제가 있다. 또한 노후생활을 위한 연금의 수급권보장, 퇴직연금의 장기성을 고려할 때 보

표11 주요국의 연금 관련 예금자보호제도

구분	개인퇴직계좌	퇴직연금	비고
미국	예금자관리 퇴직계좌 (Self-directed Retirement Accounts) · 보호한도 USD 100,000	직원복지계좌 (Employee Benefit Plan Accounts) · 보호한도 USD 100,000	기존보호한도와 별도 개인퇴직계좌, 퇴직연금 구분한도
캐나다	RRSP(Registered Retirement Savings Plan) · 보호한도 CAD 100,000	RPP (Registered Pension Plan) · 보호한도 CAD 100,000	기본보호한도와 별도
영국	Personal Pension · 보호한도 ￡48,000	없음	기본보호한도와 별도
일본	계약자보호기구 · 보호한도 1천만 엔	확정기여형 플랜 · 보호한도 1천만 엔	없음

자료: 이민환(2005) 및 예금보험공사 공청회자료(2007).

상한도 5천만 원은 매우 낮은 수준이라 할 수 있다.

이에 반해 미국은 주별로 보호대상이 상이하게 적용되고 있으나 복합금융상품의 경우 금융기관이 보장하지 않는 부분 또는 계약자가 위험을 감수하는 부분(투자성격의 실적배당 부분)은 보호하지 않고 원금이 보장되는 부분에 대해서만 예금보험공사 및 보험계약자 보호기구에서 보호하고 있다. 또한 캐나다도 기본보험과 투자(실적배당)부분이 결합된 복합금융상품인 변액보험의 경우 기본보험부분인 최소보장에 대해서만 보호한다.

한편 일본은 원칙적으로 부보금융기관간 예금을 보호하지 않으나 자산관리기관을 통해 퇴직연금 적립금을 관리하는 경우에 대해서는 예외적으로 보호대상에 포함시키고 있다. 부보대상 금융기관 예금의 보호 여부에 대해서는 미국 및 캐나다의 경우 제도 도입 단계부터 부보금융기관간 예금이 보호대상에 포함되어 있고 부보 대상 제외에 다른 별도의 언급이 없는 한 보호대상 예금으로 정의하고 있어 퇴직연금도 부보대상에 포함되고 있다. 캐나다의 경우 퇴직연금에 관련해서는 다른 예금과 분리하여 별도로 보호하고 있으며 원리금을 포함하여 금융기관당 10만 캐나다달러까지 보호받고 있다. 일본 예금보험공사는 예금, 정기적금, 부금, 원금보전계약이 있는 금전신탁에 대해 금융기관당 1천만 엔까지의 원금과 그 이자를 보호하고 있다. 퇴직연금의 경우 사업주와 신탁계약에 의해 부보금융기관 명의로 운용되는 확정급여형 제도 운용자산에 대해서는 예금보호를 적용하고 있지 않다. 이에 반해 퇴직연금중 가입자의 책임하에 자산이 운용되는 확정기여형 연금에 대해서는 신탁은행 등의 자산관리회사 명의로 있는 경우 가입자의 개별 수급권을 인정하여 보호하고 있다. 확정기여형 연금의 적립중 예금보호대상인 예금 등에 운용되는 부분에 한해 해당 은행 내 명의자의 여타 보호대상예금과 합산하여 예금자 1인당 원금 1천만 엔까지와 그 이자가 보호된다.

4) 연금지급보증제도

우리나라는 연금 지급을 법적·제도적으로 보증하는 연금지급보증제도가 존재하지 않는다. 이는 보험료 납입에 따른 기업의 부담이 가중되는 것과 부실기업의 도덕적 해이 등을 우려하였기 때문이다.

이와 달리 미국 등 선진국은 퇴직연금급여의 지급불능 등 사고가 발생할 시 인수방식take over 또는 구매방식buy out등을 통해 법적·제도적으로 연금 지급을 보증하여 주고 있다. 인수방식은 지급보증기구가 도산기업의 연금자산과 부채를 인수하여 제도에 가입한 기업들이 납입한 보험료로 해당 기업의 근로자와 퇴직자에게 연금 지급을 보장해주는 운영방식을 말한다. 인수방식에서는 기업의 신용 리스크와 같은 도산을 담보로 하고 있고, 계약 이전부터 연금을 지급하는 계약이행까지 자체 운영하며, 통상적으로 국가기구를 통해 직접보장이 이루어진다. 근로자에게는 보다 안정적으로 지급을 보장받을 수 있는 방식이며, 퇴직연금제도가 완전적립방식인 경우 보편

표12 선진국의 연금지급보증제도 비교

국가	미국, 영국 등	독일, 스웨덴 등
운용주체	정부기관	민간기구
운영방식	인수방식	구매방식
지급보장	국가가 직접 보장	민영보험으로 해결(최종 책임은 국가)

적으로 채택하고 있는 방식이다. 인수방식의 지급보증기구는 대규모의 자산과 부채를 유지하고 있어 조직규모와 운영비용도 상대적으로 높으나, 대규모 자산으로부터 얻은 투자수익으로 운영비용의 일부를 충당하고 있는데 미국 및 영국 등에서 주로 채택하고 있다.

이에 반해 구매방식은 지급보증기구가 도산 퇴직연금을 대체하는 연금보험을 기구에 가입한 기업이 납부한 보험료로 대신 구입해주는 방식으로 기업 도산 시 해당연금을 생명보험사의 연금으로 대체해주는 제도이다. 따라서 상대적으로 인수방식보다 저비용구조이며 보증보험료 수준도 낮출 수 있는 장점이 존재한다. 안정성 측면에서는 지급보증기구가 계약이전부터 계약이행(연금지급)까지 자체 운영하는 인수방식이 근로자 입장에서 안정감이 존재하고, 비용 측면에서는 구매방식이 부실 연기금을 정상화시킨 후 금융기관으로 이전시킴으로써 상대적으로 저비용구조이며, 보증보험료의 수준도 낮출 수 있는 장점이 존재한다. 지급보증제도는 퇴직연금과 공적 연금 간의 역할분담에 따라 지급보증제도의 특성이 차별화되고 있는데, 대체로 임의가입방식의 국가들은 정부에서 인수방식으로, 단체협약에 따라 공적 연금의 소득비례 부분을 대체하는 국가들은 민간기구에서 구매방식으로 운영되고 있다. 이처럼 대부분의 주요국은 보증기구의 운영방법 및 운영주체에 관계없이 직·간접적으로 개입하거나 또는 영향력을 행사하여 궁극적인 책임을 부담하고 있다.

제7장

적립금 운용

1. 적립금 운용 규제 의의 및 구분

의의

확정급여형 퇴직연금에 가입한 기업과 확정기여형이나 개인형 퇴직연금에 가입한 근로자는 본인의 책임으로 금융상품을 선정하여 운용한다. 결국 장기간 안정적으로 높은 투자수익률을 낼 수 있는 방안을 기업이나 근로자 각자가 찾아야 한다. 곧 고위험 투자상품인 주식투자에서 위험을 최소화할 수 있는 장기투자, 분산투자, 가치투자 기법을 활용할 수밖에 없다.

문제는 이러한 다양한 운용기법 등을 적극 활용하여 안정적인 수익을 시현할 수 있는 근로자 및 기업은 극히 일부에 불과할지 모르다는 데 있다. 이 경우 적립금의 안정적인 운용을 위해 분산투자 등 최소한의 운용기준인 적립금 운용 규제를 두게 된다. 이는 근로자의 수급권 보호 차원에서 위험자산에 대한 투자한도나 총 투자한도 등을 설정해 원리금 보장 중심으로 안정적인 적립금 운용이 이루어지도록 유도하기 위함이다. 이에 반해 근로자 및 기업의 자산운용능력이 향상되고 다양한 금융상품에 대한 운용 니즈가 증대되는 경우, 수익률 제고를 위해 적립금 운용 규제를 완화한다. 즉 엄격한 적립금 운용 규제에서 기업 및 근로자가 보다 자율적으로 금융상품을 운용할 수 있도록 자율규제방식으로 전환이 이루어지게 된다.

구분

적립금 운용 규제는 질적 규제와 양적 규제로 구분할 수 있다. 질적 규제에서는 선량한 관리자의 주의의무Prudent Man Rule만 부과하고 별도의 적립금 운용 규제는 두고 있지 않다. 기업 및 근로자가 위험자산에 대한 투자한도 등 별도의 적립금 운용 규제가 없기 때문에 기업 및 근로자의 책임하에 다양한 금융상품을 선택하여 자율적으로 운용할 수 있다. 이에 반해 양적 규제에서는 위험자산에 대한 투자한도 설정, 집중투자한도 설정, 원리금 보장 중심의 운용방법 마련 등으로 고위험 금융상품에 대한 운용을 제한한다. 따라서 자본시장 성장기에는 상대적으로 수익률이 저하되고 경직된 운용 규제로 효율적인 적립금 운용이 어려운 문제가 있다.

2. 우리나라의 적립금 운용 규제

투자한도 유형 및 설정

적립금 운용결과는 근로자의 퇴직급여 및 사용자의 부담금에 직접 영향을 미친다. 따라서 퇴직연금 감독 규정은 분산투자 등 적립금의 안정적 운용을 유도하기 위해 주식, 회사채 등 투자원금이 보전되지 않는 자산을 위험자산으로 지정하여 위험자산에 대한 투자한도를 설정하고 있다. 투자한도는 개별 위험자산에 대한 투자한도(개별투자한도), 집중투자한도, 이해상충 방지를 위한 투자한도로 구분되어 있다.

표1 투자한도의 종류

구분	내용
개별투자한도	성격이 유사한 위험자산을 그룹으로 묶은 후, 각 그룹별로 설정한 투자한도
집중투자한도	집중투자에 따른 거대손실 방지를 위해 설정된 투자한도로서 동일 법인 발행주식, 채권 등에 대해 설정
이해상충 방지 투자한도	계열사 등 사용자와 특수 관계에 있는 회사가 발행한 채권, 기업어음 등에 대해 설정한 투자한도

확정급여형 제도는 사용자가 대규모 자금을 직접 운용하므로 집중투자한도와 이해상충 방지를 위한 투자한도는 엄격하게 설정하고, 근로자는 적립금 운용결과에 관계없이 확정된 퇴직급여를 보장받으므로 개별투자한도 및 총 투자한도는 완화되어 있다. 반면 확정기여형 제도는 근로자가 자신을 위해 적립된 금액을 직접 운용하고 운용결과에 따라 퇴직급여가 변동하므로 투자 가능한 자산의 범위, 개별투자한도 및 총 투자한도를 엄격하게 설정하고, 확정급여형 제도에 비해 소규모 자금이 운용되고 이해상충 문제가 발생할 소지가 적어 집중투자한도 및 이해상충 방지를 위한 투자한도는 완화되어 있다.

퇴직연금 유형별 투자한도

감독당국은 적립금 운용 규제 완화를 주요 골자로 하는 감독 규정 개정안을 금융위원회 의결을 거쳐 2008년 2월부터 시행하고 있다. 감독 규정은 확정급여형 제도의 경우 직접투자와 간접투자를 구분하여 투자한도를 설정하고 간접투자상품에 대해서는 50%까지 투자한도를 확대하였다.

즉 주식, 전환사채 등 직접투자의 경우 사용자 적립금의 30%로 투자한도를 유지하였으나 간접투자상품인 펀드에 대해서는 펀드의 성격과 위험도

표2 확정급여형 제도의 위험자산한도

위험자산	투자한도
주식 등에 대한 직접투자 그룹 · 국내외 상장주식, 유가증권예탁증서 · 주식 관련 사채(전환사채 등) · 주가연계증권·파생결합증권(원금손실범위가 10~40% 이내) · 외국투자적격채권	30%
주식형 펀드 등 간접투자 그룹 · 주식형(주식 편입 비중 60% 이상) 펀드 · 파생상품 펀드(원금손실범위가 10~40% 이내) · 부동산·실물·특별자산 펀드	50%
혼합형 펀드 등 간접투자 그룹 · 혼합형 펀드(주식 편입 비중 40% 초과 60% 미만) · 투자적격등급 이외의 채권 등에 주로 투자하는 펀드 · 주식형, 혼합형 펀드에 주로 투자하는 재간접 펀드 · 외국채권에 주로 투자하는 펀드	50%

를 고려하여 2개 그룹으로 구분한 후 각각의 그룹별로 사용자의 적립금의 50%까지 투자한도를 확대하였다. 다만 위험자산에 대한 총 투자금액은 사용자 적립금의 70%를 초과할 수 없도록 규정하고 있다.

다음으로 확정기여형 제도의 경우 국내 채권형(주식 편입 비중 40% 이하) 펀드에 대해서는 투자한도가 설정되어 있지 않은 반면, 외국자산운용사의 국내 채권형 펀드에 대해서는 가입자 적립금의 30%로 투자한도가 설정되었다. 그러나 외국자산운용사 발행 펀드와 국내펀드의 성격 및 발행 조건 등에 별 차이가 없어 2008년 개정을 통해 외국자산운용사의 국내 발행 채권형 펀드에 대한 투자한도를 폐지하였다.

적립금 운용 규제 내용

우리나라는 퇴직연금 적립금의 안정적 운용을 위해 운용 가능한 자산의 종류를 제한하고, 이들 자산에 대해서도 최대 투자한도를 설정하는 등 양적규제방식을 채택하고 있다. 가입자가 투자리스크를 부담하는 확정기여형 제도에 대한 투자규제는 관계사 투자 제한, 자기투자 금지 등 일반적인 규제만 존재하는 경우가 많지만, 우리의 경우 주식형·혼합형 수익증권에 대해 40%까지 투자한도를 선정함으로써 투자를 제한하고 있다. 또한 외국 유가증권에 대해서도 투자한도를 30%로 제한함으로써 확정기여형 제도의 투자규제가 확정급여형 제도보다 더 엄격하다. 이처럼 우리나라는 연금제도의 안정적 운용차원에서 양적규제방식을 지향하고 있어 미국 등 선진국에 비해 근로자의 운용상품 선택폭이 비교적 낮은 편이라 할 수 있다.

또한 법 제17조 제2호에 의하면 연금사업자는 근로자에게 적립금의 운용방법을 제시할 때 ①운용방법에 관한 정보의 취득과 이해가 쉽도록 할 것, ②운용방법간의 변경이 쉬울 것, ③적립금 운용결과의 평가방법과 절차가 투명할 것, ④확정기여형 퇴직연금과 개인퇴직계좌의 경우 대통령령이 정하는 원리금보장방법이 하나 이상 포함될 것, ⑤적립금의 안정적 운용을 위하여 분산투자 등 대통령령이 정하는 운용방법 및 기준 등을 따를 것 등과 같은 요건을 갖추도록 규정하고 있다.

여기에서 대통령령이 정하는 원리금보장방법이란 다음과 같은 운용방법, 즉 ①신용등급 등에 관하여 금융위원회가 정하여 고시하는 기준 이상의 금융기관이 원리금지급을 보장하는 운용방법, ②국채, 지방채증권, 한국은행법 제69조 제1항의 규정에 의한 한국은행통화안정증권, 그 밖에 정부가

표3 퇴직연금 적립금 규제

구분	주식	부동산	채권	펀드	대출	예금
DB형	30%	50%	제한 없음 (BBB-이상)	주식형·혼합형: 50% 채권형: 제한 없음	투자 금지	제한 없음
DC형	투자 금지	투자 금지	제한 없음 (BBB-이상)	주식형·혼합형: 40% 채권형: 제한 없음	투자 금지	제한 없음

원리금의 상환을 보증한 채권, ③앞서 언급한 2가지의 운용방법에 준하는 것으로서 금융위원회가 정하여 고시하는 운용방법 등을 말한다. 또한 연금사업자는 적립금의 안정적 운용을 위하여 분산투자 등 대통령령이 정하는 운용방법 및 기준 등을 따르도록 규정하고 있다. 여기에서 분산투자 등 대통령령이 정하는 운용방법은 ①은행법에 의한 금융기관이 취급하는 예·적금, ②보험업법에 의한 보험회사가 취급하는 보험계약, ③신탁업법 시행령 제3조 제2항 제1호의 규정에 의한 특정금전신탁, ④증권거래법에 의한 유가증권으로서 금융위원회가 정하여 고시하는 유가증권,[1] ⑤그 밖에 적립금의 안정적 운용을 위하여 필요한 운용방법으로서 금융위원회가 정하여 고시하는 운용방법 등에서 어느 하나에 해당하는 운용방법을 의미한다. 또한 감독규정에서는 퇴직연금제도의 안정적 운영과 수급권 보장을 목적으로 적립금 운용방법과 관련하여 투자대상 유가증권의 종류를 다음과 같이 한정하고 있다. ①국채·지방채, 국내·국외(OECD 국가) 투자적격채권, ②국내 상장주식, 금융감독원장이 정한 해외주식시장(뉴욕증권거래소, 나스닥 시장, 동경·런던증권거래소 등 9개 시장) 상장주식, ③신탁회사·자산운용사의 수익증권, 외국 자산운용사 수익증권(국내 판매분), ④투자적격 기업어음, 파생상품펀드·주가연계증권(최대손실범위 40% 이내) 등이다.

---

1 이 경우 유가증권(「간접투자자산운용업법」에 의한 간접투자증권은 제외)은 사용자 또는 금융위원회가 정하여 고시하는 이해관계인이 발행하는 것이 아니어야 한다고 규정하고 있다.

3. 주요국의 적립금 운용 규제

적립금 운용 규제 현황

퇴직연금은 사외위탁 및 완전적립을 원칙으로 하며, 근로자가 입사 후부터 퇴직 시까지 장기간을 적립하여 장기 양질의 기금이 형성되므로 기금 운용은 향후 연금의 지급보장 및 연금액의 충실성을 결정하는 매우 중요한 요소이다. 퇴직연금의 기금운용방식은 연금형태와 관리방식에 따라 다르다. 확정급여형은 운용주체가 전체 기금을 일괄 운용한다. 기금운용실적이 예상보다 나쁠 경우 기업주가 부족분을 충당하고, 이익이 날 경우에는 기업주의 기타이익으로 산입한다. 따라서 기업주의 독단적인 운용에 따른 피해를 방지하기 위해 노사 대표로 구성된 기금운용위원회를 운용(법적 강제 사항은 아님)하는 것이 일반적이다. 확정기여형은 근로자 개인별로 선택하는 투자수단에 운용하므로 기금운용에 대한 책임은 전적으로 근로자에게 귀속되기 때문에 근로자에 대한 교육 및 정보공시가 매우 중요하다. 따라서 확정기여형은 시장 참여자 모두가 합리적인 투자의사결정을 한다고 가정할 때 자본시장의 발전에 미치는 긍정적인 효과가 가장 크다.

퇴직연금의 기금을 금융기관에 일괄적으로 위탁시킬 경우(계약형) 금융기관에 대한 기금운용감독으로 충분하나, 기금형으로 운용될 경우 개별 연금기금에 대한 감독이 필요하다. 감독방식은 기금에 대한 양적 규제를 하는 경우와 신중한 투자자의 원칙에 따라 자율적으로 하는 경우로 구분된다. 영국, 미국 등 앵글로색슨 국가에서는 신중한 투자자의 원칙에 따라 자율투자하고 있으며, 다른 나라에서는 대부분 양적 규제를 하고 있다. 대표적이고 공통적인 예로서는 기금운용의 위험을 최소화하고 감염효과를 배제하기 위해 기업주의 자산에 투자하는 것을 10% 이내로 제한하거나, 주식투자비율을 30%로 제한하는 등의 규제이다. 모든 OECD 회원국가들에 있어서는 퇴직연금기금에 대해서 정도는 다르지만, 투자에 대한 규제를 하고 있다. 대부분의 나라에서 확정급여형에 대해서는 양적규제를 하고 있으며, 확정기여형에 대해서는 신중한 투자자의 원칙 이외에는 양적규제를 하지 않고 있다. 즉 확정기여형의 경우 근로자들이 투자리스크를 부담하고, 그들의 관련 재무사항이 비공개로 리스크에 대한 노출이 커짐에도 불구하고, 이러한 제도의 투자는 매우 신중하게 취해지는 경향이 있으므로 엄격한 규제를 요구하지 않는다.

퇴직연금기금에 관한 투자를 규제하는 대부분의 감독규정에서 발견되는 원칙 중 하나는 기업주의 자산에 투자하는 것을 제한하는 것이다. 미국에서 확정급여형 제도는 기금을 기업주의 자산에 10% 이상 투자할 수 없고, 영국은 5%, 벨기에는 15%이며, 스위스는 10%이다. 일부 국가(덴마크)에서는 이러한 형태의 투자를 금지하고 있다. 이 원칙은 모든 제도에 적용되지는 않는다. 예를 들면, 401(k)제도와 관련된 ERISA의 개정법에 따르면 401(k)제도는 10% 원칙의 예외로 하며, 따라서 생산성을 높이기 위해 설계된 이익분배제도profit-sharing features를 유지할 수 있다.

투자에 관한 규제 중 현재 중요한 과제는 해외투자의 문제와 함께 신중한 투자자의 원칙 대비 양적 규제방식 중 어느 것이 효율적인가이다. 다양한 변수들에 의해 영향을 받기 때문에 어떠한 방식이 가장 좋은 것인가를 말하는 것은 어렵다. 예를 들면, 신중한 투자자의 원칙은 효율적인 내부 통제 기능이 이미 있는 나라에서는 쉽게 시행될 수 있다. 일반적으로 이 원칙은 주로 앵글로색슨 국가(미국, 캐나다, 오스트레일리아, 영국, 아일랜드)에서 주로 사용되며, 네덜란드에서도 사용된다. 반면에 대부분의 대륙국가 및 일본은 투자에 대한 양적 규제를 하고 있다.

적립금 운용 규제 특징

1) 최소분산투자 규제

법규상 구체적으로 최소한의 투자한도(예를 들어 부동산의 몇 %)를 제시하는 최소분산투자 규제를 시행하는 국가가 16개국, 최소분산투자 규제 자체가 없는 국가가 9개국인 것으로 나타났으며, 대부분의 대륙 국가는 최소분산투자 규제를 시행하는 경향이 뚜렷하다. 특히 영미 등은 분산투자 등에 대한 일반적인 의무(선언적 의무)를 부여하고 있다. 따라서 신중한 투자자의 원칙에 의해 자율규제를 하고 있는 국가는 영미 등을 포함 11개국인 것으로 나타나는데, 대체로 DB형에 대해서는 양적 규제, DC형에 대해서는 자율규제를 시행하고 있는 것으로 분석되고 있다.

표4 연기금의 최소분산투자 규제

구분	해당 국가
법규상 규정	벨기에, 캐나다, 체코, 덴마크, 핀란드, 독일, 헝가리, 아이슬란드, 이탈리아, 멕시코, 노르웨이, 폴란드, 포르투갈, 스페인, 스위스, 터키(16개국)
일반적 규정	영국, 미국(2개국)
규정 없음	호주, 오스트리아, 일본, 룩셈부르크, 뉴질랜드, 네덜란드, 슬로바키아, 아일랜드, 스웨덴(9개국)

자료: OECD(2007).

2) 자기투자 규제

자기투자 규제는 원칙적으로 충실의무(이익상충행위 금지) 등의 수탁자 책임에 충실하기 위해 사용자(기업주)자산에 투자를 금지 또는 규제하는 행위로 일반적으로 자기투자 규제를 시행하고 있다. 특히 체코 등 5개국은 원칙적으로 자기투자를 금지하고 있으며, 자기투자를 금지하고 있지는 않지만 일정한 투자한도(예를 들어 기업주자산의 10% 이내)를 설정한 국가가 16개국에 이르고 있다. 자기투자 규제가 없는 국가에서도 최근에는 자기투자 규제의 필요성을 인식, 자기투자 규제를 직간접적으로 강화하는 방향으로 이루어지고 있다.

표5 OECD 연기금의 자기투자 규제

구분	해당국가
자기투자 금지	체코, 아이슬란드(단, 연기금가입자는 엄격한 규정 하에 가능), 노르웨이(단, 기업주 대출은 담보전제하에 20% 이내 가능), 폴란드, 터키 (5개국)
자기투자 한도 설정	호주(기업주 자산 5% 이내), 오스트리아(10% 이내), 벨기에(15% 이내), 캐나다(10% 이내), 스페인(10% 이내), 이탈리아(20% 이내),멕시코(5% 이내, 특별한 경우 10% 이내), 네덜란드(5% 이내), 포르투갈(20% 이내), 스위스(10% 이내), 영국(5% 이내), 미국(모든 DB형과 일부 DC형의 경우 10% 이내), 핀란드(25% 이내), 독일(5% 이내), 덴마크(8% 이내), 헝가리(10% 이내) (16개국)
자기투자 규제 없음	아일랜드(제한 없음, 단, 기업주 자산투자 5% 초과 시 공시의무), 일본, 룩셈부르크, 뉴질랜드, 슬로바키아, 스웨덴 (6개국)

자료: OECD(2007).

아일랜드의 경우는 자기투자 규제의 한도가 존재하지 않았으나 기업주 자산이 5% 초과시에는 공시를 의무화하는 등 간접규제를 시행하고 있다. 자기투자 규제는 근로자의 이익에 보다 초점을 맞춘 투자규제라는 점에서 연기금의 운용에서 핵심 투자규제라 할 수 있다.

3) 총량 규제

연기금 운용의 투자 가이드라인 역할을 하는 총량 규제를 시행하는 국가는 총 17개국으로, 정도의 차이는 있지만 대부분의 국가에서 총량 규제를 시행하는 것으로 나타나 있다. 미국도 타 국가처럼 엄격한 총량 규제는 하지 않지만, 투자의 가이드라인으로 미국 법원이 인정한 자산으로 투자를 제한함으로써 연기금 운용리스크를 최소화하고자 하고 있다. 총량 규제를 하지 않는 국가는 호주 등 9개국으로, 이들 국가는 투자 가이드라인 자체를 설정하지 않음으로 해서 연기금의 자율운용 폭을 최대한 확대한다. 이처럼 최소분산투자 규제 및 총량 규제는 효율적인 내부 통제기능 존재 여부에 따라 좌우되고 있음을 알 수 있다.

표6 OECD 연기금의 총량 규제

	국가	규제 내용
규제 존재 (17개국)	오스트리아	35% 이상은 담보부채권, 국채 등에 투자
	벨기에	유동자산은 은행위원회에서 인정받은 금융기관에 한해 투자 가능
	캐나다	해외투자 30% 이내
	체코	해외투자는 OECD 국가에서 거래되는 증권에 한함
	덴마크	비상장 위험 등 위험자산은 70%
	핀란드	유로 이외의 통화로 표시된 자산은 20%
	독일	70% 유동자산
	헝가리	해외투자 30% 초과 금지
	포르투갈	20% 해외투자
	스페인	90% 자산은 공식적 거래시장에서 인정한 자산에 투자
	스위스	파생상품은 헤지 용도로 제한, 30% 해외투자, 상품별 제한
	터키	국채는 30% 이상, 거래소 주식투자는 20% 이하
	노르웨이	연금지급 시 사용하는 통화와 동일한 통화자산에 적어도 80% 투자
	폴란드	해외투자 5%
	아이슬랜드	정보보증채권, 담보대출 및 증권을 제외한 자산의 경우 50% 이상 편입금지
	이탈리아	1/3 이상의 자산을 연금지급 통화와 동일한 통화표시 자산에 투자
	미국	미국법원의 인정자산으로 제한
규제 없음 (9개국)	호주, 스웨덴, 영국, 네덜란드, 뉴질랜드, 아일랜드, 일본, 룩셈부르크, 슬로바키아	

자료: OECD(2003) 및 OECD(2007).

4) 의결권 지분 제한 규제

지분한도 제한이 없는 국가로는 호주, 영국, 미국 등 14개국 등으로 연기금이 기관투자자로서의 역할(예: 의결권 행사)을 담당하게 하는 국가가 늘고 있다. 즉 연기금이 투자한 기업의 경영 감사에 기여하기 위해 의결권 지침을 제정하여 기업 지배구조 개선에 적극적으로 활동하는 경우가 많아졌다는 점이 특징적이다.

표7 연기금의 의결권 지분 제한 규제

구분	해당국가
지분한도 제한 없음 (14개국)	호주, 오스트리아, 벨기에, 아일랜드, 일본, 룩셈부르크, 네덜란드, 뉴질랜드, 노르웨이, 슬로바키아, 스웨덴, 스위스, 영국, 미국
지분한도 제한 존재 (12개국)	캐나다(동일회사 의결권 지분 30% 이내), 체코(20% 이내), 핀란드(5% 이내),독일(5% 이내), 헝가리(10% 이내), 아이슬란드(15% 이내), 이탈리아(폐쇄형투자펀드 25% 이내), 멕시코(20% 이내), 폴란드(10% 이내), 포르투갈(의결권지분은 20% 이내), 스페인(5% 이내), 터키(5% 이내)
의결권 행사 금지	덴마크

자료: OECD(2007).

특히 미국 및 일본 등에서는 연기금의 의결권 행사 위반을 수탁자 책임 위반으로 보아 소송사례가 빈발하는 등 기관투자자로서의 연기금의 역할을 점점 요구하는 추세이다. 캐나다, 체코 등 12개국은 의결권 지분한도를 제한하고 있으며, 덴마크는 의결권 행사를 원천적으로 금지하고 있어 연기금의 경영 감시기능 역할(광의의 수탁자 책임)에 일정한 제한을 두고 있다.

4. 적립금 운용 관리

적립금 운용 단계

퇴직연금의 적립금 운용은 장래의 연금급부를 마련하기 위하여 자산을 적립하고 가능한 한 최대한의 운용수익을 올리는 데 그 목적이 있다. 이를 위해서는 먼저 금융시장의 본질을 충분히 인식하고 시장이 지닌 불확실성으로 야기되는 리스크를 감안하여 투자활동을 하는 것이 대전제가 된다. 미국의 대표적인 연금컨설팅사 프랭크 러셀Frank Russell 사는 퇴직연금의 적립금 운용은 계획plan, 실행do, 검증review 단계를 거쳐 이루어져야 한다고 보고 있다.

즉 제1단계인 계획 단계에서는 리스크의 허용도를 확인한 후 운용목표가 설정되고 운용기본방침의 설정이 이루어진다. 다음으로 구체적인 운용활동

그림1 자산운용의 계획·실행·검증

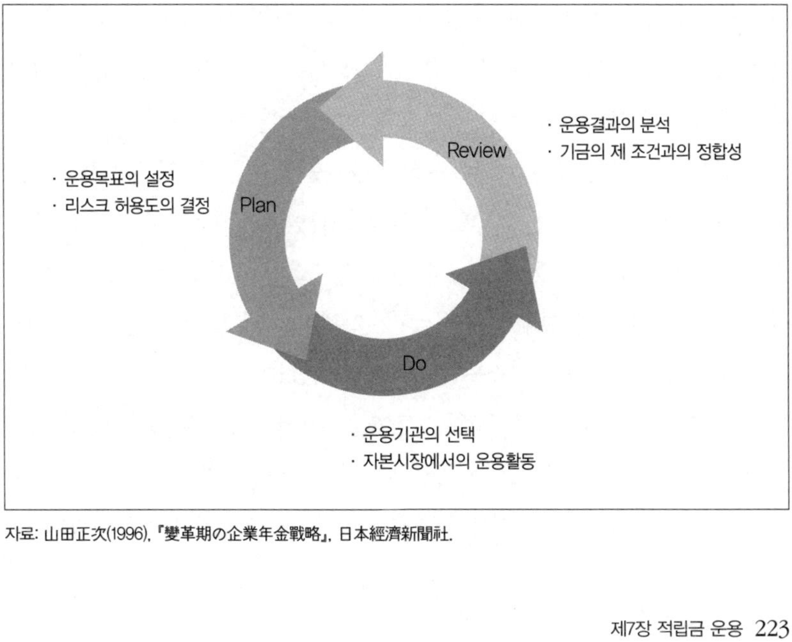

자료: 山田正次(1996),『變革期の企業年金戰略』, 日本經濟新聞社.

을 효과적으로 실천하기 위해 어떠한 운용전략을 채용하는가를 기금 스스로가 결정하고 그 전략에 상응한 운용기관을 선택하게 된다. 제2단계인 실행 단계에서는 구체적인 운용전략을 입안하여 운용기관을 선택한 후 운용활동의 실천이 이루어지게 된다.

제3단계인 검증 단계에서는 운용활동의 결과를 비교분석하고 평가하게 된다. 이러한 계획·실행·검증이라는 사이클(단계)를 통해서 퇴직연금의 자산운용이 이루어지게 된다.

적립금 운용 절차

적립금 운용의 출발점은 리스크 허용도 한도하에서 운용수익률의 목표를 어떠한 수준에서 설정할 것인가에 있다고 할 수 있다. 즉 적립금 운용 시 어느 정도의 리스크를 감수할 것인가를 고려하여 운용목표가 설정되게 되는데 이때 리스크의 허용도는 연기금의 성숙도, 적립수준, 기업의 갹출금 부담능력 등에 의해 많은 영향을 받게 된다. 예를 들어 연기금의 성숙도가 낮으면 자금 운용기간의 장기성으로 인해 상대적으로 고위험의 운용이 가능하다고 할 수 있다. 또한 연금채무를 상회하는 적립금이 있으면, 즉 적립수준이 높으면 다양한 리스크의 완충재 역할을 할 수 있으며 기업의 갹출금 부담능력이 크면 클수록 리스크의 허용도는 높아진다. 일본의 후생연금은 '시장수익률±3%'를 운용목표로 설정하고 있으며 미국캘리포니아 공무원 퇴직연금에서는 ①주식 운용의 경우 인덱스인 윌셔 2500Wilshire 2500과 같은 수준의 운용수익을 달성할 것, ②채권 운용의 경우 솔러몬브라더스Salomon Brothers의 인덱스를 1% 이상 상회하는 수익률을 상회할 것, ③부동산 투자는 실질적으로 5%의 수익률을 달성할 것 등과 같은 운용목표를 설정하고 있다. 다음으로 목표로 한 기대수익률과 허용하는 리스크의 정도에 상응한 자산 배분 전략을 구축하게 된다. 최종적인 운용성과의 대

그림2 퇴직연금 적립금 운용 절차

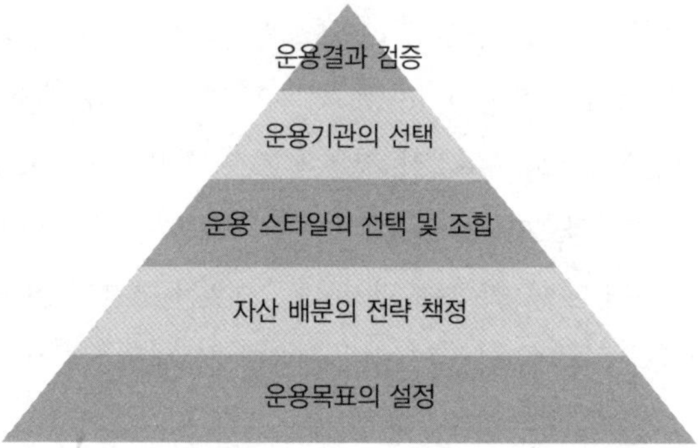

부분은 자산 배분 전략에 상당히 의존한다고 할 수 있으므로 자산 배분 전략은 자산운용과정에서 가장 중요하다고 할 수 있다. 그 이유는 자산 배분 여하에 따라 운용결과의 성패를 좌우하기 때문이다.

자산 배분비율을 결정한 다음 단계로서 자산분류별로 선택되는 운용전략이 결정된다. 즉 액티브active 운용인가, 패시브passive 운용인가 또는 액티브 운용이라도 저가주 투자인가, 성장주 투자인가, 몇 가지 운용스타일로부터 무엇을 선택할 것인가, 각각의 운용스타일을 어떠한 비율로 조합시킬 것인가 등의 의사결정이 필요하게 된다. 마지막으로는 각각의 자산분류, 운용스타일에 적합한 전문 인력이 뛰어난 운용기관을 선택하고 운용을 위탁하게 되며 운용기관의 운용결과를 검증하고 평가하는 과정을 거치게 된다. 결과적으로 퇴직연금의 적립금 운용은 ①운용목표의 설정, ②자산 배분 전략, ③운용 스타일의 선택·조합, ④운용기관 선택, ⑤운용결과의 검증 등의 과정을 거쳐 이루어지게 된다.

자산 배분 전략

1) 자산 중심 자산 배분

전통적인 투자이론에서는 일정한 리스크하에서 최대의 수익률이 얻어지는 자산의 조합을 효율적 프론티어라는 곡선으로 나타낸다. 효율적 프론티어상에서 보면, 주식에 100% 투자한 경우에 가장 수익률이 높고 리스크가 가장 큰 반면, 단기자산으로서 현금에 투자한 경우에는 수익률 및 리스크가 가장 낮다. 정책적 자산 믹스를 결정하는 경우는 효율적 프론티어상에서 최적으로 생각되는 자산 믹스를 하나 선택하게 된다. 이러한 전통적 자산 배분 전략은 다음과 같은 한계점이 노출되고 있다.

첫째, 연금부채의 시가평가 및 연금비용의 계상 등을 퇴직연금 재정운용의 분석 대상에 직접 포함하고 있지 않아 근로자 수급권 보장뿐 아니라 주주 등 투자자들의 이익 보호가 실질적으로 이루어지기 어렵고, 연금부채의 개념을 완전히 도외시함에 따라 부채구조에 따른 자산운용에 일정한 한계가 존재한다는 점이다. 즉 전통적 자산 배분은 자산 자체의 수익성과 변동성을 문제로 하여 투자가의 리스크 허용도에 대응하는 리스크—수익의 최적 포지션을 구한다는 사고방식을 취했다 할 수 있다. 그러나 전술한 FASB 기준 등의 회계기준 적용 이후에는 기업회계와의 결합을 의식하지 않으면 안 되었고, 나아가 연금제도의 잉여금surplus 보전이 기업이익의 안정성에 커다란 영향을 미치게 되었다. 이에 퇴직연금 재정운영의 목표가 '자산 리스크—수익'이 아니라 '잉여금의 리스크—수익'으로 이행하게 되었다.

둘째, 연금부채와 자산 규모가 급증함에도 불구하고 연금부채를 둘러싼 다양한 위험(예를 들어 금리 및 인플레이션 위험) 등을 배제함으로써, 즉 자산으로 조달해야 할 부채의 변동성을 거의 고려하지 않음으로써 기업 특유의 연금재무와 위험허용도에 따른 정책적 자산 믹스 작성이 불가능하여 건전성 중시의 퇴직연금제도 운용이 이루어질 수 없다는 점이다. 즉 전통적 투자이론의 사고방식에서는 자산 리스크만 문제이며, 부채 측면은 거의 고려되지 않았다고 할 수 있다. 그러나 부채도 자산과 마찬가지로 다양한 리스크, 즉 금리변동 리스크와 인플레이션 리스크가 존재한다는 점에서 부채 측면의 리스크를 고려할 필요성이 있다. 그 이유는 확정급여형 퇴직연금에서 연금채무의 경우 금리의 하락(상승)에 따라, 또는 인플레이션의 상승(하락)에 따라 가치가 증대(감소)하는 특성을 지니고 있기 때문이다.

셋째, 단지 자산의 변동성, 즉 투자수익률의 변동성에 초점을 맞추고 있기 때문에 장기채권이 지니고 있는 성격 및 특징을 적절하게 다루고 있지 못하다는 점을 들 수 있다. 즉 잉여금의 구조에 의하면 부채와 동일한 변동성을 가진 자산(구체적으로는 부채와 듀레이션이 같은 장기채권)의 리스크가 가장 작게 평가되고 종래에는 무위험자산이었던 현금이 결코 무위험자산이 아니라는 점이다. 예를 들어 PBO에서는 장래의 임금 상승을 고려에 둔 연금수급권을 문제로 하기 때문에 장래의 임금 인플레이션 리스크도 함께 고

표8 자산 중심과 부채중심의 자산 배분 전략

	자산 중심 자산 배분 전략	부채 중심 자산 배분 전략
자산운용적 측면	– 연금자산 – 효율적 프로티어 이론에 입각한 자산 배분 즉 수익률과 위험과의 상관관계에 기초	– 연금잉여금 – 금리리스크 등과 같은 제반 리스크에 따른 잉여금 변동성을 고려하여 자산 배분 전략 수립
관리기법적 측면	– 연금 AM 관리 – 자산운용의 기본원칙 등과 같은 운용 규제에 입각 – 연금부채 개념은 완전 도외시	– 연금 ALM 관리 – 연금회계기준에 의한 부채 확정과 이에 따른 자산운용 (B/S형, 시뮬레이션 ALM 관리 체계구축)
법적·제도적 측면	ERISA	ERISA, FASB기준(이원화)
보호대상적 측면	종업원 보호 (실질적으로 충분한 수급권 보장 미흡)	종업원, 투자자 보호 – 연금부채 계상으로 종업원 보호 – 회계정보 공시으로 투자자 보호
적용시기적 측면	1990년대 이전	1990년대 후반 이후

려하지 않으면 안 되기 때문이다. 왜냐하면 확정된 채무에 매칭시키기 위해서는 장기채권이 가장 적합한 자산일지는 몰라도 효과적인 인플레이션 헤지는 불가능하기 때문이다.

결국 자산 중심의 배분은 부채를 고려하지 않기 때문에 적립비율 및 연금회계 등의 변화를 고려하지 않은 한계를 지니고 있다고 할 수 있다.

2) 부채중심 자산 배분[2]

부채중심 자산 배분 전략은 퇴직연금의 부채와 연계된 자산 배분 전략, 즉 연금 ALM 전략으로 불리우고 있다. 연금 ALM은 자산과 부채의 불일치 mismatching를 조정함으로써 갹출금(분담금)의 상승리스크를 관리하는 것을 목적으로 하고 있지만 연금채무는 지극히 장기간의 부채이므로 은행과

그림3 퇴직연금의 자산·부채 상호관계

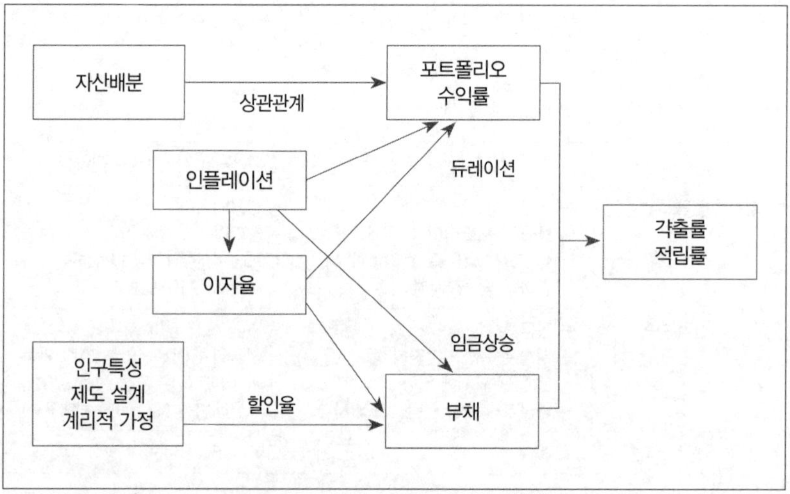

자료: Hewitt Investment Group, *Asset–Liability Management*, March 2000.

---

2 류건식·이경희·김동겸, 『확정급여형 퇴직연금 자산운용』, 보험연구원 연구보고서, 2008.3, pp.41~57 참조.

그림4 연금 ALM과 자산 배분

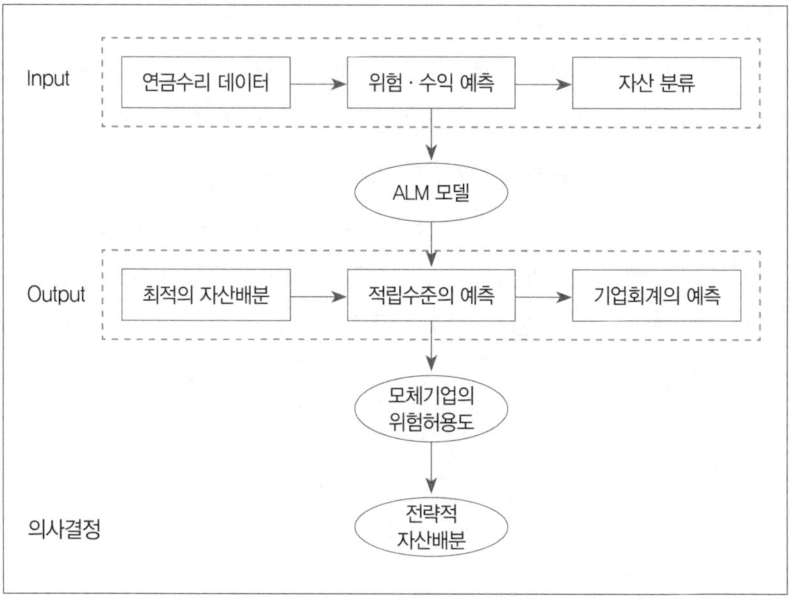

자료: 山田正次(1996).

같이 능동적으로 조정하는 것이 불가능하다. 따라서 연금 ALM은 주어진 부채에 대해 자산 포트폴리오를 조정한다는 부채선행형負債先行型으로 되지 않을 수 없는 성격을 지니고 있다. 그 때문에 부채로서의 연금채무 구조를 분석하고 그 특성을 파악하는 것이 연금 ALM의 출발점이 되는데, 연금채무의 특성을 파악하기 위해서는 연기금의 수급자 및 가입자의 연령구성, 수급자격요건, 연금급부산식 등에 기초해 장래의 연금급부 현금흐름을 파악할 필요가 있다. 따라서 승급률, 가입원의 증감 이외에 그림3처럼 인플레이션 등의 변화에 따른 연금부채의 변화를 고려하여 자산 배분을 변화시킴으로써 적립비율 등 연기금의 재정 상태에 어떠한 영향을 미치는 가를 분석할 필요성이 있다. 즉 자산과 부채의 미스매칭에 의해 발생하는 갹출금

상승 리스크를 기업의 갹출금 부담능력 범위 내로 통제하면서 그 범위 내에서 연금비용을 최소화하는 자산 배분 전략이 요구된다.

특히 월셔 어소시에이츠 사는 그림4와 같은 연금 ALM 모델을 개발하여 연금자산 배분에 활용하고 있다. 그림4는 연금 ALM 모델에 영향을 미치는 주는 요소와 결과가 표시되고 기업의 리스크 허용도에 의한 최종적인 의사결정 산물로서 전략적 자산 믹스가 도출되는 과정을 보여주고 있다. 특히 산출물로서 기업회계상의 예측으로 표시되고 있는 부문은 미국의 기업회계가 FASB의 적용을 받고 있기 때문에 연금채무 및 연금비용을 산출할 필요가 있다는 것을 의미하고 있다.

이와 같은 연금 ALM 전략을 실무적인 관점에서 접근하는 경우 크게 ① 현금흐름 매칭전략Cash Flow Matching, ②듀레이션 매칭전략, ③부채연계 투자전략Liability Driven Investment으로 구분될 수 있다.

(1) 자산부채관리 전략

확정급여형 연기금의 자산부채관리 전략은 투자전략과 갹출정책contribution policy을 연계하는 전략이라고 말할 수 있다. 구체적으로 자산과 부채를 대응시키는 요인들로는 사용자가 부담하는 갹출비용을 통한 갹출금, 가입자에게 지급하는 급여 수준 조정, 투자수익률, 이자율 효과 등이 있다. 표9에서 보는 바와 같이 퇴직연금의 기말 자산가치는 기시 자산가치에다 기중 갹출금이 합산되고, 투자수익이 가감되며, 각종 수수료, 비용 및 급여 등이 차감되어 결정된다. 부채의 기말가치 역시 정상갹출비용이 합산되고, 이자율 효과 및 인구요인 등이 가감되며 여기서 지급된 급여를 차감하여 결정된다. 따라서 다양한 파라미터들이 자산과 부채를 연계시켜주는 역할을 하게 되는 것이다.

퇴직연기금의 ALM은 투자수익률, 부채의 시가평가와 관련된 불확실성하

표9 확정급여형 퇴직연금 자산과 부채의 현금흐름 개요

자산의 현금흐름	부채의 현금흐름
기시 가치	기시 가치
+ 갹출금 ± 투자수익 − 수수료, 비용 − 급여지급	+ 정상 갹출비용 ± 이자율 효과 ± 인구요인, 기간경과 효과 − 급여지급
= 기말 가치	= 기말 가치

자료: Mercer, *Investment for Pension Plans Including Frozen Plans*, 2006.

에서 자산 배분, 갹출금의 선택에 관한 의사결정으로 정의할 수 있다. 따라서 ALM 정책의 판단기준은 갹출금의 안정성과 재무건전성의 충족에 대한 것이다. 정기갹출금 수준은 기시에 제시되며, 만약 기말 시점에서 과소적립되면 최저적립수준을 만족시키기 위해 추가적인 보충갹출이 요구된다. 보충갹출금이 지나치게 많을 경우 사용자의 재무계획에 부정적 영향을 주기 때문에 가능한 안정적인 갹출금 수준을 유지하는 것이 바람직하다. 다른 한편으로는 연기금이 재무건전성을 만족시키지 못할 경우 연금보장기구에 납입하는 보험료 인상, 정상화 계획 수립 등 각종 조치사항을 이행해야 하기 때문에 재무건전성을 유지하는 것도 매우 중요하다. 이러한 기준을 만족시키기 위해 가능한 ALM 전략은 '낮은 적립수준+낮은 갹출금 인상, 높은 적립수준+높은 갹출금 인상', 재무건전성 제약하에서 갹출비용을 최소화하는 적립수준 결정 등 다양한 조합이 있다. 일반적으로 ALM 모델을 활용하여 갹출금과 재무건전성 간의 최적조합을 선택할 수 있을 것이다.

㈎ 자산과 부채의 현금흐름 매칭

초창기 ALM 모델은 최적 포트폴리오를 찾기 위해 정태적 모델deterministic

models과 매칭기법이 사용되었다. 장래 연금급여의 현금흐름을 확실성하에 추정하였으며, 1980년대 중반까지는 오직 채권만이 매칭 가능한 자산으로 여겨졌다. 이러한 기법을 자산과 부채의 현금흐름 매칭cash-flow matching 기법이라고 부른다. 즉 자산 포트폴리오의 현금흐름과 부채 이행을 위한 현금흐름을 정태적으로 매칭시켰는데, 매달 연금을 수령하는 부채의 명목가치는 인플레이션 지수와 매칭될 수 있다.

이론적으로는 장래 현금흐름이 부채 이행구조와 동일한 자산 포트폴리오의 구축이 가능할 것이다. 이를 위해서는 퇴직연금을 지급하는 날짜와 대응하는 만기를 갖는 인플레이션 연계 무이표채권inflation-linked zero-coupon bonds을 구입해야 하는데, 현실적으로 부채 이행과 정확히 일치하는 만기를 갖는 인플레이션 연계 증권을 찾기는 매우 어렵다. 대부분의 채권은 이표채권이며 이럴 경우 이자수익의 재투자 문제가 야기되기 때문에 문제가 발생한다. 또한 현금흐름 매칭방법을 통한 ALM 전략은 자산관리에서 무위험자산[3]에 투자하는 것과 동일하다. 무위험자산은 리스크 프리미엄이 없기 때문에 투자수익률 측면에서 보면 매우 비용이 높은 단점이 존재한다. 이와 같은 자산과 부채의 매칭을 일정한 인플레이션과 투자방침하에서 적용할 수 있다. 예를 들어 일정한 인플레이션 시나리오를 전제로 장래의 연금채무를 예상하는 것이 가능하며, 또한 어떤 운용방침을 전제로 장래의 연금자산을 예상하는 것이 가능할 수 있다. 이 경우 연금채무와 연금자산을 매칭시킴으로써 최적의 운용방침 선택이 가능하게 된다.

중간 수준의 인플레이션을 전제로 연금채무에 대한 장래예측을 하고 연금자산은 복수의 투자방침 A, B, C, D, E를 전제로 하는 경우 그림5와 같은

3 미래 현금흐름에 불확실성이 없는 확실한 투자수익을 얻을 수 있는 자산을 의미한다. 주로 만기가 짧은 정부 발행 채권(미국 재정증권(treasury bill), 우리나라 91일 만기 통화안정증권)을 무위험자산의 대용으로 사용한다.

그림5 책임준비금과 자산 추이

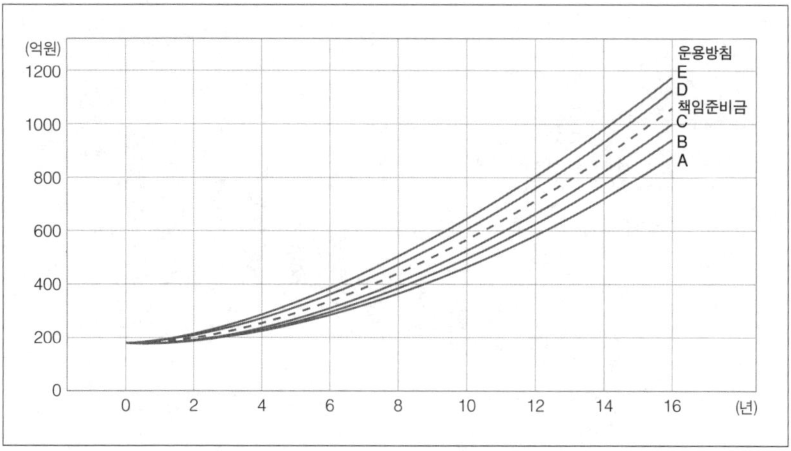

자료: 山田正次(1996), p.186.

접근방식에 의해 장래의 연금채무와 개별 투자방침을 선택한 때의 장래 연금자산액을 시뮬레이션 할 수 있다. 투자방침 A, B, C, D, E는 순차적으로 저위험·저수익에서부터 고위험·고수익의 성격을 지니고 있다. 이중에서 자산 믹스 D 또는 E는 수익률이 높으므로 일정기간이 경과한 후에는 책임준비금을 크게 상회하는 것을 예상할 수 있다. 결국 책임준비금에 대한 적립수준을 높이기 위해서는 고위험·고수익형의 자산 믹스를 채용하는 것이 적당하다는 것을 알 수 있다. 이와 같은 과정을 거쳐 부채 측면의 장래예측과 자산 측면의 장래예측을 매칭시키고 당해 퇴직연금이 어떠한 투자방침을 채용해야 하는지를 판단을 내릴 수 있다.

그림6은 인플레이션 예측을 중간 수준에 두고 투자방침도 다소 위험이 높은 D로 하였을 경우 그 자산 믹스의 위험 정도가 장래에 나타날 것인가를 이미지화한 것이다. 이 경우 연금자산이 연금채무를 만족시킬 수 있는 정도를 확률분포로 제시하고 있다. 자산 믹스 D는 최근 수년간에는 책임준

그림6 책임준비금과 운용방침의 검토

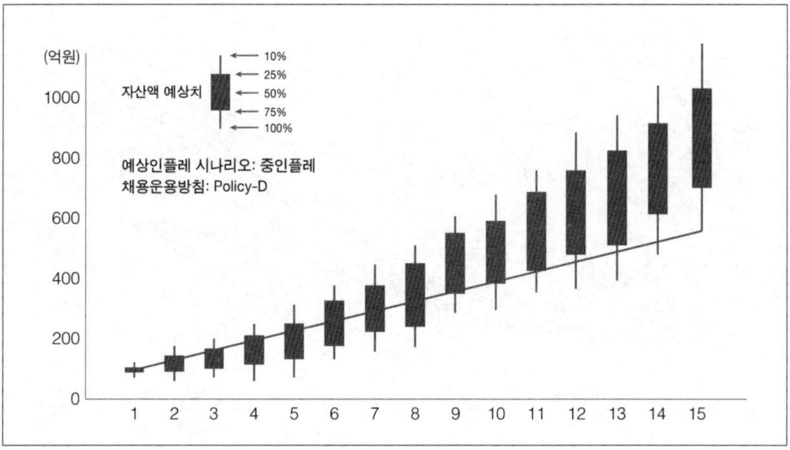

자료: 山田正次(1996), p.187.

비금을 하회할 확률이 적당하다고 할지라도 5년을 경과한 시점부터는 50%를 상회할 확률로 책임준비금을 충족하는 것이 예상된다. 기간을 10년간으로 하면 대략 75%에 가까운 확률로 조건을 충족시킬 수 있으며, 기간 15년에는 90%의 확률로 만족할 것으로 예상할 수 있다. 문제는 높은 수익률을 추구하면 불확실성이 높기 때문에 경우에 따라서는 대규모 미적립이 발생하여 갹출금액이 상승할 수 있음을 고려하여 투자방침을 설정할 필요성이 있다는 데에 있다. 또한 인플레이션을 고·중·저로 변화시키고 운용방침을 A·B·C·D·E로 변경한 경우의 조합 각각에 대해 연금채무를 만족시킬 가능성을 확률적으로 판단하면서 시뮬레이션을 반복하여 최적해를 도출할 수 있다. 이 경우 퇴직연금의 성숙도 역시 확실히 중요한 요소이지만 최종적으로 연금제도 운영에 채무를 지는 기업의 리스크에 대한 태도가 가장 중요하다고 할 수 있다.

(나) 자산과 부채의 듀레이션 매칭

자산과 부채의 현금흐름을 완벽하게 매칭시키는 것은 가능하지 않기 때문에, 불완전한 자산과 부채의 매칭에 의해 발생하는 잔여 금리 리스크를 동적으로 관리하는 면역화immunization 기법을 활용하게 되었다. 이는 퇴직연금 자산과 부채가 이자율 변화에 대해 동일한 방향과 크기로 변동한다면 이자율 리스크를 헤지할 수 있다는 것이다.

그러나 듀레이션 매칭기법의 단점은 예상치 못한 이자율 변동이 있을 경우 재투자리스크를 고려해야 하는데 이런 유형의 모델은 이자율 기간구조 모델에 대해 극도로 민감하다는 것이다. 또한 현금흐름 매칭과 마찬가지로 면역화 방법 역시 수익률과 리스크 측면에서 반드시 최적이 아니라는 단점이 존재한다. 또한 옵션이 존재하는 부채 관련 비선형 리스크의 헤지나 금리 리스크가 아닌 리스크의 헤지에 적용하는 데는 어려움이 존재한다.

(다) 자산과 부채의 통합 ALM 모델 활용

1980년대 후반부터 대형 연기금이 ALM 분석을 위한 통합 모델을 개발하여

그림7 퇴직연금 통합 모델 개요

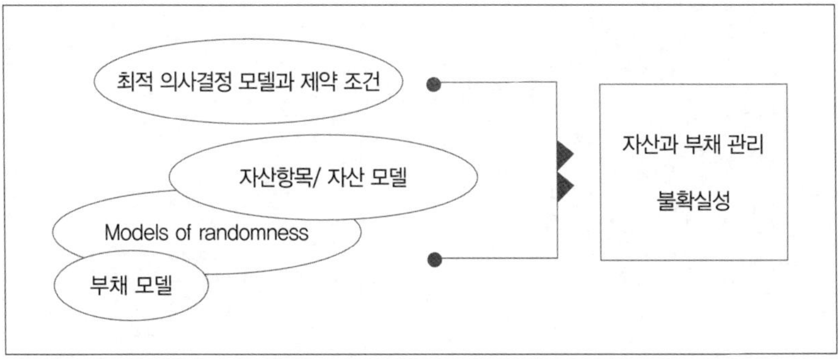

자료: Pribhai, "Asset Liability Management using Stochastic Programming", Department of Mathematical Science, Brunel University, 2003.

사용하기 시작하였다. 컴퓨터 프로그래밍 작업을 통해 대규모의 시나리오를 사용할 수 있는 환경이 갖추어짐에 따라 시뮬레이션 모델이 대중적으로 사용되기 시작한 것이다. 통합 ALM 모델은 연기금의 자산운용에 대한 의사결정과 관련된 다수의 모듈로 구성된다.

(2) 부채연계투자전략

(가) 개념

1990년대 말~2000년대 초 주가 하락과 금리의 하락 현상을 계기로 확정급여형 연기금의 자산운용에서 부채의 중요성이 부각되었는데, 주가급락과 금리하락이라는 시장의 급변은 확정급여형 연기금에 대한 리스크관리 관행의 취약함을 보여주는 계기가 되었다. 주가가 급락하여 자산가치가 하락할 때 부채가치도 하락하였다면 연기금의 재무건전성에 큰 문제가 없었을 것이나, 주가하락과 금리하락이 동시에 진행되면서 자산가치는 하락한 반면, 오히려

그림8 리스크-수익과 LDI 투자 전략 비교

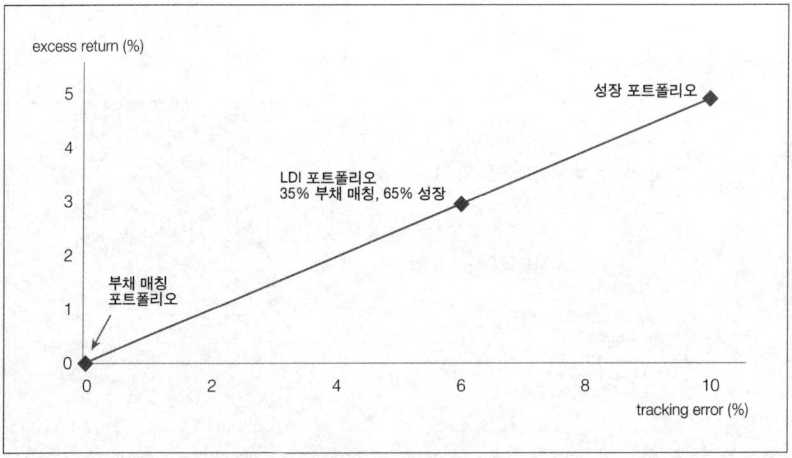

자료: Mercer, Investment for Pension Plans Including Frozen Plans, 2006.

부채가치는 증가하면서 재무건전성이 악화되었다. 적립률이 크게 낮아지면서 연기금의 자산 배분에서 그간 무시되어 왔던 ALM의 중요성에 관심을 두게 된 것이다. 퇴직연금의 자산운용은 관행상 주식 위주로 이루어졌으며 이러한 전략은 하방 리스크downside risk에 대한 아무런 보호 장치 없이 이루어진 것으로서 부채의 리스크관리 프로세스를 경시한 것이다.

이에 대한 반성으로서 연기금, 보험회사, 투자 컨설턴트 등이 부채연계투자LDI: Liability Driven Investment 전략에 관심을 가지게 되었으며, 규제 및 회계기준이 부채에 대한 리스크관리를 중시하는 방향으로 변화되자 더욱 관심이 고조되고 있다. 특히 부채가치를 시가로 평가해야 하는 기관투자가들은 부채변동성이 증가함에 따라 적립률의 변동성을 감소시키기 위해 관심을 두게 되었다.

LDI 전략은 자산의 일부liability-matching portfolio는 리스크관리를 위해

그림9 LDI 전략 체계

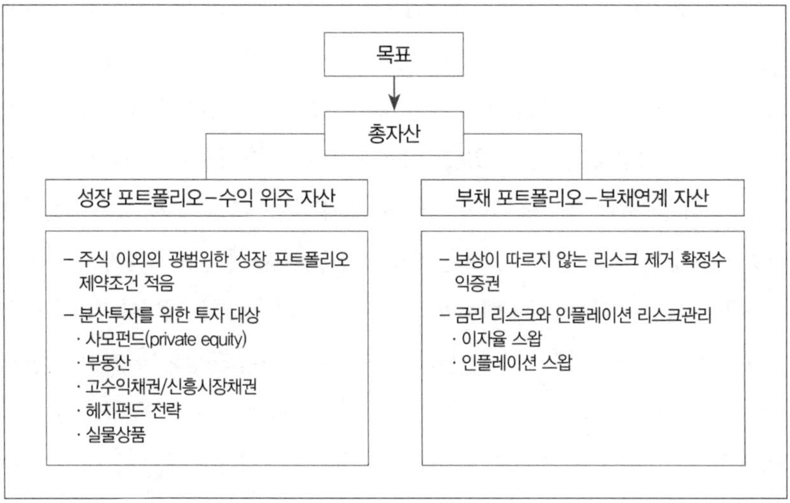

자료: Schroders, Investment Strategy for Pensions Actuaries: A Multi Asset Class Approach, January 2007.

배분되고, 다른 일부는 높은 투자수익 달성을 위해 배분된다는 개념에 입각한 것이다. 따라서 리스크관리를 위한 면역화전략 투자와 높은 투자수익을 추구하는 두 가지 전략의 결합이라고 볼 수 있다. 부채 포트폴리오에 대응하는 부채 중심의 자산에 대해서는 부채와 매칭되는 확정수익증권의 비중을 확대하고, 이자율 리스크 헤지를 위해서는 파생상품을 활용한다. 부채와 매칭되지 않는 수익 중심의 자산에 대해서는 초과수익을 달성하기 위해 사모주식, 부동산, 헤지펀드 등 대체투자상품alternative instruments에 대한 투자 비중을 확대한다.

② LDI의 성과평가

LDI 전략은 연기금의 성과평가에 대해서도 기존 관행과 다른 방법을 제시하고 있다. 과거 확정급여형 연기금 성과평가는 유사그룹peer-group 벤치마크에 의하는 것이 주류를 이루었다. 그러나 LDI 전략이 활용되기 시작한 2000년 이후에는 연기금의 특수한 상황을 반영하는 벤치마크customized benchmarks가 일반화되었다. 확정급여형 퇴직연금 부채가 최종임금과 연계될 경우 부채 규모는 기대여명 추계 및 부채 할인에 사용되는 할인율 등에도 의존하기 때문에 자연스런 벤치마크 중 하나가 임금상승률이나 물가상승률, GDP 성장률이 될 수 있다. 또한 연기금의 주요 목적이 퇴직 후 소비지출에 대한 자금 조달에 있기 때문에 소비지출증가율도 자연스런 벤치마크가 될 수 있을 것이다. 만약 할인율이 연기금 자산의 수익률과 독립적으로 결정될 경우에는 다른 벤치마크(장기국채, 회사채)가 있어야 할 것이다. 연금부채 할인을 위해 채권수익률을 사용하는 것이 정당화되는 것은 연기금 부채가 주식보다 리스크가 낮기 때문이며, 따라서 낮은 수익률로 할인해야 한다는 논리에 의한 것이다. 그러나 연기금 부채가 무위험은 아니기 때문에 할인율이 무위험채권(예를 들면, 미국 재정증권)보다는 높아야 할 것

표10 대차대조표에 의한 LDI 전략 체계

자산		부채	
부채연계 자산(Liability-driven assets)	B	연금부채(Pension liabilities)	L
일반 자산(General assets)	E	잉여금(Surplus)	S

이다.[4] 블레이크Blake(2003)는 표10과 같은 대차대조표에 의해 LDI 전략의 개념과 체계를 제시하고 하고 있다.

연금부채(L)가 인플레이션과 연계된 장래 현금지출로 구성되었다고 가정할 경우, 펀드매니저는 부채와 동일한 현금흐름을 갖는 물가연동채권(B)에 투자함으로써 부채를 이행할 수 있다. 연기금의 잉여금(S)은 일반자산(E)에 투자된다고 가정하면, 사용자의 리스크-수익 선호를 반영하여 어떤 자산이라도 매칭시킬 수 있다.

5. 리스크관리 기준

리스크관리 기준 설정

미국의 리스크 기준 작업반Risk Standards Working Group에서는 운용기관과 기관투자가를 위한 리스크관리 기준Risk Standards for Institutional Investment Mangers and Institutional Investors(이하 리스크관리 기준)을 발표하였다.[5] 즉 뉴욕시 연기금, 록펠러 재단 등 대표적인 연기금, 그리고 재단

4 영국 보험계리사회Faculty and Institute of Actuaries에서는 연기금 부채의 할인율로서 국채수익률 사용을 요구하였다. 그러나 2000년 11월 회계기준위원회Accounting Standards Board에서는 재무보고기준Financial Reporting Standard 17호 FRS17에 의거 AA회사채수익률 사용을 권장하고 있다.

5 이 리스크관리 기준은 합계 20개 기준으로 구성되어 있기 때문에 '리스크관리에 관한 20개 기준20 Risk Standards'이라 부르고 있다. 리스크관리 기준의 성격은 노동부 및 증권거래위원회 등에 의한 법적 구속력을 지닌 규범이 아니고

의 자금운용 책임자가 컨설턴트 등 비즈니스 분야의 협력을 받아 작업반을 조직하여 투자 매니저(운용기관) 및 기관투자가를 위한 리스크관리 기준을 종합적으로 설정하였다.

이 기준의 골자는 ①리스크관리에 관한 사항, ②리스크 규모의 측정에 관한 사항, ③투자 매니저의 감독에 관한 사항 등 3부분으로 구분하여 20개 항목으로 정리하고 있다. 이 기준은 다음과 같은 점에서 중요한 시사를 주고 있다.

첫째, 이 기준은 연기금 등의 기관투자가가 준수하여야 할 기준이라는 점과, 그 자금을 운용하는 내부 및 외부 매니저가 준수하여야 할 기준이라는 점이다. 즉 연기금과 운용기관이 공통적으로 적용하는 기준이다.

둘째, 포트폴리오의 리스크관리는 민감도 분석, VaR, 스트레스 테스팅 Stress Testing 등과 같은 3가지 리스크관리 기법을 전제로 하고 있다는 점이다. 미국 연기금에서는 이 기법들이 포트폴리오 리스크관리를 위한 표준적인 기법에 해당된다는 것을 의미한다.

셋째, 리스크관리의 책임자와 운용담당자의 명확한 분리를 요구하고 있다는 점이다. 운용담당자는 투자실행에 있어 리스크 기준을 준수하는 것은 당연하지만 리스크관리의 최종적인 책임은 운용담당자와는 별개의 사람이 지도록 하고 있다.[6]

리스크관리 기준에서 알 수 있는 바와 같이 전문적인 조직관리 체제의 확립 및 고도의 시스템에 대응하기 위해서는 많은 비용이 요구된다. 또한 리스크관리 기준에서는 지금까지 일반적으로 인식하여 온 리스크를 높은 수준으로 측정하고, 이제까지 무시 또는 경시되어온 리스크(예를 들어 화재

관계자의 자율적 기준이라 할 수 있으므로 미국의 연기금 및 운용기관 모두 리스크관리 기준에 따라 리스크관리가 이루어지는 것은 아니다.

6 山本誠一郎·十菱龍, 『年金基金か變える資産運用』, 東洋經濟新報社, 1998.12, pp.123~125.

에 대한 백업 시스템 및 복구대책)에 대해서도 관리대상으로 하는 것 등이 제시되어 있다.[7]

리스크관리 기준 내용

1) 리스크관리

리스크관리 기준은 리스크관리Risk Management, 리스크 측정Risk Measurement, 운용기관 감시Risk Oversight 등 3가지 부문으로 구성된다. 제1부문인 리스크관리에 대해서는 리스크관리의 문서화에 의한 명확화, 리스크관리부문의 분리가 중요한 사항이다. 즉 수탁자(연기금의 이사 등과 운용기관)는 수탁자 책임의 내용을 스스로 문서화하여 명확하게 인식함과 더불어 문서화된 종합적인 리스크관리 목표를 나타낸 정책방침, 투자 가이드라인 등을 승인하고 그들의 문서는 전략상의 변경 등이 발생한 경우에는 수정하지 않으면 안 된다. 또한 리스크관리는 투자 판단을 행한 부서로부터 독립된 전문담당자가 행하지 않으면 안 되며, 리스크관리에 관한 조직체제와 보고 라인은 명확하게 규정될 수 있도록 하고, 리스크관리 부문의 분리와 책임체제의 명확화가 강조된다. 더욱이 연기금에 대해 채택하고 있는 리스크관리 대책은 기금 내부 및 외부의 운용기관 모두에게 적용되며, 유사한 자산 그룹 및 전략에 있어 일관되게 적용되어야 한다.

2) 리스크 측정

리스크 측정에 대해서는 먼저 리스크관리의 기본으로써 투자 대상자산을 적절하게 평가하는 것이 강조되고 있다. 즉 평가가 용이한 자산에 대해서는

7 www.CMRA.com 및 吉原健二, 『運用自由化時の年金基金の資産運用』, 東洋經濟新報社, 1999.2, pp.206~209 등을 참조.

매일, 용이하지 않는 자산에 대해서도 주마다 평가하고 평가가 곤란한 자산도 중요한 사건이 발생한 경우에는 적절하게 평가하도록 하며, 정보원이 다르기 때문에 평가액에 큰 차이가 있는 경우에는 조정하도록 되어 있다. 또한 수탁자는 포트폴리오에 관련된 리스크를 정기적으로 측정하고 리스크와 수익의 주된 요인을 수치화하여 파악할 필요가 있으며, 전체 및 개별 포트폴리오에 대한 상대적 평가를 정확하게 하기 위해 리스크 조정 후 수익을 산정하도록 하고 있다.

3) 리스크 감시

리스크 감시의 경우, 수탁자는 모든 운용기관의 리스크 정책, 리스크 통제에 대해 항상 독립된 입장에서 재평가할 수 있으며, 리스크 정책 및 리스크 통제가 수탁자에 따라 표시된 필요 요건에 도달하지 않는 경우에는 이후 준수와 개선에 대한 계획을 문서화하고 통지하도록 하고 있다. 또한 기금이사 등은 운용기관에 대해 그 운용전략설명서를 제출하도록 요구하며, 그리고 운용기관의 투자행동과 보수가 그 전략과 일치하도록 하고, 주된 리스크와 수익요인에 대해서는 문서화하여, 적어도 1년마다 수정하고 운용전략이 변경된 경우에는 언제라도 갱신할 수 있도록 하고 있다. 더욱이 모든 모델 및 관련 시스템은 사용 전 뿐만 아니라 사용 후에도 매년 독립된 입장에서 수정할 수 있으며, 중요한 시장 변동 또는 시장 관행이 변경된 경우에는 중간검사를 할 수도 있다. 수탁자는 새로운 운용수단, 전략 또는 자산 그룹의 사용을 허가하는 데 있어서의 검사 프로세스를 문서화할 수 있다. 또한 새로운 투자에 대한 운용정책은 운용기관의 운용전략, 전문능력뿐 아니라 수탁자의 수익 및 목표수익과 연계될 수 있도록 하고 있다.

표11 수탁기관의 리스크관리 기준

구분		세부 내용
리스크 관리	제1기준	수탁자 책임은 문서의 형태로 명확하게 인식되지 않으면 안 된다.
	제2기준	수탁자는 리스크관리에 대해서 문서의 형태로 그 정책, 정의, 가이드라인 등을 승인하지 않으면 안 된다.
	제3기준	리스크 기준의 감독은 문서로 정해진 수순에 의해, 투자실시자와는 독립된 자가 행하지 않으면 안 된다.
	제4기준	수탁자의 리스크 정책은 내부 및 외부의 관리자 모두에게 적용하고 더욱이 유사한 자산등급 및 전략은 동일하게 적용되지 않으면 안 된다.
	제5기준	조직체제와 담당자의 책임은 명확하게 정하여 있지 않으면 안 된다.
	제6기준	수탁자는 리스크 정책을 실시하기 위하여 적절한 교육을 행하고, 필요한 시스템 및 자원을 확보하지 않으면 안 된다.
	제7기준	주요한 리스크에 대해서는 채용하고 있는 포트폴리오, 운용전략, 운용수단 등과의 관련성을 분석하지 않으면 안 된다.
	제8기준	전체 및 개별 포트폴리오에 대해, 취득할 리스크의 한계를 설정하지 않으면 안 된다.
	제9기준	수탁자는 리스크와 관련된 일상적인 보고, 예외적 사항의 보고, 그리고 기준 위반이 존재하는 경우의 절차에 대해 명확하게 정하지 않으면 안 된다.
리스크 측정	제10기준	투자대상의 가격은 시장가격이 존재할 경우 매일, 기타 경우에는 가능한 빈도에 기초하여 평가하지 않으면 안 된다.
	제11기준	투자대상에 대해 상이한 관계자로부터 상이한 가격등급이 매겨진 경우에는 그 불일치는 조정되지 않으면 안 된다.
	제12기준	수탁자는 정기적으로 리스크를 측정하여 위험과 수익률의 요인분석을 행하지 않으면 안 된다.
	제13기준	전체 및 개별 포트폴리오의 경우 위험 조정 후 수익률이 측정되지 않으면 안 된다.
	제14기준	전체 및 개별 포트폴리오의 경우 스트레스 테스팅(stress testing)을 행하지 않으면 안 된다.
	제15기준	위험과 수익의 예측 및 그 모델에 대해서는 신뢰성을 검증하기 위하여 정기적으로 백 테스트(Back Test)를 행하지 않으면 안 된다.
	제16기준	평가, 리스크 측정 및 리스크관리를 위한 모델 및 전제의 신뢰성은 평가되고, 관리되지 않으면 안 된다.
리스크 감시	제17기준	수탁자는 신중성을 기초로, 리스크정책을 준수하여 가이드라인을 감시하지 않으면 안 된다.
	제18기준	수탁자는 관리자 보수와 실제 투자행동이 그 운용전략과 일치하는 것을 확인하지 않으면 안 된다.
	제19기준	리스크관리를 위한 방법, 모델 및 시스템은 정기적으로 독립된 입장에서 수정하지 않으면 안 된다.
	제20기준	수탁자는 새로운 투자행동을 허가하는 프로세스를 문서화하지 않으면 안 된다.

자료: www.CMRA.com.

제8장

가입자 권리

1. 가입자 차별 금지

우리나라 「근로자퇴직급여보장법」 제4조(퇴직급여제도의 설정)에서 '사용자(기업)는 퇴직하는 근로자에게 급여를 지급하기 위해 퇴직급여제도 중 하나 이상의 제도를 설정해야 한다'라고 규정하고 있다. 따라서 법정퇴직금제도나 퇴직연금제도 중에서 하나의 제도를 설정할 수 있으며 법정퇴직금제도와 퇴직연금제도 모두를 설정할 수 있다. 또한 확정급여형 퇴직연금제도와 확정기여형 퇴직연금제도 형태로 퇴직급여제도를 설정할 수 있다. 이러한 퇴직급여제도를 설정하는 경우에 '하나의 사업장에서 급여 및 부담금 산정 방법의 적용 등에 관하여 차등을 두어서는 안 된다'라고 「근로자퇴직급여보장법」에 규정하고 있다. 즉 「근로자퇴직급여보장법」 제2장 제4조 제1항에서는 하나의 사업장에서 가입자인 근로자의 소득 등을 이유로 차별하는 것을 엄격하게 금지하고 있다.

이와 같은 근로자 차별금지 요건 또는 무차별 요건non-discrimination은 미국에서도 규정되어 있다. 미국의 경우 무차별 요건을 충족하기 위해서는

표1 미국의 무차별 요건 및 출연비율 검사

구분	내용
무차별 요건	– 출연 및 급부에 있어서 고급여근로자에게 차별적으로 유리하게 설정하지 말 것 – 사용자의 대응출연금과 종업원의 세후출연금이 고급여근로자에 유리하게 되어 있는지 판정하는 실제 출연비율 검사를 충족할 것
고급여 근로자 기준	– 근로자가 다음 중 하나 충족하면 고급여근로자 간주 · 당해년도 또는 전년도에 회사 지분의 5%를 초과하여 소유한 경우 · 전년도에 사용자로부터 연간보수로 8만달러(1998년)초과하여 수령하고 임금이 상위 20%에 속하는 경우
출연비율 검사	– ACPT는 고급여근로자의 ACP 비율이 다음 중 하나를 만족시키면 됨 ① 고급여근로자의 ACP≤1.25×비고급여근로자의 ACP ② 이하 모두 만족 · 고급여근로자의 ACP≤2%+비고급여근로자의 ACP · 고급여근로자의 ACP≤2×비고급여근로자의 ACP

실제 출연비율 검사ACPT: Actual Contribution Percentage Test를 반드시 통과하도록 규정하고 있다. 예를 들어 확정기여형 퇴직연금의 경우 사용자의 대응출연금matching contribution과 종업원의 세후출연금이 고급여근로자에게 유리하게 되어 있는지를 판정하는 실제 출연비율 검사를 통과하여야 한다. 이는 출연 및 급부가 상대적으로 고급여근로자에게 차별적으로 유리하게 설정되어서는 아니된다는 것을 의미한다. 이러한 면에서 우리나라 현행 규정은 어느 정도 무차별 요건을 충족시킨다고 할 수 있다. 그 이유는 우리나라의 경우 확정기여형 퇴직연금 기여금과 확정급여형 퇴직연금 급여수준의 개인별 한도에 대한 규정이 존재하고 있기 때문이다. 이러한 한도 규정이 없는 경우 고급여근로자가 급여의 일정부분을 출연한 기여금에 전액 손금산입을 허용할 경우 조세지원의 혜택이 상대적으로 고급여근로자에게 과도하게 귀속될 가능성이 있다.

이런 점에서 우리나라 「근로자퇴직급여보장법」은 하나의 사업장에서 무차별 요건을 두고 고급여근로자와 저급여근로자 간의 차별을 엄격히 금지하고 있다. 그럼에도 불구하고 넓은 의미의 근로자 차별은 여전히 존재하고 있는 실정이다. 왜냐하면 「근로자퇴직급여보장법」 제4조 1항 단서에서 '계속 근로기간이 1년 미만인 근로자, 4주간을 평균하여 1주간의 소정 근로기간이 15시간 미만인 근로자에서 대해서는 퇴직급여제도를 설정할 수 없다'라고 규정함으로써 일정한 요건을 충족하지 못하는 비정규직 근로자에 대해서만은 원천적으로 퇴직급여제도의 설정을 금지하고 있기 때문이다. 즉 정규직 근로자와 비정규직 근로자간 퇴직급여제도 설정의 차별성을 「근로자퇴직급여보장법」에서 인정하고 있는 것이다.

2. 퇴직연금 통산장치

퇴직연금의 통산기능 및 유형

1) 퇴직연금의 통산기능

단기근속자 증가, 중간정산제 및 연봉제의 확산 등으로 퇴직일시금이 노후자금으로 활용되지 못하고 소액생활자금으로 수령하는 경우 근로자의 안정적인 노후가 어렵게 된다. 따라서 직장을 옮기더라도 일시금을 계속 적립했다가 은퇴 시에 연금 또는 일시금으로 받을 수 있는 장치의 마련이 필요하다. 이러한 점에서 퇴직연금의 통산장치(통산제도)가 퇴직연금 가입자의 권리 차원에서 매우 중요하다. 문제는 퇴직연금의 통산장치가 제도적으로 마련되었다 하더라도 이 장치가 잘 작동하기 위한 통산기능Portability이 원활하게 작동하지 않는다면 퇴직연금가입을 통해 안정적인 노후생활을 유지하여야 하는 가입자의 권리는 크게 침해된다는 데 있다. 예를 들어 확정기여형 퇴직연금제도와 개인형 퇴직연금제도 등과 같은 통산장치가 마련되었지만 이를 적극 활용할 만한 유인(기능)이 부족하다면 퇴직연금의 노후소득보장기능은 당연히 취약할 수밖에 없다. 따라서 통산기능을 제고시키기 위한 꾸준한 제도적 정비는 필수적이다.

2) 퇴직연금의 통산장치 유형

현행의 퇴직금제도는 기업마다 퇴직금 규정 및 급여체계 등이 서로 상이하여 서로 다른 기업 간에 퇴직금제도를 통산할 수 없기 때문에 근로자가 이직하거나 전직할 경우에는 일반적으로 이직·전직하는 기업으로 퇴직금을 이전하지 않고 일시금으로 퇴직금을 지급하여 왔다. 그러나 퇴직연금제도는 확정급여형 이외에 확정기여형과 개인형 퇴직연금을 운용하고 있으므로 근로자가 이직하거나 전직할 경우에도 퇴직금이 통산 관리된다. 확정급여형 퇴직연금제도를 설정한 기업에서 확정급여형 퇴직연금제도를 설정한 기업

그림1 확정급여형 기업에서 확정급여형 기업으로 전직 시

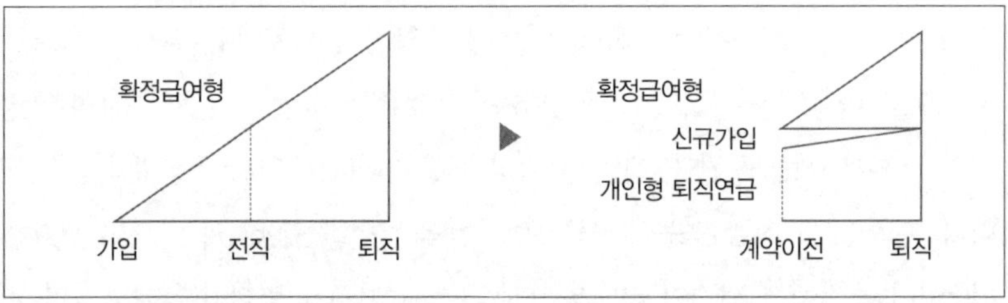

그림2 확정급여형 기업에서 확정기여형 기업으로 전직 시

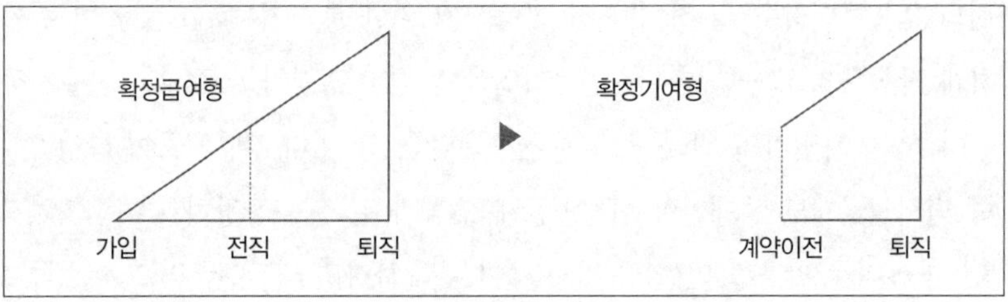

으로 전직할 경우에는 기업 간의 퇴직금 규정 및 급여체계의 상이로 전직하는 기업의 확정급여형으로 이전할 수 없으므로 확정급여형은 개인형 퇴직연금으로 계약전환하고 전직하는 기업의 확정급여형에 신규가입하게 된다. 그리고 확정급여형 기업에서 확정기여형 기업으로 전직할 경우에는 전직하는 기업의 확정기여형으로 계약이전하면 된다.

또한 확정기여형 기업에서 확정급여형 기업으로 전직할 경우에는 확정기여형은 개인형 퇴직연금으로 계약이전하고 전직하는 기업의 확정급여형에 신규 가입하면 된다. 그리고 확정기여형 기업에서 확정기여형 기업으로 전직할 경우에는 전직하는 기업의 확정기여형으로 계약이전하면 된다.

이와 같이 퇴직금의 통산제도가 가능하게 되면 근로자가 전직이나 이직할 경우에 지급되던 퇴직일시금이, 근로자가 정년퇴직할 때까지 금융권 내

그림3 확정기여형 기업에서 확정급여형 기업으로 전직 시

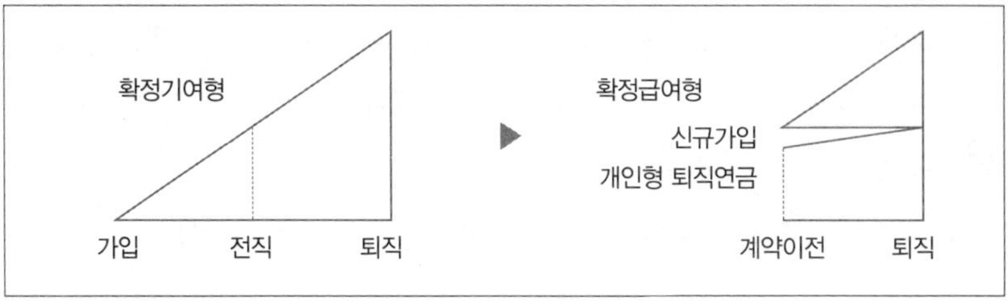

그림4 확정기여형 기업에서 확정기여형 기업으로 전직 시

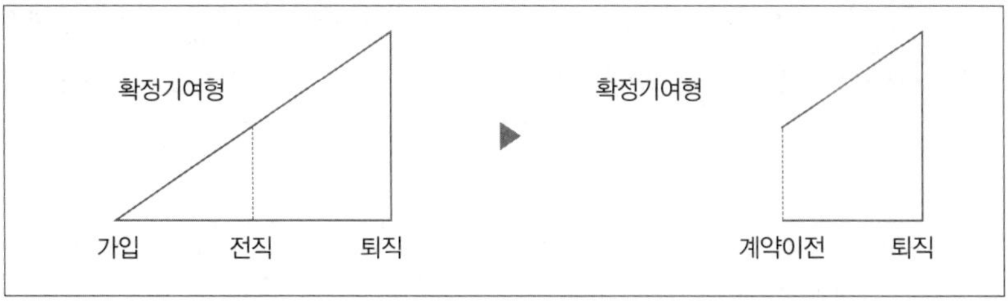

에 계속해서 적립되게 될 것이므로 퇴직연금 시장이 성장하게 된다. 또한 개인형 퇴직연금 및 확정기여형 퇴직연금이 도입되어 현재 중간정산으로 인하여 중간정산 시마다 근로자에게 지급되던 중간정산 퇴직금을 퇴직연금화하는 것이 가능하다.

통산장치로서의 개인퇴직계좌 운영체계[1]

1) 가입 대상 및 납입 한도

(1) 미국

전통형 IRA는 가입대상 범위가 넓고, 추가 납입이 가능하며, 매년 갹출액을 납입할 필요가 없는 것이 특징이다. 가입 자격은 근로자, 자영업자, 공무원, 배우자까지 근로상태 및 직종에 관계없이 70.5세 미만까지 가입할 수 있으며, 퇴직 일시금의 일부만을 납입하여 가입할 수 있도록 하고 있다. 이 경우 연간 5천 달러까지 납입액 제한이 있으나 연간 최소 납입 제한은 없으며, 50세 이상은 IRA에 추가 납입catch-up contribution이 가능하다. 특히 납입액을 제한하는 이유는 고소득자들이 납입액을 증가시켜 세제혜택을 받을 경우 국가적인 혜택이 고소득자에게 집중될 개연성이 높고 소득재분배의 효과가 감소하기 때문이다.

SEP IRA에 가입하기 위해 근로자는 최소한 21세 이상이어야 하며, 동일한 사업장에 최소한 3년 이상 근무하고 연간 근로소득이 최소한 500달러 이상이어야 한다.

SEP IRA는 근로자의 적립금을 사용자가 책임지며 사용자의 지원 금액에 대한 상한액이 설정되어 있다. 즉 사용자가 근로자들의 IRA에 적립되는 금

---

1 류건식·김대환·이상우, 「보험회사의 개인형 퇴직연금 운용방안」, 보험연구원 연구보고서, 2013.1, pp.87~109 및 이태호, 「개인형 퇴직연금 도입효과 및 활성화방안」, 한국채권연구원, 2009.3 등을 참조.

액에 대해 모든 책임을 지고 있는 '사용자 지원 IRA' 중 하나이다. SEP IRA는 자영업자 자신의 적립금에 대해서는 상한액을 달리 설정하고 있다. 근로자를 위해 사용자가 적립금의 일부를 지원할 경우 근로자 임금의 25% 이하이거나 4만 9천 달러(2009년 기준) 이하이어야 한다. 사용자 자신을 위해 SEP IRA에 금액을 적립할 경우 적립금은 순이익의 약 18.6%를 초과할 수 없다. 하지만 SEP IRA에 가입할 수 있는 근로소득 기준은 24만 5천 달러로 상대적으로 높은 편이다. 자영업자의 경우는 조정된 연 수입의 20%와 4만 9천 달러 중 적은 금액을 기여 상한으로 하고 있다.

표1 SEP IRA의 적립금 상한 추이

(단위: 달러)

연도	적립금 상한액	비고
2005	42,000	사용자는 순이익의 18.6% 이상을 적립할 수 없으며, 근로자는 임금의 25%와 4만 9천 달러 중 낮은 금액을 적립할 수 있음
2006	44,000	
2007	45,000	
2008	46,000	
2009	49,000	
2010	49,000	

자료: http://en.wikipedia.org/wiki/SEP_IRA, Equity University
http://www.trustetc.com/equity-university/irs-contribution-limits.html

SEP IRA는 사용자가 IRA의 적립금에 대해 모든 책임을 지고 있는 반면, SIMPLE IRA는 노사 쌍방이 보험료를 분담하여 갹출하는 방식이다. 반면에 사용자 보조가 이루어지는 기타 IRA보다는 적립금 한도가 낮은 편이다. SIMPLE IRA를 도입하기 위해서는 일정한 자격이 요구된다. SIMPLE IRA의 기본 취지는 중소기업 근로자의 노후소득보장을 강화하는 것이므로 SIMPLE IRA를 도입할 수 있는 사용자는 100인 근로자 이하의 사업장을 소유하고 있어야 한다. 일부 사용자의 경우 100인 이하로 근로자 수를 유지하다가 SIMPLE IRA를 도입한 이후 100인 이상으로 근로자 수를 증가시킬 수 있을 가능성이 있으므로 이러한 역선택을 방지하기 위한 제도가 마련되어 있다. 즉 SIMPLE IRA 가입 도중 사업장 규모가 100인 근로자 이상으로 증가할 경우 2년 동안만 SIMPLE IRA를 유지할 수 있도록 하였다.

(2) 일본

국민연금기금연합회가 위탁한 운영관리회사인 은행 및 보험회사 등의 금융회사에 IRA를 가입하면 국민연금기금연합회가 가입자 자격 유무를 확인하여 운영관리회사에 통보하는 가입 절차를 거치게 된다. 일본에 거주하는 20세 이상 60세 미만인 자영업자와 그 가족, 학생과 60세 미만의 근로자로서 소속 기업이 후생연금기금, 확정급부 퇴직연금, 적격퇴직연금 등의 퇴직연금을 도입하지 않아 연금에 대한 기업의 지원이 없는 사업장의 근로자가 가입대상자가 된다. 그러나 공무원 공제조합에 가입하였거나 후생연금보험이나 공제조합에 가입한 피부양 배우자는 가입 대상에서 제외된다. 일본 퇴직금제도는 우리나라와 같이 법정의무제도가 아니라 임의제도로서 의무사항은 아니지만 대부분의 기업에서 퇴직급여제도를 시행하고 있다. 자영업자는 월 6만 8천 엔, 근로자는 월 1만 8천 엔으로, 근로자의 경우 국민연금 외에도 후생연금에 가입되어 있지만 자영업자의 경우 기초연금만에 가입할 수 있어 기여한도가 더 크다.

(3) 영국

영국의 스테이크홀더 연금은 퇴직연금이나 개인연금에 가입할 여력이 되지 않는 근로자들이 낮은 비용으로 연금제도에 가입할 수 있도록 하는 데 그 목적이 있다. 따라서 다른 종류의 연금제도를 제공하지 않고 있는 사용자에 대하여 스테이크홀더 연금 제공을 의무화하였다. 다만 사용자가 기여금을 납입할 의무를 지는 것은 아니며 사용자는 기여금납입 여부를 선택할 수 있도록 하였다. 스테이크홀더 연금은 확정기여형 제도형태로 운영되고 있다. 다만 수수료 상한선을 두고, 퇴직연금을 도입하지 않은 5인 이상 기업이면 스테이크홀더 연금을 제공하는 것이 강제되며, 좀 더 간단하고 단일화된 세제체계를 가지고 있다는 특징을 가지고 있다.

영국의 스테이크홀더 연금은 평균 2만 파운드 이상의 연봉을 받는 고소득자의 경우에는 대부분 개인연금을 가입하고 있으므로 스테이크홀더 연금은 중·저소득 근로자, 즉 연 평균 임금 1만~2만 파운드이면서 퇴직연금 또는 개인연금을 설정하지 않고 있는 근로자들을 주 가입 유도 대상으로 하였다. 가입자가 기여를 중단하거나 다른 연금으로 이동하더라도 벌과금을 부과하지 않아 이직이 잦은 산업의 근로자, 불완전 고용자 및 자영업자의 가입을 유도할 수 있도록 하였다. 기여금을 일정하게 유지하지 않거나 액수가 작은 경우를 대비하여 수수료를 총 적립금 기준으로 부과하여 중·저소득 근로자의 제도 가입을 유도하였다. 퇴직연금을 제공하고 있지 않은

표3 가입 및 납입한도 비교

		미국(전통형 IRA)	일본(IRA)	영국(스테이크홀더 연금)
가입요건	취급 기관	금융회사	금융회사, 우체국	금융회사
	가입 자격	과세 소득자, 공무원, 배우자	자영업자, 근로자	고소득 근로자
	연령 제한	70.5세	20세 이상 60세 미만	65세
납입액	납입 결정	가입자가 납입	가입자가 납입	사용자와 근로자 기여, 사용자는 의무사항이 아님
	납입 상한	연간 5천 달러	자영업자: 연 81.6만 엔 근로자: 연 27.6만 엔	3만 파운드

자료: 류건식·김대환·이상우(2013), p.94.

5인 이상 사업장의 사용자는 근로자와의 협의를 통해 스테이크홀더 연금 사업자를 선정하고, 부담금 납입을 연결해주는 역할을 할 것을 의무화하고 있다. 단, 5인 미만 근로자를 고용하고 있는 경우에는 제외된다. 사용자나 근로자가 스테이크홀더 연금에 기여하는 것은 의무사항이 아니다. 이에 따라 법적요건을 충족하기 위해 스테이크홀더 연금은 개설되어 있지만, 실제로 스테이크홀더 연금에 가입해 운용하는 근로자가 없는 경우도 있다. 퇴직연금 가입자가 스테이크홀더 연금에 동시에 가입하는 것은 금지되어 있으나, 예외적으로 연소득 3만 파운드 이하인 사람에게는 허용하고 있다.

2) IRA 세제

(1) 미국

미국 IRA 제도는 우리나라와 유사하게 EET 방식의 세제체계를 가지고 있으며 가입자 특성별로 소득공제가 차등되어 있는 것이 특징이다. 즉 각출단계에서 소득공제(E), 운용단계에서 비과세(E), 급부단계에서 과세(T)하고 있다. 다만 소득공제 한도는 연간 납입한도 금액까지 가능하며, 부부의 경우 합산하여 8천 달러, 50세 이상의 경우 6천 달러까지 차등화 되어 있다. 또한 퇴직급여의 80% 이상 납입으로도 퇴직소득세의 과세이연이 가능하며, 급부시 고령자에게는 일반세율보다 낮은 시니어 세율Senior Citizen Effective Tax Rate을 적용하게 된다.

(가) 전통형 IRA

연간 적립금 상한 이내에서 적립한 금액은 소득공제가 되며 퇴직금 또는 연금으로 인출할 경우 소득세Federal Income Tax가 부과된다. 또한 전통형 IRA에 적립된 자산을 운영하여 얻는 이자, 배당 및 기타 자본수익에 대해서는 세금을 부과하지 않는다. 1975년 전통형 IRA가 처음 도입되었을 때 적립

표4 최근 전통형 IRA의 적립금 연령별 상한

(단위: 달러)

년도	49세 이하	50세 이상
2005	4,000	4,500
2006~2007	4,000	5,000
2008	5,000	6,000
2009	5,000	6,000
2010	5,000	6,000

자료: http://en.wikipedia.org/wiki/Traditional_IRA

금 상한은 1,500달러 또는 연간소득의 15%이었으나 점차 한도가 인상되었으며 현재는 가입자의 연령에 따라서 적립금 한도가 다르게 설정되어 있다. 2010년 현재 개인을 기준으로 49세 이하는 적립금 상한액이 5천 달러, 50세 이상은 6천 달러이며, 49세 이하의 기혼자는 1만 달러, 50세 이상의 기혼자는 1만 2천 달러가 상한액이다.

(나) Roth IRA

Roth IRA가 전통형 IRA와 다른 점은 적립금에 대한 소득공제 혜택이 주어지지 않는다는 점이다. 그러나 전통형 IRA와 달리 적립금 인출 시에는 세금이 부과되지 않는다. 그러므로 전통형 IRA에서 인출할 경우 부과되는 세율이 현재 Roth IRA의 자산운용에 따른 수익에 부과되는 세율보다 높아질 것이라고 기대하는 근로자들은 전통형 IRA보다는 Roth IRA를 선호하게 된다. Roth IRA와 전통형 IRA의 상한액이 동일한 것 같지만 전통형 IRA는 적립시에 세금을 부과하지 않고 Roth IRA는 세제후 적립금 상한액을 적용하기 때문에 Roth IRA의 상한액이 높다고 할 수 있다.

전통형 IRA와 달리 적립금을 쌓을 경우 세금공제 혜택을 볼 수 없다는 단점 이외에도 인출 시 면제되는 세금 혜택들에 대한 법적 제도들이 언제든지 변경될 수 있다는 불확실성은 Roth IRA가 안고 있는 가장 큰 단점으로 지적되고 있다. 또한 Roth IRA에 가입하기 위해서는 소득이 일정금액 이하여야 한다. 수정조정총소득Modified Adjusted Gross Income, MAGI이 12만 달러 이하이어야 하며 기혼자의 경우에는 17만 7천 달러 이하이어야 Roth IRA에 가입할 수 있다.

표5 전통형 IRA와 Roth IRA 세제지원 비교

	전통형 IRA	Roth IRA
납입한도	– 연간 5천 달러 – 2008년 말 현재 50세 이상이면 6천 달러 – 소득에 따른 상한 없음	– 연간 5천 달러 – 2008년 말 현재 50세 이상이면 6천 달러 – 소득 및 부부 합산 여부, 다른 IRA 보유 여부에 따라 위의 한도가 줄어들 수 있음
소득공제	– 가능 – 소득, 부부합산 여부, 퇴직연금 가입여부, 공적 연금 수령 여부에 따라 공제한도 달라짐	– 불가능
국세청 보고의무	– 소득공제가 되지 않는 납입금이 있을 때만 보고	– 없음
연금과세 여부	– 일반 소득으로 과세됨 – 소득공제가 되지 않은 납입금이 있을 경우 일부 면세됨	– 조건 충족 시 비과세
연금수령에 대한 국세청 보고의무	– 소득공제가 되지 않는 납입금이 있을 때만 보고	– 있음

자료: 류건식·김대환·이상우(2013), p.98.

2) 일본

일본은 퇴직연금에 세제상의 우대 조치를 부여하고 있으며, 근로자와 자영업자에게 차등적으로 소득공제하고 있다. 가입자의 기여단계에서는 연금보

험료에 대한 일정한 한도에서 소득공제가 제공되고 운용단계에서는 비과세된다. 급여단계에서는 연금수령액에서 공적 연금공제를 차감하여 소득금액을 계산한다. 그러나 근로자가 일시금 형태로 수령하는 경우 퇴직소득으로 간주하여 공적 연금공제 대신 퇴직소득공제를 한다. 기여단계의 연간 소득공제액은 근로자와 자영업자가 상이하며 가입자의 연간 연금보험료 납입한도까지 가능하다. 또한 물가상승 등을 고려하여 소득공제액이 인상되었다. 2010년 1월부터 근로자는 종전의 연간 21만 6천 엔에서 연간 27만 6천 엔으로 인상되었으며, 자영업자는 인상 없이 81만 6천 엔이다.

국민연금기금연합회에 체결하였던 신탁재산에 대한 이자와 배당은 소득세 비과세 혜택이 있으며, 근로자 및 자영업자의 적립금 운용이익은 특별 법인세 과세대상이지만 2011년까지 유예되었다. 또한 노령급부를 연금형식으로 수령할 경우 공적 연금 등의 공제가 적용되나, 일시금으로 수령 받을 경우 퇴직소득으로 과세 대상이 된다. 또한 가입자의 사망으로 유가족이 사망일시금을 수령할 경우 상속세 과세대상에 해당이 되며 가입자가 탈퇴할 경우 소득세, 개인주민세 등이 과세된다.

3) 영국

영국의 스테이크홀더 연금Stakeholder pension은 정부가 정한 특정 기준들을 만족하는 연금으로 개인들이 가입할 수 있으며, 특히 자영업자가 퇴직연금에 가입하지 않은 경우에도 가입할 수 있다. 스테이크홀더 연금가입자는 기여금에 대하여 환급을 받게 되는데, 스테이크홀더 연금에 기여하는 1파운드당 0.28파운드를 스테이크홀더 연금계좌에 다시 입금하는 방식으로 지원해주게 된다. 세금 환급을 받을 수 있는 연간 한도인 2,808파운드를 기여한 경우, 환급되는 세금액은 약 790파운드가 된다. 고소득자가 소득이 없는 가족의 명의로 스테이크홀더 연금을 개설한 후에 세금 혜택을 받으면서 연금

표6 주요국의 세제지원 비교

	미국(전통형 IRA)	일본(IRA)	영국(스테이크홀더 연금)
소득공제	납입 한도 이내	납입 한도 이내	보조금 지급
운용단계	비과세	비과세(한시적)	비과세
급부단계	통상소득으로 과세	과세(연금급부 시 공제 적용)	비과세(한도 이내)

자료: 류건식·김대환·이상우(2013), p.103.

에 기여하는 것이 가능하게 되었다. 은퇴 시에는 총적립금액의 25%를 비과세로 인출하는 것이 가능하다.

3) 연금 급부

(1) 미국

미국은 은퇴 이후에도 갹출금을 지속적으로 납부할 수 있도록 하며 연금급부 개시와 동시에 갹출금 납입이 가능한 것이 특징이다. 즉 59.5세부터 급부가 시작하지만 70.5세까지 여유자금이 있을 경우에는 납입이 가능하며, 70.5세부터는 의무적으로 수령하게 된다. 급부는 일시금, 연금 및 수시적인 지급방식 중 선택 가능하다. 급부는 기본적으로 중도인출을 허용하지 않고 있지만 59.5세 이전에 사망하거나 장해사고가 발생하여 고액의료비를 지출했을 경우, 무주택자가 최초로 주택을 구입하는 경우, 고등교육을 위한 교육비가 필요할 경우에는 중도인출이 가능하다. 이외의 경우 중도인출을 할 경우 과세이연이 되지 않으며 10%의 페널티를 부과하는 것이 일반적이다. SIMPLE IRA에서는 조기인출 시에 대해 무거운 페널티를 부과하는데 근로자 입장에서는 SIMPLE IRA의 가장 큰 단점으로 지적되고 있다. 조기에 인출을 하거나 가입한 지 2년이 경과하지 않은 상태에서 다른 계좌로 이전을 하면 인출금액의 25%를 국세청이 차압하게 된다. 또한 계좌 소유자의 연령이 59.5세 이하인 경우에는 소득세와 함께 10%의 추가 페널티를 부과하고 있다.

(2) 일본

IRA 제도의 급여방법은 노령급여, 장애급여, 사망일시금 등의 세 가지 종류의 급여로 구성되어 있다. 노령급여와 장애급여는 5~10년의 유기형 연금으로 수령할 수 있다. 다만 운영관리기관이 사전에 정한 요건에 해당할 경우 일시금으로도 수령이 가능하다. 노령급여는 원칙적으로 최초 납입일로부터 10년이 지난 시점에서 60세부터 70세 사이에 급여의 지급을 청구할 수 있다. 다만 60세 시점에 가입기간이 10년 미만일 경우 가입기간에 따라 수령 개시 연령이 달라진다. 예컨대, 가입기간이 8년일 경우 61세부터 수령이 가능하며, 가입기간이 6년일 경우 62세부터 수령이 가능하다. 장애급여는 60세에 도달하기 전에 상해에 의해 일정 이상의 장애상태가 된 가입자가 상해 발생 1년 6개월이 경과한 때부터 지급 청구가 가능하다. 사망일시금은 가입자가 사망한 때에 유족이 일시금으로 수령할 수 있다. 또한 연금을 지급받는 기간 중에 사망한 경우에도 유족이 적립금 잔액을 수령할 수 있다.

(3) 영국

스테이크홀더 연금제도에서 수급연령은 상품에 따라 다르지만 종전에는 50세부터 가능하였으나, 2010년부터는 55세 이상으로 변경되었다. 연금의 수령은 55세부터 가능하며, 연금 수령 시점에서 총 연금자산의 25%를 비과세로 현금 수령을 하고 나머지 75%는 의무적으로 보험회사의 개인연금을 구입해야 한다. 연금급여의 지급방식은 종신연금 형태이고 일시금은 보험지급 개시 시점에 축적된 자본의 30%로 제한하며, 연금수급액을 일시금으로 받을 경우 이전의 정부보조금의 환불 및 전액 조세 대상이 된다.

표7 연금급부방식의 비교

	미국(전통형 IRA)	일본(IRA)	영국(SHP)
지급방식	일시·수시·연금 지급	일시·수시·연금 지급	일시금·연금지급
급부 개시 요건	사망, 장해, 고액의료비, 주택구입, 고등교육비 등	노령, 장애, 사망	노령, 장애, 사망
급부 개시	59.5세부터 가능, 70.5세 부터 의무	60세부터	55세부터 (2010년 이후)

자료: 류건식·김대환·이상우(2013), p.106

4) 급부이전

근로자가 이직 시 IRA 제도의 수탁기관을 결정하여 자기계좌에 적립금을 이전하는 것이 원칙이지만 적립금 규모에 따라 차이가 있다. 적립금의 규모가 5천 달러를 초과하면 근로자의 자유의사에 따라 IRA 가입을 결정하게 되지만 근로자의 동의가 필요하다. 적립금의 규모가 1천 달러에서 5천 달러 사이일 경우 기업이 사전에 지정한 수탁금융회사에 적립금이 자동으로 이전된다. 마지막으로 적립금의 규모가 1천 달러 미만이면 근로자는 60일 이내 적립금을 IRA 제도로 이전해야 하며, 이전하지 않을 경우 조기인출 사유로 간주하게 되고 이 경우 근로자의 동의는 불필요하다. 다만 SIMPLE IRA는 401(k)와 달리 전통형 IRA에 이전할 수 없으며, SEP IRA나 전통형 IRA는 SIMPLE IRA로 이전될 수 없다는 제약이 있다.

표8 자산 이전방식 비교

	미국(전통형 IRA)	일본(IRA)
이전 방식	- 이동 시 연금자산 이전 가능 - 새 직장의 퇴직연금제도에 IRA 자산이전 가능	- 이동 시 새 직장에 퇴직연금이 없으면 연금자산을 IRA에 이전 가능 - 퇴직 시 IRA에 이전 가능 - IRA 가입자가 직장 취업 시 이전하지 않음

자료: 류건식·김대환·이상우(2013), p.109.

일본의 IRA 제도는 개인계좌에 연금자산이 관리되므로 현재 근무하는 직장에서 다른 직장으로 전직하거나 회사를 퇴직할 경우 그때까지의 연금자산(개인별관리자산)을 새로운 퇴직연금 또는 IRA 제도에 이전하여 계속하여 적립금을 운용할 수 있다. IRA 제도의 가입자로 회사에 처음으로 입사하거나 또는 퇴직연금을 도입한 기업에 재취업할 경우에도 IRA 제도에 이전할 수 있다. IRA 제도에서는 각 기업별 신탁은행 또는 보험회사 등의 자산관리기관에 개별적으로 계약하므로 개인별 적립금은 일단 정산(현금화)되어 이전할 수 있다. 또한 후생연금기금이나 확정급여형 연금의 연금자산도 IRA 제도로 이전할 수 있다. 그러나 일반적으로 퇴직연금의 가입자가 퇴직연금에서 탈퇴한 6개월 이내에 전환절차를 밟아야 함에도 불구하고 그 절차를 밟지 않거나 기존의 퇴직연금 탈퇴 후 탈퇴 일시금을 신청하지 않은 경우가 많다. 이 경우 가입자의 자산이 국민연금기금연합회로 자동적으로 이전되는데 이 경우 국민연금기금연합회는 본인에게 이 사실을 통지하고, 특정운영관리기간에 의해 수수료가 징수되고 기록이 전환 관리되며, 국민연금기금연합회에 의해 자산관리가 실시된다.

개인형 퇴직연금의 통산 관련 규정

1) 도입 내용

우리나라는 기존의 IRA를 개인형 퇴직연금으로 명칭을 변경하고 제도를 개선하여 2012년 7월부터 시행하고 있다. 이에 따라 자영업자도 개인형 퇴직연금에 가입할 수 있게 되어 2층 노후소득보장 장치인 퇴직연금제도의 혜택이 가능하다. 또한 이직하여 개인형 퇴직연금에 가입하게 된 자도 부담금의 추가납부가 가능하도록 하였으며 개인형 IRA의 경우 전부 동의하지 않아도 개인형 퇴직연금에 가입이 가능하도록 하였다.

(1) 가입대상 확대

「근로자퇴직급여보장법」의 개정으로 개인형 퇴직연금제도에 자영업자, DB형 퇴직연금 및 DC형 퇴직연금 가입자 등이 가입할 수 있다. 가입대상을 퇴직연금 가입자, 자영업자(근로자를 사용하지 않거나 5인 미만의 근로자를 사용하는 사용자로서 사업자 등록을 한 자영업자), 소기업 및 소상공인(소상공인 지원을 위한 특별조치법 제2조 제2호의 소상공인) 등으로 확대하였다. 이에 따라 사용자와 근로자의 중간성격을 가진 특수형태 근로종사자, 즉 화물기사, 택배원, 학습지교사, 보험설계사, 방송작가, 연예산업 종사자의 개인형 퇴직연금제도 가입이 가능하다.

(2) 추가납부 허용

기존 퇴직연금제도에서는 DC형 퇴직연금 경우에만 추가납부가 가능하였지만 개정된 「근로자퇴직급여보장법」에서는 퇴직급여 일시금 외에 가입자가 자신의 부담으로 부담금을 계속 납부할 수 있도록 허용하고 있다. 이처럼 부담금 추가납부를 허용함으로써 개인형 퇴직연금이 DB형, DC형과 더불어 퇴직연금제도의 주요한 한 제도로 자리매김하게 되었다.

(3) 설정절차 완화

우리나라는 10인 미만 사업의 영세성, 잦은 직장 이동성 등을 감안하여 개인퇴직계좌를 통해 퇴직연금제도를 운용하도록 하였다. 그러나 근로자 전원의 동의를 필요로 함으로써 설정절차가 오히려 더 어려워 활용도가 미흡하였다. 이에 따라 개정된 「근로자퇴직급여보장법」에서는 '10인 미만 사업장에서 사용자가 근로자 개별 동의 또는 근로자의 개별 요구로 개인형 퇴직연금제도를 설정하는 경우 퇴직급여제도의 설정을 간주'하는 것으로 규정하기에 이르렀고, 10인 미만 사업장에 대한 전 근로자의 의무가입 규제 해소로 사용자는 쉽게 개인형 퇴직연금을 활용한 퇴직급여제도 운영이 가능하게 되었다.

(4) 가입 연속성 제고

개정된 「근로자퇴직급여보장법」에서는 이직 시 급여를 개인형 퇴직연금으로 이전하도록 하여 연금수급 개시 연령까지 노후재원을 보존하도록 규정화하여 퇴직연금 가입의 연속성을 제고하고자 하였다. 다만 대통령령이 정하는 사유인 55세 이후의 급여 수령, DC형으로의 급여 이전, DC형의 중도인출 사유 등의 경우를 제외하고는 직장 이직 시 퇴직연금의 급여를 개인형 퇴직연금으로 이전하도록 규정하고 있다.

2) 통산 관련 규정

개정된 근퇴법 및 시행령에서는 퇴직연금 가입자가 55세 이전에 퇴직하여 받는 퇴직적립금을 개인형 퇴직연금에 자동적으로 이전하도록 규정함으로써 퇴직연금제도 간 연속성을 강화하였다. 가입자가 개인형 퇴직연금제도의 계정을 지정하지 않는 경우 해당 퇴직연금사업자가 운영하는 계정으로 이전하도록 하고 있으며 확정기여형 퇴직연금 가입자의 경우는 운용중인 자산을 가입자가 설정한 개인형 퇴직연금의 계정으로 이전해줄 것을 해당 퇴직사업자에게 요청할 수 있도록 규정하고 있다. 또한 사용자와 퇴직연금사업자는 퇴직연금제도가 폐지되어 퇴직적립금을 지급하는 경우에도 가입자가 지정한 개인형 퇴직연금의 계정으로 이전하도록 의무화하고 있다. 다만 근퇴법 및 시행령에서는 퇴직 근로자의 자금수요의 긴급성, 이전 시 연금제도의 연속성 보장 효과 등을 감안하여 개인형 퇴직연금으로의 이전 예외 규정을 두고 있다. 개인형 퇴직연금으로의 이전 예외는 ①55세 이후 퇴직하여 급여를 수령하는 경우, ②퇴직연금급여를 담보로 하는 대출금액을 상환하는 경우(단 담보대출 채무상환금액만 이전 대상에서 제외), ③퇴직 시 일시적 자금수요를 감안, 퇴직급여가 일정액 이하인 경우로 제한하고 있다.

3) 통산성 관련 문제

(1) 개인형 퇴직연금 이전 대상

퇴직연금 가입자가 퇴직으로 퇴직적립금을 받은 경우 개인형 퇴직연금으로 자동가입하도록 규정되어 있는 반면 법정퇴직금제도 가입자는 법상 개인형 퇴직연금으로의 이전 대상에서 제외되어 있다. 또한 법정퇴직금제도에서는

표9 근퇴법 및 근퇴법 시행령의 통산관련 규정

근퇴법	근퇴법 시행령
제17조(급여 종류 및 수급요건 등) ②사용자는 가입자의 퇴직 등에 따른 급여를 지급할 사유가 발생할 날부터 14일 이내에 퇴직연금사업자로 하여금 적립금의 범위에서 지급의무가 있는 급여 전액을 지급하도록 하여야 한다. ④제2항에 따른 급여의 지급은 가입자가 지정한 개인형 퇴직연금제도의 계정으로 이전하는 방법으로 한다. 다만 가입자가 55세 이후에 퇴직하여 급여를 받는 경우 등, 대통령령으로 정하는 사유가 있는 경우는 그러하지 않는다. ⑤가입자가 제4항에 따라 개인형 퇴직연금제도의 계정을 지정하지 않는 경우에는 해당 퇴직연금사업자가 운영하는 계정으로 이전한다. 이 경우 가입자가 해당 퇴직연금사업자에게 개인형 퇴직연금제도를 설정한 것으로 본다. 제20조(부담금의 부담수준 및 납입 등) ⑥가입자는 퇴직할 때에 급여를 갈음하여 그 운용중인 자산을 가입자가 설정한 개인형 퇴직연금제도의 계정으로 이전해줄 것을 해당 퇴직연금사업자에게 요청할 수 있다. 제38조(퇴직연금제도 폐지·중단 시의 처리) ④사용자와 퇴직연금사업자는 퇴직연금제도가 폐지되어 가입자에게 급여를 지급하는 경우에 가입자가 지정한 개인형 퇴직연금제도의 계정으로 이전하는 방법으로 지급하여야 한다.	제10조(개인형 퇴직연금제도로의 이전예외 사유) 법 제17조 제4항에서 '가입자가 55세 이후에 퇴직하여 급여를 받는 경우 등 대통령령으로 정하는 사유'란 다음 각호의 어느 하나에 해당하는 경우를 말한다. 1. 가입자가 55세 이후에 퇴직하여 급여를 받는 경우 2. 가입자가 법 제7조 제2항에 따라 급여를 담보로 대출받은 금액 등을 상환하기 위한 경우, 다만 가입자가 지정한 개인형 퇴직연금제도의 계정으로 이전하지 아니하는 금액은 담보대출채무상환금액을 초과할 수 없다. 3. 퇴직급여액이 고용노동부장관이 정하는 금액 이하인 경우

자료: 「근로자퇴직급여보장법」 및 시행령, 2012.7.

퇴직일시금을 개인형 퇴직연금에 가입하겠다고 의사를 표시하는 경우에만 개인형 퇴직연금으로 이전이 가능한 임의제도 형태를 띠고 있다. 이 경우 퇴직일시금의 80% 이상을 개인형 퇴직연금에 이전할 경우 퇴직소득세 및 이자소득세를 퇴직급여 지급 시까지 이연시켜 주고 있다. 이처럼 법정퇴직금제도에서 퇴직일시금을 받은 경우에는 의무적으로 개인형 퇴직연금으로 이전할 필요성이 없어 법정퇴직금제도의 연속성은 매우 취약하다.

(2) 개인형 퇴직연금 중도해지 시 제재

이직 또는 퇴직 시 퇴직적립금을 개인형 퇴직연금으로 이전한 후 자율적으로 중도해지하거나 일시금을 받을 수 있도록 규정하고 있어 개인형 퇴직연금의 노후소득보장기능이 미흡하다. 즉 개인형 퇴직연금을 중도해지하거나 퇴직일시금으로 수령하는 경우 세제상의 제재조치가 존재하지 않아 중도해지 등에 따른 퇴직연금제도 간 또는 퇴직급여제도간의 상호 연속성이 이루어지지 않고 있다. 그 이유는 중도해지(조기인출)나 일시금 수령 시에 저율의 퇴직소득세가 부과됨으로써 연금수령의 유인효과가 매우 낮기 때문이다.

(3) 개인형 퇴직연금 자동가입 연령

현재 기업의 평균 정년이 대체로 55세이고 근퇴법에서 규정한 퇴직연금 수급연령도 55세임을 고려하여 퇴직적립금을 개인형 퇴직연금으로 이전하는 연령을 55세로 설정하였다. 따라서 55세 이후에 퇴직한 근로자의 퇴직적립금은 퇴직연금제도에 편입되지 못하고 퇴직일시금으로 지급되므로 55세 이후 퇴직자에 대한 퇴직연금제도의 연속성은 미흡하다. 개인형 퇴직연금으로의 전환이 55세 이전 퇴직자로 한정되어 있어 55세 이후 퇴직자의 일시금 수령이 이루어질 가능성이 크며 기업의 정년연장 추이, 기대수명 증대에 따른 장수 리스크에도 적절히 반영하지 못하는 결과를 초래하고 있다.

개인형 퇴직연금 통산 강화 방향

퇴직연금제도의 연속성 강화를 위해 개인형 퇴직연금제도의 자동가입 대상을 법정퇴직금제도에서 퇴직일시금을 받는 근로자로 확대할 필요가 있다. 법정퇴직금제도에 가입되어 있는 근로자의 중간정산 자금도 자동적으로 개인형 퇴직연금으로 이전하여 퇴직연금 가입의 연속성을 제고하기 위한 법 개정이 요구된다. 그 이유는 퇴직금을 중간정산한 자금 중 불과 21%만 저축 등에 사용되고 대부분 연금재원은 조기 소진되어 노후의 소득불안전성이 크게 증대되고 있기 때문이다.

둘째, 퇴직금의 연금수령이라는 퇴직연금제도 본연의 취지를 살려 개인형 퇴직연금을 중도해지하거나 퇴직일시금을 받는 경우에는 이에 대한 세부담을 강화 할 필요가 있다. 미국은 개인퇴직계좌(IRA)의 가입자가 59.5세 이전에 조기인출하는 경우 퇴직적립금의 10%를 원천징수하여 임의적인 중도인출을 엄격히 제한하고 있다. 이를 감안할 때 개인형 퇴직연금의 중도해지나 일시금 수령 시에 퇴직소득세의 세율을 높여 부과할 필요가 있다.

셋째, 고령화에 따른 기대수명 연장 등을 고려하여 개인형 퇴직연금의 자동가입 연령을 55세 이상으로 상향조정하는 방안을 검토할 필요가 있다. 근로자의 정년이 고령화 추세와 맞물려 증가하고 있기 때문에 개인형 퇴직연금의 자동가입 연령을 55세 이전으로 한정하지 말고, 현실적인 은퇴연령 수준(55세 이상~60세 이하)을 감안하여 재조정하는 것이 필요하다. 즉 개인형 퇴직연금제도로의 이전 예외사유인 '55세 이후 퇴직하여 급여를 받는 경우'를 '60세 이후 퇴직하여 급여를 받는 경우'로 개정해야 할 것이다. 다만 예외적인 조항(예를 들어 저소득 근로자 등)을 두어 60세 이전에도 연금 또는 일시금을 수령할 수 있도록 할 필요가 있다.

3. 중간정산 보완장치

중간정산 현황

고용노동부의 조사결과 등에 의하면, 우리나라 대부분의 기업이 중간정산을 실시하는 것으로 나타나 중간정산에 따른 퇴직급여의 소진이 심각한 수준에 이르고 있다. 2008년 실태조사 결과, 법정 퇴직금제도를 운영하고 있는 기업의 70.8%가 중간정산을 실시한 것으로 조사되어 2006년의 68.3%에 비해 2.5%p가 증가한 것으로 나타나고 있다. 업종별 중산정산 실시 기업체수를 보면, 제조업의 77.4%가 중간정산을 한 것으로 나타나고 있으며, 다음으로 건설업 (66.1%), 서비스업(65%) 순이다. 따라서 제조업이 건설업, 서비스업, 도소매업 및 기타 산업에 비해 상대적으로 중간정산이 많이 이루어지고 있다.

표10 업종별 중간정산 실시 기업 비율

(N=500)

업종	실시	미실시
제조업	77.4%	22.6%
서비스업	65.0%	35.0%
도소매업	61.5%	38.5%
건설업	66.1%	33.9%
기타	75.0%	25.0%

자료: 노동부(2008).

또한 근로자 수가 많고 노동조합이 있는 기업일수록 중간정산을 보다 많이 실시하고 있으며, 근로자의 요구에 의해 50.6%의 기업이 중간정산을 실시하고 있다. 근로자 수 100인 이상 기업의 80% 이상이, 노동조합이 있는

표11 중간정산 실시 형태

(N=354)

속성별	정기적으로 실시	근로자 요구	사규 요건 충족 시	기타
응답률	36.4%	50.6%	6.5%	6.5%

자료: 노동부(2008).

기업의 84% 이상이 중간정산을 실시한 것으로 조사되고 있다. 특히 상당수 기업이 근로자 의사를 전혀 고려하지 않은 채, 중간정산을 실시하고 있는 것으로 나타나, 정기적인 중간정산 실시가 퇴직연금 활성화 저해요인으로 작용하고 있다.

중간정산 원인

중간정산이 일반화된 근본적인 이유는 퇴직연금제도로의 전환 메리트를 강하게 느끼지 못하고 있는 상황에서 근로자의 목돈 및 기업의 자금부담 해소 니즈가 증대하였기 때문이다. 근로자가 목돈이 필요해서(54.8%), 기업의 경영개선을 위해서(21.5%), 퇴직보험 종료에 따른 퇴직연금 도입으로(16.7%) 중간정산이 이루어지고 있다.

특히 영세기업(10인 이하)의 경우 누적되는 '퇴직부채 해소 등 경영개선 차원에서 실시하였다'고 응답한 비율이 상대적으로 높게 나타나고 있다. 이러한 중간정산 자금을 퇴직연금제도로 흡수하기 위해 우리나라 기업들은 퇴직연금 활성화를 위한 제도적 개선이 필요하다고 보고 있다. 2009년 기업을 대상으로 설문조사한 결과,[2] 기업들은 대체로 퇴직연금 세제의 확대와 더불어 중도인출 조건의 완화 등과 같은 제도개선을 통해 퇴직연금 활성화가 필요하다고 보고 있다.

2 퇴직보험을 해지하고 퇴직연금에 가입한 1,679개 기업 중 314개 기업을 대상으로 설문조사를 실시한 결과임.

표12 중간정산 실시 원인

(N=354)

	원인	비율(응답률)
중간정산 원인	근로자의 목돈 필요	54.8%
	기업의 경영개선 차원에서	21.5%
	퇴직연금제도 도입에 따른 정리 차원에서	16.7%
	기타	23.5%

자료: 노동부(2008)

중간정산의 문제점

자금의 사전확보, 일시적인 단기자금 필요 등으로 인해 중간정산이 이루어져 연금재원이 소진되는 경우, 개인의 노후생활(생존 리스크) 대비에 어려움이 초래될 수 있다. 재직 중인 근로자의 대다수가 퇴직금을 중간정산을 통해 미리 지급받는 것을 하나의 기회이며 혜택으로 간주하는 경향이 있어 중간정산이 자주 이루어지고 있다. 근로자를 대상으로 보험연구원이 설문조사한 결과에 의하면, 노후대비를 위한 저축 및 투자보다 생활비, 부채 해결 등과 같은 단기성 지출에 중간정산 자금을 활용하는 것으로 나타났다. 이처럼 중간정산한 자금이 생활비 등과 같이 근로자의 은퇴 후 소득보장과 관계가 없는 부분에 대부분이 지출되기 때문에 안정적인 노후를 위한 연금제도의 역할이 중요하다.

또한 근로자 의사와 무관하게 중간정산을 시행하는 경우, 자금 수요가 전혀 없는 근로자까지 중간정산하는 결과를 초래해 자칫 자산 관리나 투자 실패로 이어질 가능성이 있다.[3] 이 경우 중간정산에 따른 근로자

3 이러한 현상은 국민은행의 전체 직원 1만 8천 명 가운데 퇴직금 중간정산 신청자가 8,500명에 이르는 등 중간정산이 가속화되고 있다는 데서도 알 수 있다.

표13 중간정산 퇴직금 사용처

(N=55, 복수응답 포함)

사용처	비율	사용처	비율
노후자금으로 저축 또는 투자	6.7%	부채 해결	56.7%
생활비, 내구재 구입 등에 지출	60.0%	장기 부동산 및 주식 투자	23.3%
자녀 교육비로 지출	26.7%	단기적인 주식, 채권, 펀드 등투자	3.3%
자녀의 결혼자금 및 주택자금	10.0%	기타	6.7%

자료: 보험연구원(2009).

들의 노후 불안과 근로의욕 저하로 기업의 근무환경에 나쁜 영향을 미치게 된다. 또한 노후소득보장 시스템의 와해를 가져올 수 있다. 퇴직금제도는 국민연금, 개인연금과 함께 노후소득보장 시스템의 중추적인 역할을 담당한다. 세계은행 등 국제기구가 근로자의 적정소득대체율로 국민연금 30~40%, 퇴직연금 30% 수준을 권고하고 있다는 점에서 퇴직금(연금)의 노후소득보장기능과 역할은 중요하다. 그럼에도 중간정산제도 도입으로 퇴직연금 전환이 제대로 이루어지지 않아 퇴직연금의 노후소득대체기능이 상실될 경우, 3층 노후소득보장체계 자체가 와해될 우려가 있다. 퇴직연금 등 사적 연금의 노후소득보장기능이 강조되고 있는 상황에서 중간정산으로 인한 연금재원 사전유출은 사적 연금 중심 노후소득보장체계 구축에 부정적인 영향을 미친다.

중간정산 관련 규정 및 해외 사례

1) 관련 규정

근퇴법 및 시행령에서는 확정기여형(DC형) 퇴직연금 또는 개인형 퇴직연금에 대해 주택구입 등 대통령령이 정하는 사유에 해당하는 경우 퇴직적립금을 중도 인출할 수 있도록 규정하였다. 즉 무주택자가 본인의 명의로 주택구입 시, 가입자 또는 그 부양가족이 질병·부상에 따라 6개월 이상 요양 시, 최근 5년 이내에 가입자가 파산의 신고를 받은 경우, 개인회생절차개시

표14 퇴직금 중간정산 및 퇴직연금 담보대출(중도인출) 사유

근퇴법	근퇴법 시행령
제7조 (퇴직연금제도 수급권 보호 및 담보대출) ① 퇴직연금제도의 급여를 받을 권리는 양도하거나 담보로 제공할 수 없다. ② 제1항에도 불구하고 가입자는 주택구입 등 대통령령이 정하는 사유와 요건을 갖춘 경우에는 대통령령이 정하는 한도에서 퇴직연금제도의 급여를 받을 권리를 담보로 제공할 수 있다. 이 경우 제26조에 따라 등록한 퇴직연금사업자는 제공된 급여를 담보로 한 대출이 이루어지도록 협조하여야 한다.	제2조(퇴직연금제도 수급권의 담보제공 사유 등) ① 법 제7조 제2항에서 주택구입 등 대통령령으로 정하는 사유와 요건을 갖춘 경우란 다음 각 호의 어느 하나에 해당하는 경우를 말한다. 1. 무주택자인 가입자가 본인 명의로 주택구입 시 2. 가입자 또는 부양가족이 6개월 이상 요양 시 3. 최근 5년 이내에 파산선고를 받은 경우 4. 개인회생절차개시의 결정을 받은 경우 5. 천재지변 시 ② 법 제7조 제2항에서 대통령령으로 정하는 한도란 가입자별 적립금의 100분의 50을 말한다
제8조(퇴직금제도의 중간정산 등) ② 제1항에도 불구하고 사용자는 주택구입 등 대통령령으로 정하는 사유로 근로자가 요구하는 경우에는 근로자가 퇴직하기 전에 해당 근로자의 계속근로기간에 대한 퇴직금을 미리 정산하여 지급할 수 있다.	제3조(퇴직금제도의 중간정산 사유) ① 법 제8조 제2항에서 '대통령령으로 정하는 사유'란 다음 각호의 어느 하나에 해당하는 경우를 말한다. 1. 제2조 제1항 각호에 해당하는 경우 2. 무주택자인 가입자가 주거를 목적으로 전세금 또는 주택임차에 따른 보증금을 부담하는 경우(다만, 해당사업에 근로하는 기간 중 1회에 한함) 3. 고용보험법 시행령 제28조 제1항 제1호부터 제3호 까지의 임금피크제를 실시하는 경우
제22조(확정기여형 퇴직연금제도 중도인출) 확정기여형 퇴직연금제도에 가입한 근로자는 주택구입 등 대통령령으로 정하는 사유가 발생하면 적립금을 중도인출할 수 있다.	제15조(확정기여형 퇴직연금제도의 중도인출사유) 법 제22조에서 주택구입 등 대통령령이 정하는 사유란 제2조 제1항 각호의 어느 하나에 해당하는 경우를 말한다.
제24조(개인형 퇴직연금제도 수급조건 및 중도인출) ⑤ 개인형 퇴직연금제도의 급여의 종류별 수급요건 및 중도인출에 관하여는 대통령령으로 정한다.	제19조(개인형 퇴직연금제도 수급요건 및 중도인출) ② 가입자가 제2조 제1항 각호의 어느 하나에 해당하는 경우 법 제24조 제5항에 따라 개인형 퇴직연금제도의 적립금을 중도인출할 수 있다.

자료: 「근로자퇴직급여보장법」 및 시행령, 2012.7.

의 결정을 받은 경우, 천재지변 시에는 퇴직적립금의 중도인출을 허용하고 있다.

또한 퇴직급여제도간의 형평성을 고려하여 퇴직연금의 담보대출 또는 중도인출사유를 퇴직금 중간정산사유로 규정함과 더불어 무주택자의 전세자금 및 임금피크제 도입 시에도 중간정산을 할 수 있도록 하였다. 근로자 가계 부담을 고려하여 무주택자의 전세자금을 중간정산 사유로 인정하되, 횟수를 1회로 제한하였고 고용촉진을 위해 임금피크제 도입 시에도 퇴직급여가 불합리하게 감액될 수 있는 점을 감안하여 중간정산 사유로 인정하고 있다. 임금피크제는 정년연장 또는 정년 후 재고용하면서 일정 나이, 근속기간을 기준으로 임금을 감액하는 제도로 「고용보험법」 시행령 제28조 제1항에서 정한 정년연장형, 소정근로시간단축형, 57세 이상 정년 및 재고용형을 중간정산 사유로 규정하고 있다.

2) 기능 비교

기업은 부채를 청산할 수 있어 중간정산을 선호하며 근로자 역시 중간정산을 통해 필요자금을 적시에 조달할 수 있어 중간정산이 가능한 퇴직금제도가 퇴직연금제도에 비해 긴급자금 동원면에서 유리할 수 있다.

퇴직연금의 중도인출은 실행이 간편하다는 장점이 있는 반면, 노후생활보장이라는 퇴직연금 본래의 기능을 저해하며 DC형 퇴직연금에만 가능하다는 단점이 존재한다. 퇴직연금 담보대출은 노후재원 자체의 소진 가능성이 상대적으로 낮기 때문에 연금 본래의 기능을 살린다는 측면에서 유리하며, DB형과 DC형 모두 가능한 점이 장점이다. 다만 담보권 설정, 상계, 금융기관 등 다양한 이해관계자가 연결되어 있어 절차와 실행이 복잡하며 실행 단계별로 이해상충이나 도덕적 해이와 같은 문제 등이 발생할 수 있다.

표15 제도 간 중도인출 및 담보대출의 기능 차이

구분	퇴직금제도	퇴직연금제도
중간정산 (중도인출)	– 퇴직금 누진효과 상실 – 근로자의 필요자금 확보에 유리한 반면, 노후재원 확보 곤란	– 퇴직연금 누진효과 상실 – 근로자의 필요자금 확보에 상대적으로 불리한 반면, 노후재원은 유지
담보대출	– 퇴직금 누진효과 유지 – 기업에 따라 담보대출을 해주는 경우 존재	– 퇴직연금 누진효과 유지 – 적립금의 50% 범위 내에서 담보대출 가능

표16 중도인출과 담보대출간의 장단점 비교

구분		중도인출	담보대출
해당제도		– DC형만 가능	– DC형 및 DB형 모두 가능
특징	장점	– 절차와 실행의 편리성	– 연금 본래의 기능 유지
	단점	– 적립금 인출로 연금 본래의 기능 저해	– 다양한 이해관계자가 연결되어 있어 절차와 실행이 복잡

3) 해외 사례

미국은 근로자 이직 시 개인퇴직계좌로의 이관을 통해 적립하도록 하고 있으며, 중도인출 및 담보대출은 엄격히 제한한다. 근로자 이직 시 그간 부여된 수급권의 비율에 따라서 연금 또는 일시금이 정산되나, 이를 개인퇴직계좌에 이관하여 정년퇴직 시까지 연금으로 계속 적립하도록 한다. 퇴직연금 시장에서 가장 큰 비중을 차지하는 DC 및 IRA 제도는 중도인출 사유에 대한 제한은 없지만, 59.5세 이하일 경우 세제혜택을 박탈하고 10%의 페널티를 부과하고 있다. 다만 퇴직연금 가입자가 59.5세 이전에 사망하거나 장해사고가 발생하여 고액의료비를 지출할 경우, 무주택자가 최초로 주택을 구입하는 경우에는 예외적으로 중도인출을 허용하고 있다.

일본은 DC형에 한해 제한적으로 중도인출만 허용하고 있는 반면, 담보대

표17 주요국의 중도인출 및 담보대출 규정

구분	미국	일본	호주	홍콩
중도인출	제한적 허용 (SEP-IRA 등)	제한적 허용 (DC형)	제한적 허용 (장애 등)	제한적 허용 (장애 등)
담보대출	일부 허용	불허	불허	불허

출은 전혀 허용하지 않고 있다. 호주는 영구 또는 일시적 장애, 경제적 궁핍, 이민, 정상참작으로 감당할 수 없는 질병치료, 주택 담보대출 연체로 인한 강제경매 방지, 장례 및 매장비용 등 일정한 사유 시에만 중도인출을 허용하고 있다. 영국은 담보대출제도가 없으며 스위스는 주택 구입과 영구적 국외 이주에 한해서 중도인출을 허용하고 있으며 홍콩은 예외적인 경우를 제외하고 적립된 기금은 법정 수급개시 연령인 65세까지 의무적으로 보전하도록 규정하고 있다. 다만 60~64세 사이 조기 퇴직할 경우, 사망 혹은 영구장애가 발생한 경우, 지난 1년간 기여실적이 전혀 없고 적립금이 소액(5천 홍콩달러)일 경우 예외를 인정한다. 이처럼 선진국은 개인퇴직계좌 활성화, 중도인출 및 담보대출의 제한 등을 통해 근로자가 안정적인 노후대비가 이루어지도록 제도를 엄격히 시행하고 있다. 또한 퇴직연금 가입을 의무화하여 퇴직연금가입률을 증대하고, 퇴직연금의 노후소득보장기능을 제고하고 있다. 현재 아시아 2개국, 유럽 9개국, 미주 1개국 등 총 12개국이 퇴직연금을 의무화했으며, 이를 통해 퇴직연금을 활성화하려는 경향이 증대하고 있다.

중간정산의 보완장치

개정된 근퇴법 및 시행령에서는 주택 구입 등 대통령령으로 정하는 사유와 요건을 갖춘 경우 적립금의 100분의 50 한도 내에서 담보대출을 허용하고 있지만, 퇴직연금사업자는 제공된 급여를 담보로 한 대출이 이루어질 수 있게 협조하도록 규정하고 있을 뿐이다. 즉 언제까지 담보대출을 상환하여야 하는지, 담보권의 설정·실행, 상계처리는 어떻게 하여야 하는지에 대한 명확한 규정이 없어 현재 퇴직연금사업자의 담보대출은 거의 이루어지지 않고 있다. 또한 퇴직연금 담보대출 금리의 상한선 규정 등 담보대출을 활성화하기 위한 규정이 존재하지 않아 근로자의 일시적 자금수요를 충족시키기에 어려움이 존재한다. 따라서 개인형 퇴직연금으로의 전환을 적극 유도하는 동시에 근로자의 긴급자금 수요를 위해 담보대출이 적절히 활용될 수 있도록 관련 규정이 재정비되어야 할 것이다. 다시 발해 담보권의 설정, 담보대출의 금리 수준과 관련된 규정 마련으로 퇴직연금 담보대출 관련 규정을 현실화시킬 필요가 있다. 일본, 호주, 홍콩 등 선진국은 담보대출이 전혀 허용되지 않고 있지만, 우리나라의 경우 퇴직연금제도가 도입 초기인 만큼 일시적인 긴급자금 지원을 위해 연금 본래의 기능이 저해되지 않는 한도 내에서 담보대출제도가 적절히 활용될 필요가 있다. 다만 현행 퇴직적립금의 50%로 되어 있는 담보대출 수준을 점진적으로 하향조정하여 과도한 담보대출이 이루어지지 않도록 조정하고, 담보대출 시 퇴직연금 가입자의 자산도 고려되어야 한다.

또한 퇴직연금제도의 노후소득보장기능을 강화하기 위해 근퇴법 및 시행령에서 중간정산 사유를 제한하고 있지만, 미국 등 선진국에 비해 규정된 중간정산 범위가 매우 광범위하다. 근로자의 자산 규모를 반영하지 않은 채 무주택자인 가입자가 본인 명의로 주택을 구입하거나 질병·부상으로 인해 6개월 이상 요양하는 경우, 전세자금 필요 시 및 임금피크제 도입 시에도 중간정산을 할 수 있도록 규정하고 있어 중간정산 방지의 실효성이 의문시된다. 이와 더불어 포괄적으로 규정되어 있는 중간정산의 요건을 장기적으로 제한하면서 퇴직연금 가입요건은 대폭 완화하되 연금수령 기간을 보다 장기화하는 방향으로 제도개선이 이루어질 필요가 있다. 미국은 퇴직, 장애, 사망, 무주택자[4] 등의 사유가 있을 경우에만 중도인출이 가능하며 일본 또한 DC형 퇴직연금에 한해 제한적으로 중도인출을 허용하고 있다는 점을 고려하여 장기적으로는 중간정산 요건을 축소할 필요가 있다.

4. 가입자 교육

가입자 교육의 정의

퇴직연금은 회사 또는 근로자가 직접 퇴직적립금을 운용하여 장래에 발생되는 퇴직금의 결과를 책임지는 제도이다. 따라서 투자에 참여하는 주체가 올바른 투자의 방법과 상품을 선택하는 것이 무엇보다 중요하다. 가입자 교육 목적은 수급권 보호와 합리적인 자산운용에 있다. 퇴직연금 가입자 교육이 기본적으로 금융 투자가 수반되는 성격상 금융소비자교육에 속한다고 볼 수 있으므로 금융소비자교육의 일반적인 정의로부터 퇴직연금 가입자 교육에 대한 더욱 구체적인 정의를 내릴 수 있다. 미국과 영국 등에서 진행되는 금융소비자 교육은 '금융소비자가 금융문제를 해결하기 위해 필요한 정보를 획득할 수 있고, 이를 바탕으로 자신의 복리를 위해 합리적인 의사결정을 할 수 있는 능력을 길러주는 행위'라고 일반적으로 정의된다. 따라서 금융소비자는 스스로 당면한 금융문제가 무엇인지를 판별하고 이에 따라 필요한 정보를 습득하여야 한다.

그러나 퇴직연금의 경우 당면한 금융문제가 노후생활을 위한 자금마련이고, 확정기여형의 경우에도 제공되는 금융상품이 한정되어 있기 때문에 연

4 http://taxes.about.com/od/retitrmenttaxes에 의하면 미국의 경우도 최근 2년 이내의 무주택자에게는 조기인출을 허용하지만 10만 달러 이상의 조기인출은 허용하지 않고 있으며 인출 시에는 10%의 페널티를 부과한다. 이 점에서 우리나라의 무주택자 조기인출 조건과 비교 시 매우 엄격한 수준이다.

금사업자가 이와 관련한 정보와 지식을 제공해주어야 한다. 따라서 퇴직연금 가입자 교육을 정의한다면 '연금가입자가 퇴직연금과 관련하여 합리적인 의사결정을 내릴 수 있는 능력을 향상시키고, 합리적인 의사결정에 필요한 지식과 정보를 제공해주는 행위'라 할 수 있다. 퇴직연금 가입자 교육은 단순히 지식과 정보를 제공해주는 행위가 아니라 가입자의 합리적인 의사결정을 내릴 수 있는 능력을 향상시키는 데 초점을 맞출 필요가 있다. 즉 퇴직연금에 있어서 가입자 교육은 근로자가 퇴직연금과 관련하여 합리적인 의사결정을 내릴 수 있도록 가입자의 능력을 향상시키고 의사결정에 유용한 지식과 정보를 제공하는 것을 의미한다. 가입자 교육이 적절히 제공되지 못할 경우 이해 부족으로 퇴직연금제도를 적절히 활용하지 못하거나 적립금 운용이 편중될 수 있으며, 가입자에 대한 부실한 정보 제공과 금융회사의 부실한 적립금 운용으로 불완전 판매의 가능성이 존재한다.

또한 퇴직연금 가입자 교육은 가입자의 합리적인 선택을 유도한다는 점에서 투자상담 혹은 자문과는 다르다. 투자상담의 경우 상담 받는 사람이 의사결정에 참여하거나 영향을 미치는 행위로 스스로 합리적인 선택을 하도록 도와주는 교육활동과는 분명히 거리가 있다. 따라서 투자상담 및 자문은 퇴직연금 가입자 교육 활동에 포함되지 않는다. 퇴직연금 가입자 교육내용은 연금가입자의 합리적인 판단에 필요한 정보와 지식이 무엇인지에 대한 이해를 통해서 규정할 수 있다.

미일의 가입자 교육체계

1) 미국

미국의 경우 ERISA를 비롯하여 관련 법령에서는 투자교육을 의무화하고 있지 않으며 노력의무 규정도 없다. 1996년 미국 노동부는 투자교육 가이드라인(가입자투자교육에 관한 해석 지침)을 관계자에게 통지하였다. 여기에서는 수탁자 책임을 묻는 투자조언과 수탁자 책임이 문제되지 아니하는 투자교육을 구별하는 기준이 제시되어 있지만, 이것은 어디까지나 투자조언과 투자교육을 구별하는 가이드라인이고, 가입자에게 제공하여야 할 투자교육의 구체적인 내용과 수준에 관한 룰까지 이 지침에 나타나 있지는 않다. ERISA에서는 투자조언을 행하는 수탁자로서 수탁자 책임을 진다고 규정하고 있다. '투자조언을 행하는 자'의 경우에 대하여, 미국 노동부에서는 기준을 제시하고 있다. 노동부 지침에서는 투자조언 등의 해석에 대하여, 투자조언에 해당하는 행위와 투자교육과 정보 제공에 해당하는 행위를 구분하는 기준으로 되는 가이드라인을 제시하고 있다. 투자조언에 해당하는 행위를 한 경우에는 수탁자 책임을 부담하는 것으로 된다. 미국 401k에서 운용상품에 관한 정보 제공 의무사항은 크게 가입자에의 자동적인 통지가 의무화되어 있는 사항, 가입자의 요청에 따라 개시가 의무화되어 있는 사항으로 구분되어 있다. 가입자에의 자동적인 통지가 의무화되어 있는 사항의 내용은 다음과 같다.

- 플랜에서 제공된, 가입자가 이용 가능한 운용상품의 설명(구체적으로는 운용목표, 수익·손실 특성, 포트폴리오에 포함된 자산의 타입과 그 분산상황 등에 대한 일반적인 설명)
- 각 운용상품의 자산운용을 행하는 운용기관 등(투자 매니저)의 소개
- 가입자가 운용상품 선택을 행하는 방법 및 당해 선택의 지시를 행함에 있어서의 제약
- 운용상품의 선택 또는 변경 시 가입자의 연금자산으로부터 징수되는 수수료에 관한 사항
- 가입자가 청구한다면 입수 가능한 정보의 종류 및 그 정보 제공에 대해 책임을 지는 담당자

- SEC(미국증권거래위원회) 등록이 의무화되어 있는 운용상품일 경우, 그에 대한 최신 계획서

미국의 경우는 우리나라와 일본과는 달리 가입자에 대한 교육의 의무가 법에 정해진 직접적인 의무조항은 아니다. 하지만 간접적이기는 해도 수탁자 책임의 차원에서 가입자 교육을 유도하고 있다. 또한 퇴직연금 시장에 새로운 사업기회에 대한 참여가 활발하게 이루어져 초기에는 가입자들에 대해 제도 홍보나 정보 제공 차원에서 교육이 이루어져 왔으나 제도 운영의 역사가 쌓임에 따라 가입자들에게 직접적인 혜택을 줄 수 있는 상품 선택방법과 같은 교육 쪽으로 나아가고 있으며 이를 사업의 목적으로 채택한 퇴직연금 시장 참여자의 활발한 사업도 전개 되고 있다. 미국은 기업의 복리후생담당자에 대한 교육을 주로 퇴직연금사업자가 수행하고 있는데 이는 우리나라가 퇴직연금사업자에게 사용자가 위탁할 수 있게 하여 퇴직연금사업자의 비용을 통한 교육 의무의 강제라는 점에서 의미하는 바가 상당히 있다.

2) 일본

일본에서는 우리나라의 확정기여형에 대응하는 확정갹출연금에 대한 법령에서 가입자 교육을 규정하고 있다. 「확정갹출연금법」 제22조(사용자의 책무)에서 '사업주는 그 실시하는 기업형 연금의 가입자 등에게 이러한 자가 실시하는 제25조 제1항의 운용 지시에 이바지하기 위하여 자산운용에 관한 기초적인 자료의 제공, 기타 필요한 조치를 강구하도록 노력하여야 한다'라고 규정하고 있다. 또한 「확정갹출연금법」 시행령 제7조 제2항에서는 교육·컨설팅업무의 경우 기업이 운영관리기관에 위탁이 가능하도록 규정하고 있다. 구체적 내용은 다음과 같다.

「확정갹출연금법」 시행령 제7조 제2항

기업형 연금운용 관련 운영관리기관 등은 후생노동성이 정하는 바에 따라 이익 예측 및 손실가능성, 기타 기업형 연금가입자 등이 필요한 정보를 제공해야 한다. 이 때문에 기업형 연금을 실시하는 사용자는 제도 가입 시부터 가입 후에도 개별가입자 등의 지식수준 및 니즈를 고려하여 이들이 충분히 이해할 수 있도록 유용한 정보를 제공하거나 또는 운용관리기관에게 위탁해야 된다. 이들 가입자 등에 제공하는 내용은 다음과 같다.

①확정기여형 연금제도 등의 구체적인 내용
- 일본 연금제도의 개요 및 확정기여형 연금의 위치
- 확정기여형 연금제도와 관련된 가입, 갹출, 운용, 급부, 세제조치, 관계기관의 역할 및 책임 등

②금융상품의 구조 및 특징

예·저금, 신탁상품, 투자신탁, 채권, 주식, 보험상품 등에 관련한 상품특성, 종류, 기대수익, 예상 리스크 및 가격변동요인 등

③자산운용의 기초

자산운용의 유의점, 리스크의 종류와 내용, 리스크와 수익 간의 관계, 장기투자 및 분산투자 시 고려사항 등

또한 사용자는 가입자가 판단에 참고할 수 있도록 운용배분 모델을 제시하는 것이 가능하며, 이 경우 원금보장형 모델도 포함하여야 한다. 확정기여제도처럼 운용방법의 지시 권한이 근로자에게 있는 경우, 제공하고 있는 금융상품에 대한 지속적인 정보 제공이 중요하다. 일본의 가입자 교육이 한국과 차이점을 갖는 것 중의 하나는 「확정갹출연금법」 제22조와 같이 '노력

하여야 한다'로 규정되어 있다는 것이다. 즉 '노력'을 의무로 하고 있는 것이고, 구체적인 실행의 내용, 실행의 시기 및 횟수 등 은 법상에서 규정하고 있지 않으며 처벌규정 또한 없다. 법에는 가입자 교육의 책임을 지는 것은 사용자라고 되어 있지만 이것은 퇴직연금사업자에게 위탁 가능하며, 현실적으로 대부분의 경우에 퇴직연금사업자가 책임을 지고 교육을 행하는 것은 우리나라의 경우와 비슷하다.

우리나라의 가입자 교육 관련 규정

1) 「근로자퇴직급여보장법」

우리나라 「근로자퇴직급여보장법」에서는 가입자 교육을 사용자 책무로 규정하고 매년 1회 이상 퇴직연금 가입자에게 교육 실시를 명시하고 있으며, 퇴직연금사업자에게 교육을 위탁할 수 있도록 하고 있다. 특히 가입자의 적립금 운용결과에 따라 노후소득금액이 달라질 수 있는 확정기여형 및 개인형 퇴직연금 가입자의 경우 투자 기본지식은 물론 운용방법별 위험과 수익에 관한 사항 및 노후설계 등에 대해 올바른 교육을 행하는 것이 중요하다.

가입자 교육이 법으로 의무화되어 있어 이를 위반한 사용자 또는 퇴직연금사업자는 1천만 원 이하의 과태료 처분을 받게 된다.

표18 가입자 교육에 대한 사용자 및 사업자 책무

사용자의 책무	사업자의 책무
- 사용자는 법령 및 퇴직연금 규약을 준수하고 가입자 등을 위하여 성실히 의무를 다하여야 함. - 퇴직연금제도(개인형 퇴직연금제도 제외)를 설정한 사용자 등은 매년 1회 이상 가입자에게 당해 사업의 퇴직연금 운용상황 등 대통령령이 정하는 사항에 관한 교육을 실시하여야 함. (이 경우 사용자는 퇴직연금사업자에게 그 교육의 실시를 위탁할 수 있음)	사업자는 당해 사업의 퇴직연금제도 운영 상황 등 대통령령이 정하는 사항에 대하여 매년 1회 이상 가입자에게 교육을 실시하여야 함.

2) 「근로자퇴직급여보장법」 시행령

「근로자퇴직급여보장법」 시행령에서는 사용자가 퇴직연금사업자에게 가입자에 대한 교육 실시를 위탁하는 경우, 집합교육을 실시하는 등 협조하도록 성실의무를 부과하고 있다. 다만, 개인형 퇴직연금제도의 경우 가입자 교육 의무 이행은 사용자가 아닌 퇴직연금사업자인 금융회사가 주체가 되며, 이 경우에도 가입자에게 매년 1회 이상 교육을 실시하도록 하고 있다. 또한 퇴직연금 가입자 교육사항을 공통교육 사항, 확정급여형(DB) 제도와 확정기여형(DC) 제도 추가 교육내용 등으로 구분하고 있다. 퇴직연금 가입자 공통교육 사항은 퇴직연금제도에 관한 일반적인 내용으로 급여 종류에 관한 사항, 수급요건, 급여액 등 제도별 특징 및 차이점, 담보대출 등 해당사업장의 퇴직연금제도 운영에 관한 사항 등이다.

또한 DB형 제도 가입자 추가교육 사항은 최근 3년간의 부담금 납입현황, 급여종류별 표준적인 급여액 수준, 최소적립금 대비 적립금 현황, 기타 적립금 운용현황, 운용목표 등에 관한 사항 등이며 DC형 제도 가입자 추가교육 사항은 사용자의 부담금 수준, 납입시기 및 납입현황, 표준규약 및 표준계약서, 분산투자, 적립식투자 등 안정적 투자원칙에 관한 사항, 금융회사가 제시하는 집합투자증권 등 적립금 운용방법별 수익구조, 매도기준가, 투자위험 및 수수료 등이다. 특히 투자원칙에 관한 사항과 연금사업자가 제시하는 투자위험 및 수수료 등에 관한 사항은 퇴직 연금사업자와 협조하여 교육을 실시하도록 하고 있다. 이와 같은 퇴직연금제도 가입자 교육은 제도 공통교육 사항, DB형 제도, DC형 제도 구분에 따라 상이한 방법으로 제공하도록 하고 있다. 가입자 공통교육 사항은 가입자가 수시로 열람할 수 있도록 사내 정보통신망 또는 해당 사업장 등에 상시 게시하여야 한다.

DB형 제도 가입자에게는 ①정기적인 교육자료 발송(서면·이메일 등), ②대면교육(직원연수·조회·회의·강의), ③온라인 교육, ④사업장에 게시 등으로 가입자 교육이 제공된다. 특히 사용자가 퇴직연금사업자에게 가입자 교육을 위탁한 경우 사용자는 교육시기, 구체적 교육방법 등을 포함한 계약을 체결하도록 규정하고 있다.

표19 「근로자퇴직급여보장법」 시행령상의 가입자 교육 내용

구분	가입자 교육 내용
가입자 교육 공통사항	- 급여종류에 관한 사항, 수급요건, 급여액 등 제도별 특징 및 차이점 - 담보대출, 중도인출, 지연이자 등 해당사업장의 퇴직연금제도 운영에 관한 사항 - 급여 또는 부담금 산정에 포함되는 임금 등에 관한 사항 - 퇴직 시 급여 지급절차 및 개인형 퇴직연금제도로의 적립금 이전 등에 관한 사항 - 연금소득세, 퇴직소득세 등 과세체계에 관한 사항 - 해당사업장의 퇴직연금제도를 중단 또는 폐지하는 경우 처리방법 - 가입자의 소득, 자산, 부채, 연령 및 근속연수 등을 고려한 자산·부채 관리의 일반적 원칙과 노후설계의 중요성에 관한 사항
확정급여형 가입자 교육 추가사항	- 급여 종류별 표준적인 급여액 수준 - 직전사업연도 말 기준 현재 최소적립금 대비 적립금 현황 - 그 밖에 적립금 운용현황, 운용목표 등 에 관한 사항
확정기여형 가입자 교육 추가사항	- 사용자의 부담금 수준, 납입시기 및 납입현황 - 법 제23조에 따른 확정기여형 퇴직연금제도의 경우 표준규약 및 표준계약서에 관한 사항 - 분산투자, 적립식투자 등 안정적 투자원칙에 관한 사항 - 퇴직연금사업자가 제시하는 집합투자증권 등 적립금 운용방법별 수익구조, 매도기준가, 투자위험 및 수수료 등에 관한 사항

우리나라의 가입자 교육 제공 실태 및 문제[5]

1) 가입자 교육 제공 실태

금융감독원이 2012년 퇴직연금 가입 근로자를 대상으로 조사한 결과, 퇴직연금제도에 대한 이해 부족과 법정 안내사항인 가입자에 대한 자료제공 정

5 이상우·류건식, 「퇴직연금 가입자 교육제도 개선방안」, 보험연구원 KIRI Weekly, 2013.1.7 참조.

도가 미흡한 수준으로 나타나고 있다. 적립금 운용 시 불편사항에 대한 조사결과, 금융상품에 대한 이해 부족(37.0%) 및 변경절차에 대한 무지(11.0%) 등 금융상품 및 절차에 대한 인식이 부족한 편으로 조사되고 있다. 특히 퇴직연금제도 관련 정보를 받은 정도를 조사결과, 약 28.1%가 전혀 또는 거의 제공받지 못한 것으로 나타나고 있다.

또한 가입 근로자의 약 35%가 가입자 교육을 경험하지 못한 것으로 나타나 법률상 의무가 제대로 이루어지지 않는 실정이다. 일부 사업장의 경우 퇴직연금제도(2005.12) 시행 후 퇴직연금에 가입하여 가입자 교육을 전혀 실시하지 않을 가능성도 배제할 수 없는 등, 정상적 교육이 제공되지 못하고 있다. 특히 가입자 교육 경험은 기업 규모가 작은 사업장일수록 응답률이 낮게 나타나 중·소규모 이하의 사업장에서 퇴직연금제도 정착에 장애요인으로 작용하고 있다.

그림5 퇴직연금제도 가입자 불편사항 및 정보 제공 수준

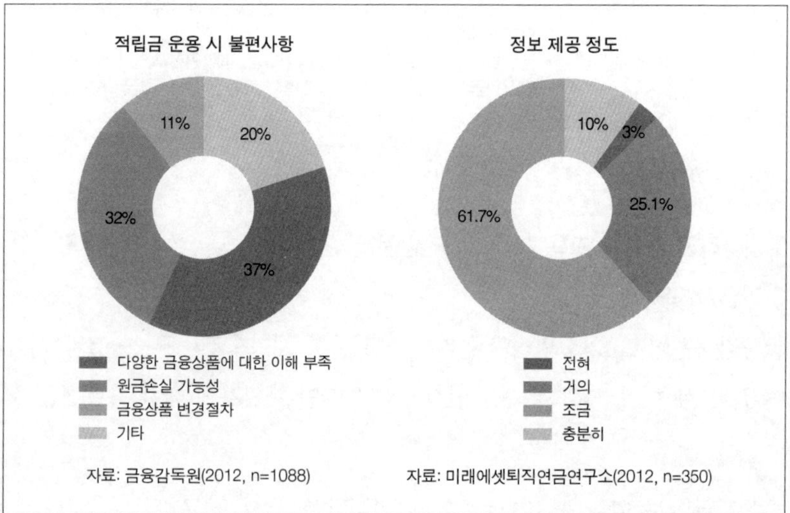

이에 따라 가입자 교육에 대한 만족도는 평균 이상의 수준에 불과하며 다양한 불만사항이 있는 것으로 나타났다. 퇴직연금 가입 근로자를 대상으

그림6 퇴직연금 가입자 교육 경험 유무

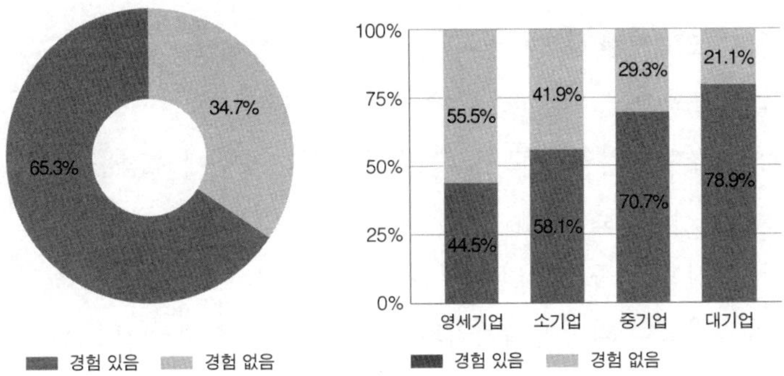

자료: 금융감독원(2012, n=1088)

그림7 퇴직연금 가입자 교육 만족도 및 불만사항

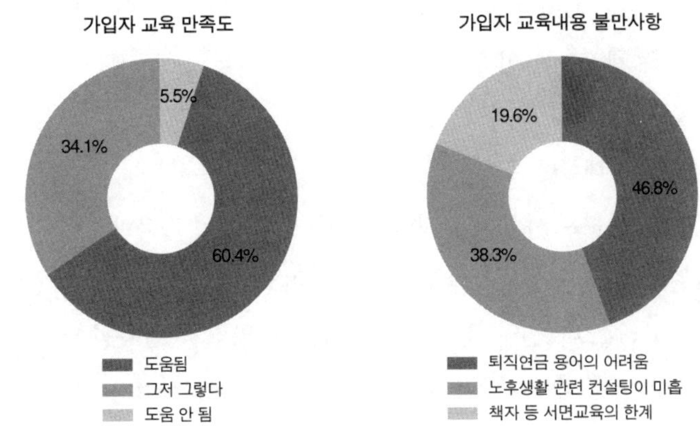

자료: 미래에셋퇴직연금연구소(2012, n=350)

자료: 금융감독원(2012, n=1088)

로 가입자 교육 만족도를 조사한 결과, 도움이 된다는 응답이 60.4%이며, 도움이 안 된다는 응답이 34.1%에 이르고 있다. 가입자 교육 내용에 불만 사항으로는 퇴직연금 용어의 어려움이 46.8%, 노후생활 관련 컨설팅 미흡 38.3%, 책자 등 서면교육의 한계 19.6%의 순이다.

2) 가입자 교육 관련 문제

(1) 가입자 교육 내용

법령에서 규정한 가입자 교육은 퇴직연금 교육 중심에 초점을 맞추고 있어 노후소득보장장치로서 연금제도의 기능 및 중요성 등을 제대로 인식하기에 어려운 실정이다. 즉 퇴직연금 가입자 교육 공통사항, DB형 제도 및 DC형 제도 추가사항 이외에 연금가입의 중요성, 노후자산관리방법, 운용상품과 자산운용에 대한 기초지식, 노후대책 관련 내용 등이 없어 가입자 교육 내용이 매우 제한적이다. 이에 반해 영국은 퇴직연금뿐 아니라 개인연금, 공적 연금 등 노후대비를 위한 모든 연금제도에 관해 교육서비스를 제공하는 등 가입자 교육의 범위가 넓다. 일본도 노후설계 및 연금제도 특성, 금융상품의 구성과 특징, 자산운용의 기초지식 등 우리나라보다 광범위하고 다양한 교육 내용을 제공하고 있다.

(2) 가입자 교육 내실화

법률상 가입자 교육 사항이 규정되어 있을 뿐 가입자 교육에 대한 가이드라인이 마련되지 않아 형식적인 교육에 치우치고 있다. 법령에서 가입자 교육을 규정하고 있으나 신입·경력직원별, 직급별, 가입·수급자별, 가입·운영·수급 단계별 세부적인 방법과 지침이 마련되지 않아 가입자 교육이 획일적으로 이루어질 가능성이 높다. 특히 가입자나 사용자가 퇴직연금사업자에게 적극적으로 내용 추가를 요청을 하지 않는 한 퇴직연금사업자가 원하는 방식으로 교육이 이루어지는 결과를 초래하게 된다. 반면 미국은 ERISA에 가입자 교육에 관한 가이드라인을 제정하여 수탁자 책임 여부에 따라 투자 조언과 투자교육을 명확히 구분하고 있으며, 「퇴직연금보호법」(2006) 제정 이후 DC형 제도 교육을 강화하였다. 또한 일본은 자율적인 가입자 교육 가이드라인 준수와 함께 후생노동성이 교육 모범사례를 발굴하고 제공하는 등 기업의 교육제공 참고자료로 적극적으로 지원하며, 최근 퇴직연금 불완전 판매 이후 가입자 교육 강화를 적극 추진하고 있다.

(3) 교육 전문가 양성

가입자가 정확하게 퇴직연금제도를 이해하고 적절한 운용상품을 선택하기 위해서는 교육 전문성 제고를 통한 효과적인 정보 제공이 필요하지만 국내에서는 가입자 교육전문가 양성 프로그램이 전무한 실정이다. 현재 우리나라에서는 퇴직연금 교육전문가를 양성하기 위한 교육프로그램이 구축되어 있지 않아 가입자 교육의 수준을 높이는 데 어려움이 존재한다. 반면 일본은 DC 플래너Planner 및 DC 어드바이저Advisor 등 자격자 양성 및 교육 프로그램을 통해 가입자 교육 전문가를 양성하여 가입자 교육의 기회와 질을 높이는 데 기여하고 있다. 실제 일본의 퇴직연금 교육현장에서는 DC 플래너와 DC 어드바이저 등 전문 자격 유무가 확인되어야 가입자 교육이 실시된다.

4) 가입자 교육 인프라

법령에서는 수탁자(사용자 또는 금융회사)만이 가입자 교육을 담당하도록 함으로써 가입자와 수탁자간의 이해상충으로 인하여 객관적이고 중립적인 양질의 가입자 교육이 제공되기 어려운 문제가 있다. 사용자 또는 금융회사는 이해상충으로 인해 가입자 교육을 적극 추진할 가능성이 낮고 법률

그림8 영국의 가입자 교육 체계

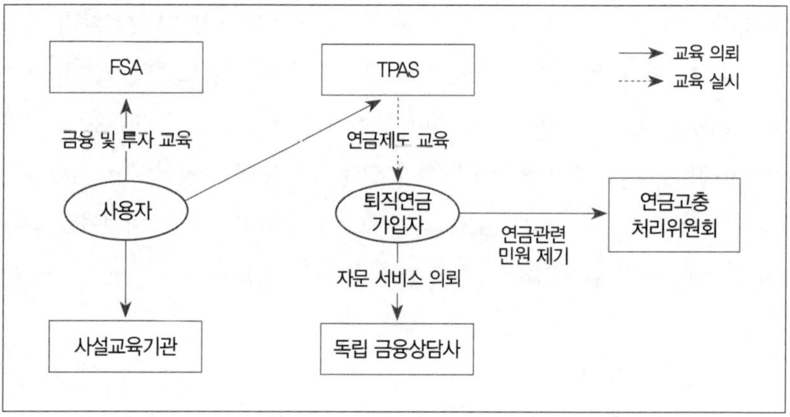

이 정한 테두리 내에서 최소한 또는 형식적인 가입자 교육을 실시할 가능성이 크며, 이러한 부작용을 보완할 수 있는 가입자 교육 인프라가 부재한 실정이다.

반면 영국은 연금제도 교육서비스센터The Pension Advisory Service: TPAS를 설치하여 가입자가 다양하고 양질의 서비스를 제공받을 수 있도록 전문화된 가입자 교육 인프라가 구축되어 있다. TPAS는 연금 교육 프로그램 개발 및 서비스 제공의 주도적인 역할을 담당하며, 사용자가 TPAS에 퇴직연금 가입자 교육을 의뢰할 경우 TPAS 교육 프로그램을 사설 교육기관에서 제공받을 수도 있다.

가입자 교육 방향

우리나라의 퇴직연금제도 가입자 교육은 가입 및 수급과정에서 가입자가 올바른 지식과 정보를 바탕으로 합리적인 의사결정을 할 수 있도록 다음과 같은 방향의 제도 개선이 필요하다. 첫째, 「근로자퇴직급여보장법」 및 시행령에 가입자 교육의 범위를 퇴직연금에 국한하지 않고 노후설계, 운용될 금융상품의 이해, 자산운용 기초지식, 연금운용 등으로 확대할 필요가 있다. 특히 일본에서처럼 가입자 교육의 질을 향상시키기 위해 사업자 등은 가입자 교육 전문가 양성 프로그램을 자체적으로 개발·운용하고, 다양한 가입자 교육 자격제도 도입을 검토할 필요가 있다.

둘째, 법령에서 가입자 교육의 세부지침(가이드라인)을 제시하고 모범사례를 발굴하여 기업에 제공함으로써 가입자 교육의 내실화가 이루어지도록 해야 한다. 가입자 교육의 가이드라인에서는 어느 정도의 수준으로 교육하여야 하는지 기본 방향을 제시하고 이 기준에 부합하도록 교육이 이루어지는지 감독하여야 할 것이다.

셋째, 가입자 및 사용자에게 가입자 교육의 중요성을 환기시키기 위하여 퇴직연금 규약에 법령상의 가입자 교육 세부 내용을 명시할 필요가 있다. 현행 법령은 퇴직연금 규약에 가입자 교육 제공을 명시하고 있지만 법령에서 정한 교육내용은 제시하고 있지 않은 가입자 교육에 대한 근로자의 인식이 부족하며, 교육이 형식적 또는 일부 내용이 누락될 가능성도 상존하므로 퇴직연금 규약에 동 교육 내용을 명시하도록 법령 개선이 요구된다.

이와 더불어 퇴직연금 가입자에 대해 객관적이고 중립적인 가입자 교육서비스를 제공하기 위해 별도의 퇴직연금 교육서비스 제공기관을 설치·운용하는 것을 검토해볼 필요가 있다. 현행처럼 사용자 및 사업자가 가입자 교육의 주체가 되고, 퇴직연금 교육서비스기관은 사용자 및 사업자의 가입자 교육을 보완하는 기능(이해상충 문제 개선)으로 제한해야 한다. 또한 퇴직연금 교육서비스 기관은 투자지식이 상대적으로 부족한 자영업자 또는 영세사업장 가입자 등을 대상으로 이루어지는 것이 좋다.

5. 가입자의 수급권과 급여 지급

가입자의 수급권

「근로자퇴직급여보장법」 제7조(수급권의 보호)에서는 퇴직연금제도의 급여를 받을 권리는 양도하거나 담보로 제공할 수 없도록 규정하고 있다. 따라서 퇴직연금제도의 수급권은 가입자의 절대적인 권리이므로 타인에게 양도하거나 담보로 제공이 불가능하다. 다만 가입자는 주택 구입 등 대통령령으로 정하는 사유와 요건을 갖춘 경우에는 가입자의 적립금 50% 범위 내에서 퇴직연금제도의 급여를 받을 권리를 제공할 수 있도록 하고 있다. 또한 「근로자퇴직급여보장법」 제10조(퇴직금의 시효)에서는 퇴직금을 받을 권리를 3년 내에 행사하도록 규정하고 있다. 따라서 권리를 3년간 행사하지 않으면 시효로 인하여 퇴직금을 받을 권리는 소멸하게 된다.

가입자의 급여 지급

1) 확정급여형

근퇴법 제12조 3호에서는 퇴직급여 중 퇴직금, 확정급여형 퇴직연금제도의 급여는 계속근로기간 1년에 대하여 30일분의 평균임금으로 계산한 금액으로 하도록 규정하고 있다. 따라서 한 직장에 계속 근속한 기간에 대하여 이직 전 최종 평균임금을 기준으로 급여를 산정하여 지급하게 된다. 여기에서 평균임금이란 퇴직사유가 발생한 날 이전 3개월간에 그 근로자에 대하여 지급된 임금의 총액을 그 기간의 총 근로일수로 나눈 금액을 말한다(「근로기준법」 제2조). 이와 같은 우리나라 퇴직금(퇴직연금) 급여기준 및 산정방식은 선진국의 방식과는 다소 차이가 있다. 미국, 영국 등의 퇴직급여 산정은 연금지급을 기준으로 근로자의 임금 및 근무기간을 반영한 다양한 방식을 활용하고 있다.

영국과 미국은 일반적으로 최종평균임금방식 또는 경력평균임금방식으로 퇴직급여를 산정하고 있다. 최종평균임금방식에서는 가입자의 퇴직 전 최종 수년간의 평균임금을 급여액의 기초로 하며 급여액은 평균임금의 일정비율에 근속연수를 곱한 액수를 매년 연금으로 지급한다. 이 방식은 가장 일반적인 방식으로 퇴직이 가까울수록 받게 되는 급부액이 급속하게 증가하게 된다. 이에 반해 경력평균임금방식에서는 가입자 전체 근무기간의 평균임금을 급여산정식에 반영하며 급여액은 전체 근무기간에 대하여 연간 평균임금의 일정비율을 계산하고 이를 합산한 금액을 매년 연금으로 지급한다.

일본의 확정급여형 퇴직연금 급여수준 산정은 ①퇴직금기본금×근속연수관련계수×퇴직사유관련계수, ②(근속포인트+성과포인트+직급포인트)×포인트단가×퇴직사유관련계수, ③정액방식(근속연수별 일정액×퇴직사유관련계수) 등 세 가지 정도로 구분이 가능하다. 일본은 퇴직급여제도가 법정의무가 아니라 모두 노사합의에 근거한다. 따라서 최저급여기준 및 산정방식은 개별 규약 등을 바탕으로 하는 등 다양한 모습을 보인다. 퇴직 시 기본금 및 근속연수 관련 계수는 노사협의에 의해 결정되는데, 퇴직 시 기본금은 최종 1년 평균 또는 근속연수 등 노사가 자율적으로 결정하고 퇴직사유 관련 계수는 회사의 사정으로 퇴직했는지(구조조정), 자신의 사정으로 퇴직했는지에 따라 결정하게 된다. 대기업 등에서 인기가 있는 포인트제는 근속 포인트(1년 근속하면 평등하게 부여하는 포인트), 성과 포인트(매년 실적 및 성적에 따라 부여하는 포인트), 직군 포인트(특정직급에 대한 포인트) 등을 고려하여 산출된다. 정액방식은 산정이 매우 일목요연하고 이해하기 쉬운 장점이 있으나 경제상황이나 회사의 실적, 개개인의 능력차등을 전혀 반영할 수 없기 때문에 현재 이 제도를 채용하고 있는 기업은 많지 않다.

또한 「근로자퇴직급여보장법」 제16조에서는 사용자는 가입자 퇴직 등 급여를 지급할 사유가 발생한 날부터 14일 이내에 퇴직연금사업자로 하여금 적립금의 범위 내에서 지급의무가 있는 급여 전액을 지급하도록 규정하고 있다. 예외적으로 퇴직연금제도 적립금으로 투자된 운용자산 매각이 단기간에 이루어지지 않는 등 특별한 사정이 있는 경우에는 사용자, 가입자 및 퇴직연금사업자 간의 합의에 의해 지급기일을 연장할 수 있도록 하고 있다.

2) 확정기여형

확정기여형 퇴직연금제도를 설정한 사용자는 가입자의 연간 임금총액의 12분의 1 이상에 해당하는 부담금을 현금으로 가입자의 확정기여형 퇴직연금제도 계정에 납입하여야 한다. 또한 사용자는 매년 1회 이상 정기적으로 부담금을 가입자의 확정기여형 퇴직연금제도 계정에 납입하여야 한다. 이 경우 사용자가 정해진 기일까지 부담금을 납입하지 아니하면 그 다음 날부터 부담금을 납입한 날까지 지연일수에 대하여 연간 100분의 40 이내의 범위 내에서 지연이자를 납입하도록 하고 있다. 즉 사용자 부담금 미납에 대한 지연이자 규정을 둠으로써 가입자의 수급권을 강화하고자 하였다. 이처럼 사용자는 가입자의 연간 임금총액의 1/12 이상의 금액은 현금으로 부담하고, 그 외에 해당사업의 주식 등으로 추가 부담할 수 있다고 규정함으로써 원칙적으로 주식 등과 같은 현물출자는 허용하지 않고 있다. 또한 연간 임금총액의 1/12 이상을 부담한다고만 명시하고 「근로자퇴직급여보장법」상 기여금 상한과 관련된 규정은 존재하지 않는다.

제9장

지배구조

1. 지배구조 의의 및 유형

개념

적절한 지배구조의 중요성은 2002년 파산한 엔론과 월드콤, 그리고 2008년 미국발 금융위기의 핵심 도화선이 된 리먼브라더스의 파산에서 쉽게 찾아볼 수 있다. 퇴직연금과 관련하여서도 여러 연금 비리 사례가 있어왔다. 대표적으로 영국의 맥스웰Maxwell 사건과 같은 대형 연금 적립 자산의 유용으로 많은 가입자들이 피해를 보았고, 이로 인해 영국에서는 1995년 「연금법Pension Act 1995」이 제정되는 계기가 되었다. 엔론과 월드콤 파산 사태로 미국에서 지배구조와 회계기준을 개선코자 2002년에 「사베인즈–옥슬리법Sarbanes-Oxley Act」이 제정된 것도 이와 유사하다.

퇴직연금의 지배구조 개선을 위해 OECD는 중요한 역할을 수행하여 왔다. 후술하는 바와 같이 OECD는 2002년 7월에 일련의 연금 지배구조 지침을 승인한 바 있다. 기업 지배구조는 경영을 수탁 받은 경영자가 주주 등 위탁자의 이익에 일치하지 않는 행동을 하지 못하도록 방지하는 일련의 메커니즘[1]으로 규정할 수 있는데, 이를 퇴직연금에 적용한 것이 OECD의 연금 지배구조 지침이다. 이 지침에서는 "연금기금 소유자인 가입자 및 수급권자에 대한 연금이 약속대로 지급되도록 연금기금을 운영하는 메커니즘"이라고 퇴직연금의 지배구조를 정의하고 있다. 이 정의는 첫째, 연금기금이 주주로서 행하는 의결권 행사 등의 주주 행동, 둘째, 약속한 퇴직 급여를 이행하기 위해 효율적인 조직 체제를 구축하는 내부 통제 활동, 셋째, 연금기금을 효율적으로 운용·관리하고 퇴직연금의 가치를 증대시키는 일련의 활동 등을 의미한다. 요컨대 연금 지배구조는 퇴직연금 가입자 및 수급권자의 이익을 보호하기 위해 퇴직연금 운영에 종사하는 관련자에 대해 실시하는 세 가지의 다면적인 활동을 포함한다.

의의

기업에서 소유와 경영이 분리되는 경우, 소유자와 경영자의 이해상충 문제(즉 대리인 문제)가 발생하게 된다. 왜냐하면 경영자는 경영을 함에 있어 소유자의 이익보다는 자신의 이익을 극대화하는 행동을 취할 수 있기 때문이다. 경영자가 사적 이익을 우선시할 경우, 필요 이상의 호화 집무실 및 비서진, 호화 차량, 회사이익의 편취, 부실 납품업체 선정 등의 다양한 행태를 보일 수 있다.

소유와 경영의 분리로 인한 이해상충 문제는 펀드 거래 및 퇴직연금 거래에서도 발생하게 된다. 예컨대 펀드의 실질적 소유자인 투자자들의 이익(배당 이익)과 자산운용사의 이익(운용수수료)은 일치하지 않을 수 있기 때문에 자산운용사가 펀드자산을 운용함에 있어 투자자들과 자산운용사간 이

1 이는 OECD 기업 지배구조 원칙에서 언급되는 정의이다. OECD 기업 지배구조 원칙은 1999년 OECD 장관 모임에서 승인되었으며 2004년 개정되었다.

해상충문제가 발생할 수 있다. 퇴직연금에서도 연금소유권자인 근로자 또는 사용자는 자신들이 직접 연금자산을 운용할 능력이 없기 때문에 연금사업자인 금융회사에 연금자산의 운용을 위탁한다. 이 경우 연금소유권자의 이익(연금수익권을 갖는 근로자의 수익 또는 연금출연채무를 지는 사용자의 이익)과 연금자산을 운용하는 금융기관의 이익(운용수수료)과 일치하지 않아 이해상충문제가 발생하게 된다.

특히 퇴직연금에서는 소유와 경영의 분리 문제 외에 연금소유자 측면에서 출연자(사용자)와 수익자(근로자)가 분리되는 현상이 발생한다. 따라서 퇴직연금의 지배구조 문제는 투자신탁의 지배구조 문제보다 복잡해져 소유자와 경영자 간의 이해상충 해소 장치를 마련하는 방법뿐만 아니라 출연자(사용자)와 수익자(근로자) 간의 이해상충 방지 체계가 요구된다.

DB형에서는 사용자가 전적으로 운용 책임을 부담하게 된다. 따라서 사용자가 연기금의 운용 과정에서 손실을 입게 되는 경우, 손실 보상을 위해 근로자의 임금을 축소하거나 관련 비용을 절감하고자 하는 시도가 있을 수

표1 퇴직연금 지배구조

구분		특징	
개념	주인(principal)	근로자(소유자)	소유와 운영 분리
	대리인(Agent)	수탁자(경영자 등)	
대리인수		다수 (운영재량권자=수탁자)	퇴직연금 대리인 · 사용자, 운용관리기관, 자산관리기관, 자산운용자, 정부
지배구조 형태		매우 다양 · 제도별(DB, DC, IRP) · 근로자와 수탁자별 · 지배구조 유형 별(기금형 등)	기업 지배구조보다 복잡
지배구조 요소		책임 의무 부과, 감시, 수급권 보호장치, 공시의무 등	근로자와 사용자, 수탁기관, 정부 간의 이해상충 고려

있다. 이처럼 운용 손실이 발생하는 경우 기업이 전적으로 책임을 져야 함에도 불구하고 그 부담을 근로자들에게 전가시키는 행위가 DB형에서 나타날 수 있다.

DC형은 연금상품의 선택과 운용 책임이 근로자에게 귀속되어 책임소재가 분명하기 때문에 대리인 문제가 발생하지 않을 것 같지만 현실은 다르다. 근로자들은 상품선택, 연금운용 과정에서 전문성과 정보가 매우 제한적이므로 퇴직연금사업자 또는 상품의 선정 과정에서 사용자인 기업의 의견을 많이 반영할 수밖에 없다. 즉 DC형의 경우에도 사용자가 근로자의 대리인 역할을 상당 부분 하게 되어 사용자의 이익을 극대화하는 방식의 의사결정을 하게 될 가능성이 상대적으로 높다. 2002년 파산한 엔론의 경우도 대표적인 사례 중의 하나이다. 엔론 경영진은 회사 상황이 나빠지자 자기들이 보유한 엔론 주식을 팔면서도 확정기여형 제도인 401(k)에 가입한 자사 근로자들에게는 회사 전망이 아주 좋다는 식으로 유인하여 자사주를 취득하게 하였던 것이다. 결과적으로 엔론 주식이 휴지 조각이 됨에 따라 노후를 위한 근로자들의 401(k) 적립 자산은 크게 줄었던 것이다.

우량한 연금 지배구조는 연금가입자의 권익을 저해할 수 있는 이해상충 문제를 최소화시킬 수 있어야 한다. 나아가 연기금의 투자성과를 제고하는 한편 이해관계자들이 부담하는 비용을 낮추는 기능을 해야 한다. 클라크Clark와 어윈Urwin(2007), 암만Amman과 징그Zingg(2010) 등 다양한 연구에 의하면 지배구조가 양호할수록 투자성과도 우수한 것으로 나타나며, 한편 연금의 적립수준이나 운영형태와 밀접한 연관이 있는 것으로 보고되고 있다.[2]

2 미첼Mitchell과 신Hsin은 미국의 269개 퇴직연금을 분석한 결과 지배구조와 정보의 투명성이 연금의 적립수준이나 운영형태 및 성과와 밀접하게 연계되어 있음을 발견하였다(1997). 유심Useem과 미첼Mitchell도 연방정부와 지방정부의 연기금 지배구조가 연금자산운용에 밀접한 영향을 미치고 있음을 발견하였고(2000), 앰바시어Ambachsteer는 미

한편 지배구조가 좋을수록 과도한 규제로 인한 비용을 감축할 수 있으며 관련 당국의 감독을 용이하게 한다. 리스크 중심 감독을 지향하는 감독당국의 입장에서 지배구조가 우수할 경우 리스크관리 체제가 적절히 작동할 것이기에 면밀한 감시를 할 필요가 적다. 또한 연금 지배구조가 좋을수록 연기금이 주주의 역할을 효과적으로 수행하게 되고 이는 결국 기업 지배구조를 개선하게 되므로 경제 전반의 효율성을 제고시키는 부차적인 효과를 기대할 수 있다.[3]

유형

1) 계약형

계약형 퇴직연금 지배구조는 연금제도에 대한 관리 및 기금운용 등을 일괄적으로 연금사업자인 금융회사에 위탁하는 형태를 말한다. 계약형 퇴직연금 지배구조는 금융회사가 연금제도에 관한 제도설계(컨설팅), 연금관리 및

그림1 계약형 지배구조

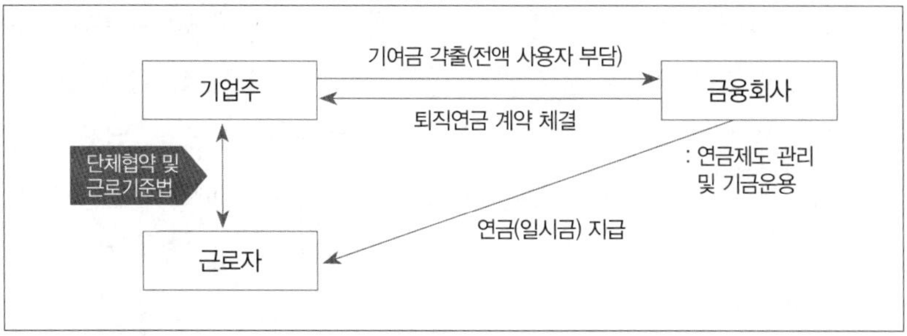

국의 50개 연기금의 운용책임자를 대상으로 한 설문조사를 바탕으로 연금의 성과에 가장 중요한 영향을 미치는 것은 우수한 지배구조라는 결론을 내리고 있다(2001). 김재현, 「우리나라 퇴직연금제도 지배구조의 문제점 및 개선방향」 2011 한국재무학회 발표자료, 2011.6 참조.

3 Stewart, F. and J. Yermo, "Pension Fund Governance: Challenges and Potential Solutions", OECD Working Papers on Insurance and Private Pension, No. 18, OECD, 2008.

기금운용 등의 전 과정을 일괄하여 수탁하는 형태이기 때문에 연금사업자인 금융회사와 가입자인 근로자 사이에 이익 충돌이 발생할 가능성이 크다.

특히 우리나라의 경우 보험회사, 투신사 등 제2금융권 회사들의 상당수가 대규모 기업집단에 속하고 있기 때문에 연쇄 부실해지는 감염효과 contagion effect가 있을 가능성이 있다. 따라서 계약형 지배구조하에서는 무엇보다도 연금사업자인 금융회사에 대한 감독이 매우 중요하다. 따라서 금융회사에 대한 기금운용감독, 사용자와 금융회사 간 불공정한 계약 방지, 근로자와 이익상충이 없도록 사전에 정형화된 규약 설정 등에 감독의 초점을 맞추는 것이 중요하다.

2) 기금형

기금형 퇴직연금제도 지배구조는 퇴직연금을 제공하는 회사plan sponsor와는 별도로 독립법인 형태의 퇴직연금기금pension fund을 설치해 운영하는 구조를 말한다. 기금형 지배구조하에서의 주요 정책 의사결정은 일반적으로 노사 동수로 구성되는 위원회에서 이루어지며, 기금운용 등을 기금에서 직접 수행하거나(자가관리형) 외부기관에 위탁하여 수행(외부위탁형)하는 경우도 있다. 기금형은 주로 미국, 영국 등 앵글로색슨 국가에서 채택하고 있다. 대체로 기금형은 노사 간의 신뢰를 기반으로 연금기금에서 직접, 또는 전문적인 펀드매니저를 고용하여 기금을 운용하기 때문에 기금을 일괄적으로 금융회사에 위탁하는 계약형보다 금융시장의 발전에 긍정적인 영향을 줄 수 있다.

이처럼 기금형 지배구조는 기금에 많은 권한과 책임이 있고 금융시장에도 큰 영향을 미칠 수 있다는 점에서 기금의 효율적 운영에 감독의 초점이 두어질 필요가 있다.

그림2 기금형 지배구조

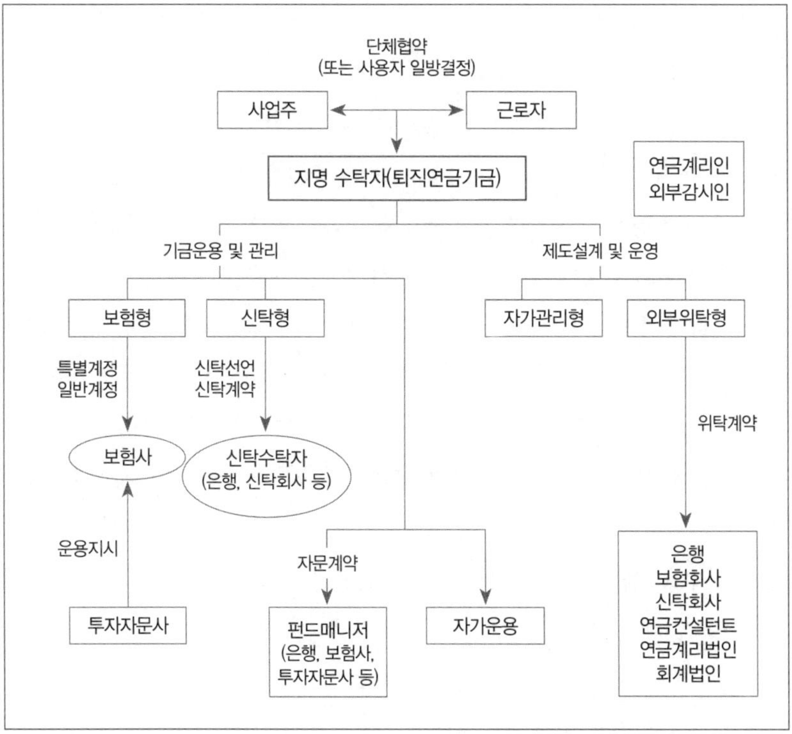

자료: 이봉주·류건식(2006), p.445.

3) 회사형

회사형 퇴직연금제도 지배구조는 산업별로 별도의 기금을 설립해 회사처럼 운용하는 구조를 말한다. 회사형 지배구조는 산업별로 퇴직연금관리공단을 설치하여 운영하는데 퇴직연금이 국민연금의 대체역할을 하고 사회적 연대 social solidarity가 공고한 네덜란드, 프랑스, 덴마크 등의 국가에서 채택하고 있다. 회사형 지배구조는 산업별로 퇴직연금을 운용하기 때문에 특정 회사가 도산하더라도 퇴직연금의 지급불능 사태가 발생하지 않는 장점이 있다.

퇴직연금이 전 산업에 강제적으로 적용될 때 성격이 비슷한 산업끼리 회사형을 설치할 수도 있으나 우리나라와 같이 사회적 연대가 약한 경우에는 도입하기 어려운 지배구조라 할 수 있다.

이와 같은 연금기금의 지배구조를 어떠한 형태로 가져가느냐에 따라 노동 및 금융시장 발전 등에도 직간접적으로 영향을 미친다. 자본 및 금융시장에 미치는 영향은 동일한 지배구조하에서 운용하는 형태 여부에 따라서도 많은 차이가 존재하기 마련이다. 따라서 어떠한 지배구조를 선택할 것인가는 근로자의 수급권, 금융정책 및 시장의 여건, 그리고 노사 간의 충분한 협의 등을 종합적으로 판단하여 결정할 문제이다. 또한 연금기금을 통해 투자한 기업의 지배구조 개선에도 영향을 줄 수 있어 적정한 지배구조의 선택은 퇴직연금제도에서 핵심적인 과제이다. 결국 지배구조는 근로자의 수급권과 재정의 안전성이 우선적으로 보장되도록, 그리고 노사 간의 이해 및 적응이 용이하도록 설정되는 것이 바람직하다.

2. OECD 퇴직연금 지배구조 지침

OECD는 2000년에 15개 항목의 '퇴직연금 규제에 관한 핵심원칙'을 제시하고 2003년에는 '퇴직연금 규제에 관한 핵심원칙과 그 시행요령'이 공표되었다. 퇴직연금 지배구조에 관한 사항은 퇴직연금 규제에 관한 핵심원칙에 포함되어 있었지만 기업 지배구조의 원칙을 반영한 별도의 연금 지배구조 지침Guidelines for Pension Fund Governance이 제정되어 시행되고 있다.

아래의 내용은 OECD가 2009년 6월 제시한 지침으로서 모두 11개 사항에 대해 기준을 제시하고 있다. 처음 8가지 내용은 지배구조에 대해, 그리고 나머지는 지배구조 메커니즘에 대한 것이다. 즉 수탁자 책임의 명확화와 이사회의 책임, 이사회 구성원의 자격기준 강화 및 전문성 확보, 연금계리사의 선임, 리스크 기준 내부 통제시스템 기준 마련, 보고 및 공시체계 확립 등을 요구한다. 기금형 지배구조를 이야기하고 있기 때문에 연기금의 운영권을 갖는 주체로서 이사회가 상정되어 있다.

책임 명시

연기금 지배구조가 적절하기 위해서는 운영operation과 감독oversight의 책임이 명확하게 규정되고 동시에 구분되어야 한다. 또한 연금제도·연기금의 가입자 및 수급자를 대신하여 연금자산을 소유하는 연금운용주체pension entity가 설립되는 경우에는 이러한 운용주체의 법적 형태, 내부 지배구조 및 주요 목적을 정관이나 부수 정관계약, 신탁 문서, 이와 유사한 문서에서 명확하게 제시되어야 한다. 연기금이 금융회사가 관리하는 분리계정으로 설립되는 경우에는 연금 부담자, 가입자, 수급자, 금융회사 간에 맺어진 계약은 연기금 관리에 대하여 금융회사의 책임을 명확하게 규정하여야 한다. 우량한 연금의 지배구조는 리스크 중심적risk-based이어야 하며, 책임 구분은 연기금 자산과 관련된 리스크의 성격 및 정도를 반영해야 한다.

이사회

모든 연기금에는 연기금의 운영권을 가진 이사회governing body가 있어야 한다. 이사회는 계약조건을 충실히 이행하고 연금 가입자와 수급자의 이익을 보호하는 데 궁극적인 책임이 있다. 이사회의 책임은 퇴직 후 소득의 안정적인 재원으로서의 역할을 한다는 가장 중요한 목표와 부합하여야 한다. 이사회는 그 일부 기능을 외부 서비스 제공자에 위탁하는 경우에도 연금에 대한 최종 책임을 져야 한다. 예를 들어, 이사회는 외부 서비스 제공자의 감시 및 감독에 대해 책임을 져야 한다. 적절한 감독 메커니즘은 이사회가 영리단체인 경우에도 설립해야 한다.

책임

이사회는 연금가입자, 수급자, 감사위원회, 감독당국에 책임을 진다. 제도 가입자와 수급자에 대해 책임을 묻는 것은 제도 가입자, 수급자 또는 그들을 대표하는 조직이 이사회 구성원을 임명함으로써 가능해진다. 이사회는 또한 연금 부담자sponsor에 대해 연금 제공자로서 이에 상응하는 책임을 져야 한다. 이사회의 책임을 보장하기 위해, 이사회는 신인의 원칙 등 이사회에 부여된 제반 의무에 대해 법적 책임을 가진다. DC 플랜에서는 이사회의 책임과 의무를 명확하게 하는 세이프 하버 규칙safe harbour rules이 요구된다.

적합성

이사회 구성원은 연금 지배구조의 높은 수준의 정직, 역량, 경험, 전문성을 확보하기 위해 최소적합성기준minimum suitability standards 또는 비적합성기준non-suitability standards을 충족하도록 하고 있다. 이사회는 연기금이 시행하는 모든 기능을 감시하거나 이러한 기능을 위탁한 위탁처 및 통보기관을 감시하는 데 필요한 기술 및 지식을 집합적으로 겸비해야 한다. 이사회는 적절한 교육을 통해 지식 제고에 노력하고 이사회 구성원으로 영입하는 데 부적격한 기준을 명확하게 규정으로 갖추고 있어야 한다.

자문 및 전문가 선임

이사회는 분과위원회sub-committees의 지원을 받을 수 있으며, 연금조직의 내부직원 또는 외부서비스 제공자에 위임하는 것도 가능하다. 이사회가 충분한 정보하에 의사결정을 내리기 위한 전문지식이 부족할 경우 감독 당국이 전문적인 조언을 구하거나 또는 가능별 업무를 수행하는 데 필요한 전문가를 선임하도록 요구할 수 있다. 이사회는 정보의 질이나 독립성 등에 대한 조언을 받아 이를 평가하고 전문가 및 외부 서비스 제공자가 적절한 서비스 질과 경험을 가지고 있는지 확인할 필요가 있다.

감사

정기적 감사가 이루어질 수 있도록 연금운용주체, 이사회, 사용자와 독립적인 감사가 선임되어야 한다. 일반적인 감독체계에 의하면, 감사는 연기금의 재무 상태나 연기금의 관리 및 회계조직에 중대한 부정적인 영향을 줄 수 있다는 사실을 인지할 경우 이사회에 즉각 보고해야 하고, 만약 이사회가 적절한 조치를 취하지 않을 경우 관련 당국 및 여타 적절한 관련자에게 즉시 보고하도록 하고 있다.

연금계리사

모든 확정급여형 제도에 대해 연금계리사가 선임되어야 한다. 연기금이 적절한 법적 규제를 준수하지 않을 경우 연금계리사는 이를 신속히 이사회에 알려야 하며, 만약 이사회가 적절한 구제 조치를 취하지 않으면 지체없이 감독당국이나 관련자에 보고하도록 하고 있다.

연기금 자산의 보관

연기금 자산은 연금운용주체, 연기금을 관리하는 금융회사 또는 독립적인 자산관리기관custodian이 보관할 수 있다. 연기금 자산을 보유하고 보관을 성실히 이행하기 위해 이사회가 독립적인 자산관리기관을 지명한 경우 연기금의 자산은 자산관리기관의 자산과 법적으로 분리되어야 한다. 자산관리기관은 보관하고 있는 자산 전부 또는 그 일부를 제3자에게 위임하여 그 책임이 면책되는 일이 없도록 하여야 한다.

리스크 중심 내부 통제 Risk-based internal controls

연기금의 운영과 감시 책임이 있는 모든 사람과 기관이 규정, 규약, 신탁증서, 기타 모든 관련 문서에 명시된 운영목적에 부합하게 행동하고 법률을 준수할 수 있도록 적절한 내부 통제체제가 구축되어야 한다. 연기금의 규모와 복잡성의 정도에 따라 다르겠지만, 내부 통제는 성과평가, 보상체계, 정보 시스템과 프로세스, 리스크관리 절차, 내부 통제 등과 같은 기본적인 모든 조직관리 및 행정 절차를 포함해야 한다. 또한 이사회는 행동강령 및 이해상충 방지 기준을 만들어 운영상 책임을 지는 모든 당사자뿐 아니라 이사회 및 연금운영주체의 직원에 적용되어야 한다. 특히 이사회가 의사결정을 독립적이고 불편부당하게 할 수 있도록 하기 위해 그리고 기금과 관련된 민감한 정보의 익명성을 확보하고, 이러한 정보의 부적절한 이용을 방지하기 위해 적절한 내부 통제기준을 마련해야 한다.

보고체계

적절하고 정확한 정보가 적시에 효과적으로 전달되도록 연기금 운영과 관련된 모든 사람과 기관들 사이의 보고 채널이 갖추어져야 한다.

공시

이사회는 모든 당사자(가입자, 수급자, 감독당국 등)에게 적절한 정보를 명백하고 정확하며 적시적으로 공시하여야 한다. 이상과 같은 11개 퇴직연금 지배구조 지침은 ①퇴직자산관리, ②수탁자 책임 및 권한, ③감시 모니터링, ④시장작동기능 등 4가지 지배구조 요소별로 범주화할 수 있다.

즉 OECD의 퇴직연금 지배구조 11개 지침은 보험 및 신탁계약 등을 통해

표2 연금 지배구조 요소 및 세부 내용

지배구조 요소	세부 내용
퇴직자산관리	– 자산관리기관의 법적 분리(보험 및 신탁계약) 등
수탁자 책임 및 권한	– 수탁기관의 책임 명시, 기금운용자의 책임 강화 – 연기금운용자의 설명 책임 – 연기금운용자 자격기준 강화 및 전문성확보
감시 모니터링	– 자문 및 전문가 선임 – 독립적인 감사, 연금계리사 선임 – 적절한 내부 통제기준 마련
시장작동기능	– 보고체계의 확립, 공시 강화

자산관리, 운용 및 관리기관간 역할 등과 관련된 퇴직자산 관리, 사용자(기금), 수탁기관(운용 및 자산관리기관), 자산운용사 등의 책임과 관련된 수탁자 책임, 감시자(연금계리사, 외부감사인)의 의무 위반 행위 감시와 관련된 감시 모니터링, 보고·신고·공시·통지의무 등과 관련된 시장작동기능 등으로 분류된다.

3. 지배구조 현황 및 특징

지배구조 현황

1) 운용 구조

수차 언급된 바와 같이 우리나라의 퇴직연금제도는 계약형 지배구조를 가지고 있다. 노사합의 아래 퇴직연금제도의 도입이 결정된 후에 사용자는 다시 근로자 대표와 퇴직연금 규약을 작성하여 고용노동부에 신고하는데, 동 규약은 퇴직연금제도의 설계서에 해당하는 것으로서 근퇴법에서 정한 사항을 모두 포함하여야 한다.

그림3 퇴직연금제도 운용체계

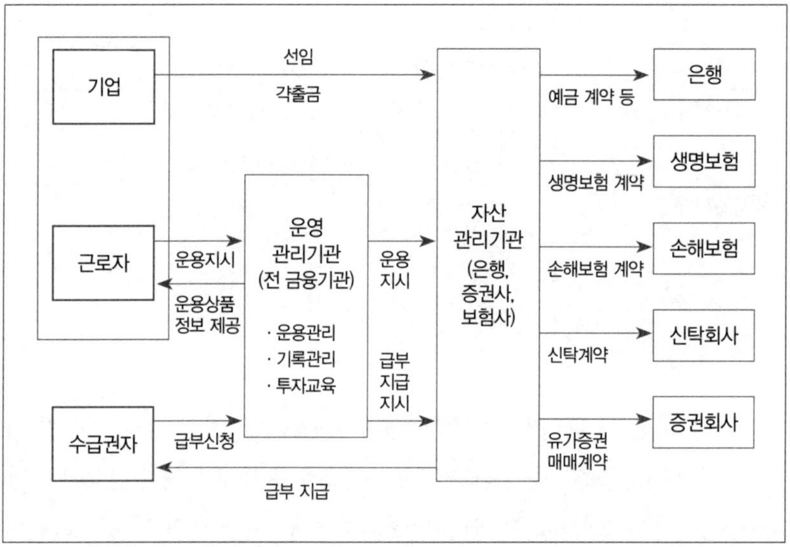

또한 사용자는 퇴직연금사업자와 퇴직연금계약을 맺어 퇴직연금업무를 퇴직연금사업자에게 위탁하여야 한다. 퇴직연금의 설정 내용이 노사간 규약에 명기되며 퇴직연금계약에 의해 근로자의 수급권 보호를 위한 일체의 행위가 퇴직연금사업자에게 위탁되므로 계약형 지배구조가 된다.

2) 서비스 구조

우리나라는 근퇴법에서 퇴직연금제도를 위한 운영관리계약과 자산관리계약을 동일한 퇴직연금사업자가 체결하는 것을 금지하지 않는다. 즉 근퇴법에서 퇴직연금사업자가 운용관리업무와 자산관리업무를 겸업할 수 있도록 허용하고 있어 대부분의 퇴직연금사업자들이 운용관리서비스와 자산관리서비스를 함께 제공하는 겸업형Bundle 서비스 구조를 띠고 있다.

이에 반해 복수의 퇴직연금사업자와 퇴직연금계약을 체결하는 분리형

표3 퇴직연금의 서비스 구조 형태

구분	계약 체결 형태
겸업형	단일 사업자와 퇴직연금계약 체결(운용관리계약+자산관리계약)
분리형	복수의 사업자와 퇴직연금계약 체결 · 운용관리계약과 자산관리계약을 각각 체결(1:1 방식) · 하나의 운용관리계약과 여러 개의 자산관리계약을 체결하는 방법(1:N 방식) · 여러 개의 운용관리계약과 여러 개의 자산관리계약을 체결하는 방법(N:N 방식)

Unbundl 서비스 형태, 즉 운용관리계약과 자산관리계약을 각각 체결하는 방식(1:1 방식), 하나의 운용관리계약과 여러 개의 자산관리계약을 체결하는 방식(1:N 방식), 여러개의 운용관리계약과 여러 개의 자산관리계약을 체결하는 방식(N:N 방식)에 의한 서비스 제공은 제대로 이루어지고 있지 않은 실정이다.

3) 계약 구조

근퇴법 제16조 제2항에 의하면 연금사업자는 보험계약과 신탁계약(특정금전신탁)에 의해 자산관리계약을 체결하도록 규정하고 있다. 즉 근퇴법은 연금사업자가 자산관리기관과 퇴직연금의 자산관리 계약을 체결하고자 할 때 특정금전신탁으로 운영되는 신탁계약 또는 특별계정으로 운영되는 보험계약 방법에 의해 자산관리업무를 하도록 제한하고 있다. 신탁계약의 자산관리업무를 수행할 수 있는 기관은 신탁업무를 겸영할 수 있는 금융기관으로 하고 있으며 또한 근퇴법에서는 수탁자인 연금사업자에게 가입자의 손실 보장을 약속하거나 특별이익을 제공하는 행위를 금지하고 있다.

우리나라는 신탁계약에 대해 은행의 자기은행 예금(이하 자행예금) 운용을 엄격히 금지해오다가 2005년 퇴직연금제도의 도입 이후 자행예금 운용을 허용하게 되었다.

표4 근퇴법상 신탁계약 방식과 연금사업자의 금지행위

구분	근퇴법	동법 시행령
신탁계약에 의한 특정금전신탁	자산관리업무 수행(제16조 제2항) ① 사용자가 자산관리업무 계약을 체결하고자 하는 때에는 근로자를 피보험자 또는 수익자로 하여 대통령령이 정하는 보험계약 또는 신탁계약의 방법에 의하여야 한다.	자산관리업무 수행계약의 형태(제15조) ① 대통령령이 정하는 보험계약 또는 신탁계약이라 함은 보험업법에 의한 특별계정으로 운영하는 보험계약 또는 자본시장법에 의한 특정금전신탁계약을 말한다.
연금 사업자 책무	연금사업자의 책무(제20조 제3항) ① 계약 체결시 가입자 또는 사용자의 손실의 일부 또는 전부를 부담할 것을 약속하는 행위 금지(1호) ② 가입자 또는 사용자에게 특별한 이익을 제공하는 것을 약속하는 행위 금지(2호)	연금사업자 금지행위(제20조) ① 사용자 또는 가입자에게 특정한 운용방법의 가치상승 또는 하락에 대한 단정적이거나 합리적 근거가 없는 판단을 제공하는 행위(1호) ② 사용자 또는 가입자의 운용지시 등 업무수행과 관련하여 알게 된 정보를 자기 또는 제3자의 이익을 위하여 이용하는 행위(2호)

즉 우리나라의 신탁법제는 신탁제도의 원리에 입각하여 신탁겸영금융기관이 자행예금을 취급하는 것을 원천적으로 금지하는 법률적 태도를 취해왔으나 2005년 11월 자행예금에 대해 예외를 두도록 하는 「신탁업감독규정」이 개정되면서 가능하게 되었다. 이후 금융위원회는 2011년 10월에 「퇴직연금 감독규정」을 일부개정(퇴직연금 신탁계약의 집중투자한도 도입)하여 퇴직연금 신탁계약의 자사원리금 보장상품 편입비율 축소에 관한 규정을 신설하여 2011년 12월부터 시행하고 있다.

이 규정에 의하면 퇴직연금 신탁계약 시 수탁받은 금융회사의 자사 원리금 보장상품을 투자상품으로 편입하는 비율의 상한선을 50%로 설정하는 것으로 되어 있다. 다만 적립금 규모가 작은 사업장 또는 예금자보호법에 따라 보호되는 경우 등 규제실익이 작은 경우에는 적용하지 않기로 하였다.

표5 「신탁업감독규정」 개정 전후 비교표

개정 전	개정 후	비고
제10조의 3 (예금 및 금전채권 매입의 구체적 범위) ① '금융기관에 대한 예금'은 신탁업을 겸영하는 금융기관이 당해 금융기관에 예금하는 경우를 제외한다. 〈단서 신설〉	제10조의 3 (예금 및 금전채권 매입의 구체적 범위) ① '금융기관에 대한 예금'은 신탁겸영금융기관이 당해 금융기관에 예금하는 경우를 제외한다. 다만, 계좌별 수탁액이 3억 원 이상인 특정금전신탁 또는 「근로자퇴직급여보장법」에 의한 특정금전신탁으로서 원리금보장이 필요한 경우는 당해 금융기관에 예금할 수 있다.	특정금전신탁에 한하여 자행예금 허용

표6 퇴직연금 신탁계약의 집중투자한도 도입

구분	퇴직연금 감독규정	적용 제외 규정
집중투자 한도 도입	신탁계약의 자사원리금 보장상품 편입비율 50%	– DB형: 회사별 적립금이 10억 미만인 경우 – DC·IRA형: 예금자보호법에 따라 보호되는 금액이내

지배구조 특징

1) 가입자 제도 참여 및 선택 측면

현재 연금의 도입 및 운영 관련 의사결정에 있어 경영자 주도성이 지배적인 것으로 나타나고 있다. 퇴직연금제도를 도입한 대부분의 기업에서 회사의 주도로 퇴직연금이 도입되었으며, 노사합의 과정 역시 형식적으로 이루어지는 경우가 많은 것으로 조사되고 있다. 도입 기업의 절반 이상이 사용자 주도로 퇴직연금을 도입했으며, 근로자가 가입을 주도한 경우는 4.6%에 불과한 것으로 조사되고 있다.

이처럼 개별 계약형 연금지배구조하에서는 연금 운영과 관련된 의사결정에 있어 경영자의 영향력이 큰 것으로 이해되고 있다. DB형의 경우 기업이 의사결정의 전권을 행사하며 그 책임 또한 기업에게 귀속되기 때문에 기업의 권한과 책임이 절대적이다. 그러나 DC형의 경우 의사결정 권한이 근로자들에게 집중되어 선택과 책임이 모두 근로자에게 귀속됨에도 불구하고 실제 의사결정에 있어서는 기업의 의사가 중요하게 반영되는 것으로 나타나고 있다. 이는 DC형 퇴직연금 기업의 55.8%가 사용자 주도로 도입된 반면, 근로자가 가입을 주도한 경우는 7.7%에 그치고 있는 데서도 알 수 있다.

특히 퇴직연금 도입 시 노사합의 과정은 사측의 결정 이후 근로자의 형식적인 동의 절차를 거치는 경우가 가장 많은 것으로 나타나고 있다. 기업의 60% 가량이 사측의 주도로 퇴직연금을 도입하였던 것과 같은 맥락에서 볼 수 있다.

노사합의 과정은 도입주도자가 누구인지에 따라 크게 달라지는 것으로

표7 퇴직연금 도입 주도자

구분	비율	주도 형태
전적으로 사용자에 의해	11.7%	사용자 주도(58.0%)
사용자가 주도한 편	46.3%	
노사가 대등하게	37.3%	노사 주도(37.3%)
근로자가 주도한 편	3.9%	근로자 주도(4.6%)
전적으로 근로자에 의해	1.3%	

주: 퇴직연금 도입기업 300개 기업 대상
자료: 미래에셋퇴직연금연구소, 「기업의 퇴직연금 인식 및 운영인식 실태」, 2010.3, p.10.

표8 제도유형별 도입 주도자 비율(%)

구분	사용자가 주도	노사가 주도	근로자가 주도
DB	64.3	34.3	41.2
DC	55.8	36.4	7.7
DB&DC	41.2	52.9	5.9

주: 퇴직연금 도입기업 300개 기업 대상
자료: 미래에셋퇴직연금연구소(2010), p.10.

나타나고 있다. 우선 사측이 도입을 주도하는 경우 도입 과정 역시 사측의 일방적인 결정에 의해 이루어지는 비중이 높은 것을 볼 수 있다. 반면 근로자가 도입을 주도하거나 양측이 동등하게 도입에 관여 하는 경우에는 사측

표9 제도 도입 시 노사합의과정

구분	비율
사측 결정 이후 근로자의 형식적인 동의절차	11.7%
근로자 개개인의 의견수렴 후 노사합의 진행	46.3%
노사간 지속적인 협의를 통해 의견 수렴	37.3%
사측 결정 이후 근로자 대표의 찬반투표	3.9%

주: 퇴직연금 도입 300개 기업 대상
자료: 미래에셋퇴직연금연구소(2010), p.10.

표10 도입 주도자 및 기업 규모별 노사합의과정

①도입 주도자별 노사합의과정 비율(%)

구분	근로자	노사 동등	사용자
사측 결정 이후 근로자의 형식적인 동의절차	7.1	12.5	48.9
근로자 개개인의 의견 수렴 후 노사합의 진행	64.3	38.4	23.0
노사간 지속적인 협의를 통해 의견 수렴	21.4	33.9	13.8
사측 결정이후 근로자 대표의 찬반투표	7.1	15.2	14.4

②기업 규모별 노사합의과정 비율(%)

구분	100인 미만	100~299인	300인 이상
사측 결정 이후 근로자의 형식적인 동의절차	37.8	31.3	25.0
근로자 개개인의 의견 수렴 후 노사합의 진행	35.1	24.0	30.4
노사간 지속적인 협의를 통해 의견 수렴	16.2	27.1	26.8
사측 결정 이후 근로자 대표의 찬반투표	10.8	17.7	17.9

주: 퇴직연금 도입 300개 기업 대상
자료: 미래에셋퇴직연금연구소(2010), p.12.

이 일방적으로 도입과정을 이끌어가는 비중은 극히 낮은 것으로 나타나고 있다. 또한 기업규모별로 보면 300인 이상 대기업보다 300인 미만 중소기업이 상대적으로 사측의 결정 이후 근로자의 형식적인 동의 절차를 거치는 경우가 많이 나타나고 있다.

이는 근로자들의 퇴직연금에 대한 정보부족, 자산운용과 관련된 지식과 경험의 부족 등 때문이며 이상의 중요한 내용과 관련된 정보가 사업자들에게 집중되어 있기 때문이다. 따라서 운영의 책임이 근로자에게 귀속되는 DC형의 경우에도 기업과 사업자의 권한이 지배적으로 행사됨을 알 수 있다.

또한 현재 퇴직연금 도입 기업의 대부분은 1~2개의 금융기관만을 퇴직연금사업자로 두고 있으며 운용관리기관과 자산관리기관이 동일한 것으로 조사되고 있다. 평균 퇴직연금사업자 수는 운용관리기관과 자산관리기관 모두 1.3개 였으며 80% 이상의 기업이 단 1개의 금융기관만을 선택한 것으로 나타나고 있다. 또한 94%의 기업이 운용관리기관과 자산관리기관이 모두 일치한다고 응답함으로써 서비스의 차별화가 미흡하고 사업자에 대한 감시기능이 제대로 이루어지지 않는 것으로 보인다.

표11 운용·자산관리기관의 수 및 일치 여부

①운용·자산관리기관 개수

구분	1개	2개	3개	4개 이상	평균 개수
운용관리기관	80.7%	12.3%	4.3%	2.7%	1.3개
자산관리기관	80.6%	12.0%	4.7%	2.7%	1.3개

②운용·자산관리기관 일치 여부

구분	전부 일치	일부 일치	불일치
비율	94.0%	2.3%	3.7%

자료: 미래에셋퇴직연금연구소(2010), p.123.

퇴직연금사업자수는 기업 규모별, 제도 유형별로 차이가 있지만 전반적으로 2개 이하의 퇴직연금사업자를 선정하고 있는 것으로 나타나고 있다. 기업 규모별로 보면 100인 미만 소기업의 퇴직연금사업자는 평균 1.1개로 90%가 단 1개의 사업자만을 보유하고 있지만, 300인 이상 대기업의 평균 사업자 수는 1.8개로 소기업에 비해 0.7개 많은 것으로 나타나고 있다. 대기업에서 사업자를 1개만 선정한 비중은 55%였으며 2개는 25%, 3개 이상의 사업자를 선정한 비중은 20%이다.

표12 기업 규모별 사업자 수 및 그 비율

구분	비율(%)	1개	2개	3개	4개 이상	평균 개수
100인 미만	운용관리기관	90.5	7.4	0.7	1.4	1.1개
	자산관리기관	89.9	6.8	2.0	1.4	1.1개
100~299인	운용관리기관	80.2	12.5	5.2	2.1	1.3개
	자산관리기관	81.2	12.5	4.2	2.1	1.3개
300인 이상	운용관리기관	55.4	25.0	12.5	7.1	1.8개
	자산관리기관	55.4	25.0	12.5	7.1	1.8개

자료: 미래에셋퇴직연금연구소(2010), p.124.

표13 도입제도 유형별 사업자 수 및 그 비율

구분	비율(%)	1개	2개	3개	4개 이상	평균 개수
DB	운용관리기관	82.5	10.2	5.1	2.2	1.3개
	자산관리기관	83.9	9.5	4.4	2.2	1.3개
DC	운용관리기관	83.7	11.6	3.1	1.6	1.2개
	자산관리기관	82.9	10.9	4.7	1.6	1.2개
DB&DC	운용관리기관	61.8	23.5	5.9	8.8	1.7개
	자산관리기관	58.8	26.5	5.9	8.8	1.7개

자료: 미래에셋퇴직연금연구소(2010), p.124.

다음으로 제도 유형별로 보면 DB&DC형 도입기업의 사업자수가 DB형 및 DC형에 비해 상대적으로 많은 것으로 나타나고 있으며, 실제 DB형 및 DC형 도입기업에서는 사업자수가 단 1개인 기업이 80%가 넘었으나 DB&DC형에서는 60%만이 1개의 사업자를 선정한 것으로 조사되고 있다.

2) 자사상품 허용 측면

퇴직연금 신탁계정과 고유계정거래가 예외적으로 허용됨에 따라 실제 영업 시 자사 원리금 보장상품을 과도하게 편입하고 있는 것으로 나타나고 있다.

표14 은행 및 증권사의 자사상품 비중(2011년 8월 말)

구분	은행(예금)	증권(원리금보장형ELS)
신탁계약 원리금보장상품 중 자사상품비중	99.8%	82.7%

이와 같은 자행예금을 통한 퇴직연금의 운용은 근로자의 운용자산 선택권에 부정적인 영향을 초래한다는 문제가 있다. 퇴직연금 가입자에게 과도한 금리 제시 등으로 퇴직적립금이 자행예금인 원리금보장상품에 대부분 투자되는 경우, 자칫 주식, 채권 등 다양한 투자운용상품을 선택할 수 있는 기회가 없어지는 결과를 초래한다. 이 경우 신탁계약이 아닌 단순히 자행예금을 운용하는 계약이라 할 수 있다. 또한 자행예금은 은행의 파산 리스크에 영향을 받을 뿐만 아니라, 이율을 보장하는 경우, 금리 리스크가 존재하여 은행의 수익성을 악화시킬 수 있고, 특히 근로자의 수급권 보호에 부정적 영향을 줄 수 있다.

둘째, 근퇴법 및 기존 신탁 개념과의 상충문제를 야기한다는 문제가 있다. 고유계정인 자행예금(불특정금전전탁)으로 퇴직연금 운용을 예외적으로 허용한 「자본시장법」 감독규정은 근퇴법에서 신탁계약을 특정금전신탁으로 한정한 입법취지에 근본적으로 반하는 결과를 초래한다. 퇴직연금운용의 근거법인 근퇴법에 기초하여 퇴직연금계약이 이루어지도록 하는 것이 원칙이라는 점에서 그러하다. 또한 금융기관의 자행예금거래를 엄격히 제한하고 있는 기존 신탁개념과 상충될 뿐만 아니라 금융기관 등 수탁자는 반드시 자신보다 근로자 이익만을 위해서 운용하여야 한다는 충실의무(수탁자책임) 개념과도 배치된다.

셋째, 퇴직연금 가입자 간의 형평성 논란, 금융기관 간의 차별규제 문제 등도 노출시키는 문제가 있다. 퇴직연금 시장에서 고금리 혜택을 받지 못하는 일부 퇴직연금 가입자는 동일한 제도에 대한 차등적 가격 제공, 또는 특별이익으로 인식할 가능성이 존재하기 때문이다. 특히 근로자 수가 적고 기업의 퇴직적립금 규모가 적어 은행이 고금리를 제시하기 어려운 중소형 및 영세기업의 경우에 이러한 현상이 두드러질 수 있다. 또한 타금융기관의 경우 은행과 동일하게 신탁업무가 가능하나, 고금리(특판금리)를 제공할 수 있는 자행예금을 취급하지 못함으로 동일한 수익률 또는 신탁 서비스를 제공하기 어렵다는 점에서는 동일행위·동일규제 원칙에도 배치된다 할 수 있다. 마지막으로 재무건전성이 강한 대형은행 위주로 퇴직연금 가입의 쏠림 현상이 나타나 대형은행과 시중은행간, 대형은행과 타 금융기관 간의 양극화 현상은 심화되는 반면, 양질의 가입자 교육 등을 제공받지 못할 가능성이 존재한다.

3) 겸업형 중심 운영 측면

겸업형은 한 사업자로 단일화된 운영창구를 통해 운용 및 자산관리서비스가 제공되기 때문에 사업자 간 마찰이 발생하지 않아 원활한 업무흐름을 유지할 수 있으며 업무처리가 간단하고 사용자의 제도관리 또한 용이하나 제도의 유연성은 분리형에 비해 떨어진다.

표15 겸업형 운용에 따른 문제

구분	겸업형	분리형
상호견제	낮음	높음
제도의 유연성	낮음	높음
비용 설정	단일사업자체제 의존	사업자간 비교를 통해 수수료가 낮은 운용 및 자산관리기관 선정
투자상품의 다양성 및 상품변경의 용의성	상품 line-up에 의존	높음
부가서비스 차별화	미흡	가능

이에 반해 분리형은 운용 및 자산관리 각각의 전문사업자를 선정하여 서비스를 제공받는 형태이기 때문에 각 서비스의 전문성을 높일 수 있으며 사업자간 자율적인 상호견제 및 감시기능이 제고될 뿐만 아니라 투자상품의 다양성이 확보되는 장점이 있으나 여러 사업자 통제의 어려움과 이로 인한 잠재적 손실 가능성, 사업자간 정보의 비대칭 및 커뮤니케이션 문제 등의 단점이 있다. 퇴직연금서비스의 제공방식은 사용자의 규모나 특성, 선호 등에 따라 달라져야 하나, 업무처리가 간단하고 사용자의 제도관리가 용이한 겸업형 중심으로 퇴직연금계약이 체결되고 있다. 이와 같이 사용자의 편리성을 기반으로 하는 겸업형 중심으로 퇴직연금계약 체결이 이루어지다 보니 상대적으로 투자상품의 다양성 및 사업자의 견제기능 등은 미흡한 실정이다.

따라서 퇴직연금사업자가 운영관리기관으로서 자산관리기관인 자신을 견제하는 상황이 시장에서는 벌어지고 있다. 이는 곧 현재 정부와 감독기관의 규제감독체계가 미비하고 관련 인력이 절대적으로 부족한 상황임에도 불구하고 이를 보완할 시장자율기능이 붕괴되었음을 의미한다. 그 예로서 확정급여형에서 근로자 수급권 보호를 위해 가장 중요한 적립율을 정부나 감독기관 그리고 운영관리기관조차 제대로 파악하지 못하고 있다. 결국 겸업형 운용체계에 따른 서비스 질이 악화될 우려가 있을 뿐만 아니라 수탁자의 이해를 반영한 관리보다는 사업자(운용·자산+운용관리기관)의 이해만을 반영한 대리인 문제를 야기할 수 있는 문제가 있다.[4]

4. 주요국 지배구조 운용체계

미국

미국의 퇴직연금 지배구조는 기금형 형태를 띠고 있으며 기본적으로 영국의 지배구조와 유사하다. 그러나 미국의 퇴직연금 운영구조는 영국과 같이 단순하지 않고 신탁의 설정 여부, 운용자의 선임 여부 등에 따라 4가지 다른 형태의 운용구조를 지니고 있으며, 퇴직연금 지배구조에서 지명 수탁자 named fiduciary가 핵심적인 역할을 하고 있다.[5]

물론 보험회사를 연금사업자로 지정하는 경우에는 운용자와 보관기관이 선임되지 않기 때문에 퇴직연금의 지배구조가 복잡한 형태를 띠지 않지만, 이 경우에도 지명 수탁자의 선임은 강제된다. DB형 지배구조에서는 사업주와 근로자의 단체협약에 의해 지명 수탁자를 지명하고 기금운용 및 관리는 보험형, 신탁형, 자문계약 또는 자가운용형이 존재한다. 보험형은 보험회사에 기금을 위탁하는 것으로 일반계정 또는 특별계정을 이용하며 신탁형은 신탁계약에 의해 신탁 수탁자인 은행, 신탁회사 등이 기금을 운용하게 된다. 특히 DB형은 미래의 연금지급액을 추정하여 필요한 책임준비금을 적

---

4 류건식·김대환·이상우, 「퇴직연금 지배구조체계 개선방안」, 보험연구원 정책보고서, 2013.1, pp.33~44 및 김재현, 「퇴직연금제도 지배구조와 자산관리계약에 관한 연구」, 사회보장학회 발표자료, 2011 등을 참조.

5 임영재·이중기, 「기업연금의 지배구조 설계에 관한 소고」, KDI 정책연구시리즈 2003-03, 2003.12 참조.

그림4 미국의 퇴직연금 지배구조

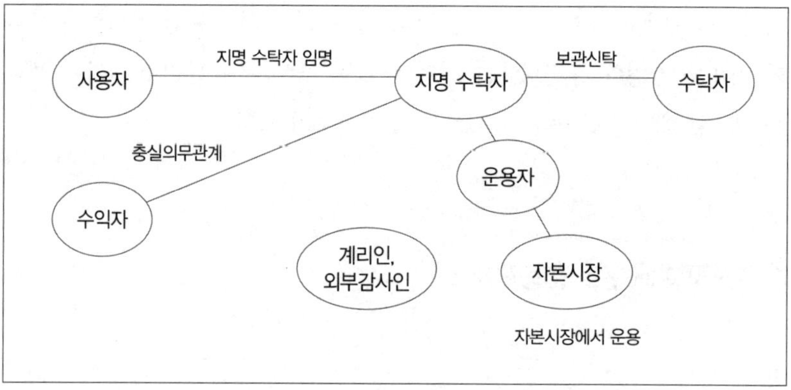

립하는 제도로 연금수리 및 회계처리에 대한 투명성 및 엄격한 감독이 중요하므로 연금계리사 및 외부감사인의 선임이 강제되고 있다. 또한 퇴직연금과 관련된 다양한 전문가들이 제도설계 및 기금운용에 참여하게 된다는 점이 특징적이다. 즉 계약형 지배구조와 달리 제도 제도운용, 기금운용, 연금제도 운영에 대한 컨설팅 및 외부감사 등이 별도로 전문화한 기관에 의해 수행된다.

DC형 지배구조에서는 제도운용 수탁기관이 제도설계 컨설팅, 기록 및 관리, 일상적인 제도관리, 가입자 커뮤니케이션 등의 업무를 담당하게 되며 연금제도 도입에 대한 노동조합과의 교섭·합의 및 퇴직연금 규약의 작성·신고 등과 같이 제도 도입을 위한 업무가 필요하다. 자산관리 수탁기관은 신탁 수탁자와 보험사로 구분되며 신탁계약을 통한 자산관리 및 운용, 보험계약을 통한 자산관리 및 운용을 하게 된다. 특히 신탁 수탁자는 뮤추얼펀드, 은행 신탁 등과 계약하여 운용하며 보험회사는 일반계정과 특별계정으로 운용하게 된다. 또한 운용관리업무와 자산관리업무의 특성을 고려하여 기본적으로 운용관리업무 사업자와 자산관리업무 사업자로 구분하여 운영하고 있다. 즉 동일한 사업자가 운용관리업무와 자산관리업무를 하지 못하도록 제한하고 있다.

일본

일본의 퇴직연금 지배구조는 기금형과 규약형으로 구분되며, 지배구조에 따라 운영주체와 기여금 부담, 적립금 관리 및 운용 등에 대한 권한과 책임이 표16과 같이 상이하다.

일본은 2001년 영국 등 앵글로색슨 국가의 지배구조를 벤치마킹하여 수탁자 책임을 보다 강화하고 연기금의 국민경제적 역할을 제고하기 위해 기금형을 채택하되, 중소기업의 비용부담 능력을 고려하여 예외적으로 규약형을 병행하도록 하였다. 즉 퇴직연금제도 도입에 따른 기업부담을 고려하여 제도의 선택을 다양화할 수 있도록 기금형 및 규약형이 함께 도입되었다. 기금형 지배구조의 경우 연금기금이 운영주체가 되어 사업주가 부담한 기여금을 적립하여 직접 또는 간접적으로 관리를 할 수 있는데 대부분 자산운용기관에 적립금을 위탁하는 방식으로 운영되고 있다. 이에 반해 규약

표16 일본의 기금형과 규약형 지배구조 체계

구분	확정급여형		확정갹출형
	기금형	규약형	
운영주체	기업연금기금	사업주 (연금계리업무 위탁 가능)	사업주 (근로자는 운용지시)
부담금 부담	사업주	사업주	사업주 (근로자 추가납 가능)
적립금 관리	기업연금기금	자산관리운용기관	자산관리운용기관
적립금 운용	자산운용기관 (자가운용 가능)	자산관리운용기관	자산관리운용기관

형 지배구조의 경우 기금형에서 기금이 가진 권한과 책임의 대부분이 사업주가 역할을 수행하게 된다. 따라서 규약형의 경우 사업주가 퇴직연금의 운영주체가 되어 사업주가 부담한 기여금을 자산관리기관에 적립하고 적립금 관리와 운용을 자산관리기관이 수행하도록 하고 있다.

2) 규약형 지배구조

규약형 지배구조는 사업주가 종업원의 동의를 얻어 연금에 관한 규약을 작성하고 그 규약에 기초하여 후생노동대신의 승인을 얻음으로써 적용된다. 운용주체는 사업주이지만 규약의 변경을 포함해 제도 운영은 기본적으로 노사합의에 기초하여 이루어지고 있다.

이에 따라 사업주는 노·사가 합의하여 작성한 연금 규약에 따라 신탁계약과 보험계약, 투자일임계약 중에서 하나의 자산관리 운용기관을 선정하여 자산관리 운용계약을 체결할 수 있다. 대표적인 자산관리 운용기관에는 은행(신탁겸업 은행)과, 생명보험회사, 자산운용회사(신탁업 겸업회사) 등이

그림5 일본의 규약형(DB형) 지배구조

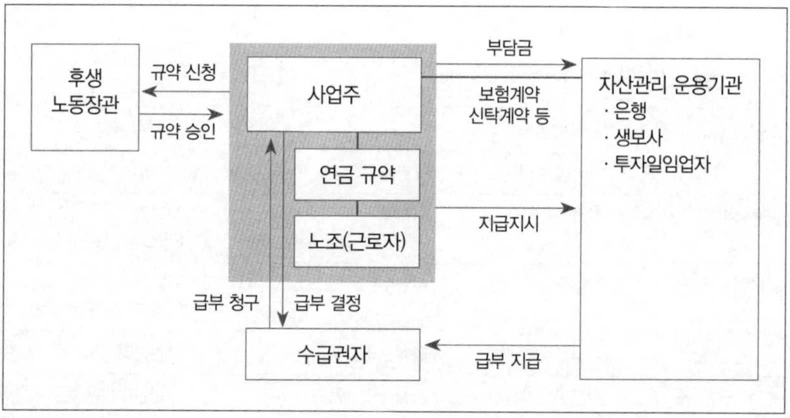

자료: 노무라종합연구소.

있으며, 이들 금융회사와 하나의 계약을 체결하여 기업의 외부에서 연금자산 관리·운용을 해야 한다. 자산관리 운용기관의 업무는 운용업무와 관리업무로 나누어지며, 보험회사를 선정하지 않을 경우 연금계리업무는 위탁할 수 있도록 하고 있다. 이에 따라 규약형 지배구조의 구성원은 사업주와 근로자 또는 수급권자, 운영관리회사, 자산관리회사 등으로 구성되며, 운용기관은 사업주가 운용기관에 납입하는 부담금에 대한 반대급부로 가입자에 일정한 급부를 제공한다. 급부 지급은 사업주가 급부 지급에 대한 근로자의 청구를 접수하여 지급사유 요건의 확인절차를 거쳐 자산관리 운용기관이 급부의 지급을 실시한다.

2) 기금형 지배구조

사업주가 종업원의 동의를 얻어 연금규약을 작성하고 연금기금 설립에 대해 후생노동장관의 승인을 받은 경우 기금형 지배구조에 따라 퇴직연금사업을 영위할 수 있다. 이 경우 기금은 법인이 되며 사업주와 가입자로 조직

그림6 일본의 기금형(DB형) 지배구조

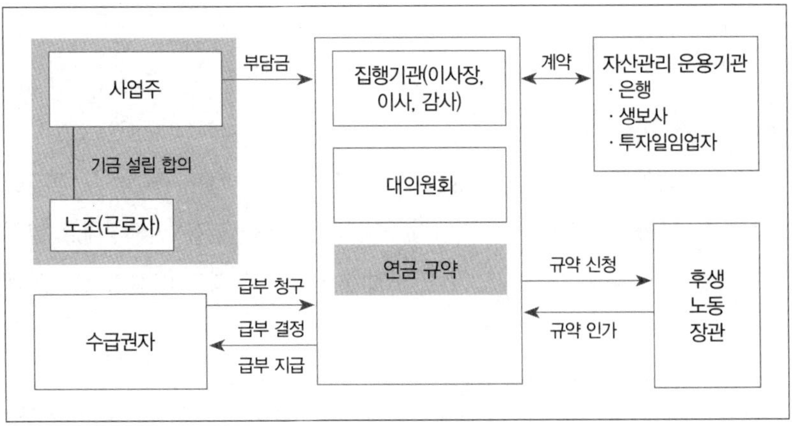

자료: 노무라종합연구소.

되어 있다. 기금 설립후 운영은 연기금에 의해 이루어지며 기금운영은 사업주가 선정하는 대의원과 가입자가 선정하는 대의원이 동수 참여하는 대의원회에서 기본적인 의사결정을 하게 된다.

노사 각각의 대의원에서 호선된 이사 및 사업주가 선정한 대의원인 이사 중에서 이사장을 선출하고 있다. 기금이라는 법인이 수반되므로 300명이상의 근로자를 보유하고 있는 기업에 대해서만 기금형 지배구조를 허용하고 있다. 기금형의 경우 일정한 연금자산 규모(500억 엔) 이상의 연기금에 대해서는 금융회사에 적립금 운용을 위탁하지 않고 기금 스스로가 운용할 수 있다.

일본에서 시행되고 있는 규약형과 기금형은 공통적으로 노·사간에 합의한 연금규약에 의해 사업주 또는 기금이 퇴직연금사업자를 선정하고 연금급부와 적립금의 관리·운용을 위하여 운용관리계약을 체결하도록 되어 있다.[6] 일반적으로 기금형에서는 신탁회사(또는 보험회사)를 위탁자로 지정한 기금이 신탁계약(또는 보험계약)의 위탁자 겸 수익자가 된다. 이에 반해 규약형에서는 신탁회사(또는 보험회사)를 수탁자로 지정한 사업주가 신탁계약(또는 보험계약)의 위탁자가 되며, 수익자는 퇴직급여를 수령하는 수급권자가 된다.

영국

1995년 맥스웰Maxwell 사건 이후 연금자산을 운용하는 수탁자의 책임을 중시하는 방향으로 「신탁법」을 개정하여 독립된 연기금을 신탁형태로 설치 운용하는 기금형을 채택하고 있다. 이러한 기금형의 채택 배경으로는 연금

6 대표적인 계약의 종류에는 생명보험사의 생명보험계약, 은행 및 신탁겸업 금융회사의 신탁계약, 투자일임업자가 취급하는 투자일임계약 등이 존재한다. 이외에도 후생연금기금과 확정갹출연금에서는 각각 자가운용과 손해보험계약이 존재한다.

그림7 영국의 퇴직연금 지배구조

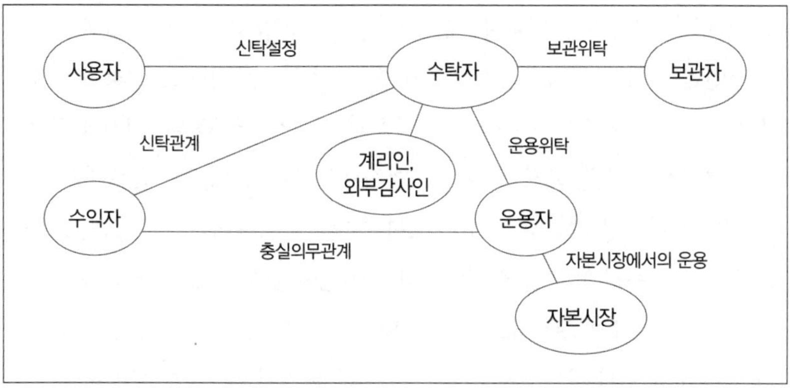

제도의 운용에 근로자가 적극 참여하여 연금운용의 신뢰성을 확보하고 사용자로부터의 연금자산 분리 등을 들 수 있다.

이에 퇴직연금제도로 하여금 연기금의 운영과 감시에 대한 책임을 지는 이사회governing body나 운용자인 수탁자trustee를 두도록 규정하고 있다. 따라서 기업이 보험 등의 수단으로 근로자에게 퇴직급여를 보장하지 않는 한 퇴직연금을 위해서는 예외없이 독립된 법인의 형태로 기금이 설립된다. 따라서 영국에서는 연금자산을 사용자로부터 분리시키되 신탁기관을 통해 제3의 감시자를 선임하도록 하여 퇴직연금 지배구조의 분리와 감시의 원칙을 구현하고 있다. 즉 영국의 퇴직연금제도에서는 근로자와 사용자가 각각 수탁자를 선임하고, 사용자가 수탁자에게 연금자산을 양도함으로써 연금자산을 사외로 유보하고 있다. 또한 수탁자, 연금계리사, 외부감사인 등으로 하여금 연금사업자를 감시하도록 하고 연금자산의 출연 정도 등에 대해서는 근로자와 사용자가 수탁자회를 통해 협상할 수 있도록 함으로써 ①연금자산의 독립된 보관장치, ②연금사업자에 대한 감시자의 선임, ③근로자·사용자 간의 이익 충돌 해소장치를 갖추고 있다.

영국의 퇴직연금에서는 신탁의 설정을 통해 연금자산의 독립성을 확보하고 있다. 즉 사용자는 연금자산을 수탁자에게 양도함으로써 신탁을 설정하는데 일단 신탁이 설정되면 수탁자가 수탁 받은 연금자산은 수탁자의 소유재산이 되므로 법적으로 사용자의 자산과 완전히 구분된다. 이처럼 사용자가 연금자산을 운용하지 못하도록 법적으로 차단함으로써 근로자의 수급권 보호가 가능하도록 하고 있다. 또한 수탁자는 신탁법상의 수탁자로 연금자산의 보관 등과 관련하여 신탁법상 수익권을 갖는 근로자에 대해 엄격한 충실의무를 부담하도록 하고 있다. 영국법상 신탁의 설정이 「연금법pension act 1995」에 의해서 강제되지 않는다. 하지만 퇴직연금이 세제혜택을 받기 위해서는 세법상의 요건을 충족시켜야 하는데, 세제상의 혜택은 철회불능신탁irrevocable trusts으로 설립된 퇴직연금에 대해서만 부여되므로 사실상 신탁의 설정이 강제되고 있다. 따라서 대부분의 퇴직연금은 세법상 요건을 충족시키는 신탁약관trust 또는 신탁선언declaration of trust에 의해 설립된다.

제10장

연금 감독

1. 퇴직연금 유형

금융위기 이후 금융 감독기구의 조직 구조에서 주목할 점은 건전성 규제와 시장영업행위에 대한 감시가 분리된 조직에 의해 운영되는 쌍봉형Twin Peaks 체재에 대한 관심이 높아졌다는 것이다. 이는 쌍봉형 조직체제로 운영 중인 일부 국가에서 금융위기를 잘 극복하였다는 점 때문이다.[1]

연금 감독 체제는 크게 두 가지 기준으로 분류할 수 있다. 첫째, 연금 감독기관을 별도의 분리된 감독기관으로 특화하거나 통합 감독기구의 일원으로 분류할 것인지에 대한 선택이다. 둘째, 건전성 규제와 시장행위 감독을 동일 기관에서 하는 일원형 구조나 분리된 기관에서 이에 대한 감독이 이루어지는 쌍봉형 모형에 대한 선택이다.

---

1 연금 감독을 별도로 분리된 조직에서 하는 경우와 통합화된 금융감독기구에서 연금 감독이 이루어지는 사례의 찬반 논란에 관해서는 Madero and Lumpkin, "A Review of the Pros and Cons of Integrating Pension Supervision with that of Other Financial Activities and Services", *International Organisation of Pension Supervisors*, 2007을 참조.

그림1 연금감독기구의 조직구조 분류 방식

		목적	
		쌍봉형* (Twin Peaks)	일원형* (Unified)
기관별	특화형(Specialized)	Twin Peaks / Specialized	Unified / Specialized
기능별	통합형(Integrated)	Twin Peaks / Integrated	Unified / Integrated

* 쌍봉형(twin peaks): 감독기관은 건전성 감독만 수행하며, 소비자보호 및 영업행위 규제는 별도로 분리함.
** 일원형(unified): 감독기관은 건전성 규제와 소비자보호 및 영업행위 규제를 동시에 수행함.

대다수 국가에서의 연금 감독체계는 일원형·통합형 감독 기구에 속하는 것으로 나타나고 있다. 한편, 앞서 분류한 연금 감독기구의 조직형태별 장단점이 표1에 제시되어 있다.

1) 통합 감독과 특화 감독

연금 감독기구를 기타 감독기구와 통합된 형태로 운영할 것인지Integrated, 또는 별도의 독립기구를 조직하여 운영할지Specialized에 관한 문제이다. 어떤 구조가 적합한지는 그 나라가 처한 상황에 따라 달라질 수 있으며, 조직이 잘 구성되어 있다면 두 형태 모두 감독목적 달성에 효과적일 수 있다. 예를 들어, 선진국일수록, 연금 체계가 경쟁적일수록, 자발적 가입 성격이거나 개인연금의 경우 통합된 연금 감독기구 형태가 보다 적합하다.

2) 쌍봉형 감독과 일원형 감독

쌍봉형 모델은 하나의 금융회사를 건전성 측면과 영업행위 측면으로 나누어 각각의 기구가 따로 감독하는 모델이다. 건전성 감독은 금융회사의 자본, 자산, 유동성 등 리스크 요인을 점검하여 시정하는 것이고 영업행위 감

표1 감독조직 형태별 효과

감독구조	장점	단점
쌍봉형 및 특화형	– 전문지식보유 · 감독자는 특정 문제에 집중 – 감독의무 축소 · 명확한 감독 범위 설정	– 감독범위 · 연금과 타 금융 간 감독 중복 · 감독기관의 폭넓은 시야 필요 – 통합적 감독 미흡
쌍봉형 및 통합형	– 투명성 강화 · 규제일관성, 규제차익 비발생 – 명확한 목적 및 책임 · 건전성 감독에 집중 – 감독 범위 · 상호연계된 금융시장과 조정	– 운영상 갈등 · 소비자 보호와 영업행위 간 업무구분 불명확 – 감독업무 중복 – 비효율성 · 범위의 경제 달성 어려움
일원형 및 특화형	– 업무 분리 · 산업별 하나의 감독기관 존재 – 감독 강화 · 연금제도의 모득 측면 관리	– 이해상충 문제 · 소비자 보호와 영업행위 목적간 괴리 발생
일원형 및 통합형	– 통합화된 감독 · 사각지대 문제 해소 – 규모 및 범위의 경제 · 감독 자원 집중 · 불필요한 중복 방지	– 고유성 반영에 한계 · 연금의 특수성 무시 – 광범위한 감독 업무 · 연금제도의 모득 측면 관리

자료: IOPS, Pension Supervisory Authorities' Approaches and Structure, 2012.

독은 금융회사가 영업활동을 하면서 법규 위반이나 소비자에게 피해를 끼치는지를 감시하고 시정하는 것이다. 이러한 모델을 적용하는 경우 시스템 리스크관리에 집중할 수 있다는 장점도 있지만 통합감독기구에 비해 많은 사회적 비용을 부담하여야 한다는 단점도 있다. 하나의 기구(통합감독모델)와 두개의 기구Twin Peaks 모델의 운영에 필요한 비용과 이를 각각 상대해야 하는 금융회사의 부담은 배가된다.

IMF보고서에 의하면 쌍봉형 모델을 채택한 나라(프랑스, 이탈리아, 네덜란드)의 은행들이 통합감독기구(영국, 스위스)의 은행들에 비해 상대적으로 손실이 적은 것으로 나타나 있다. 각 국가의 특성을 보면 프랑스, 이탈리아

등은 산업구조상 실물경제의 기반이 탄탄한 반면 영국, 스위스는 실물산업 기반이 약하고 금융산업의 비중이 높은 나라들이다. 따라서 금융자산의 해외투자 비중이 높고 활발하여 리스크 노출이 많은 편이다.

연금 감독과 관련하여 건전성 감독과 영업행위 규제를 동시에 수행할지 또는 별도 조직으로 분리하여 수행할지에 관한 문제이다. 감독 목적에 따라 감독 기구를 상이하게 설정하는 쌍봉형 모델은 여러 나라에서 논의되어 오고 있다. 예를 들어, 미국은 별도의 소비자 보호기구 설립을 추진하고 있으며, 영국은 FSA로부터 건전성 감독을 분리하여 영란은행 산하에 두는 방안을 추진하고 있다.

3) 수평적 감독과 수직적 감독

연금 감독기구의 구성원(또는 팀)이 연금 감독과 관련된 여러 가지 기능을 동시에 수행할지Horizontal 아니면 감독기능별로 역할을 분담하여 수행할지Vertical에 관한 문제이다. 수평적 접근방법Horizontal Approach, Portfolio Approach은 한 구성원(또는 팀)이 연금펀드에 관한 데이터 수집에서부터 최초 리스크 평가, 현장 검사, 리스크에 대한 처방 제시 등 여러 기능을 동시에 수행하는 반면, 수직적 접근방법Vertical Approach 또는 Functional Approach은 한 구성원(또는 팀)이 한 가지 기능(인·허가, 데이터 수집 및 통계 분석 등)에 특화되어 업무를 수행하게 된다.

또한 분석을 담당하는 집단off-site analysis과 현장 검사를 담당하는 집단on-site analysis이 분리되어 있다. 혼합형 접근방법Hybrid Approach 또는 Matrix Approach은 수평적 접근방법과 수직적 접근방법의 혼합 접근 방식으로 예를 들어, 기본적으로는 수평적 접근방법을 따르되, 특정 업무영역(DB의 DC로의 전환, 인수·합병 등)에 대하여는 전문가 집단을 별도로 구성하고 있다.

2. 퇴직연금 감독 구조

퇴직연금 감독기관의 일반적 특징

OECD 주요 회원국의 퇴직 연금 규제 감독 기관의 특징은 전체 금융 감독 체계에 대한 국가별 특징과 깊은 연관을 가지면서 크게 3가지 형태로 분류할 수 있다. 표2에서 보는 바와 같이 퇴직연금을 포함한 모든 금융 산업을 통합된 감독기구가 감독하는 경우,[2] 분리되어 있는 보험산업 감독기구가 퇴직 연금까지 감독하는 경우, 퇴직연금 부분을 별도로 분리하여 전문적인 연금 감독기관을 두는 경우[3] 등으로 구분할 수 있다.

최근 호주(1998), 한국(1999), 아이슬랜드(1999), 헝가리(2000)[4] 등의 국가들이 금융 감독업무의 효율성을 제고할 목적으로 통합된 금융감독기구를 신설하고 있으며 이 경우에는 연금 등 모든 금융 관련 업무가 통일된 감독

---

2 후위웨이Yu-Wei Hu와 스튜어트Stewart의 조사(2009)에 따르면, 퇴직연금 감독체계로 완전통합 모형(퇴직연금+은행+증권+보험)을 채택하고 있는 국가가 24개국, 부분통합 모델을 채택하고 있는 국가는 10개국, 특화형 모델을 채택하고 있는 국가는 12개국인 것으로 조사되고 있다. 퇴직연금 감독을 타 금융감독기구와 통합해서 운영하는 것이 바람직하다고 주장하고 있는 측의 근거는 퇴직연금이 타 금융 부문과는 다른 재무적 위험에 노출되어 있으나, 적립 부족 리스크, 투자리스크, 금리 및 인플레이션 리스크 등 대부분의 리스크가 타 금융부문의 리스크와 공통적으로 나타나는 현상으로 볼 수 있다는 점이다. 다마에스트리Damaestri와 페로Ferro는 소비자보호, 금융 시스템의 안정성, 금융시스템의 효율성 및 금융기관의 건전성 등 금융규제의 목적 달성이라는 관점에서 보면 통합모형이 보다 효과적이라고 보고 있다(2004). 특히, 다마에스트리와 페로는 퇴직연금 감독체제를 통합모델로 가져갈 경우, 감독기관의 비대화로 감독기관이 피감독기관과 분리되는 위험만 존재한다고 주장한다.

3 독립된 퇴직연금 감독기구를 두는 것이 보다 효율적이라고 주장하고 있는 측의 논리는 다음과 같다. 퇴직연금 감독체제를 특화형모형로 운영할 경우, 퇴직연금만이 보유하고 있는 리스크와, 세제정책의 관리, 공적 보장, 타 금융서비스에서는 제공하지 못하는 복지측면의 의미 등을 추구할 있는 장점이 크다고 보고 있다. 즉 퇴직연금만이 보유하고 다음과 같은 특성에 따라 특화모형이 보다 적합하다고 보고 있다. 퇴직연금계약의 장기성, 타 저축상품에 비해 광범위한 사람들을 대상으로 한 계약, 퇴직연금 가입자의 위험회피도, 세제와 장래의 급여 및 수명에 대한 가정으로 인한 상품의 복잡성, 사용자와 노동조합의 빈번한 참여, 감독기관의 감시가 어려울 정도로 성장한 연금기금, 금융시장과 경제의 안정성에 대한 퇴직연금 자산의 잠재적 영향력 등으로 특화모형이 적합하다고 보고 있다.

4 헝가리는 2000년에 HFSAHungarian Financial Supervisory Authority를 설립하여 은행, 신용조합, 금융회사, 투자펀드, 보험회사, 연금 등을 포함하는 전 금융권에 대한 감독을 통합 수행하고 있다.

표2 퇴직연금 감독기구의 형태

통합 모형(은행, 보험, 증권, 연금)	부분 통합모형(보험, 연금)	특화모형(연금)
호주, 오스트리아, 불가리아, 캐나다, 크로아티아, 체코, 덴마크, 독일, 헝가리, 아이슬랜드, 이스라엘, 자메이카, 카자흐스탄, 모리셔스, 나미비아, 한국, 네덜란드, 노르웨이, 파키스탄, 폴란드, 슬로바키아, 남아프리카, 태국, 트리니다드 토바고	벨기에, 핀란드, 프랑스, 요르단, 룩셈부르크, 포르투갈, 스페인, 스페인, 터키, 잠비아	체코, 코스타리카, 홍콩, 인도, 아일랜드, 이탈리아, 일본, 케냐, 멕시코, 나이지리이, 영국, 미국

주: OECD 주요국 및 IOPS 가입 국가를 대상으로 한 연금 감독체계의 분류임.
자료: Yu-Wei Hu and Stewart, Licensing Regulation and Supervisory Structure of Private Pension, OECD Working Papers on Insurance and Private Pensions, 2009.

기구의 규제를 받게 된다.[5] 통합금융감독기구의 장점은 금융 감독에 따른 비용 부담을 줄일 수 있고 감독 당국에 대한 금융기관의 순응 그리고 신규 금융 기관의 참여를 유도할 수 있다는 점이 특징적이다. 그러나 분리된 감독기구들도 적절한 정보 교환 및 협조를 통해 이러한 문제점을 충분히 극복할 수 있다는 주장도 있어 장단점을 명확히 구분하기는 어려울 것으로 판단된다. 퇴직연금의 경우 상품의 특수성과 복잡한 사회적 이해관계 때문에 분리된 감독기관이 필요하다는 견해가 많으며, 그 결과 일본, 스웨덴, 영국의 경우는 통일된 금융감독기구의 존재에도 불구하고 퇴직연금에 대한 감독기구는 분리되어 있는 실정이다.

표3은 퇴직연금 감독기구가 별도 기관으로 분리되어 있는 경우이며 표4는 퇴직연금 감독기구가 다른 조직내의 하부조직으로 포함되어 있는 경우를 나타내고 있는데, 양자간의 차이를 몇 가지 분야로 나누어 비교하면 다음과 같이 요약할 수 있다.[6]

5 다만 우리나라의 경우 금융감독원의 금융소비자보호처를 금융소비자보호원으로 승격시켜 2014년에 발족시키겠다는 계획이 추진 중에 있어 향후에는 쌍봉형 체제로 분류를 해야 할 것이다.

6 비교는 퇴직연금의 주감독기관만을 대상으로 한 것이다.

표3 별도의 연금 감독기구 형태인 OECD국가

		영국	이탈리아	스웨덴	아일랜드	일본	멕시코
형태	기관명	TPR	COVIP	FI	PENSION BOARD	PENSION BUREAU	CONSAR
	위원회 존재	유	유	유	유	무	유
	인원	260	60	–	34	30	170
지위 및 예산	법적 독립성	독립	독립	독립	독립	외부 통제	독립
	관할 부처	수상	Ministry of Laour & Ministry of the economy	정부	Ministry of Social and Family Affair	Ministry of Health Labour and Welfare	Ministry of Finance
	예산 출처	정부예산 + 회원사	정부예산	정부예산 + 회원사	회원사	정부예산	정부예산 + 회원사
기관장	임명권자	위원회	정부	정부	위원회와 관할부처	관할부처 장관	재무부
	임기보장	없음	4년	6년	5년	없음	없음
사적 연금	연기금의 수	103,588 (연금 계약)	534	–	99,987 (연금 계약)	1,807 (계약 포함)	11
	계약자의 수 (천명)	40,000	1,907	–	630	14,116	29,421
	연기금 규모 (10억 유로)	1,050	27.7	–	44	692.6	40.8

첫째, 연금 계약자 및 연기금 규모면에서 볼 때, 일반적으로 규모가 클수록 연금 감독기구가 독립되어 있는 경향이 나타나고 있다는 점이다. 영국과 일본 등이 여기에 해당된다. 다만 호주[7] 및 독일[8] 등은 충분한 규모에도 불

7 호주는 통합모형을 운영 중에 있으나, 감독기능은 APRA(Australian Prudential Regulatory Authority)와 ASIC(Australian Securities and Investment Commission)사이로 나누어져 있다. 즉 APRA는 연금의 인허가와 선관주의 및 연금규약과 투자를 감독하며, ASIC는 연금의 시장 행위에 대한 감독을 수행한다.

8 연금의 경우 연기금 자체가 별도 계정으로 분리되지 않은 특수성이 독립된 연금 감독기구 설치의 장애요인일 수도 있을 것으로 판단된다.

표4 비분리 연금 감독기구 형태인 OECD국가

구분		호주	아이슬랜드	뉴질랜드	스페인	독일	덴마크	캐나다
형태	기관명	APRA	FME	Government Actuary	DGFSP	BAFin	FSA	OSFIPPPD
	위원회 존재	유	유	무	무	유	유	무
	인원	–	7	3	–	29	15	20
지위 및 예산	법적 독립성	독립	독립	외부 통제	외부 통제	독립	독립	독립
	관할 부처	Commonwealth Parliament & supervised industries	Miniter of Commerce	Ministry of Economic Development	Ministry of Economy	Ministry of Finance	Ministry of Economic Affairs	Ministry of Finance
	예산 출처	회원사	회원사	정부예산 + 회원사	정부예산	회원사	회원사	회원사
기관장	임명 권자	연방재무상	위원회	관할부처	관할부처	대통령	수상	총독
	임기 보장	5년	4년	없음	없음	없음	없음	7년
사적연금	연기금의 수	249,262 (계약 포함)	82	808	–	139	80	1,195 (연금 계약)
	계약자의 수 (천명)	24,800	228	701	–	3,416	720	557
	연기금 규모 (10억 유로)	281.5	7.7	5.1	–	68.7	32..2	56.1

구하고 연금 감독기능이 분리되지 않은 경우도 있어 연금의 규모나 계약자에 따른 차이는 뚜렷하지 않다고 할 수 있다.

둘째, 퇴직연금 감독 기능의 법적 독립성 여부와 위원회 존재 유무에 따라 특징이 존재한다는 점이다. 캐나다의 경우는 예외이지만 일반적으로 퇴직연금 감독 기능의 법적 독립성이 유지되는 경우에는 별도의 위원회가 설치되어 있는 것으로 나타나고 있다. 그리고 별도의 퇴직연금 감독기구를 가지고 있는 경우가 그렇지 않은 경우에 비해 퇴직연금 감독 기능이 법적으로 독립되어 있고 위원회가 설치되어 있는 경우가 많다는 점이 특징적이다.

셋째, 퇴직연금 감독기구의 관할 부서의 경우에는 상당한 차이가 나타나고 있다는 점이다. 별도의 연금 감독기구가 존재하는 국가의 경우 재정이나 경제 전반을 다루는 경제부처보다는 노동, 복지 문제를 다루는 부처가 관할 부처인 경우가 많은 것으로 나타나고 있다. 영국의 경우에는 수상이 직접 관할 정부 기관의 역할을 하고 있다.

마지막으로는 예산의 출처를 논할 필요가 있다는 점이다. 정확한 이유는 파악하기 어려우나 별도로 존재하는 연금 감독기관의 예산은 정부 예산에 의존하는 경우가 많은 반면, 통합금융기관에 소속되어 있는 경우에는 회원사로부터 갹출하는 경우가 많다. 이는 통합금융감독기구 자체가 회원사로부터의 회비 또는 감독수수료 형태로 운용되는 경우가 많기 때문이다.

연금 감독기관 및 주감독기관

퇴직연금이 운용되기 위해서는 자산관리 이외에도 갹출, 급부 지급, 청산, 조세 등 다양한 문제와 결부되어진다. 따라서 퇴직연금의 감독과 관련된 모든 업무를 하나의 기관이 수행하는 것이 사실상 불가능하며 일부 업무에 대해서는 역할의 분담이 이루어지는 것이 사실이다. 표5는 OECD 주요 국가의 퇴직연금과 관련된 모든 기관을 국가별로 설명한 표이다. 이들 기관은 퇴직연금에 대한 주감독기관과 협조하여 감독업무를 수행하는데, 주로 금융감독원이나 관할 정부부처인 경우가 많으며 그 밖에도 세무당국이나 중앙은행이 개입하기도 한다.

표5 OECD주요국의 연금 감독기관 및 주감독기관 비교

	국가명	연금 감독기관	주감독기관
비분리 연금 감독기구	호주	Australian Prudential Regulation Authority (APRA) Australian Securities and Investment Commission (ASIC) Australian Tax Office (ATO)	APRA
	아이슬랜드	Ministry of Finance(MF) Financial Supervisory Authority (FME) Internal Revenue Directorate (IRD)	FME
	뉴질랜드	Gov. Acturary at the Insurance and Superannuation Unit (ISU) of Minister of Economic Development	GA(ISU)
	스페인	General Directorate for Insurance and Private Pension Plans (DGSFP)	DGSFP
	독일	Financial Supervisory Authority (BAFin)	BAFin
	덴마크	Financial Supervisory Authority(FSA)	FSA
	캐나다	Office of the Superintendent of Finanacial Institutions (OSFI) Canada Customs and Revenue Agency (CCRA) Provincials Pensions Supervisory Authorities	연방연금: OSFI 지방연금은 별도의 기관 존재

퇴직연금 프로세스상의 연금 감독업무

표6은 퇴직연금의 프로세스상에서 어떠한 기구가 감독업무를 수행하는 가를 보여주고 있다. 표6에서 음영으로 표시된 부분은 주감독기구가 담당하고 있는 분야이며 그 밖의 영역은 주감독기구가 아닌 다른 기구가 감독업무를 수행하고 있는 경우에 대한 것인데, 대부분의 연금운용 프로우에서 주감독기구가 지대한 역할을 하고 있는 것으로 나타나고 있다.

특히 호주 및 멕시코의 경우, 많은 분야에서 협조기관의 책임하에 퇴직연금의 감독이 이루어지고 있으며 이탈리아의 경우에도 여러 기관이 책임을 분할하고 있는 것으로 나타나고 있다. 이외에 일본의 경우는 노동후생

성MHLW이 대부분의 영역에서 책임기관으로 나타나 있으나 주감독기관 Pension Bureau이 노동후생성의 산하기관임을 고려할 때 사실상 대부분의 연금 프로세스상에서 주감독기관이 역할을 하고 있는 것으로 판단된다.[9]

표6 연금 프로세스상의 연금 감독업무

		인가 등록	세금 적격 심사	지배 구조	갹출	계약 유지 통산	수급권	자산 운용	자산 위탁	계리 회계	관리/ 마케팅 비용	공시	계약 이전
별도 연금 감독 기관	영국	TPR	IR	TPR			Industrial Tribunals	TPR	n/a	TPR	FSA	TPR	
	이탈 리아	COVIP BI ISVAP CONSOB	자동 절차	COVIP	n/a	COVIP			COVIP BI	COVIP	COVIP CONS OB	COVIP CONOB	COVIP
	스웨덴	FI	TA	FI									
	아일 랜드	PB	TA	PB				n/a	n/a	PB	n/a	PB	
	일본	MHLW							FSA	MHLW			
	멕시코	CONSAR	MF	CON- SAR	IMSS			CONSAR					
비분리 연금 감독 기관	호주	APRA	ATO	ASIC ATO	ATO APRA			APRA			ASIC		APRA
	아이슬 랜드	MF FME	IRD	FME	IRD FME	FME							
	뉴질 랜드	GA	n/a	n/a	Trustees								
	스페인	DGSFP	TA	DGSFP									
	독일	BAFin	TA	BAFin									
	덴마크	FSA	TA	FSA									
	캐나다	OSFI	CC RA	OSFI							Plan Sponsor	OSFI	

주: TA는 Tax Authority임.

9 뉴질랜드의 경우는 주감독기구가 존재한다기보다는 정부의 보험계리사 조직과 수탁기관에 의해 감독이 이루어지는 것으로 판단되기 때문에 논의의 대상에서 제외하였다.

퇴직연금 관리과정상 나타나는 특징을 비교하면 다음과 같다. 우선 주감독기관이 아닌 협력 기관에 의해 업무가 이루어지는 분야는 세금적격심사가 대표적인 분야라고 할 수 있다. 대부분의 국가에서 해당 분야 감독 책임이 조세당국에 있는 것으로 조사되었다. 그 외에도 관리 및 마케팅 비용 관련 감독이 영국, 호주, 캐나다 3개국에서 다른 기관의 책임하에 이루어지는 것으로 나타났다.

나머지 퇴직연금 감독 분야는 자산운용 분야를 비롯해서 대부분 주감독기관의 책임하에 이루어지고 있다. 단지 지배구조, 갹출, 계약유지 및 통산, 수급권, 자산위탁, 공시 등에서 1~2개국의 예외가 있을 뿐이다. 따라서 퇴직연금은 연금 감독기관이 별도로 설립되어 있는 경우나 다른 기관에 포함되어 있는 경우를 가리지 않고 대부분의 국가에서 조세와 관리·마케팅 비용 부문에 대한 감독을 제외하고는 주로 주감독기관의 책임하에 감독기능이 이루어지고 있는 것으로 나타났다.

3. 리스크 중심 감독

리스크 감독 법체계 및 범위

리스크 감독은 연금상품 설정 리스크 및 소송(법률) 리스크 등과 같은 리스크를 감독함으로써 근로자의 수급권을 보호하고 안정적인 퇴직연금제도를 운용하기 위해 감독당국(해당부처 포함)이 수탁자(사용자 포함) 등에게 시행하는 다양한 규제 및 감독정책을 의미한다. 이와 같은 규제 및 감독정책은 직접적인 것 뿐만 아니라 간접적인 것도 포괄하는 개념이다. 위탁자 리스크에 대한 감독은 「근로자퇴직급여보장법」과 같은 퇴직연금 관련법에 근거한 직접적인 법적·제도적 수단을 중심으로 이루어지고 있으며, 주로 근로자의 수급권 보호와 관련된 내용이 중심이 되고 있다. 예를 들어 연금보험료의 갹출수준, 계속기준 및 비계속기준하의 연금재정 검증, 과거근무채무의 상각, 연금재정의 재계산 등과 같은 사전적 재무건전성 규제와 연금제도 파산 시 근로자의 수급권 보호와 관련된 사후적 재무건전성 규제(예를 들어 퇴직급여 우선변제제도, 임금채권보장제도) 중심이다.

표7 퇴직연금 리스크 감독의 특징

세부 내용	항목		영향	감독 특징
위탁자 리스크 감독	지급 불능 리스크	사전적 재무건전성 규제	연금 지급 능력 악화 (책임준비금 검증 체계화)	· 직접적 감독
		사후적 재무건전성 규제	연금 지급 불능 (지급보증제도 장치 마련)	
수탁자 리스크 감독	· 연금운용상품 리스크 · 소송(법률)리스크 · 수탁자재설정 리스크 등		· 수탁자 신뢰성 하락 · 수탁자소송 증대 · 수탁자 경영 악화 · 연금재무건전성 취약 · 수급권 보호 간접 영향 · 운용의 투명성 저하	· 간접적 감독 · 대리인 감독 · 수탁자 감독

이에 비해 수탁자에 대한 감독은 퇴직연금자산을 운용하는 금융기관을 중심으로 이루어진다. 수탁자가 연금자산의 운용을 금융기관에 위탁하고, 금융기관이 수탁자로서 연금자산을 운용하기 때문에 이러한 행위는 금융규제 대상이 되는 업무이다. 따라서 금융당국인 금융위와 금감원의 감독대상이 된다. 따라서 퇴직연금에 대한 수탁자 리스크 감독 규제 및 정책은 단순히 퇴직연금제도의 근거법인 「근로자퇴직급여보장법」 및 시행령, 그리고 퇴직연금 감독규정만이 아니고 이와 간접적 관련성이 있는 운용관리계약서, 사업방법서 등과 같은 기초서류까지도 포괄하여 검토된다. 즉 퇴직연금 리스크 감독의 법체계는 관련 법, 규정 및 기초서류 등을 포괄하는 광의의 성

격을 지니고 있다. 이와 같은 측면에서 볼 때 퇴직연금 수탁자 리스크에 대한 감독은 감독당국에서 적용하고 있는 리스크 관련 규정 및 지침과 더불어 수탁자가 효율적으로 리스크를 관리할 수 있도록 리스크관리 방향성(리스크 중심 감독 등)을 제시하거나 지도·독려하는 것도 리스크 감독의 범위에 포함된다. 퇴직연금 리스크 감독을 일반보험의 리스크 감독과 비교하여 볼 때, 일반보험은 금리·시장·신용·보험 등 보험회사 고유 리스크에 대한 감독이 일반적인데 반해, 퇴직연금은 위탁자뿐 아니라 수탁자 리스크에 대해서도 감독이 이루어진다는 측면에서 차이점이 있다.

표8 퇴직연금과 일반보험의 리스크 감독 비교

	퇴직연금	일반보험
리스크	– 위탁자 중심의 리스크 – 수탁자 중심의 리스크	– 보험회사의 고유 리스크 · 금리/시장/신용/보험/운영리스크
감독대상	사용자, 수탁기관, 상품제공기관, 펀드매니저	보험회사
감독체계	리스크 관련 규정 및 지침, 각종 규제 정책(노동부, 금융위, 금감원, 국세청 등으로 다원화)	리스크 관련 규정 및 지침, 각종 규제 정책 (금융위, 금감원으로 집중)

리스크 감독 형태

1) 계약형 지배구조 중심 리스크 감독

현행 우리나라 지배구조의 성격이 계약형 지배구조의 성격을 갖고 있어 주로 퇴직연금사업자 중심의 리스크 감독에 초점을 맞추고 있다. 반면, 영국, 미국 등 선진국의 경우는 기금형 퇴직연금 지배구조에서 자연스럽게 나타날 수 있는 수탁자에 대한 리스크 감독이 강화되고 있다. 계약형만 허용된 우리나라에서는 금융기관에 초점을 맞춘 리스크 감독이 이루어지고 있는데 그 이유는 사용자와 수탁기관과의 일대일 계약에 의해 퇴직연금제도가 운용되기 때문이다.

이에 따라 사용자와 금융기관간의 불공정거래, 근로자 이익상충 문제 해결 차원에서 금융기관 중심의 리스크 감독이 요구되기 때문이다. 반면, 선진국의 경우는 퇴직연금제도 운영에 재량권과 통제권을 갖는 포괄적인 이해관계인을 대상으로 하기 때문에 사용자 이외에 지명 수탁자, 신탁 수탁자, 펀드매니저 등과 같은 수탁자 등에게도 초점을 맞춘 리스크 감독이 이루어지고 있다.

2) 직접적 규제 중심 리스크 감독

우리나라는 감독당국의 직접적 리스크 감독, 즉 법규에 근거한 리스크 감독에 초점을 두고 있다. 수탁자에 대한 리스크 감독이 상품 및 운용자산 규제 중심으로 이루어지고 있으며, 상대적으로 교육, 상품 및 수수료 공시 등 시장의 자율기능 부문은 아직 일천하다. 퇴직연금사업자인 금융기관이 취급할 수 있는 상품 유형을 원리금보장형, 금리연동형, 실적배당형으로 한정하고 있으며, 자산운용 측면에서도 확정기여형에 대한 주식 투자 금지 등 엄격한 양적 규제를 두고 있다. 이러한 양적 규제방식의 리스크 감독은 퇴직연금제도가 도입된 지 오래지 않은 국가에서 연금제도의 안정성 확보를 위해 불가피하다고 할 수 있다.

투자상품이 매우 제약되어 있기 때문에 소송 리스크 등과 같은 리스크가 발생할 가능성은 상대적으로 낮게 나타날 수 있지만, 원리금보장형 상품에 대한 선호도 증대로 인해 금리 리스크 등과 같은 운용상품 설정 리스크는 더욱 커질 가능성이 존재한다. 반면, 영국, 미국 등은 수탁자 리스크관리에 중점을 두고 있어 일정한 리스크관리 가이드라인의 설정 및 지침 마련 등을 통하여 리스크 감독의 효율성을 제고하는 방향으로 리스크 감독 정책을 수립하고 있다. 결국 우리나라 퇴직연금 리스크 감독 규정상에 나타난 수탁자 리스크 감독의 특징은 다분히 전환기적 특징을 지니고 있다 하겠다. 즉 선진형 퇴직연금제도로의 전환이 이루어지기 이전의 리스크 감독, 즉 상품 및 자산운용 규제에 더욱 초점을 맞추고 있는 것으로 나타나고 있다. 퇴직연금제도 발전 경로 측면에서 보면 우리나라와 같은 양적 규제 중심의 감독은 매우 한시적이라고 보여지며, 점차 선진형 제도로 이행할 것으로 보인다.

3) 비자율적 기능 중심 리스크 감독

퇴직연금의 본래 기능이 근로기간 동안의 소득을 이연시켜 퇴직 후 연금전환을 통해 안정적인 소득을 확보하는 장치라는 점에서 연금계리 개념은 매우 중요하다. 이러한 점을 반영하는 영국, 미국에서는 연금계리업무를 퇴직연금 관련법에 포함시켜, 리스크 감독의 중요한 부분을 차지하고 있다. 이에 비해, 우리나라의 경우 퇴직연금제도를 연금이 아닌 저축 개념으로 인식하는 경향이 뚜렷하여, 연금계리 개념이 배제되고 있다. 즉 연금계리 개념에 입각한 연금재정의 검증, 책임준비금의 적립, 연금계리사 등에 의한 감시기능 강화 장치가 제대로 마련되어 있지 않은 실정이다. 또한 퇴직연금제도 운용과 관련된 연금계리사의 제3자적 감시기능과 같은 리스크 감독 관련 규정이 상대적으로 미흡한 것으로 나타났다. 연금계리 개념에 입각한 건전성 감독의 부재는 확정급여형 제도의 리스크 감독 장치의 결여로 연결되기 때문에 연금계리라는 틀 아래서 리스크 감독이 필요하다.

리스크 중심 감독 배경 및 특징

1) 리스크 중심 감독 배경

최근 자본시장의 변동성 증대, 금융기관의 수익성 저하, 은행·증권·보험감독기구의 통합현상·감독 자원의 개선 및 유럽에서의 SolvencyII 제도 도입 등과 같이 외부 환경이 변화함에 따라 퇴직연금의 감독도 리스크 중심 감독으로 이행되고 있다. OECD 국가들은 적립 기준과 시장상황과의 연계를 통해 안정성을 향상시키기 위한 리스크 기준 자본risk-based capital을 보유하는 방향으로 확정급여형의 리스크 감독을, 리스크관리를 통해 효율적 투자 달성을 유도하는 방향으로 확정기여형의 리스크 감독을 추진하고 있다. 리스크 중심 감독의 핵심은 연금제도의 리스크를 식별하고 감소시키는 데 집중되어 있으며, 주요 리스크로는 가입자의 급부를 상당히 감소케 하거나 어렵게 하는 부적절한 적립, 부정확한 기록관리, 부정 또는 사기 등이 포함된다. 네덜란드, 덴마크, 호주와 멕시코 등 4개국은 연금 감독에 있어 리스크 기준 연금 감독을 가장 일찍이 도입한 국가들이다. 리스크 중심 감독으로 전환한 주요 배경으로는 확정급여형 퇴직연금의 미적립 방지(네덜란드), 연금공급자의 재무건전성 우려(덴마크), 자산가치의 하락에 대한 대비(멕시코) 등을 들 수 있다.

2) 리스크 중심 감독요인

네덜란드, 덴마크, 호주, 멕시코 등은 자국의 환경에 맞추어 상이한 리스크 중심 연금 감독수단을 개발하여 운용하고 있다. 즉 네덜란드, 덴마크, 호주는 연기금 이사회가 지배구조에서 차지하고 있는 비중이 크다는 점을 고려하여, 이사회를 중심으로 리스크관리 계획이나 가이드라인 등을 마련하고 있다. 멕시코는 감독기관의 특별규정에 따라 구체적인 리스크관리 체계를 구축하고 있다. 또한 네덜란드, 덴마크, 호주 등은 리스크 중심 건전성기준을 마련하여 이에 기초한 연금의 리스크 감독이 이루어지고 있다. 예를 들어 네덜란드는 세부적인 리스크 기준 건전성기준을 개발·운용하여 장수, 시장, 신용, 환율, 이자율 리스크 이외에 자산·부채의 불일치에 따른 리스크를 통제하고 있다. 덴마크는 리스크 중심 연금 감독 일환으로 신호등 체계

traffic light system를 운용하고, 이에 기초하여 연기금자산의 가치 변동에 대한 탄력성 등을 관리하고 있다.

표9 리스크 기준 연금 감독 요인

구분	내부 리스크관리 기준(설계 등)	리스크 중심 건전성 기준	리스크 점수 제도	시징의 역할 (규율/공시)	감독기관
네덜란드	– 이사회의 장기 리스크관리에 대한 리뷰 – 연기금 사업계획서에 리스크관리 계획 포함	리스크 중심 건전성 기준 개발 완료	전 금융기관에 대한 정성적·정량적 평가가 가능한 시스템 개발 완료	낮음/ 재무제표를 통해 높음	통합감독 기관: 연금전문 조직 운영
덴마크	이사회의 리스크관리 기준 설정 의무	혼합형 기준 지급여력+ 리스크 기준 신호등 체계	부분적 개발	높음	통합감독 기관: 연금전문 조직 운영
호주	리스크관리 전략과 계획을 인가 요건화	DC를 위한 공식적인 건전성 기준 없음	전 금융기관에 대한 정성적·정량적 평가가 가능한 시스템 개발 완료	중간	통합감독 기관
멕시코	감독법규에 따른 매우 구체적인 특정 리스크관리 설계	DC를 위한 공식적인 기준 없음	부분적 개발: 운영리스크와 재무위험	중간/높음	독립감독 기관

자료: Brunner, G. Richard Hinz and Roberto Rocha, Risk-based Supervision of Pension Funds: A Review of International Experience and Preliminary Assessment of the First Outcomes, presented in the 4th Contractual Savings Conference, Washington, D.C., 2008.

특히 호주 등 대부분의 국가는 연금제도의 특성을 고려한 종합적인 리스크 점수제도risk scoring system를 구축하여 운용하고 있다. 호주는 근로자가 투자리스크를 지는 DC형 퇴직연금 중심으로 운영하고 있음에도 연기금의 재무리스크를 리스크 점수를 통해 관리하고 있다.

3) 리스크 기준 연금 감독 특징

(1) 리스크관리 내부기준

네덜란드, 덴마크, 호주는 리스크관리를 위한 일부요건을 인가나 최초 등록 절차에 포함시키고 있다는 점이 특징적이다. 따라서 연기금 도입을 위해서는 법령에서 규정한 리스크관리 요건을 충족하여야 한다. 다만 이 같은 요건은 상세하게 주어지지는 않으며 연기금 규모에 따라 감독자 재량으로 조정이 가능하다.[10]

표10 리스크관리 내부 기준

구분	리스크관리 계획/전략	리스크관리를 위한 이사회	이사회의 최소 참가 인원	중앙 리스크 관리 기능	CRO의 보고 의무	CRO와 타기능의 관계	준법 책임자
네덜란드	사업계획서에 포함/인가 시 제출	신뢰할만한 주체로서 장기적인 위험관리	규정 없음	반드시 연기금의 타 부서와 분리	규정 없음	규정 없음	규정 없음
덴마크	이사회가 리스크관리 기준을 마련	규정 없음	규정 없음	규정 없음	규정 없음	규정 없음	규정 없음
호주	인가요건 세부사항은 기금규모에 따라 상이	규정 없음	규정 없음	규정 없음	규정 없음	규정 없음	규정 없음
멕시코	운영 및 재무 리스크에 대한 관리절차를 문서화	2개의 이사회 산하 위원회 (운영/재무리스크)	최소한 5인 멤버, 이중 3인은 이사회 멤버 (독립, CEO, CRO)	중앙 리스크 관리 부서가 CRO 책임 아래 운영/재무리스크 관리	CEO, 이사회 및 감독 당국	구체적으로 규정	규정 있음

자료: 방하남·김재현·한기정(2008), p.100.

10 방하남·김재현·한기정, 「퇴직연금수급권강화 등 선진화방안법제화 연구」, 고용노동부연구용역, 2008.12, pp.98~107 및 Brunner, G. Richard Hinz and Roberto Rocha, "Risk-based Supervision of Pension Funds: A Review of International Experience and Preliminary Assessment of the First Outcomes", presented in the 4th Contractual Savings Conference, Washington, D.C., 2008 참조.

반면 멕시코는 연금의 리스크관리 기준을 법에 상세하게 규정하고 이에 기초하여 리스크관리가 이루어지도록 하고 있다. 즉 모든 기금은 반드시 이사회 내 2개의 리스크관리 위원회를 설치해야 하며 각각 운영리스크와 재무리스크를 담당하도록 규정하고 있다. 각각의 위원회는 5명의 위원으로 구성해야 하며, 이 중 3명은 이사회 멤버가 지명하되, 최소한 1명은 독립적 지위를 보유하고 있어야 한다. 나머지 2명은 최고경영자CEO와 리스크관리 임원Chief Risk Officer: CRO이어야 한다. CRO는 독립적인 리스크관리 조직을 책임지고 운영리스크와 재무리스크 모두를 관장하며, CRO는 이사회, CEO 및 감독당국에 위험관리에 관한 사항을 보고할 의무가 있다. CRO의 업무와 의무는 법규에 정해져 있으며 특히 최고투자책임자CIO와의 관계도 법규에 의해 설정되어 있다. 멕시코를 제외한 나머지 국가는 외견상 리스크관리 기준이 느슨한 것 같으나, 리스크 점수제도 등 다른 연금 감독 요인에 의해 리스크 중심 감독이 이루어지고 있다.

(2) 리스크 중심 건전성 기준

호주는 DC형 퇴직연금으로 급격히 전환되어 구체적으로 DC형 퇴직연금의 리스크에 대한 건전성 기준이 제대로 마련되지 않았지만, 연기금이 공격적인 자산 포트폴리오에 따른 리스크를 관리할 능력이 없다고 판단될 경우 철저한 감독을 수행한다.

멕시코는 최대 허용 VaR로서 연금의 재무건전성을 통제하고 있으며 현재 각 연기금마다 두 개의 포트폴리오를 허용하고 있다. 기본 포트폴리오는 하루 최대 손실액 0.6% 미만이 되도록 설계되어 있으며, 이보다 높은 위험/수익 포트폴리오의 경우 최대 VaR이 1.0%로 설정되어 있다. 만약 어떤 연기금이 허용한도를 초과하면 감독당국에서 즉각 개입하여 허용한도 내로 환원되도록 자산구성을 변경할 것을 명령한다.

표11 리스크 중심 건전성 기준

구분	부채의 측정(책임준비금)		최소 건전성 요건	지급여력 (Solvency Buffers)
	장수리스크 처리	할인 요소		
네덜란드	그룹별 사망표 (평균수명의 상승 반영 + 예기치 못한 상승분)	시장수익곡선 (유로스왑 곡선으로 측정)	- 책임준비금의 5% - 시장가로 매년 1회 측정 - 정상화 기간: 최대 3년	- 일년 이내 미적립 위험 최대 가능성: 2.5% - 지급여력은 자산 군별로 설정 - 정상화 기간: 최대 15년
덴마크	- 연기금별 사망표(감독당국 또는 계리인 승인) - traffic light stress test(평균여명의 5% 상승 영향에 대한)	시장수익곡선 (유로스왑 곡선으로 측정)	- EU 지급여력: 4%책임준비금 + 위험자산의 0.3% - 시장가로 6개월마다 측정 - 정상화 기간: 1년	- 신호등 체계: 적색, 황색, 녹색 등으로 분류
호주	DC에 대한 공식적 기준 없음	DC에 대한 공식적 기준 없음	DC에 대한 공식적 기준 없음	DC에 대한 공식적 기준 없음
멕시코	DC에 대한 공식적 기준 없음	DC에 대한 공식적 기준 없음	- 공식적인 건전성 요건은 없으나, VaR을 이용하여 DC의 가치하락 위험을 제한 - Historic VaR(500일 sample, 5% 신뢰도)를 두 가지 포트폴리오에 적용 · 기준 포트폴리오: 1일 최대 손실: 0.6% · 위험 포트폴리오: 1일 최대 손실: 1.0%	

자료: Brunner, G, Richard Hinz, and Roberto Rocha(2008), Risk-based Supervision of Pension Funds: A Review of International Experience and Preliminary Assessment of the First Outcomes, presented in the 4th Contractual Savings Conference, Washingto D.C..

네덜란드의 연기금은 바젤II에서 제시하는 기본모델 또는 감독당국에서 승인한 기준에 의해 책임준비금의 30%에 해당하는 지급여력을 유지해야 한다. 이에 따라 네덜란드의 연기금은 지급여력을 줄이기 위해서라도 자산 포트폴리오 중 주식 비중을 줄이고 채권 비중을 증가시키고 있다. 연기금으로 하여금 세밀한 방법과 다양한 모수를 사용하여 지급여력을 줄일 수 있으므로 연기금 스스로 내부 모델에 따라 지급여력을 유지하도록 유도한다. 덴마크의 지급여력 기준은 약간 덜 구체적이지만, 네덜란드와 상당히 유사하다. 최소지급여력은 자산의 구성에 따른 스트레스 테스트 등을 참고하여 현재 부채의 크기에 따라 결정된다. 연기금을 포함한 모든 개별 금융기관에 대하여 매년 2회에 걸쳐 건전성 상태를 산정한 이후 신호등 체계에 따라 재무건전성을 강화하도록 유도한다. 즉 녹색등은 적정한 건전성 상태, 황색등은 건전성 문제에 직면한 리스크가 있으며, 적색등은 심각하고 즉각적인 문제가 있음을 의미한다.

(3) 리스크 스코링 시스템

호주는 2002년 연기금의 파산확률을 최소화 하려는 목적에서 리스크 스코링 시스템PAIRS: Probability and Impact Rating System과 감독 시스템SOAR: Supervisory Oversight and Response System을 도입하고 있다. PAIRS 는 통계 분석과 감독적인 판단으로 결합되어 있으며, 금융기관이 수탁자에게 재

그림2 PAIRS 모형의 구조

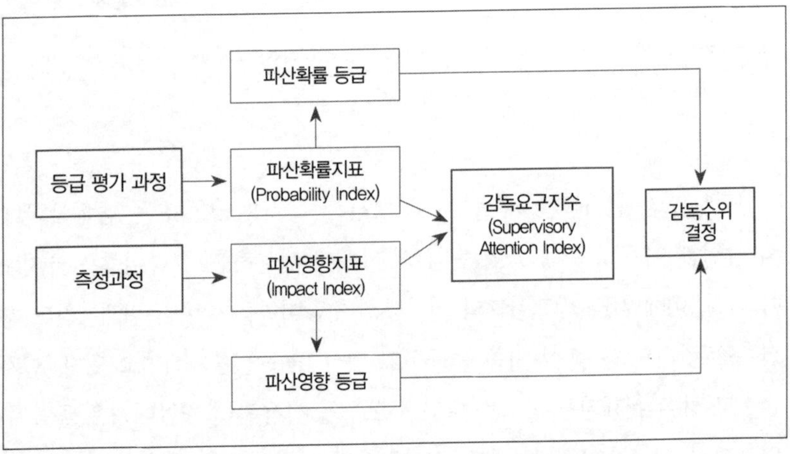

자료: http://www.apra.gov.au/

정적인 보장을 할 수 없는 확률과 금융기관의 파산으로 인한 영향 측면을 고려하여 감독수위를 결정하게 된다. 금융기관의 파산 리스크는 개별회사의 고유리스크, 리스크관리 및 통제능력, 감독당국의 개입이 없을 경우의 자본지원 능력을 바탕으로 평가한다.[11]

SOARS에서는 PAIRS에서 산출된 리스크 등급과 영향에 따라 감독수준을 결정하는데, 감독수준은 다음과 같이 4가지로 구분한다. 정상normal은 데이터 수집, 일상적인 임점검사를 수행하는 것이며, 검사oversight는 정보수집과 검사를 강화하거나 최저요구자본을 높일 수도 있다.

그림3 호주의 SOARS 감독

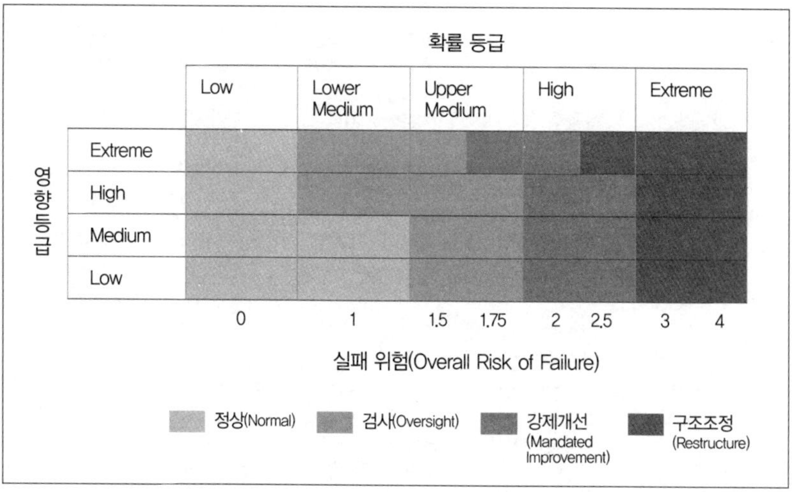

자료: APRA(2012), Supervisory Oversight and Response System.

강제개선mandated improvement은 감독당국이 인정하는 리스크 범위를 벗어나는 수준으로서 불안정한 재무상태이므로 재무적 곤란과 경영상 곤

11 류건식·김동겸, 「OECD국가의 퇴직연금 감독체계특징과 시사점」, 『계간보험동향』 12월호, 2012.12, pp.26~36 참조.

관을 개선하기 위한 개선방안을 요구한다. 구조조정restructure 등급은 파산의 위험이 높기 때문에 감독당국이 영업활동을 제한하거나, 이사를 교체하는 등 감독활동을 통해 부실규모의 확대를 방지하고 가입자 손실을 최소화한다. 네덜란드는 2005년 네덜란드 국립은행DNB: Dutch National Bank이 FIRM(Financial Institutions Risk analysis Method)이라 불리는 전 금융기관을 대상으로 집약적인 리스크 분석 시스템을 도입하였다.

표12 리스크 스코링 시스템

구분	시스템 형태	목적	주요 요소	특별 기능	감독 활용
네덜란드	통합감독 기구에서 수행하는 전 금융기관에 대한 종합적인 시스템	- 모든 주요 위험을 파악·측정하고 이를 관리하는 능력 - 감독행위 결정 - 내부위험관리 능력을 제고	- 위험통제를 통한 총체적 또는 내재적 위험 파악 - 기본점수 사용 - 확률과 영향을 결합 - 단일 순위험 점수 산출	연기금과 보험회사에 적용하는 위험기준을 리스크 점수에 반영	일상적인 감독 수행에 활용
덴마크	조기경보 지표	- 위험요인 파악 - 감독행위 결정 - 내부위험관리능력을 제고	- 부분적으로 개발 - traffic light test에 더 의존	traffic light 로서 EU의 지급여력기준을 보완	- 일상적 감독 수행에 활용 - 황색등은 요주의, 적색등은 제제조치 발동
호주	통합감독 기구에서 수행하는 전 금융기관에 대한 종합적인 시스템	- 모든 주요 위험을 파악 측정하고 이를 관리하는 능력 - 감독행위 결정 - 내부위험관리 능력을 제고	- 위험통제를 통한 총체적 또는 내재적 위험을 파악 - 기본점수 사용 - 확률과 영향을 결합 - 단일 순 위험 점수 산출	DC에 대해서는 자본력 요소를 제외	리스크점수를 감독에 활용 (SOARS)
멕시코	조기경보 지표, 리스크 점수제도 개발 중		개발 중	매일 VaR을 활용하여 한계를 설정	VaR 초과하여 손실이 발생할 경우, 이를 보전할 의무

자료: Brunner, G. Richard Hinz and Roberto Rocha, "Risk-based Supervision of Pension Funds: A Review of International Experience and Preliminary Assessment of the First Outcomes", presented in the 4th Contractual Savings Conference, Washington, D.C., 2008 참조.

DNB는 FIRM 시스템을 통해 개략적인 건전성을 평가하고 연기금 및 실제로 수행되고 있는 위험관리 대상이 되는 리스크에 대한 평가와 결합하며, 호주와 같이 위험평가 결과는 감독행위의 행태나 집중 정도를 결정한다. FIRM 시스템은 4단계로 위험평가를 수행하게 되며 첫 번째 단계에서는 연기금에 대한 상세한 정보 파악이 이루어지며, 두 번째 단계에서는 관련 관리부서와 그 기능이 파악되면서 이에 대한 역할 비중이 결정한다. 세 번째 단계에서는 전체 리스크를 평가하고 점수화하며, 마지막 단계에서는 각 위험별로 위험통제의 질을 살펴본 이후 연기금의 위험에 대한 평가를 내리게 된다. 멕시코는 운영리스크와 재무리스크에 대한 조기경보시스템을 개발하였으며, 현재 저·중·고 등 세 단계로 위험을 분류하며 감독 시 발견되는 문제점을 감독하고 있다. 덴마크도 리스크 스코링 시스템을 개발해왔는데, 각 연기금의 보험 리스크(대부분 장수 리스크)뿐만 아니라 조직, 절차 및 내부통제에 대한 등급을 부여한다. 덴마크의 감독당국은 이들 등급을 신호등체계에 접목하여 감독에 활용하고 있다.

(4) 시장 규율

리스크 기준 감독에서 시장 규율의 중요성은 기본적으로 연금제도의 형태와 감독당국에서 외부감사인 등 제3자에게 부여하는 역할 범위에 따라 결정된다. 4개국 모두 외부감사로 하여금 재무제표의 정확도를 검증하도록 하고 있으며, 4개국 모두 외부감사에게 '내부고발' 의무를 부여하여, 감독자에게 주요한 사항에 대한 보고를 하도록 하고 있다.

멕시코의 경우 보다 광범위한 공시 요건을 부여하고 있는데, 예컨대 매월마다 개인의 포트폴리오, 수익률, 수수료와 VaR 등을 포함한다. 덴마크는 매년 개별 연금 공급자의 실적과 건전성 자료를 공시하며 상호 비교할 수 있도록 하고 있으며, 호주의 증권투자위원회는 연기금의 기금 멤버들이 투자

표13 시장 규율

구분	회계 제도	감사 제도		공시 요건
		감사 범위	신뢰도	
네덜란드	자산과 부채에 대한 공정 가치평가	재무제표	내부고발 의무	단일 사용자가 운영하는 연금(스폰서의 대차대조표 포함)
덴마크	자산과 부채에 대한 공정 가치평가	재무제표	내부고발 의무 (중대한 사실의 감독자 보고 의무)	감독당국의 웹사이트에 광범위한 효율성·건전성에 관한 개별 지표
호주	자산에 대한 순 시장가격 평가	재무제표 및 위험관리 시스템	내부고발 의무	모든 연기금의 운영 및 재무제표
멕시코	시가평가	재무제표 및 위험관리 시스템	내부고발 의무	개별 포트폴리오, 수익률, 수수료와 VaR를 포함한 광범위한 공개

자료: Brunner, G. Richard Hinz and Roberto Rocha, "Risk-based Supervision of Pension Funds: A Review of International Experience and Preliminary Assessment of the First Outcomes", presented in the 4th Contractual Savings Conference, Washington, D.C., 2008 참조.

전략을 세울 때 따라야 하는 상세한 투자상품 공시요건을 가지고 있다. 다만 호주는 기금의 실적에 대한 공시는 그리 강하게 요구하지 않고 있는데, 이는 최근 연금 가입자가 연금을 도중에 바꿀 수 있는 제도가 도입된 이후 급격한 연금 이동을 막기 위한 조치이다.

한편 네덜란드의 연금제도는 폐쇄적인 제도로서 연기금의 실적에 대한 공시가 강하지 않다. 따라서 전반적으로 덴마크와 멕시코에서 시장 규율이 매우 큰 비중을 차지하고 있으며, 다음에는 호주 그리고 네덜란드의 순인 것으로 평가된다.

제4부

퇴직연금 회계와 세제

제11장

퇴직연금 회계

1. 국제회계기준 도입과 급여회계 변경

국제회계기준 도입

우리나라는 1997년 말 외환위기 이후 금융기관과 기업의 투명성 제고를 위해 국제회계기준 수용을 검토해왔다. 유럽, 호주, 캐나다 등 많은 선진국이 국제회계기준을 도입함에 따라 우리나라도 전 세계적인 회계기준 단일화 추세에 대응하고자 전면도입comprehensive adoption을 인정받는 범위 내에서 우리나라 현실에 맞는 국제회계기준을 도입하게 되었다. 2009년부터 도입을 원하는 기업(금융회사 제외)에 대하여 국제회계기준을 조기 적용하는 것을 허용했으며 2011년에는 모든 상장회사(금융회사 포함) 및 공기업은 국제회계기준을 의무적으로 도입하도록 하였다. 국제회계기준에서는 연결재무제표를 주재무제표로 하고 있어 비상장회사라 할지라도 상장회사와 연결구조가 있는 경우에 국제회계기준에 따른 재무제표를 작성해야 하므로 상장회사의 자회사까지 포함하면 상당히 많은 기업이 국제회계기준의 적용대상이 된다.

퇴직급여회계의 변경

1) 재무제표상의 변화

국제회계기준 도입 시 기업에 가장 영향을 많이 미치는 항목 중 하나가 바로 K-IFRS 제1019호 종업원 급여Employment Benefits 중 퇴직급여이다. 국제회계기준에서는 회계처리상 퇴직급여제도를 확정기여형 제도와 확정급여형 제도 두 가지로 나누고 있으며 확정기여형 제도 이외의 모든 퇴직급여제도를 확정급여 형태로 보고 있다. 따라서 퇴직연금제도를 확정기여형으로 도입하면서 과거분에 대해 일시납부한 기업을 제외한 모든 퇴직급여(현행 퇴직일시금 포함)에 대해서는 회계상 확정급여형 제도로 분류되므로 계리적 평가를 통해 퇴직부채를 인식하여야 한다. 퇴직급여 회계상 가장 큰 변화는 퇴직부채 평가방식의 변화라 할 수 있다.

표1 퇴직급여 재무제표상의 주요 변화

제도 형태		일반기업회계기준(K-GAAP)	한국채택회계기준(K-IFRS)
대차대조표	부채평가 방법	– 비계속기준(청산기준) – 추계액: 결산일 현재 전 임직원이 퇴직할 경우 퇴직금 상당액	– 계속기준 – 확정급여채무: 미래예상되는 퇴직급여 지급액의 현재가치
	측정대상	– 1년 이상 근속자	–1년 미만자를 포함한 전 임직원
손익계산서	퇴직급여 원가	– 단순	– 복잡(다양한 원가계정)
	연금자산 수익	– 실제수익(이자수익 및 배당금)이 영업외 수익으로 별도 표시	– 기대수익이 퇴직급여 원가와 상계처리되어 영업이익에 반영 – 실제수익과 기대수익의 차이는 보험수리적 손익으로 분류

현행 일반기업회계기준K-GAAP에서는 결산일 현재 모든 임직원이 일시에 퇴직할 경우 지급해야 할 퇴직금상당액인 추계액을 퇴직급여부채로 계상하고 있다. 하지만 국제회계기준이 도입되면 자산·부채 모두 공정가치로 평

가함에 따라 퇴직급여부채도 계속기준에 따라 연금계리적으로 공정하게 평가해야 한다. 그 외의 주요 차이점으로는 1년 미만 근속자의 경우 K-GAAP에서는 기업의 퇴직금 지급규정에서 별도로 정하지 않는 한 「근로자퇴직급여보장법」에 의해 퇴직급여수급권이 발생하지 않아 채무측정대상에서 제외되었으나 K-IFRS에서는 1년 미만 근속자도 장래 퇴직급여 지급대상으로 보아 퇴직급여채무로 인식한다. 이로 인해 퇴직부채가 증가할 수도 있겠으나 1년 미만 근속자가 전체 재직자수에 비해 미미한 경우 1년 미만자의 근속연수가 재직자의 근속연수에 비해 상대적으로 작기 때문에 그 영향은 그리 크지 않을 수 있다. K-GAAP에서는 퇴직보험예치금이나 퇴직신탁에서 발생하는 이자수익과 배당금은 별도 영업외수익으로 회계처리하고 있는 반면 K-IFRS에서는 사외적립자산 기대수익이 퇴직급여원가에서 차감되어 영업이익에 영향을 주게 된다. 따라서 사외적립규모에 따라 영업이익이 어느 정도 개선될 수 있는 긍정적인 효과를 가져다 줄 것으로 예상된다. 재무제표에 인식되는 금액은 기존 K-GAAP과 마찬가지로 순부채와 퇴직급여원가지만 그 구성내역은 크게 달라진다. 순부채 및 퇴직급여원가는 모두 순액으로 표시되며 세부적인 구성항목에 대해서는 모두 재무제표에서 주석사항에 공시되어야 한다.

2) 기업실무상의 변화

퇴직급여회계 변경으로 인해 기업실무에 미칠 수 있는 영향으로는 확정급여채무산출을 위해 필요한 정보가 크게 늘었다는 점과 계리적 평가를 위한 외부기관의 개입가능성이 있다. 국제회계기준서에서는 필수적으로 요구하고 있지 않지만 자격이 있는 보험계리사의 참여를 권장하고 있다. 하지만 재무제표의 작성주체는 회사이므로 주요 산출가정 및 회계정책의 선택은 회사가 정해야 한다. 그 과정에서 외부의 자격이 있는 보험계리사의 의견을 구할 수 있으며 회계감사를 할 때 계리적 평가에 대해 조언을 얻을 수 있다.

표2 기업실무상의 변화

제도 형태	일반기업회계기준(K-GAAP)	한국채택회계기준(K-IFRS)
재무제표 작성주체	회사	회사
필요정보	재직자 정보(30일평균임금 등), 제도정보	재직자 정보, 제도 정보, 제도자산 정보, 기초율 정보, 회계정책 정보, 기중 현금흐름 정보등
계리적 평가	추정이나 평가가 필요 없음	최선의 가중치에 근거한 추정채무이므로 계리적 평가 필요
필요가정	없음	임금상승률, 퇴직률, 할인율, 사외적립자산 기대수익률
외부 보험계리사 개입	없음(회사 내 자체 산출 가능)	회계감사 시 전문성·독립성 문제점으로 인해 외부 보험계리사 개입 가능성 높음

산출에 필요한 정보로는 평균임금 정보, 근속 정보 등을 포함한 재직자 정보와 기초율을 산출하기 위한 과거 퇴직자 정보 및 임금상승률 정보가 있으며 사외적립자산에 대한 정보 및 기중 발생한 현금흐름(납입부담금, 퇴직급여발생액) 등이 있다. 최종적으로 회사가 재무제표 반영 시 필요한 정보로는 대차대조표, 손익계산서에 인식되는 금액을 포함한 모든 주석사항 정보와 관리회계 및 원가배분을 위한 개인별 원가내역 등이 있다.

2. 근퇴법 및 법인세법상 회계규정

「근로자퇴직급여보장법」

「근로자퇴직급여보장법」에서는 확정급여형 퇴직연금의 재정건전성 확보를 위하여 예측급여채무와 퇴직금 추계액 중에서 큰 금액의 60% 이상을 적립토록 규정하고 있다. 예측급여 방식에 의한 책임준비금을 산출하기 위해서는 급여에 소요되는 비용예상액의 현재가치에서 장래 근무기간분으로 인해 발생하는 급여지급을 위하여 산정되는 수입예상액의 현재가치와 과거근무기간분에 대한 급여지급을 위하여 산정되는 부담금 수입예상액의 현재가치 합을 공제하는 보험수리적 방식을 사용하도록 하고 있다. 이 경우 할인율, 임금상승률 등 연금채무를 산정하기 위한 제반 기초율은 규약에서 정하여 노동부에 신고하도록 규정하고 있다. 주요한 사항을 살펴보면 책임준비금을 산정하기 위한 할인율은 기준이율로, 부담금을 산정하기 위한 할인율은 기준이율±1%로 하여 단체별로 퇴직연금사업자와 자율적으로 결정하도록 되어 있는데, 이처럼 할인율을 달리 적용할 수 있도록 규정한 것은 부담금산출의 신축성을 부여하기 위함이다.

「법인세법」

「법인세법」 시행령 제60조(퇴직급여충당금의 손금산입)에서는 손금으로 산입하는 퇴직급여충당금의 누적액은 "당해 사업연도 종료일 현재 재직하는 임원 또는 사용인의 전원이 퇴직할 경우에 퇴직급여로 지급되어야 할 금액의 추계액"으로 규정하고 있다. 「법인세법」상 퇴직연금채무는 퇴직금 추계액이며 과다한 손금산입을 방지하기 위한 목적이다. 아직도 「법인세법」에서 장부상 적립한 퇴직급여충당금의 일정비율까지 손금으로 인정하는 제도를 운영하고 있어 기업의 파산 시에 퇴직금의 수급권을 충분히 확보할 수 없는 경우가 발생할 수 있다.

3. 퇴직연금 회계기준 비교

퇴직급여채무 측정

국제회계기준IAS 19은 발생주의적 관점에서 예측급여 단위적립방식 Projected Unit Credit: PUC을 연금부채 평가방식으로 채택하도록 하고 있다. 재무제표상 퇴직연금부채는 부채의 현재가치에서 자산의 현재가치를 차감한 후, 미인식된 과거근무채무 및 계리적 손익의 차이를 반영하게 되어 있다. 미국에서는 근무원가의 측정을 위해 예측급여채무PBO를 사용하도록 하고 있으나, 다만 보완적으로 최소부채를 인식하는 경우에는 PBO[1] 대신 누적급여채무ABO를 사용하여야 한다는 절충적인 방법을 채택하고 있다. 즉 연금자산의 공정가치가 ABO보다 작을 경우에는 미적립 ABO만큼은 추가최소부채로 인식하도록 규정하고 있어, 추가 부채 인식과 측정 시에만 ABO가 이용되고 있다는 점이 특징적이다.

표3 연금부채 평가 비교

	IFRS(IAS)	SFAS	우리나라	
			K-IFRS	K-GAAP
연금부채 평가	PBO(PUC)	PBO(최소부채 인식 시에 ABO 적용)	PBO	ABO

1 PBO는 장래의 임금상승을 반영한 퇴직 시점의 급여를 기초로 전 근무기간에 대응하는 장래 급부의 현재가치를 산출하고 그것을 기간 배분하여 과거의 근무기간에 대응하는 부분을 구한 연금부채액을 의미하며, PUC는 예측급여채무를 산출하기 위한 방식을 의미한다.

K-IFRS(기업회계기준서 제 1019호)에서는 PBO 개념을 채택하여 보험수리적 방법으로 퇴직급여부채를 측정하도록 하고 있어 미래의 퇴직급여를 추정할 때 미래의 임금상승률 등을 고려하며, 시장수익률에 기초한 이자율을 적용하여 할인하도록 하고 있다. 이에 반해 K-GAAP(현행 기업회계기준 제 27조)에서는 청산가치 개념을 채택하여 퇴직연금채무를 측정하므로 회계연도 말 현재 전 임직원이 일시에 퇴직할 경우 지급하여야 할 퇴직금에 상당하는 금액으로 측정하도록 하고 있다.

단기 종업원 급여 채무 인식

IAS에서는 종업원 급여를 단기 종업원 급여, 퇴직급여, 해고급여, 기타 장기 종업원 급여 등 4가지 유형으로 구분하고 있으며, 1년 미만 단기 종업원 급여는 할인되지 않는 금액으로 측정하여 부채(미지급비용)를 인식한다. 이 경우 1년 미만 단기 종업원 급여에는 임금, 사회보장분담금, 유급연차 휴가 또는 유급병가 등과 같은 단기 유급 휴가, 이익분배금과 상여금, 비화폐성 급여 등이 포함되도록 하고 있다.

표4 단기 종업원 급여 채무 인식

	IFRS(IAS)	SFAS	우리나라	
			K-IFRS	K-GAAP
퇴직연금 채무 인식	연금채무 인식	IAS 준용	인식	미인식

K-IFRS에서는 1년 미만 근속자에 대해서 퇴직급여 채무를 인식하는 반면, K-GAAP에서는 기업의 퇴직금 지급 규정에서 별도로 정하지 않는 한, 1년 미만 근속자는 「근로자퇴직급여보장법」에 의해 퇴직급여 수급권이 존재하지 않아 채무를 미인식하도록 규정하고 있다.

보험수리적 가정

부채할인율 적용의 경우, IAS에서는 '연금지급 의무와 상응한 유동성과 조건에 부합하는 신용등급(AA 이상)이 높은 회사채high-quality corporate bond'를 기준으로 설정하고 있다. 한편 SFAS에서는 현재가치에 적용되는 할인율을 보험계리사가 자율적으로 결정하되, 30년 재무성 채권의 4년 평균이율을 적용하고 있다.

IAS 및 SFAS의 연금부채 평가 할인율과 달리, 독일·네덜란드·일본 등의 평가 할인율 기준은 표6에서 보듯 국가별로 다소 차이가 존재하고 있다. 즉, 영국은 IAS 기준을 따르고 있지만, 독일은 3.5% 고정, 네덜란드는 AA-Swap, 일본은 20년 국채를 기준으로 부채 할인율을 적용하도록 하고 있다.

K-IFRS에서는 퇴직급여채무를 할인하기 위해 사용하는 할인율은 보고기간 말 현재 우량회사채의 시장수익률을 참조하여 결정하도록 규정하고 있으며, 이러한 회사채의 거래가 적은 경우에는 보고기간 말 현재 국공채의 시장수익률을 사용하도록 하고 있다. 임금 및 급여 추정의 경우, IAS 및 영국은

표5 연금부채 평가 할인율Ⅰ

	IFRS(IAS)	SFAS	우리나라	
			K-IFRS	K-GAAP
계속기준	신용등급이 높은 우량 회사채	보험계리사 결정 (30년 재무성채권 4년 평균이율)	- 회사채 시장수익률 - 특수한 경우: 국공채 시장수익률 적용	일정한 기준 없음

표6 연금부채 평가 할인율Ⅱ

기준	영국	독일	네덜란드	일본
할인율	우량 회사채	3.5%	AA-Swap	20년 국채

자료: OECD, Protectng Pensions: Policy Analysis and Examples from OECD Countries, 2007.

미래의 임금상승률을 고려하여 연금부채를 추정하고 있지만, SFAS는 미래의 임금상승률을 충분히 고려하고 있지 않다는 점에서 차이가 존재한다.

표7 임금 및 급여의 추정

	IFRS(IAS)	SFAS	우리나라	
			K-IFRS	K-GAAP
임금 상승률	고려	미고려	IAS 준용	미고려

K-IFRS에서는 퇴직급여채무를 측정할 때, 미래의 임금상승에 대한 추정을 하도록 규정하고 있다. 즉 미래의 임금상승은 물가상승률, 연공, 승진 및 그 밖의 관련성 있는 요소(예를 들어 고용시장의 수요와 공급 등)를 고려하여 추정하며 또한 퇴직급여제도의 공식적 규약에 따라 기업이 향후 회계기간에 퇴직급여를 변경하여야 하는 경우, 퇴직급여채무 측정 시 이러한 변경내용을 반영할 것을 규정하고 있다.[2]

보험수리적 손익

IFRS 및 SFAS에서는 변동 규모를 연금자산의 공정가치 또는 미래급여 반영급부채무 중에서 큰 쪽의 10% 범위까지는 줄이도록 하는 상각 방법, 즉 범위 외 상각 또는 범위초과분 상각방법을 적용하고 있다. 다만 SFAS에서는 손익이 발생한 기간 직후부터 손익의 일정 부분을 상각하도록 하고 있는 반면, IAS에서는 손익의 상각은 손익이 측정된 연도부터 상각이 이루어지고 있다는 점에서 차이가 존재한다.

2 영국·독일·네덜란드·일본 등의 연금부채 추정 시의 임금상승 적용 여부를 보면 영국은 임금상승률을 고려하고 있는 반면 독일·일본에서는 고려치 않으며, 네덜란드는 암묵적으로만 고려한다.

K-IFRS에서는 확정급여채무를 측정할 때, 직전 보고기간 말 현재 인식되지 않은 보험수리적 손익의 순누계액이 직전 보고기간 말 현재 사외적립자산 차감 전 확정급여채무의 현재가치에 10%를 곱한 금액, 직전 보고기간 말 현재 사외적립자산의 공정가치에 10%를 곱한 금액 중 큰 금액을 초과하는 경우, 보험수리적 손익의 일부를 수익 또는 비용으로 인식하도록 하고 있다.

표8 보험수리적 손익 인식

	IFRS(IAS)	SFAS	우리나라	
			K-IFRS	K-GAAP
인식방법	범위초과분 상각		범위한계법 (즉시인식 가능)	미적용
	손익이 측정된 연도부터 상각	손익이 발생한 기간 직후부터 손익 일정부분 상각		

또한 기업이 보험수리적 손익이 발생한 기간에 즉시 인식하고자 하는 경우에는 기타 포괄손익으로 인식할 수 있다. 이러한 회계처리 방법은 모든 확정급여제도와 모든 보험수리적 손익에 동일하게 적용하여야 하며 기타 포괄손익으로 인식하는 보험수리적 손익은 포괄손익계산서에 표시하도록 하고 있다.

적립자산의 측정 기준

SFAS는 연금자산을 공정가치와 시장가치market related value에 의해서 평가하게 된다. 다만 연금자산의 시장가치는 공정가액일 수도 있고, 5년 평균 시장가치법과 같이 5년 이내 기간 동안의 공정가액의 변화를 인식하는 계산가액을 할 수 있도록 규정하고 있다. K-IFRS에서는 사외적립자산을 공정가치로 평가하지만 K-GAAP에서는 퇴직보험예치금이나 단체퇴직보험예치금의 측정기준에 대해서 명문의 규정을 두고 있지 않고 있는 실정이다.

표9 적립자산의 측정 기준과 회계 처리

	IFRS(IAS)	SFAS	우리나라	
			K-IFRS	K-GAAP
적립자산 측정	현금흐름 할인과 시가법적용	공정가치 또는 시장가치 적용	공정가치	규정 부재

또한 K-IFRS에서는 사외적립자산의 기대수익이 퇴직급여원가에서 차감되지만, K-GAAP에서는 퇴직보험예치금이나 단체퇴직보험예치금에서 발생하는 이자수익과 특별배당금은 별도 영업외수익으로 회계처리하고 있다.

과거근무원가 인식

IAS에서는 연금제도의 수정이 기존 근로자들에게 미치는 영향을 그 근로자들의 예상 잔여 근무기간에 걸쳐 체계적으로 인식할 것을 요구하고 있지만, 동일한 상각 방법을 강제하고 있는지는 불분명하다. 이에 반해 SFAS에서는 연금제도를 수정 또는 도입한 해에 과거근무원가 전액을 모두 비용으로 처리하지 않고 연금급여를 받을 것으로 예상되는 현재 근로자들의 미래

표10 과거근무원가 인식

	IFRS(IAS)	SFAS	우리나라	
			K-IFRS	K-GAAP
인식방법	다양한 상각 방법 인정	근무연수 상각법(미래의 잔여 근무기간에 걸쳐 비용인식)	정액법에 의해 비용인식	미규정

잔여 근무기간에 걸쳐 비용으로 인식하고 있다.

K-IFRS에서 과거근무원가는 관련 급여가 가득되기까지의 평균기간에 정액법을 적용하여 비용으로 인식하고 있으며, DB 제도를 새로 도입하거나 개정하는 즉시 관련 급여가 가득된다면 해당 과거 근무원가는 즉시 인식하도록 규정하고 있다.

지금까지 퇴직연금 회계기준 및 규정을 비교한 결과는 다음과 같다. 첫째, 한국이 채택한 국제회계기준은 대부분 국제회계기준IAS을 준용하지만 연금부채 평가 할인율 적용 시 예외적으로 국공채 시장수익률 적용을 허용하고 있으며, 과거근무원가 인식을 정액법에 의하도록 하고 있다.

둘째, 미국의 퇴직연금 회계기준 및 규정은 국제회계기준을 적용하고 있으면서도 자국 상황 등을 고려하여 연금부채 할인율은 보험계리사의 자율적인 결정 하에 30년 재무성 채권 이율을 적용하고 있을 뿐만 아니라 적립자산의 측정도 공정가치 또는 시장가치 적용을 허용하는 등 국제회계기준보다 다소 엄격한 기준을 적용하고 있다는 점이다.

셋째, 우리나라에서 현재 적용하고 있는 기업회계기준의 경우는 대체로 일시금 기준에 입각한 퇴직연금 관련 규정이어서 연금부채의 변동성 등을 제대로 반영하지 못하고 있다는 단점이 존재하고 있다. 따라서 이러한 차이점 등을 종합적으로 고려하여 퇴직연금 회계 관련 기준 및 규정이 보완되고, 적용 시의 영향 분석을 통해 퇴직연금 운용 방안의 모색이 요구된다.

4. 퇴직연금 회계기준 영향

국제회계기준 도입에 따른 연금부채·자산의 시가평가로 인해 잉여금의 변동성을 고려한 퇴직연금의 운용이 불가피할 것으로 요구된다. 즉 기존의 자산 중심의 연금운용전략에서 연금부채의 변동성을 고려한 부채중심의 연금운용전략으로 전환될 것이다. 자산 중심의 연금운용전략은 자산자체의 수익과 변동성을 전제로 하여 투자가의 리스크 허용도에 대응하는 리스크—수익의 최적포지션을 구한다고 하는 사고 방식을 취하고 있기 때문에 자산 중심의 연금운용전략은 적립비율 및 국제연금회계 등의 변화를 고려하지 않는 근본적인 한계점이 존재한다. 특히 국제회계기준에서는 연금부채의 변동으로 이익의 변동성이 크고, 이는 퇴직연금을 운용하는 사용자의 손익에 직접적인 영향을 미칠 수 있다는 점에서 퇴직연금사업자 중심에서 사용자중심으로의 리스크관리 체계, 즉 전사적 리스크관리 체계로의 전환이 요구된다. 즉 국제연금회계기준 적용 이후에는 연금제도의 잉여금surplus 보전이 사용자 이익의 안정성에도 커다란 영향을 미치므로 금리변동 및 인플레이션 리스크 등과 같은 부채 측면의 리스크관리가 보다 요구된다. 그 이유는 확정급여형 퇴직연금에서 연금채무의 경우 금리의 하락(상승)에 따라, 또는 인플레이션의 상승(하락)에 따라 가치가 증대(감소)하는 특성을 지니고 있기 때문이다.

둘째, 퇴직연금상품에의 영향 측면에서 볼 때 일부 기업은 잠재적 연금부채의 증대를 가져올 수 있는 DB형 퇴직연금상품보다 연금부채 계상의 회피차원에서 새로운 퇴직연금상품, 즉 DC형 퇴직연금상품으로의 전환이 이루어질 것이다. 그 이유는 할인율의 저하 등으로 인해 매년 퇴직급부 채무가 증가하여 각 기업은 심각한 적립 부족 사태를 초래할 가능성도 있기 때문이다. 특히 주식시장이 침체되고 저금리기조가 견지되면 일부 기업은 퇴직급부채무의 부담을 회피할 수 있는 DC형 제도로의 전환 또는 신규 가입을 고려할 가능성이 있다. 즉 사용자인 기업은 국제연금회계기준의 도입에 탄력적으로 대응하기 위하여 현행과 같이 단순히 DB형, DC형, IRA형 퇴직연금상품보다 이들의 특성을 적절히 조합한 상품선택을 적극 요구할 것이다.

표11 국제연금회계기준 이후의 연금 리스크관리

	국제연금회계 적용 이전	국제연금회계 적용 이후
연금운용 전략	자산 중심 연금운용전략 · 연금자산 중심 · 효율적 프론티어 이론에 입각한 운용전략(수익률과 위험간의 상관관계기초)	부채중심 연금운용전략 · 연금잉여금 중심 · 금리리스크 등과 같은 제반 리스크에 따른 잉여금 변동성을 고려하여 운용 전략수립
리스크관리형태	연금 AM 관리 · 자산운용의 기본원칙 등과 같은 운용 규제에 입각(연금부채개념은 완전 배제)	연금 ALM 관리 · 국제연금회계기준에 의한 부채확정과 이에 따른 자산운용(시뮬레이션 ALM 관리 등)
관리대상리스크	투자리스크	금리변동·인플레이션리스크

그 이유는 퇴직급부채무의 축소, 금리인하에 의한 채무변동리스크를 적절하게 억제하기 위한 새로운 퇴직연금상품의 도입이 이루어질 것이기 때문이다. 이에 따라 캐시밸런스 플랜Cash Balance Plan[3] 등과 같이 확정급여형 및 확정기여형 성격을 혼합함으로써 연금부채의 변동성을 감소하고자 할 것이며, 이는 미국처럼 퇴직연금의 다양성을 확대하는 방향으로 제도가 정비될 것이다.

셋째, 연금부채 및 자산의 시가평가, 연금비용의 계상, 퇴직연금 계산기초율의 공시, 연금수리적 가정 등에 적극 대응하기 위해서는 연금계리 및 컨설팅 능력의 강화가 절실히 요구된다.[4] 즉 연금 계산기초율의 변화에 따른 연금부채의 추정 등이 적절히 이루어지기 위해 연금계리적 마인드의 제고가 필요하며, 또한 기업의 리스크 버퍼 능력 등을 고려하여 연금제도 설계

3 Cash Balance Plan은 장래예측에 의한 형태가 아니라 매년 갹출한 보험료를 보증하는 이자율을 적용하므로 DC형태를 띤 DB형 제도이며 PBO 부담의 변동을 줄일 수 있어 연금회계 대응 상품의 성격을 지니고 있다.

4 이봉주·류건식, 「퇴직연금 회계기준의 국제비교 및 영향분석」, 보험금융연구 제20권 제1호, 보험연구원, pp.91~92 참조.

를 보다 차별화할 수 있는 컨설팅 능력의 제고가 중요하다. 특히 장기 운용자산의 운용능력을 제고하기 위해 퇴직연금과 관련된 전문 인력의 양성과 확충이 필요하며, 이를 통해 금리인하에 의한 채무변동리스크를 적절히 억제하면서 연금자산의 운용 강화가 요구된다. 이와 더불어 대기업, 중소기업 등 기업의 형태별에 따른 연금 ALM 시스템의 차별화를 통해 퇴직연금 시장에서의 역할을 더욱 강화해나갈 필요성이 있다.

제12장

퇴직연금 세제

1. 퇴직연금 세제 현황

고용노동부는 기업 및 근로자의 퇴직연금가입을 유도하기 위해 퇴직연금에 가입한 기업 및 근로자에게 다양한 세제혜택을 주고 있다. 기업은 법인세 혜택을 받고 근로자는 소득공제 혜택과 비과세 혜택, 과세 이연효과를 누리며 퇴직 시 일시금을 받을 경우에는 퇴직소득세, 연금으로 받을 경우에는 연금소득세를 내게 된다.

연금재원을 저축하는 단계인 적립금 납입단계에서는 소득공제혜택을 부여하고, 운용수익이 발생하는 단계인 적립금 운용단계에서는 과세를 이연

표1 퇴직연금에 대한 주요국의 세제체계

구분	과세형태			
	EET	TTE	ETT	TTT
국가	한국, 미국, 영국, 프랑스, 캐나다, 독일, 덴마크, 스위스	뉴질랜드	일본, 스웨덴	호주

하는 반면, 적립금을 인출하거나 급여를 수령하는 단계인 퇴직급여 수령단계에서는 연금소득세 또는 퇴직소득세를 내도록 하는 세제체계(EET형)를 따르고 있다. 이점에서 TTE형을 따르고 있는 뉴질랜드, ETT형을 따르고 있는 일본 및 스웨덴, TTE형을 따르고 있는 호주 등과 차이가 있다. 기업은 퇴직연금 납입액에 대하여 일정 금액만큼 법인세 혜택을 받게 되는데 확정급여형의 경우에는 해당기업의 퇴직급여총액 범위 내에서 손비인정을 받게 되고 확정기여형의 경우에는 퇴직연금으로 불입한 금액 전액에 대해 손비인정을 받게 된다.

2. 근로자의 퇴직연금 세제체계

적립금 납입단계

근로자가 여유자금으로 확정기여형, 개인형 퇴직연금에 추가납입할 경우 연금저축과 합산하여 400만 원 한도로 연말정산 시 소득공제혜택을 받게 된다. 소득공제한도를 초과하여 납입한 부분에 대해서는 이중과세를 방지하기 위해 추후 퇴직급여 수령 시 비과세하고 있다.

적립금 운용단계

퇴직연금 적립금을 운용하는 단계에서 발생하는 이자수익과 같은 자산운용수익에 대해서는 과세를 적용하지 않는 대신, 수령단계에서 과세를 적용하는 과세이연 혜택을 제공한다. 이는 적립된 자산을 금융시장에서 운용하여 퇴직연금자산으로 적립되는 자산에 대해 과세를 이연시켜 근로자의 실질소득을 증가시키도록 유도하기 위함이다. 자산운용 과정에서 발생하는 이자소득, 유가증권에 투자되어 벌어들인 투자소득 등 모든 추가소득에 대해서는 추가소득의 형태 및 규모에 상관없이 과세이연 혜택을 제공하고 있다.

퇴직급여 수령단계

근로자가 퇴직급여를 수령할 경우에도 그 수령하는 방법에 따라 소득세 과세 형태에 차이가 있다. 퇴직급여를 일시금으로 수령할 경우에는 퇴직소득세를 부과하는 반면, 퇴직급여를 연금으로 수령할 경우에는 연금소득세를 부과한다.

표2 연금유형별 과세

연금의 종류		일시금수령	연금수령	비고
공적 연금	국민연금	퇴직소득	연금소득	유족·장애연금 비과세
	직역연금			유족·장애·상이연금 비과세
사적 연금	퇴직보험의 보험금	퇴직소득	연금소득	「근로자퇴직급여보장법」 부칙 근거
	퇴직연금			「근로자퇴직급여보장법」 및 「과학기술인공제회법」 근거
	연금저축	기타소득		2008년 1월 이후 사망으로 해지하는 경우 연금소득으로 과세

따라서 퇴직연금제도에서 지급받는 일시금, 개인형 퇴직연금에서 지급받는 일시금, 확정기여형 퇴직연금제도 및 개인형 퇴직연금에서 중도인출되는 금액, 연금을 수급하던 자가 연금계약의 중도해지 등으로 지급받는 일시금 등은 퇴직소득세 부과대상이 된다.

3. 세법 개정 이전의 퇴직 및 연금소득세 산출

퇴직소득세 산출

퇴직소득[1]으로 과세하는 경우 종합소득과 구분하여 별도로 과세되며 연분연승법에 의하여 과세된다. 즉 퇴직급여액에서 급여비례공제액과 근무연수별 공제액을 순차로 차감하여 구한 과세표준을 근무연수로 나눈 금액에 세율을 적용하여 계산한 금액에 근무연수를 곱하는 방식으로 세액을 계산한다.

퇴직소득 과세표준 = 퇴직급여액 - 퇴직소득공제(급여비례공제 + 근속연속연수별공제) (* 급여비례공제=퇴직소득금액×40%)

$$\text{퇴직소득 산출세액} = \text{퇴직소득 과세표준} \times \frac{1}{\text{근속연수}} \times \text{기본세율}(6\sim35\%) \times \text{근속연수}(\text{연분연승법})$$[2]

표3 근무연수별 퇴직소득공제

근무연수	퇴직소득공제액
5년 이하	30만원 × 근속연수
5년 초과 10년 이하	150만원+50만원 × (근속연수−5년)
10년 초과 20년 이하	400만원+80만원 × (근속연수−10년)
20년 초과	1,200만원+120만원 × (근속연수−20년)

1 퇴직소득이란 퇴직함으로써 받는 소득 중 일시금을 의미하며(국민연금법 제88조) 근퇴법에 따라 지급받는 일시금, 즉 퇴직연금제도에서 지급받는 일시금, 개인퇴직계좌에서 지급받는 일시금, 확정기여형 퇴직연금제도 및 개인퇴직계좌에서 중도인출되는 금액, 연금을 수급하던 자가 연금계약의 중도해지 등으로 지급받는 일시금 등에 해당하는 금액을 말한다.

2 과세표준을 근속연수로 나눈 금액에 다시 소득세 기본세율을 적용하고 다시 근속연수를 곱하여 세액을 계산하므로 낮은 한계세율이 적용되어 세액부담이 경감되는 효과가 존재한다.

표4 기본소득세율

종합소득 과세표준	세율
1,200만 원 이하	6%
1,200만 원 초과 4,600만 원 이하	72만 원+1,200만 원 초과금액의 15%
4,600만 원 초과 8,800만 원 이하	582만 원+4,600만 원 초과금액의 24%
8,800만 원 초과	1,590만 원+8,800만 원 초과 금액의 35%

퇴직소득은 근속연수 동안 서서히 발생하여 집적된 소득이 일시에 실현되는 특징을 가지고 있어서 종합소득에 합산하여 누진세율로 과세하면 지나치게 높은 세율을 적용받게 된다. 이에 따라 결집효과Bunching Effect를 감안하여 현행 소득세법에서는 퇴직소득을 종합소득에서 분류과세하고 있다. 퇴직소득공제는 퇴직소득에 대한 필요경비의 성격과 퇴직소득에 대한 세 부담 경감을 위한 특별공제적 성격을 지니고 있다.

연금소득세 산출

연금소득은 총 연금액(국민연금+퇴직연금+개인연금, 연금소득으로 과세되는 연금지급액이며 비과세소득은 제외)에서 연금소득공제를 제외하고 남은 금액을 말한다.

연금소득(금액)=총 연금액-연금소득공제

연금소득으로 과세되는 경우 연금의 수령 시 과세대상소득의 5%가 원천징수되고 이후 다른 소득과 합산하여 총 연금액이 600만 원을 초과하면 종합과세되고 600만 원 이하이면 분리과세를 선택할 수 있다(표5 참조). 또한 퇴직연금의 과세대상소득은 연금수령액에서 본인 불입금 중 소득공제초과분을 제외한 금액으로 산정한다.

퇴직연금 과세대상소득=연금수령액×1-(소득공제받은 금액을 초과하여 불입한 누계액)÷(총 연금지급액)

연금소득공제는 2006년 이후부터 적용되었으며, 소득공제 한도는 연간 900만 원으로 제한된다.

표5 연금소득 지급 시 원천징수 및 세액의 정산

연금 종류	매월분 원천징수	정산방법
국민연금	연금소득×5/100	종합소득세 신고
퇴직연금		
연금저축		

표6 연금소득공제

총 연금액	연금소득 공제액
350만 원 이하	전액 공제
350만 원 초과 700만 원 이하	350만 원+350만 원 초과금액의 40%
700만 원 초과 1,400만 원 초과	490만 원+700만 원 초과금액의 20%
1,400만 원 초과	630만 원+1,400만 원 초과금액의 10%

4. 연금 및 퇴직소득세의 개정 내용

연금소득에 대한 세제지원 강화

연금소득이 분리과세 기준 이하인 경우 연금수령과 함께 연금소득의 5%가

원천징수되어 납세의무가 종결된다. 연금소득의 특성상 대다수 납세의무자가 고령층임을 감안하여 종합소득세 신고·납부의 납세 협력 부담을 경감할 필요가 있다. 이에 따라 개정안에서는 최소한의 노후생활보장을 위해 일정 금액 이하까지는 종합과세하지 않고 낮은 세율로 분리과세하는 것으로 하였다.

표7 분리과세 적용대상 조정 및 한도 확대

기존	개정
– 연금소득 분리과세 · (적용대상) 공적 연금* + 사적 연금** · (한도) 연간 600만 원	– 분리과세 적용확대 · (적용대상) 사적 연금 · (한도) 연간 1,200만 원

* 국민연금, 공무원·군인연금 등
** 연금저축, 퇴직연금 등

분리과세 적용 대상을 사적 연금으로 한정하고 분리과세 한도를 연간 600만 원에서 연간 1,200만 원으로 인상하였다. 국민연금 등 공적 연금을 분리과세 대상에서 제외하여 연금소득공제·기본공제 등 소득공제를 적용받도록 하여 조세부담을 경감하고자 하였다. 현행 분리과세 기준(600만 원, 월평균 50만 원)은 공적 연금까지 포함되어 대부분 공적 연금만으로도 분리과세기준을 초과한다. 따라서 사적 연금은 사실상 모두 종합과세되므로 분리과세기준을 현실적인 수준으로 상향조정할 필요가 있었다. 따라서 국민연금 등 공적 연금은 분리과세하는 대상에서 제외하고 사적 연금만 매월 100만 원까지 수령하더라도 분리과세될 수 있는 수준으로 한도를 연 1,200만 원 이하로 설정하였다.

또한 연금소득의 원천징수세율은 원칙적으로 5%이나 다음의 경우에 낮은 세율을 적용받을 수 있도록 하였다. 즉 ①퇴직소득을 일시금이 아닌 연금 수령하는 경우는 3%, ②종신형으로 연금을 수령하는 경우는 4%, ③고령자는 수령시기에 따라 세율을 차등화(55세 이후 5%, 70세 이후 4%, 80세 이후 3%)하였다. ①, ②, ③이 동시에 적용될 때에는 가장 낮은 세율이 적용된다.

표8 원천징수세율 인하 및 차등 적용

기존	개정
– 연금소득 원천징수세율 · (공적 연금) 간이세액표 세율 · (사적 연금) 5%	– 원천징수세율 인하 · (좌동) · (사적 연금) 연령 및 유형에 따라 차등 적용

연령 및 유형	세율
일반적인 경우	5%
종신형 수령·70세 이후 수령	4%
퇴직소득 수령·80세 이후 수령	3%

* 중복 적용 시 유리한 세율 적용

특히 연금저축 납입요건을 완화하여 연금재원의 확충을 지원하되, 고령사회 대비 수령요건은 강화하여 가급적 연금의 장기수령을 유도하고자 하였다. 따라서 납입기간은 단축하는 반면, 납입한도를 높여 단기간이라도 동일한 연금재원이 마련될 수 있도록 하였다. 즉 연금수령 최소기간 5년은 100세 시대를 대비한 연금수령기간으로는 너무 단기간으로 이를 대폭적으로 연장할 필요가 있어 현행 최소 납입기간(10년)과 최소 수령기간(5년)을 합산한 15년을 기준으로 최소 연금수령기간을 연장하기 위함이다.

연간 연금수령한도를 두지 않으면 최소 연금수령기간을 연장하더라도 연금효과를 달성하기 어려워 최소 연금수령기간인 15년 동안 안정적으로 배분하도록 하였다. 연간 연금수령한도를 초과하여 인출할 경우 초과 인출분은 연금 외 수령으로 간주되며 연금 외 수령분은 소득원천에 따라 퇴직소득 또는 기타소득으로 연금소득(3~5%)보다 높게 과세된다.

표9 연금납입·수령요건 개선

기존	개정
– 연금저축 납입요건 · (납입기간) 10년 이상 · (납입한도) 분기별 300만 원 * 단, 400만 원 한도 소득공제 – 연금저축 수령요건 · (수령개시) 55세 이후 · (수령기간) 5년 이상 〈신설〉	– 납입요건 완화 · (납입기간) 5년 이상 · (납입한도) 연간 1,800만 원 * 소득공제 한도 현행 유지 – 수령요건 강화 · (좌동) · 15년 이상 수령할 것 · 연간 연금 수령한도 $\text{연금한도액} = \dfrac{\text{연금재원 평가 총액}}{(16-\text{연금수령 연차})}$ * 연금 평가 총액은 매년 과세기간 개시일(1.1) 현재 판단 * 한도 초과 인출액은 '연금 외 수령'으로 간주

퇴직소득에 대한 과세 정상화

기존 퇴직소득에 대한 소득공제는 정률방식인 정률공제(40%)와 정액방식인 장기근속공제(연간 30만~120만 원)로 구분할 수 있다. 장기근속공제는 장기근무자에게 더 많은 혜택을 부여하기 위한 것이나 최근 노동시장의 유연화로 이직이 많은 상황이며 전체 근무기간은 동일하더라도 동일한 직장에서 오래 근무한 자에게만 혜택이 집중되는 문제가 있다.

이에 따라 장기근속공제를 폐지하는 대신 정률공제(40%)에 합산하여 정률공제 수준을 50%로 상향조정하였다. 이는 장기 근속공제를 정률공제에 합산하더라도 근무기간에 따른 급여상승분이 정률로 공제되어 근무기간 및 급여상승에 따라 공제액이 증가하는 효과가 발생하므로 정률공제와 별도로 근무기간에 따른 정액방식의 근속공제를 추가적으로 둘 필요가 없었기 때문이다.

연분연승법은 퇴직소득이 장기간 근로의 대가가 누적된 것으로 퇴직 시 일시에 발생하는 소득임을 감안하여 퇴직소득을 근무연수로 나누어 세액

표10 퇴직소득에 대한 세부담 조정

<table>
<tr><th>기존</th><th>개정</th></tr>
<tr><td>
– 퇴직소득공제(①+②)
① 정률공제: 퇴직소득×40%
② 장기근속공제
<table>
<tr><th>근속연수</th><th>공제금액</th></tr>
<tr><td>5년 이하</td><td>30만 원</td></tr>
<tr><td>5~10년 이하</td><td>50만 원</td></tr>
<tr><td>10~20년 이하</td><td>80만 원</td></tr>
<tr><td>20년 이상</td><td>1,200만 원</td></tr>
</table>
– 퇴직소득 산출세액 계산
· ①→②→③ 순서로 계산
〈신 설〉
①(연분) 과세표준*/근속연수
② ①×기본세율(6~38%)
③(연승) ②×근속연수
* 퇴직소득−(정률공제+근속공제)
</td><td>
– 퇴직소득공제 조정
①정률공제: 40%→ 50%
②장기근속공제: 삭제
* 장기근속공제 상당액을 정률 공제율 10%로 반영

– 연분연승 적용비율 조정
· (좌동)
· 퇴직소득 과표구간 적용 시 과표를 5배수로 환산 적용

①(과세표준×5)/근속연수
② ①×기본세율(6~38%)
③((②/5)×근속연수
</td></tr>
</table>

계산후 계산된 세액에 근무연수를 다시 곱하는 방법으로 계산방식 자체의 타당성은 있다. 다만 세율 및 과세표준을 적용하는 기준이 연분된 1년당 퇴직소득이고, 1년당 퇴직소득은 통상 1개월분 급여에 해당되므로 1개월분 급여에 대해 1년 단위에 적용되는 소득세율 및 과표를 적용하는 과정에서 문제점이 존재한다. 특히 1개월분 급여가 100만 원인 근로자와 2천만 원인 근로자의 과표구간이 동일하게 적용되고 있어 사실상 연봉 1,200만 원과 연봉 2억 4천만 원인 자의 퇴직소득을 같은 세율(6%)로 과세하는 결과가 된다. 따라서 현행 과세체계를 유지하면서 퇴직소득과세의 정상화를 위해 현행 1년 단위 연분연승을 5년 단위로 환산 적용하였다.

또한 퇴직연금과 연금저축을 통합하여 연금계좌 인출방식에 따라 과세체계를 결정하도록 하였다. 연금수령방식으로 인출하는 경우에는 연금 외 수령으로 연금소득으로 과세하고 그 밖의 방식으로 인출하는 경우에는 연금 외 수령으로 소득원천(퇴직소득·기타소득)에 따라 과세된다. 연금소득은 3~5%의 낮은 세율로 과세하나 기타소득은 20%의 높은 세율로 과세된다.

표11 퇴직연금과 연금저축 인출 시 과세체계 개선

기존	개정
– 연금계좌 인출 방법에 따른 과세체계	– 퇴직연금과 연금저축을 통합하여
① 퇴직연금	연금계좌* 인출방식에 따라 과세체계 결정
· 연금인출 → 연금소득 과세	① 연금인출 → 연금소득 과세
· 연금 외 인출 → 퇴직소득 과세	② 연금 외 인출 → 원천별 과세
② 연금저축	· 퇴직금 → 퇴직소득 과세
· 연금인출 → 연금소득 과세	· 퇴직 외 소득 → 기타소득 과세
· 연금 외 인출 → 기타소득 과세	* 퇴직연금과 연금저축을 세법상 '연금계좌'에 통합

퇴직소득의 낮은 세 부담이 연금제도의 안정적인 정착 및 활성화에 걸림돌로 작용하였기 때문에 지나치게 낮은 퇴직소득의 세 부담을 연금소득 최저세율보다 높은 수준으로 상향조정하였다. 이를 통해 퇴직금이 일시금이 아닌 연금으로 전환될 수 있도록 하였다. 다만 연봉 5천만 원 이하인 퇴직자의 퇴직소득은 현행 수준의 실효세율 3%를 유지함으로써 대다수 서민 및 중산층에게는 세 부담이 증가하지 않도록 하였다. 이에 반해 연봉 5천만 초과자의 경우 점진적으로 누진과세 되도록 하여 퇴직소득의 세 부담을 한층 강화하였다. 근무연수 10년의 경우 퇴직소득 4천만 원(연봉 4,800만 원)인 자는 현행 세 부담과 동일하나 퇴직소득 4천만 원 초과자부터는 세 부담이 점진적으로 증가한다. 퇴직소득 3천만 원인 경우 장기근속공제를 정률공제로 통합함에 따라 세 부담이 2.8%에서 3.0%로 소폭 증가한다. 퇴직소득이 1억 원(연봉 1.2억 원 수준)인 자의 세 부담은 다소 상승(3.4%→5.3%)하나 근로소득보다는 여전히 낮은 수준이다.

표12 개정 전후의 퇴직소득 세 부담 비교

(단위: 만원, %)

퇴직소득	3,000		4,000		5,000		7,000		10,000	
	현행	개정	현행	개정	현행	개정	현행	개정	현행	개정
소득공제	1,600	1,500	2,000	2,000	2,400	2,500	3,200	3,500	4,400	5,000
과세표준	1,400	1,500	2,000	2,000	2,600	2,500	3,800	3,500	5,600	5,000
산출세액	84	90	120	120	156	159	228	309	336	534
실효세율(%)	2.8	3.0	3.0	3.0	3.1	3.2	3.3	4.4	3.4	5.3

주: 근무연수 10년일 경우 퇴직소득 세 부담 비교

연금소득세 과세제도 개선

사망 등 부득이한 사유에 따른 연금 외 수령은 종합과세하지 않고 15% 원천징수로 납세의무를 종결하는 등 저율분리 과세하도록 하였다. 연금 외 수령하는 경우 기타소득으로 원천징수(20%)하고 해당 소득이 300만 원을 초과하는 경우 종합과세하게 된다. '사망 등 부득이한 사유'는 사망, 개인파산, 6개월 이상 장기요양 등 긴급한 사유임이 사회통념상 인정되는 경우이다.

표13 사망 시 연금계좌에 대한 소득세 정산

<table>
<tr><th>기존</th><th>개정</th></tr>
<tr><td>– 사망 시 연금소득세 등 과세방법

[사적 연금]
① 퇴직연금: 퇴직소득 과세
② 연금저축: 연금소득 과세
· 일시 해지로 보되, 기타소득 이 아닌 연금소득으로 과세
· 분리과세 세율은 5%로 낮으나, 종합과세 시 누진과세

[공적 연금] 비과세
· 유족연금 또는 유족일시금</td><td>– 사망 등 일정 사유* 발생에 따른 연금외 수령 시 과세방법
* 사망, 장기요양, 개인파산 등
[사적 연금]
· 소득원천이 퇴직금인 부분은 퇴직소득
· 그 외 운용수익 등은 기타소득으로 15% 분리과세 (종합과세 배제)
<table><tr><th>소득 원천</th><th>구분</th><th>일반</th><th>사망등</th></tr><tr><td>자기부담금</td><td>기타</td><td>20%</td><td>15%</td></tr><tr><td>운용수익</td><td>기타</td><td>20%</td><td>15%</td></tr></table>[공적 연금] (좌동)</td></tr>
</table>

또한 사망으로 연금계좌가 배우자에게 계약이전 등의 방법으로 상속·승계된 경우에는 연금 외 수령 없이 연금계좌에 있는 과세대상소득이 배우자에게 승계된 것으로 보아 소득세법이 적용된다. 따라서 연금계좌를 승계받은 배우자는 본인의 연금계좌로 보아 연금수령 시에는 연금소득으로, 연금 외 수령 시에는 퇴직소득·기타소득으로 과세하는 것으로 하였다.

5. 해외의 퇴직연금 세제

납입단계의 세제

납입단계에서 세제를 살펴보면 미국에서는 확정급여형에 해당하는 연금신탁의 경우 사용자 부담금은 회사의 비용으로 손금산입 되는 반면 근로자의 부담금은 소득공제되지 않는다. 일본의 경우에는 확정급여형의 경우 사용자 부담금은 회사의 비용으로 손금산입되고 있으며 근로자의 부담금도 소득공제혜택을 부여하고 있다. 이에 반해 영국의 경우 근로자의 부담금은 원칙적으로 소득공제가 되며, 사용자 부담금은 손금산입이 된다. 소득공제 혜택이 부여되는 부담금은 연간 및 평생한도가 있으며 연간한도 및 평생한도(2009년 기준)는 각각 24만 5천 파운드, 175만 파운드로 설정되어 있다.

확정기여형의 경우에는 미국, 일본, 영국 모두 사용자 부담금과 근로자 부담금에 대하여 세제혜택을 부여하고 있으며, 세제혜택 정도의 차이는 있다. 미국에서는 확정기여형 중에서 대표적인 401(K)의 경우 사용자 부담금은 근로자 급여액의 100%와 4만 6천 달러(2008년 기준) 중 적은 금액의 한도 내에서 회사의 비용으로 손금산입되고 근로자의 부담금은 1만 6,500달러 한도 내에서 소득공제가 허용된다.

표14 납입단계의 세제

구분	미국	일본	영국
DB형	– 사용자 부담: 손금산입 – 근로자 부담: 소득공제 없음	– 사용자 부담: 손금산입 – 근로자 부담: 5만 엔 한도	– 사용자 부담: 손금산입 – 근로자 부담: 소득공제 · 연간한도 24만 5천 파운드, 평생한도 175만 파운드
DC형	– 사용자 부담: 손금산입 · 한도: 근로자 급여액의 100%와 4만 6천 달러 중 적은 금액 – 근로자 부담: 소득공제 · 한도: 1만 6,500달러, 50세이상 근로자는 5천 달러 추가	– 사용자 부담; 손금산입 · 회사가 DB형 연금이 있는 경우 연 21만 6천 엔, 없는 경우 43만 2천 엔 – 근로자 부담: 소득공제 · 연 18만 엔(개인형)	– 사용자 부담: 손금산입 – 근로자 부담: 소득공제 · 연간한도초과 부담금은 해당년도에 40%의 세율로 과세 · 평생한도초과 부담금은 일시금 수령시 55%, 연금 수령시 25% 세율로 과세

일본판 401(K)플랜인 확정갹출형 퇴직연금(개인형)의 경우에는 근로자 부담금은 18만 엔을 한도로 소득공제를 해주고 있다. 영국의 경우 확정급여형과 동일하게 연간 및 평생한도가 설정되어 있으며 연간한도를 초과해서 기여되는 금액은 해당년도에 40%의 세율로 과세하고 있다. 평생한도를 초과해서 부담한 부분은 일시금 수령시 55%, 연금 수령시 25%의 세율로 과세를 하고 있다는 점이 특징적이다.

운용단계의 세제

미국은 401(K) 등과 같은 DC형 퇴직연금과 개인퇴직계좌에서도 적립금 운용에 따른 운용이익을 비과세 처리하고 있다. 이에 반해 일본의 개인형 확정갹출연금은 납입액 및 운용이익에 대해 특별법인세(자산운용잔액의 1%에 해당하는 특별법인세)를 과세하고 있다는 점이 미국 및 영국과 상이하다고 할 수 있다. 금융기관에 수탁한 연금 관련 신탁재산에 관련해서는 일정한 이자와 배당에 대해 원칙적으로 특별법인세 명목으로 과세하고 있지만, 일본

정부의 과세유예조치에 따라 2001년부터 10년간 과세가 한시적으로 유예되었다.

표15 운용단계의 세제

구분	미국	일본	영국
DB형	비과세	특별법인세과세 (운용이익은 특별법인세과세대상)	비과세
DC형			

일본의 특별법인세는 우리나라의 이자·배당 소득세와 유사한 개념이나 금융회사가 대납하여 납세하는 형태를 취하고 있어 특별법인세라는 용어를 사용한다. 영국의 경우 운용단계에서의 운용이익을 비과세 처리한다. 운용이익은 이자이익, 배당이익, 자본이익 등을 포함하고 이들은 소득세 및 자본이득세의 과세대상에서 면제된다.

급여단계의 세제

급여단계에서는 확정급여형 및 확정기여형 구분 없이 미국, 일본 및 영국 모두 과세하고 있다. 미국에서는 확정급여형의 경우 연금수령 시 근로자가 받는 금액은 수급권자의 3년 평균보수액과 연간 18만 달러 중 적은 금액을 한도로 하고 있다.

또한 미국의 경우 공적 연금과 대부분의 사적 연금에 대해 기여 시에 과세하지만, 수급 시에는 공적 연금은 대부분 비과세하고 사적 연금은 원칙적으로 과세하고 있다. 다만, 401(K) 등에서는 기여할 때 소득공제를 허용하여 비과세하고 급여 시에만 과세하여 다른 사적 연금이나 저축보다 우대한다. 일본에서는 공적 연금과 사적 연금을 구분하지 않고 기여 시 광범위한

표16 급여단계의 세제

<table>
<tr><th>구분</th><th>미국</th><th>일본</th><th>영국</th></tr>
<tr><td>DB형</td><td>– 수급권자의 3년 평균보수액과 연 18만 달러 중 적은 금액을 연금급여 한도로 함
– 정기급여
· 연금급여–비과세 부분
– 비정기급여
· 지급개시일 이전은 모든분배금이 소득이지만 개시일 이후는 비적격 연금을 구분하여 별도 과세</td><td>– 연금수령 시
· (수령액–본인부담의 납입총액–공적 연금공제)를 소득금액으로 하여 과세
– 일시금 수령시
· 수령액–본인부담의 납입총액–퇴직소득공제)×1/2을 소득금액으로 하여 과세</td><td rowspan="2">– 연금 수령 시
· 연금펀드 적립금의 75%는 55세부터 75세 사이에 연금화(연금소득세)
· 연금개시후 지급받는 연금액은 연금수령자의 과세소득에 포함되어 소득세 과세대상
– 일시금수령시
· 적용 제외 선택 여부와 무관하게 연금펀드 적립금의 25%까지를 일시금 허용(비과세 혜택)</td></tr>
<tr><td>DC형</td><td>– 과세방법은 DB형을 준용하여 과제</td><td>– 연금수령 시
· (수령액–공적 연금공제)를 소득금액으로 하여 과세
– 일시금수령시
· (수령액–퇴직소득공제)×1/2을 소득금액으로 하여 과세</td></tr>
</table>

소득공제를 허용하고 급여 시에도 공적 연금 등 공제를 통해 많은 수급자가 비과세 대상이 되고 있다. 영국에서는 적용 제외 선택 여부와 무관하게 적립금의 25%까지 일시금을 허용하고 있으며 비과세 처리하고 있다. 이에 반해 적립금의 75%는 55세부터 75세까지 연금화하도록 규정되어 있으며 이 부문은 연금수령자의 과세소득에 포함하여 소득세를 부과하고 있다.

이와 같이 주요국의 퇴직연금 관련세제를 비교·분석한 결과, 우리나라에 비해 납입단계에서의 세제혜택이 상대적으로 크고 일반적으로 소득공제 상한선을 두고 있는 것으로 나타나고 있다. 이는 EET 방식을 지향함으로써 퇴직연금으로의 전환을 적극 유도하기 위함인 것으로 판단된다. 또한 연령대별(50세 기준), 가입자별(근로자, 자영업자)에 따라 소득혜택수준을 차등화하여 계층 간의 세제형평성을 제고하고 있으며 일시금에 대한 세제혜택 보다는 연금에 대한 세제혜택을 과감히 부여하여 퇴직연금의 노후소득보장 기능을 제고하려는 세제정책을 지향하고 있는 것으로 보인다.

제5부

퇴직연금 감독과 규제 방향

제13장

퇴직연금 감독 방향

1. 감독 현황

우리나라 퇴직연금 지배구조가 계약형 지배구조의 성격을 갖고 있어 주로 퇴직연금사업자 중심의 연금 감독에 초점을 맞추고 있다. 계약형만 허용되는 우리나라에서는 금융기관에 초점을 맞춘 연금 감독이 이루어지고 있는데, 그 이유는 사용자와 수탁기관과의 일대일 계약에 의해 퇴직연금제도가 운용되기 때문이다. 반면에 미국 등 선진국의 경우는 퇴직연금제도 운영에 재량권과 통제권을 갖는 포괄적인 이해관계인을 대상으로 하기 때문에 사용자 이외에 지명 수탁자, 신탁 수탁자, 펀드매니저 등과 같은 수탁자들에게도 초점을 맞춘 연금 감독이 이루어지고 있다.

또한 우리나라는 감독당국의 직접적 연금 감독, 즉 법규에 근거한 연금 감독에 초점을 두는 것이 특징이다. 수탁자에 대한 감독이 상품 및 운용자산 중심으로 이루어지고 있어 교육, 상품 및 수수료 공시 등 시장의 자율기능에 의한 감독은 거의 이루어지고 있지 않는 실정이다. 이는 확정기여형에 대한 주식 투자 금지, 위험자산 한도 설정 등 엄격한 양적 규제를 통해 연금

자산을 운용하고 있다는 데서도 알 수 있다. 우리나라의 퇴직연금 감독의 특징을 감독단계별로 보면 대략 다음과 같다.

첫째, 적격성 측면에서의 연금 감독을 보면 우리나라의 경우 퇴직연금사업자의 등록요건을 비교적 엄격하게 규정하고 있다. 그럼에도 자본요건 이외에 허가요건, 즉 물적 및 인적 요건 등은 낮은 수준인 것으로 나타나고 있다. 또한 법 및 시행령, 감독규정에서 제시하고 있는 수탁자 책임규정은 대체로 퇴직연금사업자 중심으로 이루어지고 있어, 상대적으로 사용자 등 다른 수탁자에 대한 책임규정은 미흡한 실정이다.

둘째, 모니터링 측면에서의 연금 감독을 보면 감독당국에 대한 정보보고 등에 구체적인 규정이 없는 상황이며 책임준비금 적립은 연금계리 개념의 부재 등으로 인해 선언적 의미의 연금 감독만이 이루어지고 있다. 즉 책임준비금 적립원칙, 계리적 평가와 관련된 제반 가정 설정, 계리보고서 작성, 갹출 스케쥴 작성, 적립 부족 시 정상화 계획 수립 등 확정급여형 제도의 재무건전성과 관련된 연금 감독 규정이 거의 존재하지 않는다.

셋째, 의사소통은 감독당국과 수탁자 간 커뮤니케이션을 통해서 모니터링을 보완하는 단계이기 때문에 가장 중요한 부문이다. 의사소통을 원활히 하기 위해 감독당국은 적절한 정보 제공 및 공시, 상품 및 투자교육, 리스크관리 기준, 리스크관리 매뉴얼 등을 적극 활용하는 것이 필요하지만, 우리나라의 경우 정보 제공 및 공시, 상품 및 투자교육 측면에서의 연금 감독 수준은 그리 높지 않고, 리스크관리 기준 및 매뉴얼 등에서 본 연금 감독 수준은 매우 미흡하다.

이와 더불어 측정 및 분석 측면에서의 연금 감독과 관련된 제반 규정이 없어 리스크 중심 감독이나 수탁기관에 대한 양적·질적 리스크 평가는 시행되지 않고 있다. 즉 스트레스 테스팅, 스코링 시스템 등에 기초한 연금자산의 평가 및 측정에 관한 제반 지침이나 규정이 존재하지 않는다. 또한 감독조치 측면에서의 리스크 감독을 볼 때 교정 및 보상행위보다는 징벌적 조치사항 위주로 되어 있으며, 징벌적 조치사항 역시 과태료 부과에 초점을 맞추고 있다.

2. 감독 추이

힌츠Hinz와 마타오아누Mataoanu는 연금 감독단계를 적격성(진입) 관련 감독, 모니터링(감시) 관련 감독, 의사소통 관련 감독, 측정 및 분석 관련 감독, 개입 및 시정조치 관련 감독 등으로 분류하고 어디에 더욱 초점을 맞추어 감독하느냐는 각국의 금융시장 안전성 정도, 제도 도입시기, 운용 규제 완화

그림1 퇴직연금 감독 추이

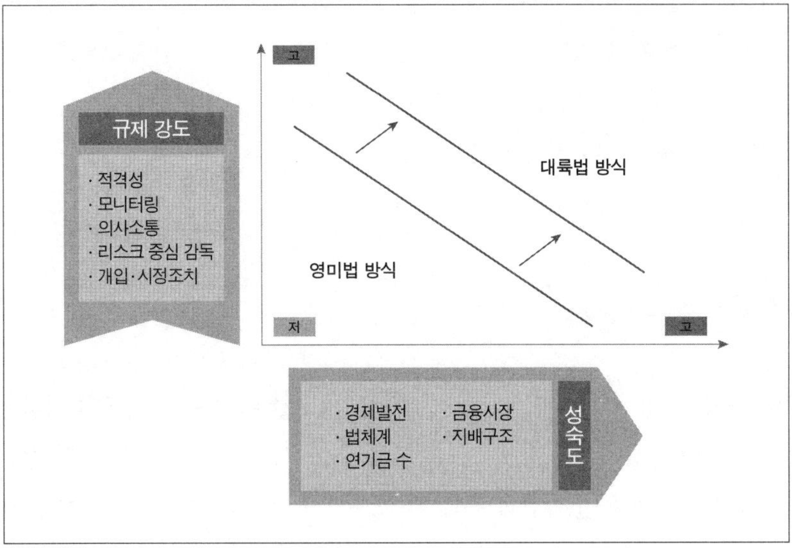

자료: Hinz and Mataoanu(2005).

의 정도, 지배구조 형태 등과 밀접한 관련성이 있다고 보았다.

즉 규제가 보다 완화되고 기금형 지배구조의 형태를 띠고 있으며 소득수준이 높은 국가일수록 진입 관련 감독수준을 낮추는 반면, 의사소통 관련 감독, 개입 및 시정조치 관련 감독 등에 더욱 초점을 맞추려는 경향을 보이고 있다.

미국, 일본 등 선진국의 연금 감독 특징은 진입규제와 개입의 강도는 낮은 반면, 의사소통에 의한 감독수준은 높게 나타나는 것이다. 즉 선진국일수록 시장의존도가 높아져 자발적인 법규 준수를 촉진시키는 방향으로 감독이 이루어지고 있다. 또한 연금 감독의 범위가 교육 및 훈련프로그램, 제3자적 감시기능 강화 등과 같은 분야로 점차 확대되어 가는 추이를 보인다. 연금 감독의 대상도 수탁기관 이외에 수탁자까지 확대하고 있으며, 수탁자 리스크 감독은 법규 준수 리스크 감독에 더욱 집중되고 있다. 단순히 법규 제정을 통한 감독에 국한하지 않고 리스크관리 지침을 제정하거나 가이드라인을 설정하도록 유도하는 등, 수탁기관이 좀 더 효율적으로 리스크관리를 수행할 수 있도록 지도·독려하는 방향으로 연금 감독이 이루어지는 것이다. 이는 직접적인 감독체계에서 벗어나 시장기능에 입각한 감독체계의 지향을 의미한다.

3. 감독 방향

퇴직연금 운용 규제의 완화, 퇴직연금 가입자 보호라는 추세 속에서 퇴직연금 감독의 중요성은 점점 커지고 감독당국의 역할도 증대될 수밖에 없다. 따라서 선진국의 연금 감독 사례 및 추이 등을 체계적으로 검토하여 우리나라 실정에 부합한 연금 감독방안을 모색할 필요성이 있다. 퇴직연금제도

활성화를 위해 감독 수준을 낮추는 경우에는 근로자의 수급권 보호에 나쁜 영향을 미칠 수 있고, 근로자 수급권 보호를 위해 감독 수준을 높이면 자칫 퇴직연금제도의 활성화를 저해하는 요소로 작용할 수 있기 때문이다. 따라서 최소한의 근로자 수급권이 보호되면서 퇴직연금제도의 활성화를 도모할 수 있는 감독방안이 필요하다.

첫째, 현재 퇴직연금사업자 중심의 감독을 사업자 중심의 감독으로 전환하여야 한다. 이는 기존의 퇴직일시금제도가 법에 의해 지불의무만을 규정하고 있었던 명목상의 감독체계였던 것과 달리, 퇴직연금제도는 근로자의 노후소득보전을 목적으로 기금의 적립과 운영 그리고 지급 보장을 아우르는 실질적·과정적 감독체계이기 때문이다. 또한 현재 계리업무에 대한 선언적 언급만 하고 있을 뿐, 실질적인 업무 내용이나 운영절차가 존재하지 않기 때문에 감독당국이 책임준비금에 대한 적정성 분석 방안을 조속히 마련해야 할 것이다. 연금재정의 적정성 검증과 제3자적 감시 기능 강화는 근로자의 수급권 보호 차원에서도 보험계리사 및 공인회계사 제도 등을 적극 활용해야 한다.

둘째, 감독기관과 퇴직연금제도 참여자간의 의사소통 및 모니터링 기능을 적극 보완하여 효율적인 연금 감독이 이루어지도록 할 필요가 있다. 근로자에게 유익한 정보 제공, 체계적인 투자 교육 실시, 정형화된 상품 및 가격 관련 정보 제공이 이루어져야 한다. 이와 더불어 수탁자 리스크 가이드라인 설정 등으로 수탁자가 더욱 안정적으로 연금자산을 운용할 수 있는 틀을 제공하도록 해야 할 것이다.

셋째, 호주, 영국 등처럼 연금운용리스크에 기반한 상시감시체계를 구축하여 연금재정의 건전성을 상시적으로 검증할 필요가 있다. 최근 대부분의 국가에서 퇴직연금제도에 대해서도 생명보험과 마찬가지로 리스크 중심 감독체계를 구축하고 있음을 고려해야 한다.

우리나라도 연금부채를 시가로 평가하고 양적 투자규제가 완화되는 등 퇴직연금제도를 둘러싼 환경이 급변하고 있어 리스크 중심 연금 감독체계로의 전환이 절실히 요구된다. 이와 더불어 현행과 같이 과태료 중심의 징벌적 조치에서 탈피하여 중장기적으로 교정 및 보상행위 중심의 연금 감독으로 전환해 나가야 할 것이다. 다만 단기적으로는 과태료 부과 금액을 보다 현실화하고 미국, 일본처럼 별도의 민사상 또는 형사상 처벌 규정이 마련되어야 할 것이다.

제14장

퇴직연금 규제 방향

1. 규제 현황

연금 감독은 연기금에 대한 법규집행을 수행하는 것을 의미하는 반면, 연금규제는 연기금 구조와 운영의 통제를 위한 법적 근거 및 규정과 같은 활동을 의미한다. 우리나라의 경우 연기금 구조와 운용을 통제하는 대표적인 법적 근거는 근퇴법 및 시행규칙이다. 즉 OECD의 퇴직연금 규제 원칙에서 제시된 연금운용주체, 연금부채, 적립금 운용, 가입자 권리, 지배구조 관련 규제사항을 「근로자퇴직급여보장법」 및 시행규칙에서 규정하고 이에 기초하여 퇴직연금제도가 운용되고 있다. 이러한 OECD 퇴직연금 규제 원칙에 입각하여 우리나라의 퇴직연금 규제 현황을 살펴보면 대략 다음과 같다.

첫째, 근퇴법에서는 연금운용주체인 수탁자(사용자, 사업자)가 퇴직연금을 운용하는 데 일정한 수탁자 책임을 부여하고 있다. 즉 연금제도의 설계 및 자산운용이 근로자의 이익에 반하지 않는 방향으로 이루어져 근로자의 수급권이 더욱 보장되도록 수탁자 책임 관련 규제를 두고 있다. 그럼에도 수탁자의 개념 및 범위가 명문화되어 있지 않고 사용자, 사업자에 대한 수탁자 책임과 의무가 미국 등 선진국에 비해 정형화되어 있지 않아 근로자와 수탁자간의 이해상충문제가 발생할 가능성이 존재하고 있다. 특히 운용에 있어서 사용주의 권한이 매우 큰데도 그 책임은 낮게 되어 있으며 퇴직연금사업자인 금융회사에 대한 수탁자 책임이 매우 미흡한 실정이다. 그 또한 수탁자의 운용상황을 상시적으로 감시할 수 있는 제3자적 감시기능장치가 없으며 수탁자의 운용성과를 제대로 평가할 수 있는 제도적 장치가 마련되어 있지 않고 있다.

둘째, 우리나라는 국제회계기준 도입으로 연금부채를 시가 평가(예측급여 평가방식)하도록 되어 있으며 근로자의 수급권 보호를 위해 사전적 재무건전성규제와 사후적 재무건전성 규제를 하고 있다. 그러나 최저적립수준을 기준책임준비금의 60% 이상으로 설정하여 미국 등 선진국에 비해 적립수준이 매우 낮은 수준이다. 또한 퇴직급여우선변제제도 및 임금채권보장기금제도 등과 같은 사후적 재무건전성 규제를 두고 있지만 3년 이상 근무하는 근로자에게는 연금지급이 보장되지 않아 근로자의 수급권 보호가 제대로 되지 않고 있는 실정이다.

셋째, 우리나라는 선진국과 달리 엄격한 적립금 운용 규제방식인 양적 규제방식을 지향한다. 위험자산에 대해서는 일정한 범위 내에서만 운용하게 해 안정적인 수익을 보장하도록 적립금 운용 규제를 하고 있다. 이에 따라 근로자의 운용상품 선택폭이 상대적으로 낮고 다양한 투자 상품을 운용하지 못해 수익성 제고에 어려움이 있다.

넷째, 퇴직연금 가입자인 근로자는 차별 없이 퇴직연금을 가입하고 수탁자로 하여금 가입자 교육을 받을 수 있는 권리가 있으며 가입자 퇴직 시 급여를 지급받을 권리가 있다. 따라서 퇴직연금 규제에서 가입자 권리와 관련된 규제는 매우 중요하다. 우리나라 근퇴법은 하나의 사업장에서 무차별 요건을 두고 고급여근로자와 저급여근로자간의 차별을 금지하고 있다. 그러나 계속근로기간이 1년 미만인 근로자 등에 대해서는 원칙적으로 퇴직급여제도 설정을 금지하고 있어 어느 정도 차별성이 존재한다. 또한 현재 법정퇴직금제도 가입자는 근퇴법상 개인형 퇴직연금으로 전환을 하기 어려워 퇴직금제도와 퇴직연금제도 간의 연속성이 매우 미흡하다. 또한 퇴직연금 가입자에 대한 교육이 제대로 이루어지지 않아 가입자 교육의 만족도가 60% 수준에 그치고 있는 실정이며 퇴직금을 받을 권리도 3년 내에 행사하지 않으면 시효로 인해 소멸하도록 되어 있어 근로자의 수급권 보호가 제대로 이루어지지 않고 있다.

다섯째, 퇴직연금시장의 외형 성장에도 불구하고 미국 등 선진국에 비해 근로자가 퇴직연금제도 운영에 참여하는 기회가 매우 부족하고 퇴직연금 이해관계자를 적절히 감시·감독하여 퇴직연금을 안정적으로 지급하는 일련의 시스템은 상대적으로 미흡한 것으로 나타나 있다. 즉 근로자의 참여가 퇴직연금제도의 운용과정에서 거의 배제되어 근로자의 제도 선택폭이 제약되고 있으며 제도운용에 대한 수탁자 책임이 미흡하고 운용에 대한 감시장치가 제대로 마련되어 있지 않고 있다. 또한 공시기능의 미흡으로 유용한 정보가 근로자에게 제공되고 있지 않아 근로자와 퇴직연금을 운용하는 이해관계자간 이해상충 문제가 발생할 가능성이 커지고 있다.

2. 규제 추이

OECD 국가들은 퇴직연금제도의 가입자와 수익자를 보호하고 연금제도 및 연기금의 건전성을 확보하는 방향으로 퇴직연금의 규제체계를 마련하고 있다. 또한 퇴직연금시장의 공정경쟁을 통해 퇴직연금시장의 성장과 금융시장의 발전이 이루어지도록 퇴직연금 규제환경을 조성하고 있다. 즉 퇴직연금사업자의 불완전판매, 퇴직연기금의 불건전한 운용 등이 이루어지지 않도록 규제환경을 조성함과 더불어 가입자와 수탁자간의 이해상충문제가 발생하지 않는 방향으로 규제가 이루어지고 있다. 특히 미국처럼 퇴직연금 세제혜택이 많은 국가일수록 퇴직연금 규제에 직접적이고 심대한 영향을 끼쳐 공공복리의 증진차원에서 퇴직연금제도에 대한 체계적인 규제가 이루어지고 있다. 즉 「종업원퇴직소득보장법」에서 퇴직연금 지급보장에 대한 규제, 지배구조에 대한 규제, 퇴직연금의 수급권에 대한 규제를 체계화함으로써 공정한 퇴직연금 시장 조성과 가입자의 이익을 도모하고 있다.

영국, 호주 등도 미국처럼 퇴직연금사업의 자율성은 최대한 인정하되, 이에 대한 책임만은 강화하는 방향으로 퇴직연금제도를 규제하고 있다. 예를 들어 영국의 경우 1995년 「연금법」을 제정하여 연금자산운용 규제는 과감히 완화하되, 수탁자 책임의 강화 및 연금지급보증제도 도입 등을 통해 가입자의 수급권을 보호한다. 이처럼 OECD 주요국들은 퇴직연금 운용의 자율과 책임이 강조되는 방향으로 규제가 이루어지는 특징을 보인다.

OECD에서 제시한 퇴직연금 규제원칙에 입각하여 볼 때 연금운용주체인 사용주, 사업자에 대한 규제(수탁자 책임규제)는 매우 엄격하고, 정형화된 성과 시스템을 통해 사업자의 운용성과를 체계적으로 평가하고 있다 하겠다.

또한 적정한 연금부채의 평가를 통해 연금재정의 건전성을 도모하고 100% 이상의 적립 기준 설정, 적립과부족 시 적기시정조치 시행, 법적인 연금지급보증제도 도입 등을 통해 가입자의 수급권을 적극 보호하는 경향을 보인다. 다만 퇴직연금사업의 자율성 확보차원에서 적립금 운용 규제는 양적규제보다 자율규제를 보다 지향한다. 또한 가입자 권리 관련 규제는 엄격한 가입자 차별금지, 통산기능 강화, 철저한 가입자 교육 등이 이루어지는 방향으로, 지배구조에 대한 규제는 금융시장의 발전을 도모하면서 근로자의 이해상충 문제가 발생하지 않는 방향으로 이루어지는 추이를 보이고 있다.

3. 규제 방향

인구고령화의 진전 등으로 근로자의 노후소득보장제도로서 퇴직연금제도의 중요성이 강조되고 있다. 2005년 퇴직연금제도가 도입되어 7년이 지난 현재 어느 정도의 외형 성장을 시현하여 퇴직연금제도가 일면 정착된 것으로 보이지만, 아직도 미·일 등 선진국에 비해 퇴직연금 가입률이 매우 낮아 퇴직연금 활성화가 제대로 이루어지지 못한 실정이다. 퇴직연금의 노후소득보장기능은 취약하고 금융시장의 발전에 미치는 영향도 매우 미미하다.

그 원인은 퇴직연금제도에 대한 근로자의 인식 미흡 및 정부의 홍보 부족에서도 찾을 수 있지만, 근본적으로는 퇴직연금제도가 제대로 정착할 만한 퇴직연금 규제체계가 마련되지 않은 데 있다 하겠다. 금융산업의 겸업화 및 자율화 영향으로 근로자의 니즈가 갈수록 다양화됨에도 불구하고 엄격한 연금운용 규제, 연금 세제혜택 미흡, 수급권 보호장치 부재 등으로 인해 퇴직연금제도로의 전환이 이루어지지 않고 있다. 즉 퇴직연금제도를 둘러싼 환경은 급변하고 있는데, 현행 퇴직연금 규제체계는 2005년 퇴직연금제도 도입 시의 규제체계와 거의 차이가 없다. 물론 지난 2012년 퇴직연금제도의 정착과 유연성 확보 차원에서 근퇴법을 개정하여 퇴직연금 규제를 선진국 수준으로 개정한 바 있지만, 전체적인 규제체계와 그 내용 면에서는 아직도 선진국과 상당한 괴리가 있다. 특히 OECD가 제시한 연금운용주체 관련 규제, 연금부채 관련 규제, 적립금 운용 관련 규제, 가입자 권리 관련 규제, 지배구조 관련 규제 등 원칙에 기초하여 퇴직연금 규제의 방향 자체가 제시되지 않아, 규제체계의 국제적 정합성 측면에서도 규제의 수준이 미흡한 실정이다.

OECD 퇴직연금 규제 원칙이 지향하는 바는 퇴직연금사업에 대한 자율성을 최대한 보장하되, 근로자의 이익 및 수급권 보호 차원에서 운용에 따른 책임 강화라 할 수 있다. 퇴직연금사업의 자율성 보장 차원에서 연금 세제혜택을 강화하고 다양한 퇴직연금제도를 도입하는 한편, 근로자의 이익 및 수급권 보호차원에서 연금운용 규제 주체에 대한 책임을 강화하고 연금부채의 적정성을 평가하며 가입자 권리를 최대한 보장하여야 한다. 이러한 OECD 연금 규제원칙에 입각하여 OECD주요국들은 연금 규제체계를 수립하고 있다. 이러한 OECD 연금 규제원칙과 OECD 주요국의 연금 규제 추이 등을 종합적으로 고려할 때, 우리나라 퇴직연금 규제는 다음과 같은 방향으로 설정되어야 할 것이다.

첫째, 연금운용주체 관련 규제의 방향이다. 근로자의 퇴직연금을 직접적으로 운용하는 연금운용주체에 대한 책임을 보다 엄격하게 하는 방향으로 수탁자 책임규제를 강화할 필요가 있다. 2011년 6월 30일 국회를 통과한 근퇴법 제33조(퇴직연금사업자의 책임)에서는 운용 및 자산관리 계약 체결의무, 특별이익 제공 금지 등 충실의무를 부과하였지만 미국 및 영국 등과 같이 수탁자 책임이 충실의무, 주의의무, 자산관리의무, 정보관리의무 등으로 체계화되어 있지 않고 그 범위도 설정되어 있지 않다. 따라서 사업자에 대한 수탁자 책임을 4대 의무별로 더욱 세분화하여 구분하고, 책임과 권한을 구체화하는 것이 바람직하다. 또한 근로자와 수탁자 간의 이익상충 문제를 해소하기 위해 수탁자의 감시기능 장치를 마련하고, 수탁자 책임 위반으로 인한 근로자의 수급권 보호를 위해 수탁자 배상책임보험 도입 등이 검토되어야 할 것이다.

우리나라와 같은 계약형 지배구조에서는 연금운용을 일괄 위탁받은 사업자의 역할이 매우 중요하다는 점을 고려하여 이에 부응한 책임이 부여되어야 할 것이다. 그 이유는 우리나라와 같은 계약형 퇴직연금 지배구조에서는 퇴직연금사업자가 연금운용에 미치는 영향이 거의 절대적이기 때문이다.

둘째, 연금부채 관련 규제의 방향이다. 과거근로자와 현재근로자와의 형평성 제고 차원에서 과거근무기간을 가입기간으로 설정한 경우, 적립금 수준은 100분의 100을 기준으로 하여 과거근무채무 상각이 이루어지는 것이 바람직하다. 즉 과거근무채무에 대해서는 미상각채무를 전혀 남겨두지 않도록 적립금 수준을 설정하는 것이 매우 중요하다. 근퇴법 개정안에 적기시정조치 내용이 일부 반영되었지만 향후 적립 부족액을 납입하지 않는 기업에 대해서는 페널티 과세 및 과태료의 부과 등과 같은 법률적 제재조치가 이루어지도록 할 필요가 있다. 또한 단기적으로 채권자 우선변제제도의 적용 확대, DC형 예금보험제도의 보장 범위 확대 등이 이루어지고 장기적으로 정부 지원하에 미국, 영국 등과 같은 연금지급급부공사 등과 같은 지급보증제도를 도입하여 실질적으로 근로자 수급권이 보호되도록 할 필요가 있다.

셋째, 적립금 운용 관련 규제의 방향이다. OECD 주요국처럼 자율규제방식으로의 전환이 장기적으로 이루어져 근로자의 투자선택폭을 보다 확대할 필요가 있다. 다만 퇴직연금 규제 완화의 보완조치는 사전에 충분히 마련되어야 할 것이다. 즉 퇴직연금 규제 완화는 수탁자 책임과 수급권 보호장치 등과 같은 보완조치가 사전에 충분히 마련된 후 이루어지는 것이 바람직하다. 따라서 퇴직연금 적립금 규제는 규제 완화의 보완조치 여부 등을 종합적으로 감안하여 점진적이고 단계적으로 이루어질 필요가 있다. 이와 더불어 연기금의 안전성 확보를 위해 리스크 중심의 자산운용 규제를 지향해야 한다. 이를 위해 근퇴법에서 자산운용의 원칙 및 방법과 관련 규정이 전면 보완되는 것이 바람직하다.

넷째, 가입자 권리 관련 규제의 방향이다. 가입자 차별 금지 차원에서 단시간근로자가 근로조건 뿐만 아니라 퇴직급여와 같은 노후소득보장제도의 적용으로부터 소외되지 않도록 배려해야 할 필요가 있다. 즉 1년 미만 근로자, 주 15시간 미만 근로자 등과 같은 비정규직 임금근로자에게도 퇴직연금에 가입할 수 있도록 허용해야 한다. 다만 사전에 취약근로자의 해소 방안을 위해 보호 또는 적용제외의 목적과 취지를 분명히 하여 적용제외 기준을 재구성하는 것이 바람직하다. 또한 퇴직연금통산기능 강화 차원에서 개인형 퇴직연금제도의 자동가입 대상을 법정퇴직금제도에서 퇴직일시금을 받는 근로자로 확대해야 한다. 즉 법정퇴직금제도에 가입되어 있는 근로자의 중간정산 자금도 자동적으로 개인형 퇴직연금으로 이전하여 퇴직연금 가입의 연속성을 제고하기 위한 법 개정이 절실히 요구된다. 또한 고령화에 따른 기대수명 연장 등을 고려하여 개인형 퇴직연금의 자동가입 연령을 55세 이상으로 상향조정하는 방안을 검토할 필요가 있다. 가입자 교육 강화 측면에서 근퇴법 및 시행령에 가입자 교육의 범위를 퇴직연금에 국한하지 않고 노후설계, 운용될 금융상품의 이해, 자산운용 기초지식, 연금운용 등으로 확대해 나가야 할 것이다. 또한 법령에서 가입자 교육의 세부지침을 제시하고 모범사례를 발굴하여 기업에 제공함으로써 가입자 교육의 내실화가 이루어지도록 해야 한다. 가입자 교육의 가이드라인에서는 어느 정도의 수준으로 교육하여야 하는지 기본 방향을 제시하고 이 기준에 부합하도록 교육이 이루어지는지 규제되어야 한다. 이와 더불어 퇴직연금 가입자에 대해 객관적이고 중립적인 가입자 교육서비스를 제공하기 위해 별도의 퇴직연금 교육서비스 제공기관을 설치·운용하는 것을 검토해볼 필요가 있다.

다섯째, 지배구조 관련 규제의 방향이다. 운용관리업무와 자산관리업무의 취급 요건(사업자 요건)을 명문화하여, 동일한 사업자의 모든 업무 취급을 제한함으로써 가입자에게 양질의 서비스를 제공하고 사업자 간의 상호견제기능 제고를 통해 가입자와 수탁자 간의 이해상충 문제를 해소하는 것이 바람직하다. 감시기능 강화를 위한 시장기능 관련 규정(시장기능 제고 의무)의 재정비가 이루어질 필요가 있다. 예를 들어 보고의무 측면에서 감독당국은 수탁자와 사용자로 하여금 계리적 가치평가, 갹출금이 계획대로 납부되고 있는지, 수리보고서 등에 대한 보고를 정기적으로 받을 필요가 있으며, 영국의 기금형 수준은 아니더라도 퇴직연금 운용 이해관계자의 위법사항 등에 대해서는 최소한의 통지의무가 적용되어야 한다. 또한 공시의무 측면에서는 감독규정에서 종합적인 비교공시가 이루어지도록 하고, 특히 급부에 관한 정보, 상품 및 가격에 대한 정보 등에 대해 체계적인 공시가 이루어지도록 관련 규정의 정비가 요구된다. 이와 더불어 별도의 연금계리사 제도가 도입되어 연금계리사가 연금재정의 적정성을 검증·확인하도록 해야 한다. 또한 근퇴법에 연금계리사의 기능(연차보고서 작성 등)과 의무 등을 명문화하여 제3자의 감시자로서의 연금계리사 역할을 강화할 필요가 있다.

특히 운용관리업무와 자산관리업무에 대한 감시기능을 강화하기 위해 수탁자에게 연금계리사 및 공인회계사 선임(고용) 의무를 법적으로 부여하거나 또는 비용의 효율성을 고려하여 정부차원에서 수탁자의 도적적 해이 등을 상시감독할 수 있는 독립적인 감시기구를 설립해야 한다. 이와 같은 퇴직연금 규제의 방향은 정부의 재정적 지원, 즉 세제혜택 수준, 퇴직연금 시장의 공정경쟁 수준 등을 반영하여 설정하는 것이 바람직하다.

| 참고문헌 |

고용노동부, 「퇴직연금제도 도입에 따른 임금채권보장 개편방안 II」, 2006.8.

고용노동부, 「근로자퇴직급여보장법 전부 개정 법률안」, 2012.7.

고용노동부, 「근로자퇴직급여보장법 전부개정안 설명자료」, 2012.7.

고용노동부, 퇴직연금도입현황, 각 년도.

김재현, 「우리나라 퇴직연금제도 지배구조의 문제점 및 개선방향」, 한국재무학회 발표자료, 2011.6.

김재현, 「퇴직연금제도 지배구조와 자산관리계약에 관한 연구」, 사회보장학회 발표자료, 2011.4.

류건식·김대환·이상우, 「퇴직연금지배구조체계 개선방안」, 보험연구원 정책보고서, 2013. 1.

류건식·김대환·이상우, 「보험회사의 개인형 퇴직연금 운용방안」, 보험연구원 연구보고서, 2012.3.

류건식·김동겸, 「OECD 국가의 퇴직연금 감독체계특징과 시사점」, 『계간보험동향』 12월호, 2012.12.

류건식·이창우·이상우, 『보험회사의 퇴직연금사업 운영전략』, 보험연구원 경영보고서, 2010.3.

류건식·이경희, 『퇴직연금 수탁자 리스크 감독방안』, 보험개발원 보험연구소, 정책조사자료, 2007.1.

류건식·이경희·김동겸, 『확정급여형 퇴직연금 자산운용』, 보험연구원 연구보고서, 2008.3.

류건식·이창우·이상우, 『퇴직연금 규제체계 및 정책방향』, 보험연구원 조사보고서, 2010.7.

류건식·이상우, 「퇴직연금모집업무위탁제도 도입과 보험회사 대응과제」, 보험연구원 KIRI Weekly, 20011.2.21.

류건식·이창우·서성민, 「선진국의 퇴직연금 운용기관평가 및 시사점」, 보험연구원 Working paper, 2009.9.

류건식, 「퇴직연금모집인제도도입과 보험회사 시사점」, 보험연구원 주간포커스, 2012.7.30.

삼성생명, 퇴직연금 일본 법령 및 해설자료, 2009.2.

문형표·성주호·류건식 외, 「2010 사학연금 장기재정추계」, 사학연금관리공단, 2010.10.

미래에셋퇴직연금연구소, 「퇴직연금제도에 대한 근로자실태분석 및 향후과제」, 2007.

미래에셋퇴직연금연구소, 「퇴직연금제도에 대한 근로자실태분석 및 향후과제」, Survey Report, 2009.

미래에셋퇴직연금연구소, 「기업의 퇴직연금제 인식 및 운영실태분석」, 2010.

방하남·김재현·류건식, 「퇴직연금 재정건전성 및 투명성 확보를 위한 체계적인 감독방안」, 고용노동부 연구용역보고서, 2007.10.

방하남·김재현·한기정, 「퇴직연금 수급권 강화 등 선진화방안 법제화 연구」, 고용노동부 연구용역보고서, 2008.12.

보험미래포럼, 『연금의 진화와 미래』, 논형출판사, 2011.

이민환, 「퇴직연금제도에 있어서의 수급권 보호문제와 향후과제」, FY2005년 동계 금융정책 심포지엄 자료, 2005.11.

이봉주, 『퇴직연금 지급보증제도의 요율체계에 관한 연구』, 보험개발원 보험연구소, 정책연구자료, 2007.3.

이봉주·류건식, 「퇴직연금 회계기준의 국제비교 및 영향분석」, 『보험금융연구』 제20권 제1호, 보험연구원, 2009.3.

이봉주·류건식, 『퇴직연금론』, 박영사, 2006.

이상우·류건식, '퇴직연금 수탁자 책임과 제재제도', 2009년도 한국보험학회·한국리스크관리학회 공동 하계학술대회 세미나 자료, 2009.8.

이상우·류건식, 「퇴직연금 가입자 교육제도개선방안」, 보험연구원 KIRI Weekly, 2013.1.7.

이상우·류건식, 「퇴직연금 모집업무위탁제도 도입과 보험회사 대응과제」, 보험연구원 KIRI Weekly, 20011.2.21.

이태호, 「개인형 퇴직연금 도입효과 및 활성화방안」, 한국채권연구원, 2009.3.

임영재·이중기, 「기업연금의 지배구조 설계에 관한 소고」, KDI 정책연구 시리즈, 2003.12.

정문경 외 2인, 「해외선진연기금의 성과평가사례 연구」, 국민연금연구센터, 연구보고서, 2003.12.

APRA, Supervisory Oversight and Response System, 2012.

Besley, T. and Prat, A.(2003), "Pension Fund Governance and the Choice between Defined Benefit and Defined Contribution Plans", Center for Economic Policy Research Discussion Paper No. 3955.

Brunner, G, Richard Hinz and Roberto Rocha, "Risk-based Supervision of Pension Funds: A Review of International Experience and Preliminary Assessment of the First Outcomes", presented in the 4th Contractual Savings Conference, Washington D.C., 2008.

CalPERS, *Annual Report*, 2004.

CalPERS Performance and Compensation Committee, *2008-2009 Performance Plans for the Senior Portfolio Managers and Portfolio Managers*, August 18, 2008.

CalPERS, California public employee's retirement system statement of investment policy for asset allocation strategy, December 15, 2008.

Hess, D. and Impavido, G., "Governance of Pension Funds: Lessons from Corporate Governance and International Evidence", *World Bank Policy Research Working Paper*, 2003.

Hinz, P. Richard and Anca Mataoanu, "Pension Supervision: Understanding International Practice and Country Context", *Social Protection Discussion Paper Series*, World Bank, May 2005.

Hinz, P. Richard and Roberto Rocha, "Risk-Based Supervision of Pension Funds: Summary of First Four Case Studies", IOPS Conference, March 2006.

Hu, Yu-Wei and Stewart, "Licensing Regulation and Supervisory Structure of Private Pension", OECD Working Papers on Insurance and Private Pensions, 2009.

IOPS, *Principles of Private Pension Supervision*, 2010.

IOPS, Guidelines for Supervisory Intervention, Enforcement and Sanctions, 2012.

IOPS, Pension Supervisory Authorities' Approaches and Structure, 2012.

Mercer, *Investments for Pension Plans Including Frozen Plans*, 2006.

OECD, Survey of Investment Regulation of Pension Funds, 2003.

OECD, Good practices in pension supervision in the OECD area, Fiona Stewart, Bangkok, April 2005.

OECD, OECD guidelines for pension fund governance, June 2009.

Pribhai, M., "Asset Liability Management using Stochastic Programming", Department of Mathematical Science, Brunel University, 2003.

Schroders, Investment Strategy for Pensions Actuaries: A Multi Asset Class Approach, January 2007.

Stewart, F. and Yermo, J., "Pension Fund Governance, Challenges and Potential Solutions", OECD Working Paper on Insurance and Private Pension No. 18, OECD, 2008.

Useem, Michael and Olivia S. Mitchell, "Holders of Pursue Strings: Governance and Performance of Public Retirement System", *Social Science Quarterly*, 2000.

Wilshire, *Executive Summary of Investment Performance for CalPERS*, 2005.

山田正次, 『變革期の企業年金戰略』, 日本經濟新聞社, 1996.5.

山口修, 「確定醵出年金のすべて」, 金融財政事情研究會, 2003.5.

土浪修, 「年金法制における運用機關の受託者責任と生命保険社」, 日生基礎研究所, 2002.9.

土浪修, 「企業年金のカバナンスと受託者責任」, 日生基礎研究所, 2004.11.

土浪修, 『企業年金法における受託者責任規制の在り方』, 日生基礎研究所, 2001.2.

山本誠一郎・十菱龍, 『年金基金か變える資産運用』, 東洋經濟新報社, 1998.12.

三井アセット信託銀行, 「確定給付企業年金における受託者責任」, 2005.12.

高岐康雄, 「歐米生保における企業年金法上の受託者責任」, 『保險學雜誌』, 日本保險學會, 2001.12.

中島富三, 「確定醵出年金」, 國政情報センタ, 2002.8.

小林弘明, 『企業年金の資産運用ハンドブック』, 富士総合研究所, 2007.

富士綜合研究所, 企業年金の資産運用, 『日本法令』, 2002.11.

毛海健雄, 「企業年金の制度ミックスに関する研究」, 『横浜国際社会科学研究』, 2011.1.

島岐謙治, 「企業年金の受給權保護について」, 『年金と經濟』 第27巻 4号, 2009.5.

森戸英幸, 『企業年金支配構造』, 中央經濟社, 2007.3.

吉原健二, 『運用自由化時の年金基金の資産運用』, 東洋經濟新報社, 1999.2.

鎌田孝一, 「年金支配構造の多面性とその核心について」, 『横汧國際社會科學研究』 第14巻 2009.9.

大橋善晃, 「保険および私的年金に関するOECD調査報告書」, 日本証券経済研究所, 2008.

浦田健一郎, 「企業年金における受託者責任とガバナンスの現状と課題」, 『証券アナリストジャーナル』 44巻 4号, 社団法人日本証券アナリスト協会, 2006.4.

若園智明, 「年金基金の受託者責任とガバナンス機能の有効性」, 『証券経済研究』 第53号, 財団法人日本証券経済研究所, 2006.12.

森戸英幸, 『企業年金ガバナンス』, 中央経済社, 2007.

五十嵐信行, 「年金加入者等と運用機関との関係」, 博士學位論文, 一橋大学大学, 2009.

厚生労働省, 年金局長通知, 2002.3.

厚生労働省, 日本DB型企業年金法, 2008.

厚生労働省, 確定給付企業年金法施行令, 2008.

http://www.pensionregulator.gov.uk

http://www.fsa.gov.uk

http://www.mpfahk.org

http://www.mhlw.go.jp

http://www.apra.gov.au

http://www.plansponsor.com

http://www.calpers.ca.gov

퇴직연금규제론

초판 2쇄 인쇄 2014년 1월 10일
초판 2쇄 발행 2014년 1월 15일

지은이 이봉주, 류건식
펴낸이 조인원
펴낸곳 경희대학교 출판문화원

주소 서울특별시 동대문구 경희대로 26
전화 02-961-0106~8, 팩스 02-962-8840
설립 1960년 9월 16일 제5-8호
등록 1977년 11월 8일 제6-5호
홈페이지 http://www.khupress.com
전자우편 press@khu.ac.kr

ISBN 978-89-8222-458-4 93320